EDITION OSHO

Die Texte für dieses Buch sind ausgesuchte Transkripte aus verschiedenen Diskurs-Serien die Osho vor einer internationalen Zuhörerschaft gehalten hat. Alle Osho Diskurse sind als Originale publiziert worden und als Original-Audios erhältlich. Audios und das vollständige Text-Archiv finden sie unter der online Bibliothek „Osho Library" bei www.osho.com

MIX
Papier aus verantwortungsvollen Quellen
FSC www.fsc.org
FSC® C083411

15. Auflage 2025
Zusammengestellt von Leela Itzler
Übersetzung: Kalpa, Nirvano, Amareesh, Svatantro
Umschlaggestaltung: Guter Punkt, München unter Verwendung einer OSHO ART Signature

Druck: CPI books, Leck
Printed in Germany
ISBN 978-3-910856-00-4

OSHO

DAS CHAKRA BUCH

Energie und Heilkraft
der feinstofflichen Körper

Inhalt

Vorwort

Die Idee zu diesem Buch entstand im Zuge meiner Recherchen für einen Artikel zum Thema „Energie und Heilkraft“, in den ich Osho-Texte mit einfließen lassen wollte. Beim Lesen von Oshos Diskursen zum Thema Chakren, Energiekörper und dem Transzendieren der sieben Ebenen des Bewusstseins, verschlug mir die Unermesslichkeit seiner Erkenntnis und Vision einfach den Atem. Was damals als ein kleines Projekt begann, hat sich zu diesem Buch ausgeweitet.

Die Zusammenstellung der Texte wurde für mich eine Herausforderung der besonderen Art. Es ging darum, Vorträge aus einem Zeitraum von mehr als drei Jahrzehnten zu sichten und auszuwählen, in denen Osho die Bedeutung von Chakren, Energiezentren, feinstofflichen Körpern, Kundalini, *Prana*, Traumkörpern aus immer wieder neuen Blickwinkeln beleuchtet.

In einem Kapitel erklärt er, wie weit die Naturwissenschaften in der Lage sein werden, das Mysterium des menschlichen Energiefeldes zu durchleuchten – und wo und warum sie unweigerlich auf ihre Grenzen stoßen werden. Dort nämlich, wo das Mysterium nur jenseits des Verstandes erfahren werden kann. Obwohl Osho uns akribische Einblicke in unsere Energie gewährt, warnt er uns vor der Versuchung der Vielwisserei und fordert uns auf, vom hohen Ross des Wissens herabzusteigen. Ihm geht es nicht darum, uns zu informieren, sondern zu transformieren.

Seine Vision ist so weit und tief, dass eines sonnenklar wird: Diese Dinge können nur durch einen Erleuchteten kommuniziert werden, der selbst diese Reise zurückgelegt und alle Ebenen kennen gelernt hat, die das menschliche Bewusstsein dabei durchqueren muss. Hier geht es nicht um die spezifische Fertigkeit eines Lehrers, sondern um eine Transmission durch den Meister.

Da das Heilen von Energie mich seit über zwei Jahrzehnten fasziniert und beschäftigt, bin ich mit der einschlägigen Literatur über Chakren und feinstoffliche Energiekörper vertraut.

Dieses Buch geht aber nach meinem Verständnis weit über den gegenwärtigen Wissensstand des menschlichen Bewusstseins hinaus. Es führt den Leser auf eine Reise vom Weltlichen zum Geheiligten, von den Wurzeln des Lebens in der materiellen, physischen Welt, zu den Schwingen der spirituellen Dimension, unseres letztendlichen Erblühens.

Wir erfahren, dass wir nicht nur physische, sondern in der Essenz lichterfüllte Wesen sind, und dass wir hier sind, damit wir dieses Aufblühen des Bewusstseins realisieren können.

Leela Itzler

Der Mensch ist ein Regenbogen

Der Mensch ist ein Regenbogen – alle sieben Farben zusammen. Das ist seine Schönheit und das ist auch sein Problem. Der Mensch hat viele Facetten, viele Dimensionen. Sein Sein ist nicht einfach, es ist sehr komplex. Und aus dieser Komplexität wird die Harmonie geboren, die wir Gott nennen: die göttliche Melodie.

Das Erste, was man also über den Menschen verstehen muss, ist, dass der Mensch noch nicht ist. Der Mensch ist nur eine Möglichkeit, ein Potenzial. Der Mensch kann sein, der Mensch ist ein Versprechen. Der Hund ist, der Felsen ist, die Sonne ist … der Mensch kann sein. Daher die Angst und Qual – man kann es auch verfehlen, es gibt keine Gewissheit. Man kann aufblühen, man kann nicht aufblühen. Daher das Zittern, das Zagen, die Unsicherheit im Innern: „Wer weiß, ob ich fähig sein werde, es zu tun, oder nicht?"

Der Mensch ist eine Brücke zwischen dem Tier und dem Göttlichen. Die Tiere sind ungeheuer glücklich – natürlich nehmen sie es nicht wahr, sie sind nicht bewusst glücklich, aber ungeheuer glücklich, unbesorgt, nicht neurotisch. Gott ist ungeheuer glücklich und bewusst. Der Mensch ist genau zwischen den beiden, im luftleeren Raum, immer schwankend – sein oder nicht sein?

Der Mensch ist ein Regenbogen, sage ich, denn der Regenbogen gibt dir die totale Perspektive, in der der Mensch verstanden werden kann – vom Niedrigsten bis zum Höchsten. Der Regenbogen hat sieben Farben, der Mensch hat sieben Seinszentren. Die Allegorie von sieben ist sehr alt.

In Indien hat diese Allegorie die Form der sieben Chakren angenommen: Das niedrigste ist *Muladhar* und das höchste ist *Sahasrar* und zwischen diesen zweien sind fünf Stufen, fünf weitere Chakren. Und der Mensch muss durch all diese sieben Chakren hindurchgehen – die sieben Stufen zum Göttlichen. Für gewöhnlich stecken wir im Niedrigsten fest. Die ersten drei – *Muladhar, Svadhisthan* und *Manipura* – sind tierische Chakren. Wenn du in den ersten drei lebst, wirst du dich nicht sehr von den Tieren unterscheiden – und dann begehst du ein Verbrechen. Nicht, dass du wirklich ein Verbrechen begehst – du begehst ein Verbrechen, weil du nicht fähig sein wirst zu sein, was du hättest sein sollen, du wirst die Möglichkeit verpassen. Wenn ein Samen nicht zu einer Blume heranwächst, hat er ein Verbrechen begangen – nicht gegen einen anderen, sondern gegen sich selbst. Und die Sünde, die man gegen sich selbst begeht, ist die größte. Tatsächlich begehen wir nur dann Sünden an anderen, wenn wir bereits die erste grundlegende Sünde an uns selbst begangen haben.

Bei den ersten drei Chakren geht es um Essen, Geld Macht, Herrschaft, Sex. Essen ist das niedrigste, Sex ist das höchste in den drei niedrigsten Chakren. Das muss verstanden werden. Nahrung ist das niedrigste – ein nahrungsbesessener Mensch ist in der niedrigsten Kategorie der Lebewesen. Er will nur überleben. Er hat kein Ziel, er will einfach nur überleben, um zu überleben. Wenn du ihn fragst, wozu, kann er dir keine Antwort geben.

Eines Tages sagte Mulla Nasruddin zu mir: „Ich wünschte, ich hätte mehr Land."

Ich fragte ihn: „Aber warum? So, wie es ist, hast du doch genug."
Er sagte: „Ich könnte eine ganze Menge mehr Kühe aufziehen."

Ich fragte ihn: „Und was würdest du mit ihnen machen?"

Er sagte: „Sie verkaufen und mehr Geld machen." –

„Und dann, was wirst du dann mit dem Geld machen?" –

„Mehr Land kaufen."

Und ich fragte ihn: „Wozu?" –

„Um eine Menge mehr Kühe aufzuziehen."

Und so geht es – ein Teufelskreis, aus dem du nie herauskommst: Du isst, um zu leben, du lebst, um zu essen. Das ist die niedrigste Möglichkeit. Die niedrigste Lebensform ist die Amöbe. Eine Amöbe frisst einfach nur, das ist alles. Eine Amöbe hat kein Sexualleben, eine Amöbe frisst einfach nur alles, was sie kriegen kann – die Amöbe ist exakt das Symbol für den niedrigsten Menschen. Die Amöbe hat keine anderen Organe, nur den Mund, ihr ganzer Körper funktioniert als Mund. Sie verdaut immerzu, was vorbeikommt; alles, was sie findet, wird verdaut. Sie nimmt es mit dem gesamten Körper auf; ihr ganzer Körper ist ein einziger Mund. Sie wird immer dicker und größer; dann kommt ein Punkt, wenn sie zu groß geworden ist und sie nicht mehr zurechtkommt – dann spaltet sie sich in zwei. Dann sind da zwei Amöben statt einer; und dann fangen die an, das Gleiche zu tun. Die Amöbe isst und lebt einfach nur, und lebt, um mehr zu essen. Einige Menschen leben auf dieser niedrigsten Stufe. Hüte dich davor – das Leben hat dir mehr zu geben. Es geht nicht darum, zu überleben, es geht darum, für etwas Bedeutsames zu überleben. Überleben ist notwendig, aber nicht als Selbstzweck, es ist nur ein Mittel.

Die zweite Art von Mensch, ein wenig höher entwickelt als der Nahrungsbesessene, ist der Machthungrige, der Politiker. Er will die Menschen beherrschen. Wozu? Tief in seinem Innern fühlt er sich sehr, sehr unterlegen. Er will der Welt zeigen: „Ich bin jemand; ich kann dominieren, ich kann dich auf deinen Platz verweisen." Er hat sich selber nicht auf seinen Platz verwiesen und er versucht, die ganze Welt auf ihren Platz zu verweisen. Er ist der Egobesessene. Er kann in jede Richtung gehen: Wenn er sich dem Geld zuwendet, wird er Geld anhäufen – Geld wird zum Machtsymbol. Wenn er sich der Politik zuwendet, wird er nicht davon ablassen, bevor er nicht am Ende angekommen ist – und da ist gar nichts.

Der wahre Mensch versucht, sich selbst zu erobern, nicht andere. Er möchte sich selber kennen. Er versucht nicht eine innere Lücke dadurch zu füllen, dass er andere dominiert. Der wahre Mensch liebt die Freiheit für sich und auch für andere.

Das Dritte ist Sex. Und ich sage: Sex ist besser als Essen, als Politik, denn er hat eine etwas höhere Qualität – er teilt. Er hat etwas Höheres. Beim Essen nimmst du nur auf, du teilst nicht. Beim Herrschen zerstörst du, du erschaffst nicht. Sex ist die höchste Möglichkeit auf der niederen Ebene – du teilst, du gibst deine

Energie und du wirst kreativ. Solange es um die tierische Existenz geht, ist Sex der höchste Wert. Und die Menschen stecken irgendwo in diesen drei Chakren fest.

Das vierte ist das *Anahata*-Chakra. Die ersten drei sind tierisch, die letzten drei sind göttlich, und zwischen diesen zweien ist das vierte *Anahata* – das Herzchakra, der Lotus des Herzens, das Chakra der Liebe. Und das ist die Brücke. Die Liebe ist die Brücke zwischen dem Tier und dem Göttlichen. Versuche es so tief wie möglich zu verstehen, denn das ist die ganze Botschaft von Kabir – die Botschaft der Liebe. Unterhalb des Herzens ist der Mensch ein Tier, oberhalb des Herzens wird er göttlich. Nur im Herzen ist der Mensch menschlich. Deshalb ist ein Mensch, der fühlen kann, der lieben kann, der beten kann, der weinen kann, der lachen kann, der teilen kann, der mitfühlen kann, der wirklich menschliche Mensch. In ihm dämmert die Menschheit, die ersten Strahlen der Sonne sind in ihn eingedrungen.

Das fünfte ist *Visuddhi*, das sechste ist *Ajna* und das siebte ist *Sahasrar*. Mit dem fünften wird die Liebe immer meditativer, immer mehr wie ein Gebet. Mit dem sechsten ist die Liebe keine Beziehung mehr. Sie ist nicht einmal ein Gebet – sie ist ein Seinszustand geworden. Es ist nicht etwa so, dass du jemanden liebst, nein. Jetzt ist es so etwas wie, du bist die Liebe. Es ist keine Frage des Liebens – deine Energie ist Liebe. Du kannst gar nicht anders. Jetzt ist die Liebe der natürliche Fluss – genau wie du atmest, so liebst du, es ist ein bedingungsloser Zustand. Und mit dem siebten kommt *Samadhi*, *Sahasrar*, du bist zu Hause angekommen.

In der christlichen Theologie kann man dieselbe Allegorie in der Geschichte finden, da Gott die Welt in sechs Tagen schuf und sich am siebten Tag ausruhte. Diese sechs Tage sind die sechs Chakren – die sechs Seinszentren. Das siebte ist Ruhe: Man ist zu Hause angekommen, man ruht sich aus. Diese Allegorie ist nicht gut verstanden worden. Die Christen, und besonders die christlichen Theologen, gehen nie sehr tief. Ihr Verständnis bleibt oberflächlich – bestenfalls logisch, theoretisch, berührt aber nie das Wesentliche.

Gott erschuf die Welt: Zuerst erschuf er die Materie und zuletzt erschuf er den Menschen. Fünf Tage lang erschuf er alles andere auf der Welt – Materie, Tiere, Vögel – am sechsten Tag erschuf er dann den Mann. Und im letzten Moment am sechsten Tag erschuf er die Frau. Das ist nun sehr symbolisch.

Die Frau ist das zuletzt Erschaffene – nicht einmal der Mann ist das letzte. Und die Allegorie ist sogar noch schöner, da sie besagt, dass er die Frau aus dem Mann heraus erschuf. Das bedeutet, dass die Frau eine Verfeinerung des Mannes ist, eine gereinigtere Form. Zuerst einmal: Eine Frau bedeutet Intuition, Poesie, Phantasie. Ein Mann bedeutet Wille, Prosa, Logik, Verstand. Das sind Symbole: Der Mann bedeutet Aggressivität, die Frau bedeutet Empfänglichkeit. Empfänglichkeit ist das Höchste. Der Mann bedeutet Logik, Vernunftsgründe, Analyse, Philosophie; die Frau bedeutet Religion, Dichtkunst, Phantasie – fließender, beweglicher. Der Mann kämpft mit Gott. Die Wissenschaft ist ein rein männliches Nebenprodukt – der Mann, der kämpft, sich abrackert, zu erobern versucht. Die Frau kämpft nie; sie heißt einfach willkommen, sie wartet, sie gibt sich hin.

In der christlichen Allegorie heißt es: Gott erschuf zuerst den Mann. Der Mensch ist das Höchste im Reich der Tiere, aber was die Menschheit betrifft, ist die Frau höher. Christliche Theologen haben es auf absolut falsche Art interpretiert, sie haben es auf männlich-chauvinistische Art erklärt. Sie glauben, der Mann sei wichtiger, deshalb habe Gott ihn zuerst erschaffen. Dann müssten ja die Tiere noch wichtiger sein! Die Logik ist falsch. Sie glauben, der Mann ist das einzig Wahre und die Frau ist nur ein Anhängsel. Im letzten Moment merkte Gott, dass noch etwas fehlte, daher nahm er eine Rippe des Mannes und machte daraus eine Frau. Die Frau wird für nicht sehr bedeutsam gehalten – nur eine Weggefährtin, sodass der Mann sich gut fühlt, sonst wäre er allein. Die Geschichte wird derartig analysiert, dass es so erscheint, als sei die Frau weniger wichtig als der Mann – nur ein Spielzeug, mit dem der Mann sich vergnügen kann, sonst wäre er allein. Gott liebte den Mann so sehr, dass er dachte, er wäre traurig und allein. Nein, das ist nicht wahr!

Phantasie kommt erst, wenn der Wille aufgegeben wird. Dieselbe Energie, die zum Willen gehört, wird zu Phantasie und dieselbe Energie, die Aggressivität ausmacht, wird zu Empfänglichkeit und dieselbe Energie, die kämpft, wird zu Kooperation. Dieselbe Energie, die Wut ausmacht, wird zu Mitgefühl. Mitgefühl entsteht aus der Wut heraus, es ist eine Verfeinerung der Wut, es ist eine höhere Symphonie, die aus der Wut erwächst. Liebe steigt aus dem Sex auf, sie reicht höher hinauf, sie ist gereinigt.

Gott erschuf die Frau, nachdem er den Mann erschaffen hatte, weil die Frau nur danach erschaffen werden kann. Zunächst muss die rohe Energie geschaffen werden, dann erst kann sie verfeinert werden. Man kann nicht mit der Verfeinerung beginnen. Und in dieser Allegorie ist eine Botschaft – dass jeder Mann feminin werden muss, bevor er zum siebten gelangt.

Das ist im sechsten Zentrum. In Yoga wird das sechste Chakra *Ajna*-Chakra genannt – es bedeutet Zentrum des Willens. *Ajna* heißt ‚Ordnung, Gebot'. Es ist das stärkste Zentrum, das sechste, und viele bleiben darin stecken. Dann spielen sie immerfort mit spirituellen Energien und begehen immerzu Torheiten. Im sechsten Zentrum muss sich der Mann in eine Frau verwandeln und seinen gesamten Willen nur auf eines konzentrieren – darauf, sich willentlich hinzugeben. Sich willentlich hinzugeben ist das Großartigste in der Welt und es kann erst geschehen, wenn man über Willenskraft verfügt – keine gewöhnliche, sondern außergewöhnliche Willenskraft.

Normalerweise werden Menschen, die sich hingeben, für Schwächlinge gehalten – das täuscht. Nur sehr starke Menschen können sich hingeben; sich hinzugeben erfordert Stärke, große Stärke. Wenn du dich aus Schwäche hingibst, ist deine Hingabe bedeutungslos, kraftlos. Wenn du dich aus Stärke hingibst, hat deine Hingabe einen Sinn, sie ist bedeutungsvoll. Im sechsten Zentrum, wenn der Wille zum letztendlichen Fokus wird, ist Hingabe möglich. Aus dem Willen heraus entsteht Hingabe: aus dem Mann heraus erschuf Gott die Frau.

Im sechsten Zentrum … wenn ihr euch bei den Gehirnchirurgen erkundigt, werden auch sie mir zustimmen – sie sagen, dass das

Gehirn in zwei Hemisphären unterteilt ist: Mann und Frau, die linke und die rechte Hemisphäre. Die linke Gehirnhälfte ist männlich und die rechte Gehirnhälfte ist weiblich. Die rechte Gehirnhälfte ist mit der linken Hand verbunden; deshalb wird die linke Hand nicht geachtet, sogar verdammt. Die rechte Hand ist mit der linken Gehirnhälfte verbunden – daher scheint rechts richtig und links falsch zu sein. Es ist eine männlich orientierte Welt, eine vom Mann dominierte Welt. Die rechte Hand ist das männliche Symbol, die linke Hand ist das weibliche Symbol. Und euer Kopf ist in zwei Hemisphären unterteilt.

Ein Dichter nutzt einen anderen Teil seines Kopfes als ein Logiker. Ein Dichter ist femininer. Es ist kein Zufall, dass ihr beim Betrachten großer Dichter auch große Femininität, Anmut, Schönheit, einen Charme, eine ungemeine Anziehungskraft, ein Charisma, ein feminines Charisma finden werdet. Wenn ihr euch Maler anschaut, werdet ihr sie ein wenig verweiblicht finden, ihre Kleidung, ihr langes Haar, ihre Art zu gehen sind eher feminin.

Habt ihr je von einem *Bodhisattva* gehört, den die Chinesen Kuan-Yin nannten? In Indien gab es einen äußerst mitfühlenden *Bodhisattva*, einen buddhistischen Mönch. Aber als der Buddhismus nach China gelangte, schien es den Chinesen merkwürdig, dass ein Mann so mitfühlend sein konnte. Deshalb dachten sie, der Heilige müsse eine Frau sein. Und so bildeten sie den Heiligen als eine Frau ab und verehrten ihn Jahrhunderte hindurch als Frau.

Diese Geschichte ist von ungeheurer Bedeutung. Buddha gleicht eher einer Frau als einem Mann – sein Gesicht, seine Anmut. Das sechste Zentrum hat sich hingegeben. Die Logik hat sich der Liebe hingegeben, Argumentation hat sich dem Gefühl hingegeben, Aggressivität ist zu Empfänglichkeit geworden, Konflikt hat sich in Zusammenarbeit verwandelt. Jetzt gibt es keinen Kampf zwischen dem Teil und dem Ganzen; der Teil fließt mit dem Ganzen, der Teil hat losgelassen – das Ganze hat ihn in sich aufgenommen.

Das ist die Bedeutung der christlichen Allegorie, der zufolge Gott erst den Mann erschuf und dann die Frau aus dem Mann heraus erschuf. Dadurch wird den weiblichen Eigenschaften ungeheure Hochachtung entgegengebracht: sie stehen über dem Mann; sie kommen vom Mann, sie entwickeln sich aus dem Mann.

Und am siebten Tag ruhte Gott sich aus. Was kannst du anderes tun, wenn du zu Hause angekommen bist? *Sahasrar* ist das Zentrum der Ruhe, der absoluten Ruhe – du bist angekommen, jetzt brauchst du nirgendwo mehr hinzugehen. Das niedrigste – *Muladhar* – ist das Zentrum der Ruhelosigkeit, das höchste ist das Zentrum der Ruhe, und zwischen diesen beiden befinden sich sieben Kategorien. Du kannst sie nach den sieben Farben benennen – ja, der Mensch ist ein Regenbogen. Oder du kannst sie nach den sieben Tönen der Musik benennen. Die östliche Musik unterteilt den Klang in sieben Töne: sa, re, ga, ma, pa, dha, ni – das sind die sieben Grundtöne. Aus diesen sieben Grundtönen wird alle Musik erschaffen – jede Symphonie, jede Melodie, aller Gesang, aller Tanz.

Merke dir: Sieben ist eine sehr bedeutsame Zahl.

Und noch eins: Um moderner und zeitgemäßer zu sein, möchte ich diese sieben Zentren auf folgende Weise unterteilen: Das erste nenne ich den Nicht-Verstand. Nicht-Verstand bedeutet, dass der Verstand fest schläft – *Muladhar.*

Er ist vorhanden, aber in solchem Tiefschlaf, dass du ihn nicht einmal bemerkst. In einem Felsen ist Gott im Tiefschlaf. Im Menschen ist er ein klein wenig aufgewacht – nur ein klein wenig wach, nicht sehr. Im Felsen schläft er fest, er schnarcht. Wenn du genau hinhörst, wirst du das Schnarchen hören … Gottes Schnarchen. Deshalb sind Felsen so schön – von so tiefer Stille, keine Unruhe, keine Besorgtheit, sie müssen nirgendwohin. Das nenne ich Nicht-Verstand. Mit Nicht-Verstand meine ich nicht, dass sie keinen Verstand haben; ich meine einfach nur, der Verstand hat sich noch nicht manifestiert. Der Verstand wartet in Samenform, der Verstand macht sich bereit zum Aufwachen, der Verstand bereitet sich vor, der Verstand ruht sich aus. Früher oder später wird es Morgen und der Felsen wird ein Vogel und beginnt zu fliegen oder er wird ein Baum und beginnt zu blühen.

Den zweiten Zustand nenne ich den unbewussten Verstand. In den Bäumen ist der Verstand vorhanden – nicht wie im Felsen, Gott unterscheidet sich ein wenig im Felsen. Nicht bewusst, unbewusst. Bäume fühlen – sie können nicht fühlen, dass sie fühlen, aber sie fühlen. Achte auf den Unterschied. Wenn du einen Baum fällst, fühlt er es, aber er kann nicht fühlen, dass er es fühlt. So viel bewusste Wahrnehmung ist noch nicht vorhanden. Gefühl ist hinzugekommen, der Baum ist sensibel. Und heutzutage gibt es moderne Experimente, die beweisen, dass Bäume ungeheuer empfindsam sind.

Das nenne ich den unbewussten Verstand. Der Verstand ist da … fast so, als ob man schliefe. Am Morgen erinnert man sich, dass es eine wunderschöne Nacht war, – „ich habe tief geschlafen, der Schlaf war wirklich sehr tief". Aber du erinnerst dich erst am Morgen und nicht während des Schlafes an sich, du erinnerst dich im Nachhinein, zurückblickend. Der Verstand war da, während du schliefst, aber in dem Moment funktionierte er nicht, er funktioniert nur im Rückblick, im Nachhinein. Am Morgen erinnerst du dich – eine wunderschöne Nacht, solch eine lindernde, samtweiche Nacht, solch tiefe Stille und solches Glück – aber du erkennst es erst am Morgen.

Der dritte Zustand ist der unterbewusste Verstand. Der unterbewusste Verstand ist in den Vögeln, den Tieren. Er ist wie Träumen. Im Traum wirst du ein klein wenig bewusster, als du während des Schlafes bist. Sagen wir es einmal so, die Felsen liegen im Koma; am Morgen sind sie nicht einmal in der Lage, sich daran zu erinnern, wie tief der Schlaf war – es ist ein Koma. Die Bäume sind im Schlaf; wenn sie aufwachen, erinnern sie sich. Die Vögel und die Tier sind im Traum – sie sind der Menschheit sehr nahe. Das nenne ich den unterbewussten Verstand.

Den Vierten nenne ich den bewussten Verstand. Dort befindet sich der Mensch. Nicht sehr bewusst, nur ein Aufflackern, nur eine kleine Welle von Bewusstsein – und auch das geschieht nur dann, wenn du dich in größter Gefahr befindest, sonst nicht. Wenn plötzlich jemand daherkommt und dich mit einem Dolch töten will, wirst du bewusst. In einem solchen Augenblick herrscht größte Wachheit,

Intelligenz, Leuchten. Das Denken stoppt. Du wirst zur Flamme. Nur in seltenen Augenblicken wirst du wirklich bewusst; die meiste Zeit bewegst du dich wie ein Schlafwandler.

Ich habe gehört …

In der französischen Stadt Vienne öffneten 1959 zwei Betrunkene das, was sie für die Tür zur Straße hielten. Tatsächlich war es das Fenster eines Zimmers im dritten Stock. Mit einem fröhlichen Lied auf den Lippen marschierten sie Arm in Arm über die Fensterbank hinaus und landeten auf der darunterliegenden Straße. Ein Polizist auf Streife, der den Aufschlag hörte und zu Hilfe eilte, war wie vom Donner gerührt, als er beobachtete, wie sie immer noch laut singend davoneilten, offensichtlich in einwandfreier Verfassung.

„Wir haben die Stufe verpasst", erklärten sie. Sie waren ganz und gar nicht bewusst. Wären sie bewusst gewesen, wären sie vielleicht gestorben. Sie waren nicht bewusst, sie glaubten, einfach nur eine Stufe verpasst zu haben. Vier Stockwerke!

Und das ist auch eure Situation. Fast euer ganzes Leben gleicht dem von Betrunkenen. Immerfort stolpert ihr hierhin und dorthin, verpasst hier eine Stufe und da eine Stufe. Euer ganzes Leben ist nichts als Unglück über Unglück, ihr stolpert, ihr rempelt einander an. Ihr mögt es Liebe nennen, aber worauf es hinausläuft, ist einfach nur, dass ihr euch gegenseitig anrempelt. Das macht euch unglücklich.

Nur Bewusstsein führt zu Ekstase. Ekstase folgt dem Bewusstsein wie ein Schatten. Das ist der vierte Zustand, in dem die Menschen normalerweise leben und sterben. Es ist pure Verschwendung. Den Felsen kann man vergeben und den Bäumen kann man vergeben und den Vögeln kann man vergeben, aber nicht den Menschen – denn ihr könnt einen ersten Blick erhaschen. Jetzt liegt es in eurer Verantwortung, es gedeihen zu lassen, es solider zu machen, es stärker zu machen. Zu einem Felsen kannst du nicht sagen: „Du hast es verfehlt!" Aber zu einem Menschen kannst du es sagen. Der Mensch ist das einzig verantwortungsbewusste Tier. Man kann ihn fragen, er wird antworten müssen, das ist die Bedeutung von Verantwortlichkeit. Eines Tages wird er sich Gott gegenüber verantworten müssen oder dem Zentrum dieser Existenz oder der Existenz selbst: „Wie hast du es verfehlt? Der elementare Anfang wurde dir gegeben, du hättest dich entwickeln können. Der Same wurde dir gegeben, du hättest aufblühen können. Warum hast du es verfehlt?"

Das ist die Besorgnis des Menschen, seine Qual, sein Zittern, seine Pein – denn der Mensch ist das einzige Tier in dieser Welt, das die Fähigkeit hat ekstatisch zu sein, das bewusste Glückseligkeit erlangen kann, das *Satchitanand* werden kann, das Wahrheit, Bewusstheit, Sein werden kann, das Seligkeit werden kann, das zum Höchsten gelangen kann.

Das Fünfte nenne ich den untersuperbewussten Verstand. Auf der vierten Stufe – dem bewussten Verstand – ist dein Bewusstsein nur etwas Flackerndes, sehr momentan, ohne jede Stabilität, es kommt und geht und entzieht sich deiner Macht, du kannst es nicht herbeirufen, wenn du es brauchst. Alle Religionen existieren zwischen dem bewussten Verstand und dem superbewussten Verstand. Alle Techniken des Yoga, alle Techniken als solche dienen nichts anderem, als dein Bewusstsein in Superbewusstsein zu verwandeln.

Gurdjieff nennt es Selbsterinnern. Kabir nennt es *Surati*-Yoga – *Surati* bedeutet auch Erinnern. Jesus sagt immer wieder: „Erwachet, erwachet! Passt auf!" Buddha sagt: „Seid wachsam." Krishnamurti spricht immerzu über Bewusstheit; seit vierzig Jahren spricht er nur über eins, und das ist Bewusstheit.

Ein Wort ist die ganze Botschaft: dieses Wort stellt die Brücke dar zwischen dem bewussten und dem superbewussten Verstand. Wenn dein Bewusstsein ein stabiler Faktor in dir geworden ist, ein integrierter Faktor in dir, ein kristallisierter Faktor in dir, und du dich darauf verlassen kannst ... Im Moment kannst du dich noch nicht darauf verlassen. Du gehst deines Wegs, sehr bewusst, und jemand schlägt dich – sofort ist das Bewusstsein dahin, es ist nicht zuverlässig. Jemand sagt ein einfaches Wort, jemand sagt: „Du Idiot!" – und das Bewusstsein ist weg. Allein das Wort „Idiot", und deine Augen sind blutunterlaufen, und du bist drauf und dran zu töten oder getötet zu werden.

Sogar Menschen, die sehr wach und bewusst zu sein scheinen, sind vielleicht nur deshalb wach und bewusst, weil sie diesen Situationen ausgewichen sind. Ihre Wachheit ist nicht echt. Du kannst in den Himalaya gehen, du kannst in einer Höhle sitzen – niemand wird kommen und dich einen Idioten nennen. Wer wird eine solche Mühe auf sich nehmen und zu deiner Höhle im Himalaya kommen, um dich einen Idioten zu nennen? Natürlich wirst du nicht ärgerlich. Der Stand deiner Bewusstheit in einer Himalayahöhle zählt nicht viel, denn da wird sie nicht auf die Probe gestellt, da besteht keine Möglichkeit, sie zu zerstören. Deshalb sagt Kabir: „Sei in der Welt. Sei nicht Teil der Welt, aber sei in der Welt, lebe in der Welt." Lebe in ganz normalen Situationen, wo alles dich dazu provoziert, unbewusst zu sein, und jeder dir hilft, bewusst zu werden.

Wenn du es verstehst, dann ist die Welt eins der größten Hilfsmittel Gottes, um dich bewusster zu machen. Dein Feind ist dein Freund und die Flüche sind Segnungen, und die Unglücksfälle können in Glücksfälle verwandelt werden. Es hängt nur von einem ab: ob du den Schlüssel der Bewusstheit kennst. Dann kannst du alles in Gold verwandeln. Wenn dich jemand beleidigt, ist das der Moment, um wach zu bleiben. Wenn deine Frau einen andern anschaut und du dich verletzt fühlst, ist das der Moment, um wach zu bleiben. Wenn du dich traurig, düster, depressiv fühlst, wenn du glaubst, dass die ganze Welt gegen dich ist, ist das der Moment, um wach zu sein. Wenn du von dunkler Nacht umgeben bist, ist das der Moment, um dein Licht leuchten zu lassen. Und all diese Situationen werden sich als hilfreich herausstellen – dazu sind sie da.

Auf dem Weg vom bewussten Verstand zum superbewussten Verstand wird alles zu Yoga, alles zu Meditation, alles zu Gebet, alles zu Bewusstheit. Der untersuperbewusste Verstand ist ein integriertes Phänomen, aber du wirst ihn doch noch manchmal verlieren. Normalerweise, wenn du wach bist, nicht, aber wenn du schläfst, kannst du ihn verlieren. Der untersuperbewusste Verstand hilft dir, während du wach bist, und manchmal wirst du dich sogar in Träumen erinnern – aber nicht in tiefem Schlaf.

Wenn Krishna in der Gita sagt: „Der Yogi ist wach, selbst wenn die ganze Welt schläft", weist er auf einen höheren Zustand hin, den ich den sechsten nenne – den superbewussten Verstand. Dann bleibt man wach, sogar während man schläft; tief in Schlaf, aber die Bewusstheit bleibt. Das ist der sechste. Und aus diesem sechsten erwächst der siebte spontan – dafür brauchst du gar nichts zu tun.

Diesen siebten nenne ich auch Nicht-Verstand, auf dass der Kreis sich schließt. Der erste ist der Nicht-Verstand eines Felsens und der letzte ist der Nicht-Verstand eines Gottes. Um diese Einheit zu zeigen, haben wir Skulpturen von Göttern in Stein gehauen. Um diese Einheit zu zeigen, diesen geschlossenen Kreis, haben wir Steinstatuen von Gott geschaffen. Um zu zeigen, dass der Stein der Anfang und Gott das Ende ist und sie sich irgendwo treffen. Wieder Nicht-Verstand – nenne es Seele, Gott, Erleuchtung, *Nirvana*, Erlösung oder wie auch immer du es nennen willst.

Dies sind die sieben Stufen. Und dies ist der Regenbogen, der der Mensch ist. Noch eins: Nicht eine einzige Farbe darf ausgelassen werden. Alle Farben müssen in den Regenbogen aufgenommen werden und alle Töne der Musik, all die sieben Töne der Musik müssen Teil der Melodie werden, und all die sieben Chakren von *Muladhar* bis *Sahasrar*, sie müssen eine Einheit werden.

Es geht nicht, dass du ein Chakra ablehnst, denn dieses abgelehnte Chakra wird dir nicht erlauben, jemals ganz zu werden – und wer nicht heil und ganz ist, kann nicht heilig werden. Sie alle müssen eine Hierarchie bilden, eine Einheit; sie alle müssen zu einem Zentrum gehören.

Ein echter Mensch der Religion lebt den ganzen Regenbogen, vom Felsen bis zum Gott – vom Nicht-Verstand an diesem Ende zum Nicht-Verstand am andern Ende. Er ist das ganze Spektrum. Er lebt das Leben total. Nichts wird abgelehnt; alles wird miteinbezogen. Überhaupt nichts wird abgelehnt; wenn es sich nach einem Misston anhört, heißt das nur, du bist noch nicht so weit, ihn dir zunutze zu machen. Er kann genutzt werden, aus Gift kann Medizin werden – du musst nur wissen, wie man es verwandelt. Und manchmal kann Nektar giftig sein, wenn du ihn nicht zu benutzen verstehst. Wenn du weißt, wie man Ärger nutzt, wirst du feststellen, dass der Ärger dir eine Seinsschärfe gibt – gerade so, als hätte jemand ein Schwert geschliffen.

Ärger, richtig genutzt, verleiht dir eine Schärfe, eine Ausstrahlung, eine ungeheure Vitalität. Sex, richtig genutzt, füllt dich so mit Liebe, dass du sie immerfort mit allen und jedem teilen kannst, ohne dass sie je versiegt. Sex, richtig genutzt, verhilft dir zur Wiedergeburt deiner selbst. Gewöhnlich werden durch Sex Kinder in die Welt geboren, im außergewöhnlichen Fall wird er dein innerstes Wesen zur Welt bringen.

Lasst mich euch sagen, dass alles, worüber ihr verfügt, von euch genutzt werden muss – nichts ist nutzlos. Werft niemals etwas weg, sonst werdet ihr es eines Tages bereuen. Alles muss benutzt werden. Werdet einfach einsichtiger, wachsamer, werdet bewusster und fangt an, in euer inneres Geschehen zu schauen und wie ihr dies in einer höheren Harmonie schwingen lassen könnt – das ist alles. Im Moment bist du noch eine Masse, du bist noch kein Individuum. Du bist kein Regenbogen – all die Farben fallen in verschiedene Dimensionen, bewegen sich voneinander weg, sie haben kein Zentrum. Im Moment bist du noch Lärm, keine Musik – aber denk dran, in dem Lärm sind all die Töne enthalten. Anders arrangiert, auf eine bessere, ästhetische, künstlerische Weise arrangiert, werden sie zu wundervoller Musik. Alles, was du brauchst, ist, einen tiefen ästhetischen Blick in dein Sein zu werfen.

Kundalini – Die erwachende Lebenskraft

Theoretisches Wissen ist keine Hilfe, anatomische Vorstellungen der Kundalini haben keine Bedeutung für Meditation. Damit meine ich nicht, dass es keine Kundalini oder keine Chakren gibt. Es gibt Kundalini, es gibt Chakren, aber kein Wissen kann auch nur im Geringsten helfen. Im Gegenteil, es kann zum Hindernis werden. Aus vielerlei Gründen kann es dir im Weg stehen.

Ein Grund ist, dass jegliches Wissen über Kundalini oder die esoterischen Wege der Bioenergie, die inneren Wege des élan vital verallgemeinert ist. Das ist jedoch von einem Individuum zum anderen verschieden; die Wurzeln sind verschieden. Bei „A" sind sie anders als bei „B", und bei „C" sieht es wiederum anders aus. Das innere Leben ist individuell verschieden. Wenn du dir also etwas durch theoretisches Wissen aneignest, wird es nicht helfen, es mag dich sogar behindern – weil es nichts mit dir zu tun hat. Es kann nichts mit dir zu tun haben. Du wirst nur etwas über dich selbst erfahren, wenn du nach innen gehst.

Es gibt Chakren, aber die Anzahl ist bei jedem Individuum verschieden. Der eine hat vielleicht sieben, der andere neun; der eine weniger, der andere mehr.

Aus diesem Grund haben sich so viele verschiedene Traditionen gebildet. Die Buddhisten sprechen von neun Chakren, die Hindus von sieben, die Tibeter von vier – und alle haben sie Recht! Die Wurzel der Kundalini-Energie, der Kanal, durch den sie aufsteigt, ist ebenfalls von Mensch zu Mensch verschieden. Je mehr du nach innen gehst, desto individueller bist du.

Dein Gesicht, zum Beispiel, ist der individuellste Teil deines Körpers; und vom Gesicht sind die Augen das unverwechselbarste. Das Gesicht ist lebendiger als irgendein anderer Teil des Körpers; deswegen nimmt es die größte Individualität an. Vielleicht ist dir noch nicht aufgefallen, dass das Gesicht mit einem bestimmten Alter – genau genommen mit der sexuellen Reife – eine Form annimmt, die es, mehr oder weniger, das ganze Leben hindurch beibehält. Vor der sexuellen Reife verändert sich das Gesicht sehr stark; aber mit der sexuellen Reife wird deine Individualität festgelegt. Jetzt nimmst du eine feste Form an und von nun an bleibt dein Gesicht mehr oder weniger dasselbe.

Die Augen sind sogar noch lebendiger als das Gesicht, sie sind so individuell, dass sie in jedem Moment ihren Ausdruck ändern. Bevor du nicht erleuchtet bist, ist der Ausdruck deiner Augen nie gleichbleibend. Erleuchtung ist eine höhere Form von Reife.

Mit dem Eintritt der sexuellen Reife verändert sich das Gesicht nicht mehr. Es gibt jedoch eine andere Art von Reife, bei der sich der Ausdruck der Augen nicht mehr verändert. Du kannst keinerlei Veränderung in Buddhas Augen erkennen: sein Körper altert, er stirbt irgendwann, aber der Ausdruck seiner Augen bleibt gleich. Das war seit jeher eines der Merkmale.

Wenn jemand *Nirvana* erreicht hat, sind die Augen die einzige Pforte, an der Außenstehende erkennen können, ob ein Mensch wirklich erleuchtet ist. Jetzt sind die Augen immer unverändert. Alles verändert sich – die Augen bleiben gleich. Die Augen sind der Ausdruck der inneren Welt. Aber Kundalini reicht noch tiefer. Kein theoretisches Wissen kann dir helfen. Wenn du theoretisches Wissen hast, beginnst du, es dir überzustülpen. Du beginnst, dir die Dinge so vorzustellen, wie du es gelernt hast, aber vielleicht treffen sie auf deine individuelle Situation gar nicht zu. Dann entsteht große Verwirrung.

Man muss die Chakren fühlen, nicht über sie Bescheid wissen. Du musst sie fühlen, du musst deine Fühler nach innen ausstrecken. Das einzig Hilfreiche ist, deine Chakren zu fühlen – deine Kundalini und ihren Kanal zu fühlen, nichts anderes hilft. Wissen hat sich, was die innere Welt anbelangt, tatsächlich als äußerst zerstörerisch erwiesen. Je mehr Wissen du erworben hast, desto geringer ist die Möglichkeit, das Echte, das Authentische zu fühlen.

Du beginnst das, was du weißt, auf dich zu projizieren. Wenn jemand sagt: „Hier ist das Chakra, hier ist das Zentrum", dann stellst du dir dein Chakra an dieser Stelle vor. Vielleicht ist es ganz woanders. So schaffst du dir imaginäre Chakren. Du kannst das – deine Vorstellungskraft ist dazu in der Lage. Du kannst dir imaginäre Chakren schaffen und dann beginnt aufgrund deiner Imagination etwas zu fließen, was nicht etwa Kundalini ist, sondern simple Einbildung – etwas völlig Illusionäres, Traumhaftes.

Wenn du Zentren visualisieren und eine imaginäre Kundalini erzeugen kannst, dann kannst du alles Mögliche erzeugen. Dann folgen imaginäre Erlebnisse und du wirst eine vollkommen unechte Welt in dir entwickeln. Die äußere Welt ist illusionär, aber lange nicht so illusionär wie die Welt, die du in deinem Innern selbst erzeugen kannst. Nicht alles, was innen ist, ist notwendigerweise echt oder wahr; Einbildung ist auch etwas Inneres, Träume sind etwas Inneres. Der Verstand hat die Fähigkeit – eine sehr mächtige Fähigkeit – Träume, Illusionen zu erzeugen, zu projizieren.

Deshalb ist es gut, ganz ohne Wissen über Kundalini und Chakren in die Meditation zu gehen. Wenn du von selbst darauf stößt, dann ist es gut. Du magst plötzlich etwas fühlen, dann, und nur dann, kannst du fragen. Mag sein, dass du fühlst, wie ein Chakra zu arbeiten anfängt, aber lass das Gefühl zuerst da sein. Mag sein, dass du fühlst, wie die Energie nach oben steigt, aber lass das Gefühl zuerst da sein. Stell dir nichts vor, denk nicht darüber nach, unternimm keinen intellektuellen Versuch, es im Voraus zu verstehen. Es ist keine Vorinformation nötig. Sie ist nicht nur nicht nötig, sondern ausgesprochen schädlich.

Und noch etwas: Die Kundalini und die Chakren gehören nicht zu deiner Anatomie, deiner Physiologie. Chakren und Kundalini gehören zu *Sukshma Sharira*, deinem feinstofflichen Körper, nicht zu diesem Körper, dem grobstofflichen. Es gibt natürlich korrespondierende Punkte. Die Chakren sind Teil deines *Sukshma Sharira*, aber deine Physiologie und Anatomie weisen korrespondierende Punkte auf. Wenn du ein inneres Chakra fühlst, wirst du wissen, wo der korrespondierende Punkt ist. Ansonsten kannst du den ganzen Körper sezieren, du wirst nichts den Chakren Vergleichbares finden.

All das Gerede und die sogenannten Beweise und all die „wissenschaftlichen" Ansprüche, dass dein grobstofflicher Körper so etwas wie Kundalini und Chakren besitzt, sind Unsinn, absoluter Unsinn. Es gibt korrespondierende Punkte im Körper, aber diese Punkte können nur gefühlt werden, wenn du die wirklichen Chakren fühlst. Würde dein physischer Körper seziert, käme nichts zum Vorschein, da ist nichts. Es ist keine Frage der Anatomie. Noch etwas anderes: Es ist nicht nötig, durch die Chakren zu gehen. Man kann sie einfach übergehen. Es ist auch nicht nötig, die Kundalini vor der Erleuchtung zu fühlen. Der Vorgang ist ganz anders, als du vielleicht glaubst. Kundalini-Energie fühlt man nicht, weil sie aufsteigt. Du fühlst sie nur, wenn dein Energiekanal nicht ganz frei ist. Wenn der Kanal völlig frei und offen ist, dann fließt die Energie, aber du kannst sie nicht fühlen.

Du fühlst sie, wenn es etwas gibt, das dem Fließen Widerstand leistet. Nur wenn die Energie nach oben fließt und auf Blockierungen im Energiekanal stößt, fühlst du sie. Wer die Kundalini stark spürt, ist in Wirklichkeit blockiert: Er hat viele Blockierungen in der Energiebahn, weshalb die Kundalini nicht fließen kann.

Wenn es einen Widerstand gibt, kann man die Kundalini fühlen. Du kannst Energie nicht direkt fühlen, nur bei Widerstand. Wenn ich meine Hand bewege, ohne dass es einen Widerstand gibt, wird die Bewegung nicht gefühlt. Die Bewegung ist fühlbar, weil die Luft Widerstand leistet, aber er ist nicht so stark, als würde ein Stein Widerstand leisten; dann würde ich die Bewegung deutlicher spüren. In einem Vakuum fühle ich die Bewegung überhaupt nicht. Es ist also relativ.

Buddha hat nie über Kundalini gesprochen. Nicht, dass er keine Kundalini in seinem Körper hatte, aber der Energiekanal war so frei und offen, dass es keinen Widerstand gab. Daher hat er sie nie gefühlt. Auch Mahavir hat nie über Kundalini gesprochen. Daher entstand eine völlig falsche Ansicht, und die Jains, die Anhänger

Mahavirs, glaubten, dass Kundalini völliger Unsinn sei, dass es nichts dergleichen gäbe. Deshalb streitet die Jain-Tradition seit fünfundzwanzig Jahrhunderten die Kundalini mit der Behauptung ab, es könne keine Kundalini geben, weil selbst Mahavir sie nicht gefühlt habe. Aber der Grund, warum Mahavir nicht darüber sprach, war ein anderer. Weil er keine Blockierungen in seinem Körper hatte, fühlte er sie nicht.

Es ist also nicht notwendig, dass du die Kundalini fühlst. Vielleicht wirst du sie nie zu spüren bekommen. Und wenn du die Kundalini nicht fühlst, wirst du an den Chakren vorbeigehen, denn die Arbeit der Chakren dient nur dazu, die Blockierungen zu durchbrechen. Sonst hat sie keinerlei Bedeutung. Wenn es eine Blockierung gibt, dann gerät das nächstliegende Chakra durch diese blockierte Kundalini-Energie in Schwingung. Es wird dynamisch. Das Chakra beginnt zu schwingen und es vibriert so schnell, dass es dadurch eine bestimmte Energie erzeugt, die die Blockierung durchbricht.

Wenn der Energiekanal offen ist, wird das Chakra nicht gebraucht, und du wirst gar nichts fühlen. Die Chakren existieren nur, um dir zu helfen. Wenn die Kundalini blockiert ist, gibt es unmittelbar Hilfe. Eines der Chakren wird die blockierte Energie übernehmen.

Wenn sich die Energie nicht weiterbewegen kann, wird sie zurückfließen. Bevor sie jedoch zurückfließen kann, wird das nächstliegende Chakra die Energie absorbieren und die Kundalini beginnt in diesem Chakra zu vibrieren. Diese Vibration macht die Energie vitaler, lebendiger, wodurch sie jetzt die blockierte Stelle durchbrechen kann. Chakras sind nur Hilfsmittel.

Fließt die Kundalini ungehindert, wirst du überhaupt kein Chakra fühlen. Deshalb kann der eine neun Chakras fühlen, ein anderer zehn und wieder ein anderer nur drei oder vier, oder eins oder keins. Es kommt ganz darauf an. Tatsächlich gibt es unendlich viele Chakras, und bei jeder Bewegung, jedem Schritt steht der Kundalini ein Chakra zur Seite, um ihr zu helfen. Wenn Hilfe gebraucht wird, ist sie da. Deshalb bestehe ich darauf, dass theoretisches Wissen nicht hilft. Und für Meditation an sich ist die Kundalini nicht wichtig.

Wenn Kundalini sich zeigt, ist es etwas anderes – aber mit Meditation hat das nichts zu tun. Man kann Meditation erklären, ohne das Wort Kundalini auch nur zu erwähnen, es ist nicht nötig. Aber wenn man von Kundalini spricht, wird es nur noch schwieriger zu erklären, worum es geht.

Meditation lässt sich direkt erklären; du brauchst dich mit Chakras nicht abzugeben; beginne einfach mit der Meditation. Wenn der Energiekanal blockiert ist, kann es passieren, dass du die Kundalini fühlst, die Chakras treten in Erscheinung, aber das geschieht ganz unwillkürlich. Merke dir, es ist ganz unwillkürlich, dein Wille wird gar nicht gebraucht. Je tiefer der Weg, desto unwillkürlicher. Ich kann meine Hand bewegen – das ist noch willkürlich; aber mein Blut kann ich nicht regulieren. Ich kann es versuchen. Viele Jahre Training können einen Menschen dazu befähigen, den Blutkreislauf willkürlich zu steuern – *Hatha*-Yoga macht dies möglich, es wurde praktiziert, es ist nicht unmöglich, aber es ist sinnlos. Dreißig Jahre Training, nur um den Blutkreislauf zu kontrollieren, sind unsinnig und dumm, denn mit dieser Kontrolle ist nichts erreicht. Der Blutkreislauf ist unwillkürlich; dein Wille ist überflüssig. Du nimmst Nahrung auf, und wenn sie in dir ist, wird dein Wille nicht gebraucht.

Die Körpermaschinerie, der Körpermechanismus hat übernommen und tut alles, was notwendig ist. Dein Schlaf ist nicht willkürlich, deine Geburt ist nicht willkürlich, und dein Tod ist nicht willkürlich. Es sind unwillkürliche Mechanismen. Kundalini ist noch tiefer, tiefer als dein Tod, tiefer als deine Geburt, tiefer als dein Blut; denn Kundalini ist der Kreislauf deines zweiten Körpers. Blut ist der Kreislauf deines physiologischen Körpers, Kundalini ist der Kreislauf deines ätherischen Körpers. Sie ist absolut unwillkürlich. Sogar ein *Hatha*-Yogi kann sie mit seinem Willen nicht beeinflussen.

In Meditation fängt die Energie an sich zu bewegen. Das, was du selbst tun kannst, ist meditieren. Wenn du tief in Meditation bist, beginnt die Energie nach oben zu fließen und du wirst die Veränderung des Fließens fühlen. Es wird auf viele Arten spürbar, sogar physiologisch wird die Veränderung erkennbar.

Zum Beispiel ist es normalerweise ein Zeichen guter Gesundheit, wenn deine Füße warm sind und dein Kopf kühl ist. Das ist ein Zeichen biologischer Gesundheit. Wenn das Gegenteil eintritt – die Füße werden kalt und der Kopf wird warm – ist die Person biologisch gesehen krank. Aber das Gleiche passiert, wenn die Kundalini aufwärts fließt: Die Füße werden kalt. In Wirklichkeit ist die Wärme in den Füßen nichts als Sexenergie, die nach unten fließt. Sobald die Lebensenergie, die Kundalini, nach oben fließt, folgt ihr die Sexenergie. Auch sie beginnt, nach oben zu fließen: Die Füße werden kalt und der Kopf wird warm. Biologisch gesehen ist es besser, wenn die Füße wärmer sind als der Kopf, spirituell gesehen ist es gesünder, wenn die Füße kühler sind, denn das ist ein Zeichen dafür, dass die Energie nach oben fließt.

Viele Krankheiten können auftreten, wenn die Energie nach oben zu fließen beginnt, denn biologisch gesehen hast du den gesamten Organismus durcheinander gebracht. Buddha war sehr krank, als er starb, Mahavir war sehr krank, als er starb, Ramana Maharshi starb an Krebs, Ramakrishna starb an Krebs. Der Grund dafür ist, dass das gesamte biologische System gestört war. Viele andere Gründe werden angegeben, aber sie sind Unsinn. Die Jains haben viele Geschichten erfunden, weil sie es nicht fassen konnten, dass Mahavir krank sein konnte. Für mich ist das Gegenteil der Fall: Ich kann nicht erkennen, wie er völlig gesund hätte sein können. Er konnte es nicht sein, weil es sein letztes Leben war und das ganze biologische System zusammenbrechen muss. Ein System, das Tausende von Jahren bestanden hatte, musste zusammenbrechen. Mahavir konnte nicht gesund sein; am Ende musste er sehr krank sein. Und so war es auch. Aber für seine Anhänger war es sehr schwierig sich vorzustellen, dass Mahavir krank war.

Zu jener Zeit gab es nur eine Erklärung für Krankheit. Wenn du an einer Krankheit leidest, bedeutete es, dass dein Karma, deine vergangenen Taten, schlecht waren. Falls Mahavir an einer Krankheit litt, hätte das bedeutet, dass er immer noch unter karmischen Einflüssen stand. Das durfte nicht sein, deshalb erfand man eine raffinierte Geschichte: Goshalak, ein Rivale Mahavirs, habe dunkle Kräfte gegen ihn eingesetzt. Aber das stimmte nicht. Der biologische, natürliche Energiefluss fließt nach unten, der spirituelle nach oben. Und der ganze Organismus ist für den biologischen Fluss, das Hinabfließen gemacht. Vielleicht beginnst du viele Veränderungen im Körper zu fühlen, aber die ersten Veränderungen finden im feinstofflichen Körper statt.

Meditation ist nur ein Mittel, um eine Brücke vom Grobstofflichen zum Feinstofflichen zu schlagen. Wenn ich „Meditation" sage, meine ich nur das: Wenn du die Fähigkeit hast, aus dem grobstofflichen Körper zu springen – das ist es, was mit Meditation gemeint ist. Aber um diesen Sprung zu tun, brauchst du die Hilfe des grobstofflichen Körpers; du brauchst ihn als Sprungbrett. Du kannst den Sprung von jedem extremen Punkt aus wagen.

Fasten wurde benutzt, um zu einem Extrem zu kommen. Durch langes, ununterbrochenes Fasten kommst du an die Schwelle. Der menschliche Körper kann normalerweise bis zu neunzig Tagen fasten; aber sobald der Körper völlig erschöpft ist, sobald der Energievorrat für Notfälle geleert ist, in dem Moment kann zweierlei geschehen. Wenn du nichts tust, kann der Tod eintreten, aber wenn du diesen Moment für Meditation einsetzt, kann der Sprung geschehen. Wenn du nichts tust und einfach weiterfastest, kann der Tod eintreten. Dann ist es Selbstmord. Mahavir, der radikaler mit Fasten experimentierte als sonst jemand in der ganzen Geschichte der menschlichen Evolution, ist der Einzige, der seinen Anhängern spirituellen Selbstmord erlaubt hat. Er nannte es *Santhara*: den Punkt auf der Kippe, beides ist möglich. In einem einzigen Moment kannst du entweder sterben oder springen. Wenn du eine bestimmte Technik benutzt, kannst du springen. Dann ist es, wie Mahavir sagt, kein Selbstmord, sondern eine große spirituelle Explosion. Mahavir war der einzige Mensch – der einzige –, der sagte, wenn du genügend Mut hast, kann sogar Selbstmord für spirituelles Wachstum genutzt werden.

Von jedem Grenzpunkt aus ist der Sprung möglich.

Sufis haben Tanz benutzt. Beim Tanzen kommt ein Moment, in dem du dich überirdisch zu fühlen beginnst. Wenn ein echter Sufi tanzt, fangen sogar die Zuschauer an, sich überirdisch zu fühlen. Durch Körperbewegungen, durch rhythmische Bewegungen, wird sich der Tänzer bald vom Körper getrennt fühlen. Am Anfang muss er sich willentlich bewegen, doch bald übernimmt ein unwillkürlicher Mechanismus des Körpers.

Du fängst an, aber wenn dir auch das Ende gehört, dann war es nur ein gewöhnlicher Tanz. Hast du jedoch das Gefühl, dass irgendwann mittendrin das Tanzen von einem unwillkürlichen Körpermechanismus übernommen wurde, dann ist es ein Derwisch-Tanz geworden. Du bewegst dich so schnell, dass der Körper vibriert und unwillkürlich wird. An diesem Punkt kannst du entweder verrückt werden oder springen. Vielleicht wirst du verrückt, weil ein unwillkürlicher Mechanismus deine Körperbewegung übernommen hat – es ist jenseits deiner Kontrolle; du kannst nichts tun. Vielleicht wirst du verrückt und wirst niemals wieder mit dieser unwillkürlichen Bewegung aufhören können. An diesem Punkt kannst du entweder verrückt werden oder – wenn du die Technik des Springens kennst – dann kann Meditation geschehen.

Deshalb gelten Sufis als die „Verrückten". Sie sind als Wahnsinnige bekannt! Für gewöhnlich sind sie es auch! Es gibt auch eine Sekte in Bengalen, die den Sufis sehr ähnlich ist: die Baulfakire. Sie ziehen von Dorf zu Dorf und tanzen und singen. Das Wort Baul kommt von Bawla und bedeutet „verrückt". Diese Menschen sind verrückt. Viele werden verrückt; wenn du jedoch die Technik kennst, kann Meditation geschehen. Sie geschieht immer im Grenzbereich. Deswegen haben die Mystiker seit jeher den Ausdruck „auf des Messers Schneide" verwendet: Entweder man wird wahnsinnig oder Meditation geschieht. Jede Methode nutzt den Körper als „des Messers Schneide", worin beide Möglichkeiten liegen.

Durch welche Technik geschieht Meditation? Ich habe über zwei Methoden gesprochen: Fasten und Tanzen. Aber alle Meditationstechniken dienen nur dazu, dich an den Grenzpunkt zu drängen, um springen zu können. Der Sprung selbst kann nur auf eine sehr einfache Weise geschehen, sehr unmethodisch.

Wenn du genau in dem Moment bewusst sein kannst, in dem dich das Fasten an den Rand des Todes gebracht hat, wenn du in dem Moment bewusst sein kannst, wenn der Tod naht, wenn du dann bewusst sein kannst, gibt es keinen Tod. Und nicht nur dieses Mal gibt es keinen Tod, sondern nie mehr. Du bist gesprungen! Wenn der Moment so intensiv ist, dass du weißt, in einer Sekunde geht es über dich hinaus, wenn du weißt, dass du nach einer Sekunde nicht mehr zurückkehren kannst, dann sei wach … und springe!

Bewusstheit ist die Methode. Und weil Bewusstheit die Methode ist, sagen die Zen-Leute, dass es keine Methode gibt. Bewusstheit ist überhaupt keine Methode. Deshalb sagt Krishnamurti immer wieder, dass es keine Methode gibt. Natürlich ist Bewusstheit in Wahrheit keine Methode. Aber ich nenne sie trotzdem eine Methode, weil du verloren bist, wenn du nicht genau in dem Moment bewusst sein kannst, in dem der Sprung möglich wird. Wenn deshalb jemand sagt: „Es genügt, einfach nur bewusst zu sein", dann mag das für einen von zehntausend Menschen zutreffen, aber dieser eine ist jemand, der schon an den Grenzpunkt gekommen ist, wo entweder Wahnsinn oder Tod möglich ist. Er war sowieso schon an diesen Punkt gelangt. Für die anderen, für die Mehrheit der Leute, ist es nicht genug, über Bewusstheit zu sprechen. Sie müssen zuerst vorbereitet werden.

In gewöhnlichen Situationen bewusst zu sein reicht nicht aus. Und du bist nicht fähig, in gewöhnlichen Situationen bewusst zu sein. Die Dumpfheit des Verstandes hat eine so lange Geschichte – seine Lethargie, seine Trägheit, seine Unbewusstheit dauern schon so lange, dass du nicht hoffen kannst, bewusst zu werden, indem du Krishnamurti oder mir oder sonst irgendjemandem einfach nur zuhörst. Es wird schwierig für dich sein, all das bewusst zu tun, was du so viele Male ohne Bewusstsein getan hast. Du kommst an deinen Arbeitsplatz, ohne wirklich wahrzunehmen, dass du dich bewegt hast: Du bist um die Ecke gegangen, bist den Flur entlanggegangen, hast die Tür geöffnet. Dein ganzes Leben lang hast du das schon getan. Jetzt ist es zu einem unwillkürlichen Mechanismus geworden. Es hat sich deinem Bewusstsein völlig entzogen. Und Krishnamurti sagt: „Sei bewusst, während du gehst." Aber du bist schon immer gegangen, ohne es überhaupt zu bemerken. Die Gewohnheit hat sich so tief eingeprägt, sie ist dir in Fleisch und Blut übergegangen. Jetzt ist es sehr schwierig.

Nur in Notfällen wirst du plötzlich wach und bewusst, in unvorhergesehenen Notsituationen. Jemand hält dir eine Pistole auf die Brust: Du wirst wach und bewusst, weil es eine Situation ist, die du nicht eingeübt hast. Aber sobald du mit einer Situation vertraut bist, verlierst du jegliche Wachsamkeit.

Fasten dient dazu, so eine Notsituation zu schaffen, eine solche Notsituation, wie du sie noch nie erlebt hast. Wenn jemand also Fasten seit langem praktiziert, dann wird ihm durch Fasten nicht viel geholfen, er braucht längere Fastenperioden. Wer noch nie getanzt hat, dem kann durch Tanzen geholfen werden. Bist du jedoch ein erfahrener Tänzer, dann ist der Sufi-Derwisch-Tanz nicht das Richtige. Es wird nicht ausreichen, denn du bist so perfekt, so effizient, und Effizienz heißt, dass die Dinge jetzt von dem unwillkürlichen Teil deines Verstandes gesteuert werden. Darin liegt die Bedeutung von Effizienz.

Deshalb sind einhundertzwölf Meditationsmethoden entwickelt worden. Wenn die eine nicht für dich ist, dann vielleicht die andere. Und die hilfreichste von allen wird diejenige sein, die dir völlig unbekannt ist. Wenn du noch nie in einer bestimmten Methode geschult worden bist, dann kommst du schnell an den kritischen Punkt. Und an diesem Grenzpunkt: Sei bewusst! Befasse dich also mit Meditation und nicht mit Kundalini. Und wenn du bewusst bist, dann wird sich vieles in dir ereignen. Zum ersten Mal wirst du einer inneren Welt gewahr, die größer ist, viel größer, und sich weiter als das Universum ausdehnt. Unbekannte Energien, völlig unbekannte Energien beginnen in dir zu fließen. Unerhörte Dinge, unvorstellbar, Dinge, von denen du nicht einmal zu träumen gewagt hast, treten in Erscheinung. Aber sie sind bei jedem unterschiedlich, deswegen ist es gut, nicht darüber zu sprechen.

Jeder erfährt es auf seine Weise. Deswegen besteht die Tradition auf einem Guru. Schriften reichen nicht aus. Nur ein Guru kann weiterhelfen. Und alle Gurus waren immer gegen die Schriften, obwohl die Schriften von Gurus sprechen und die Gurus preisen. Allein die Vorstellung eines Gurus steht in direktem Widerspruch zu den Schriften. Das bekannte indische Sprichwort „*Guru bin gnana nahee* – ohne Guru kein Wissen" –, bedeutet nicht wirklich, dass es ohne Guru kein Wissen gibt, sondern eher: „Allein durch die Schriften gibt es kein Wissen." Du brauchst einen lebendigen Guru, kein totes Buch. Ein Buch kann nicht wissen, zu welchem Typ Individuum du gehörst. Ein Buch ist allgemeingültig; es kann nicht spezifisch sein, das ist unmöglich. Nur ein lebender Meister kann erkennen, was für dich notwendig ist und was mit dir geschehen wird.

Es ist wirklich paradox: Schriften sprechen über Gurus – *Guru bin gnana nahee,* ohne Guru kein Wissen – aber Gurus sind auf symbolische Weise gegen die Schriften. Die Vorstellung, dass der Guru dir zu Wissen verhilft, heißt nicht, dass er Wissen an dich weitergibt. Es heißt vielmehr, dass nur ein lebender Meister wirklich helfen kann. Warum? Weil nur er den Einzelnen, das Individuum erkennen kann. Kein Buch kann den einzelnen Menschen erkennen; Bücher sind für niemanden im Besonderen geschrieben, sie sind für jeden geschrieben. Wenn dir jedoch eine Methode gegeben werden soll, muss deine Individualität in Betracht gezogen werden, und zwar sehr, sehr genau, auf sehr wissenschaftliche Weise.

Das Wissen, das ein Guru zu übertragen hat, wurde immer im Geheimen, privat, vom Guru an den Schüler weitergegeben. Warum diese Geheimhaltung? Geheimhaltung ist das einzige Mittel, um Wissen zu übertragen. Dem Schüler wird untersagt, mit irgendjemandem darüber zu sprechen. Der Verstand will reden. Wenn du etwas weißt, ist es sehr schwierig, es geheim zu halten; das ist eins der schwierigsten Dinge überhaupt. Aber so war seit jeher die Arbeitsweise der Gurus, der großen Lehrer. Sie geben dir etwas mit der Bedingung, nicht darüber zu sprechen. Warum? Warum diese Geheimhaltung?

Viele sagen, dass die Wahrheit keine Geheimhaltung, keine Verschwiegenheit brauche. Das ist Unsinn! Die Wahrheit braucht mehr Verschwiegenheit als die Unwahrheit, weil sie in den falschen Händen verhängnisvoll werden kann, sie kann gefährlich werden. Sie ist einem bestimmten Menschen gegeben worden, sie ist nur für ihn gedacht, für niemand anderen. Er sollte sie an niemand anderen weitergeben, bevor er nicht selbst an den Punkt kommt, wo seine eigene Individualität verschwindet. Das muss klar sein.

Ein Guru ist jemand, der keine Individualität mehr hat. Nur so kann er tief in deine Individualität schauen. Wenn er selbst noch ein Individuum ist, kann er dich zwar interpretieren, aber er wird nicht in der Lage sein, dich zu erkennen. Zum Beispiel, wenn ich hier bin, wenn es mich als Individuum gibt und ich sage etwas über dich, dann bin ich es, der über dich spricht.

Was ich sage, sagt nichts über dich aus, sondern etwas über mich. Dann kann ich dir nicht helfen, weil ich dich gar nicht wirklich erkennen kann. Alles, was ich über dich weiß, weiß ich nur indirekt, indem ich mich selber kenne. Dieses „Ich bin hier" muss verschwinden. Ich muss eine Abwesenheit sein. Nur dann kann ich tief in dich hineingehen, ganz ohne Interpretation. Nur dann kann ich dich erkennen, wie du bist, und nicht nach meinen Maßstäben. Und nur dann kann ich helfen. Daher die Geheimhaltung.

Es ist also gut, nicht über Kundalini und Chakras zu sprechen. Meditation ist das Einzige, worüber man sprechen sollte, was gelehrt und verstanden werden sollte. Dann folgt alles andere. Kundalini selbst ist keine Lebenskraft, Kundalini ist vielmehr ein spezieller Kanal für die Lebenskraft, eine Energiebahn. Aber die Lebenskraft kann auch andere Energiebahnen nutzen; sie muss nicht die Kundalini benutzen. Es ist möglich, Erleuchtung zu erlangen ohne die Kundalini – aber durch die Kundalini geschieht es am einfachsten und leichtesten.

Wenn die Lebensenergie durch die Kundalini fließt, ist das

Brahma-Randhra der Endpunkt. Wenn die Lebenskraft jedoch einen anderen Weg nimmt – und unendlich viele Wege sind möglich –, dann ist das *Brahma-Randhra* nicht die Endstation. Deshalb ist das Aufblühen des *Brahma-Randhra* nur eine Möglichkeit, wenn die Lebenskraft durch die Kundalini fließt.

Es gibt verschiedene Formen von Yoga, die Kundalini nicht einmal erwähnen. Dann ist auch keine Rede vom *Brahma-Randhra.* Aber die einfachste Route ist Kundalini. Neunzig Prozent derer, die erleuchtet wurden, sind durch die Kundalini dorthin gelangt.

Kundalini und die Chakras befinden sich nicht im physischen Körper. Sie gehören zum ätherischen Körper, aber sie haben Entsprechungspunkte im physischen Körper. Es ist so, als würdest du Liebe empfinden und die Hand auf dein Herz legen. So etwas wie „Liebe" gibt es dort nicht, aber dein Herz, dein physisches Herz, ist ein korrespondierender Punkt. Wenn du die Hand auf dein Herz legst, dann legst du die Hand auf das Chakra, das zum ätherischen Körper gehört, und dieser Punkt entspricht ungefähr dem Sitz deines physischen Herzens.

Die Kundalini gehört zum ätherischen Körper; jeder Fortschritt, den du auf dem Kundalini-Weg machst, wird mit deinem physischen Körper nicht sterben, er bleibt dir. Was du auf diesem Weg erreichst, bleibt dir, denn es gehört nicht zu deinem physischen Körper. Wäre es ein Teil deines physischen Körpers, dann würde es mit jedem Tod verloren gehen und du müsstest immer wieder von vorne beginnen. Aber wenn jemand das dritte Chakra erreicht hat, dann kann er diesen Fortschritt in sein nächstes Leben mitnehmen. Er geht mit ihm, denn er ist im ätherischen Körper gespeichert.

Wenn ich sage, dass die Lebensenergie durch Kundalini aufsteigt, dann verstehe ich Kundalini als Energiebahn – die gesamte Energiebahn, die die sieben Chakras miteinander verbindet. Diese Chakras sind nicht Teil des physischen Körpers.

Also alles was über Kundalini gesagt werden kann, wird über den ätherischen Körper gesagt. Wenn die Lebenskraft durch Kundalini fließt, beginnen die Chakras zu vibrieren und aufzublühen. Sobald

Energie in sie strömt, werden sie lebendig. Es ist, wie wenn man durch Wasser Elektrizität erzeugt. Die Kraft und der Wasserdruck lassen den Dynamo rotieren. Ohne Druck und ohne Wasser könnte der Dynamo nicht arbeiten, er würde stillstehen. Der Dynamo rotiert nur durch den Druck. In gleicher Weise funktionieren die Chakras, sie bleiben so lange leblos, bis die Lebenskraft in sie einströmt, nur dann beginnen sie zu rotieren. Deswegen nennt man sie „Chakras".

„Chakra" ist mit dem Begriff „Zentrum" nicht genau übersetzt, denn Zentrum bedeutet etwas Statisches, während „Chakra" etwas ist, das sich bewegt. Die richtige Übersetzung wäre also „Rad", nicht Zentrum, oder dynamisches Zentrum oder rotierendes Zentrum, ein Zentrum mit Bewegung. Ein Chakra ist ein Zentrum, solange es nicht von Lebensenergie durchflutet wird. Erst wenn die Lebensenergie es erreicht, ist es ein Chakra: kein Zentrum mehr, sondern ein rotierendes Rad. Und jedes Rad schafft durch die Rotation eine neue Art von Energie. Diese Energie wird wiederum benutzt, um weitere Chakras zum Rotieren zu bringen. Indem die Lebenskraft durch die einzelnen Chakras fließt, wird sie immer vitaler, immer lebendiger.

Kundalini ist der Kanal, durch den die Lebenskraft fließt. Die Lebenskraft ist im Sexzentrum angesiedelt, im Sexzentrum, dem *Muladhar*, gespeichert. Sie kann als Sexenergie genutzt werden, dann erzeugt sie eine bestimmte Art von Leben, ein biologisches Leben. Auch dabei schafft sie Bewegung, auch dabei erzeugt sie neue Energie, aber es ist eine biologische. Wenn dieselbe Energie aufwärts fließt, öffnet sich der Kundalini–Kanal.

Das Sexzentrum, das *Muladhar*, ist das erste Chakra, das sich öffnet. Es kann sich entweder in Richtung biologischer Zeugung oder in Richtung spiritueller Zeugung öffnen. Das *Muladhar* hat zwei Öffnungen, eine tiefere und eine höhere. Das höchste Zentrum des Kundalini-Kanals ist das *Sahasrar*, dessen Mittelpunkt das *Brahma-Randhra* ist. Das Öffnen des *Brahma-Randhra* ist ein Weg zur Selbstverwirklichung, Erleuchtung.

Auch andere Wege sind möglich, bei denen der Kundalini-Kanal nicht benutzt wird, aber sie sind mühsamer. Bei diesen anderen Methoden wird Kundalini nicht erwähnt, es gibt keine Bewegung durch diese Energiebahn. Es gibt Hindu-Methoden: *Raja*-Yoga, *Mantra*-Yoga und all die vielen tantrische Techniken.

Es gibt christliche Methoden, buddhistische Methoden, Zen-Methoden und taoistische Methoden. Sie befassen sich nicht mit dem Öffnen der Kundalini, dieser Weg wird nicht benutzt. Sie benutzen andere Wege, Energiebahnen, die nicht einmal zum ätherischen Körper gehören. Astrale Energiebahnen können benutzt werden, denn der Astralkörper, der dritte Körper, hat seinen eigenen Kanal. Und der mentale Körper, der vierte Körper, hat seine eigene Energiebahn.

Alle sieben Körper haben ihre eigenen Energiekanäle. Die Methode der Dynamischen Meditation, die ich verwende, arbeitet mit Kundalini. Es ist einfacher, mit Kundalini zu arbeiten, denn es ist der zweite Körper, mit dem du dich befasst. Je tiefer du gehst – zum dritten oder vierten Körper –, desto schwieriger wird es. Der zweite Körper ist deinem physischen Körper am nächsten, und es gibt die korrespondierenden Punkte im physischen Körper, deshalb ist es leichter.

Wenn du mit dem dritten Körper arbeitest, sind die korrespondierenden Punkte im zweiten Körper. Wenn du mit dem vierten Körper arbeitest, sind die korrespondierenden Punkte im dritten Körper. Damit hat dein physischer Körper nichts zu tun; du kannst in deinem physischen Körper überhaupt nichts fühlen. Aber mit Kundalini kannst du jeden Schritt genau fühlen und du weißt, wer du bist. Das gibt dir mehr Zuversicht. Bei den anderen Methoden musst du erst Techniken lernen, die es dir ermöglichen, die korrespondierenden Punkte im zweiten oder dritten Körper zu fühlen, und das braucht seine eigene Zeit und Kraft.

Andere Methoden verleugnen Kundalini, aber zu Unrecht. Sie negieren Kundalini, weil sie sich nicht damit befassen. Kundalini hat ihre eigene Methodik. Wenn du mit einer Zen-Methode arbeitest, braucht dich Kundalini nicht zu interessieren. Aber manchmal bekommst du Kundalini zu spüren, selbst wenn du mit einer anderen Methode arbeitest; denn die sieben Körper greifen ineinander, sie sind miteinander verbunden. Wenn du also mit dem Astralkörper, dem dritten Körper, arbeitest, kann dabei der zweite Körper aktiviert werden; vom dritten Körper kann ein Funke überspringen. Umgekehrt ist dies nicht möglich.

Wenn du mit dem zweiten Körper arbeitest, greift die Energie nicht auf den dritten Körper über, denn der zweite Körper ist niedriger als der dritte. Aber wenn du mit dem dritten arbeitest, dann erzeugst du Energie, die zum zweiten fließen kann, ohne dass du etwas dafür tust. Energie fließt nach unten. Da dein zweiter Körper tiefer liegt als der dritte, kann er manchmal von Energie, die im dritten Körper erzeugt wird, überschwemmt werden.

Kundalini kann man auch bei anderen Methoden fühlen; aber wenn jemand Methoden lehrt, die nichts mit Kundalini zu tun haben, wird er dir nicht erlauben, darauf zu achten. Wenn du deine Aufmerksamkeit darauf richtest, wird sich immer mehr Energie sammeln. Die ganze Methode, die nichts mit Kundalini zu tun hatte, wird dadurch zerstört. Weil Lehrer anderer Methoden nichts über Kundalini wissen, wissen sie auch nicht, wie man damit arbeitet. Lehrer anderer Methoden lehnen Kundalini ganz und gar ab. Sie werden sagen, es ist Unsinn, es ist nur Einbildung, sie werden sagen, du projizierst. Befass dich nicht damit, beachte es nicht. Und wenn du nicht darauf achtest und weiter am dritten Körper arbeitest, wird die Kundalini nach und nach aufhören zu fließen. Die Energie wird dann nicht mehr zum zweiten Körper fließen und das ist gut so.

Wenn du also mit einer Methode arbeitest, bleibe total bei dieser Methode. Lass dich auf keine andere Methode ein, denk nicht einmal über eine andere Methode nach, denn das schafft Verwirrung. Und der Kundalini-Kanal ist so fein und so unbekannt, dass Verwirrung hier leicht Schaden anrichtet.

Meine Methode der Dynamischen Meditation arbeitet mit der Kundalini. Selbst wenn du nur deinen Atem beobachtest, hilft es der

Kundalini, denn der Atem, der von *Prana*, der Lebensenergie, begleitet wird, hat mit dem zweiten, dem ätherischen Körper zu tun. *Prana* betrifft nicht deinen physischen Körper. Es wird vom physischen Körper aufgenommen, es wird von deinem physischen Körper herausgezogen, doch der physische Körper ist nur das Tor.

Prana gehört zum ätherischen Körper. Die Lungen besorgen das Atmen, aber sie tun es für den ätherischen Körper. Dein physischer Körper, der erste Körper, arbeitet für den ätherischen, den zweiten Körper. Genauso arbeitet der ätherische Körper für den astralen, den dritten Körper und dieser arbeitet für den mentalen Körper, den vierten Körper.

Dein physischer Körper ist das Tor zum zweiten Körper. Der zweite Körper ist so feinstofflich, dass er nicht in direktem Kontakt mit der materiellen Welt stehen kann; deshalb verwandelt dein physischer Körper zuerst alle grobe Materie in energetische Formen, damit diese dem zweiten Körper als Nahrung dienen können. Alles, was die Sinne aufnehmen, wird in energetische Formen umgewandelt, dann wird es zur Nahrung für den zweiten Körper. Dann verarbeitet der zweite Körper es in noch feinere Formen, und dann wird es zur Nahrung für den dritten Körper. Zum Beispiel kannst du keine Erde essen; aber in Gemüse ist das Element Erde in umgewandelter Form enthalten, dann kann man sie essen. Das Pflanzenreich verwandelt Erde in eine lebendige, feinstoffliche Form. Jetzt kannst du sie zu dir nehmen. Du kannst auch kein Gras essen, das macht die Kuh für dich. Und die Kuh verwandelt das Gras in Milch. Dann kannst du es aufnehmen, als Milch trinken.

Auf dieselbe Weise nimmt dein erster Körper Materie auf und verwandelt sie in Energie, die vom zweiten Körper aufgenommen wird. Der Atem wird von deinen Lungen aufgenommen. Die Lungen sind Maschinen, die für den zweiten Körper arbeiten. Wenn der zweite Körper stirbt, bleiben die Lungen in Ordnung, aber sie atmen nicht mehr. Der Atem ist verschwunden.

Der zweite Körper ist der Herr des ersten Körpers und der dritte Körper ist der Herr des zweiten Körpers. Jeder Körper ist der Diener des nächst höheren. Bewusstheit beim Atmen hilft bei der Arbeit mit der Kundalini. Es erzeugt Energie, es erhält Energie und hilft der Lebenskraft, nach oben zu fließen. Meine ganze Methode ist auf Kundalini ausgerichtet. Wenn diese Methode erst einmal verstanden wird, kann alles mit ihr erreicht werden. Jetzt wird nichts Zusätzliches mehr gebraucht.

Das letzte Chakra, das *Sahasrar*, kann mit jeder beliebigen Methode erreicht werden. *Sahasrar* und *Brahma-Randhra* sind die Namen für das siebte Chakra im Kundalini-Yoga. Wenn du nicht mit Kundalini arbeitest, wenn du am dritten Körper arbeitest, dann wirst du diesen Punkt auch erreichen, aber er wird nicht als *Brahma-Randhra* bezeichnet werden, und die ersten sechs Chakras gibt es nicht. Du bist durch einen anderen Energiekanal gegangen, also sind die Meilensteine zwar verschieden, aber das Ziel ist dasselbe. Alle sieben Körper sind mit dem siebten Chakra verbunden, deshalb kann es von überall her erreicht werden.

Man darf nicht zwei Energiekanäle, zwei Methoden gleichzeitig benutzen. Sonst schafft man Verwirrung, verteilt sich auf zwei Kanäle. Jede Methode sollte die gesamte Energie in eine Dimension kanalisieren. Und genau das bewirkt die Dynamische Meditation; deshalb beginnt sie mit zehn Minuten tiefen und schnellen Atmens.

Die Entwicklungsstadien der feinstofflichen Körper

Kann man unwahre Erfahrungen von Kundalini projizieren? Du bezeichnest sie nicht als spirituelle, sondern als seelische Erfahrungen. Du hast auch gesagt, dass Kundalini nur ein seelisches Phänomen ist. Heißt das, dass es zwei Zustände von Kundalini gibt - einen seelischen und einen spirituellen?

Damit ihr das verstehen könnt, muss die Struktur der verschiedenen feinstofflichen Körper ausführlich dargelegt werden. Das Individuum kann in sieben Körper unterteilt werden. Der erste Körper ist der physische Körper, den wir kennen. Der zweite ist der ätherische Körper und der dritte – der über diesen zweiten hinausgeht – ist der Astralkörper. Der vierte – der über diesen hinausgeht – ist der mentale oder Seelenkörper; und der fünfte – der wiederum über diesen hinausgeht – ist der spirituelle Körper. Der sechste geht über den fünften hinaus und wird der kosmische Körper genannt. Der siebte und letzte ist dann der *Nirvana Sharir* oder der nirvanische Körper, der körperlose Körper.

Ein wenig mehr Information über diese sieben Körper wird euch ermöglichen, die Kundalini voll und ganz zu verstehen. In den ersten sieben Lebensjahren wird ausschließlich der Sthul Sharir, der physische Körper geformt. Die anderen Körper existieren nur in Samenform. Sie haben das Potenzial zu wachsen, aber am Anfang des Lebens liegen sie noch brach. Die ersten sieben Jahre sind daher Jahre der Beschränkung. Der Intellekt, die Emotionen oder Begierden unterliegen während dieser Jahre keinem Wachstum. Nur der physische Körper entwickelt sich während dieser Phase.

Manche Leute werden nie älter als sieben; sie bleiben auf diesem Entwicklungsstand stehen und sind vergleichbar mit Tieren. Tiere entwickeln sich nur im physischen Körper, die anderen Körper in ihnen bleiben unberührt in ihnen.

In den nächsten sieben Jahren – von sieben Jahren bis vierzehn Jahren – entwickelt sich der *Bhawa Sharir*, der ätherische Körper. Diese sieben Jahre sind Jahre emotionalen Wachstums des Individuums. Daher wird die sexuelle Reife, welches die intensivste Form von Emotion ist, im Alter von vierzehn erreicht. Nun bleiben einige Leute in diesem Stadium stehen. Ihre physischen Körper wachsen weiter, aber sie bleiben in den ersten beiden Körpern stecken.

In der dritten Siebenjahresperiode – zwischen vierzehn und einundzwanzig Jahren – entwickelt sich der *Sukshma Sharir*, der Astralkörper. Im zweiten Körper werden Emotionen entwickelt, im dritten Körper werden Vernunft, Denken, Intellekt entwickelt. Deshalb macht kein Gerichtshof ein Kind bis zum Alter von sieben Jahren für seine Taten verantwortlich, denn das Kind hat nur einen physischen Körper. Wir behandeln das Kind genau so, wie ein Tier, wir können es nicht verantwortlich machen. Selbst wenn ein Kind ein Verbrechen verübt, nimmt man an, dass es das unter Anleitung eines anderen getan hat – dass der wirkliche Verbrecher jemand anders ist.

Nach der Entwicklung des zweiten Körpers erreicht man das Erwachsenenalter. Es handelt sich dabei um das Erwachsenenalter der Sexualität. Mit dieser Entwicklung hat die Natur ihre Aufgabe beendet, und deshalb ist die Natur bis zu diesem Entwicklungsstand zu voller Zusammenarbeit bereit. Zu diesem Zeitpunkt ist der Mensch allerdings noch kein Mensch im wahrsten Sinne des Wortes. Der dritte Körper, in dem sich Vernunft, Intellekt und Denkfähigkeit entwickeln, ist das Ergebnis von Erziehung, Zivilisation und Kultur. Deshalb wird einem Menschen das Wahlrecht verliehen, wenn er einundzwanzig Jahre alt ist. Obwohl dies auf der ganzen Welt vorherrschend ist, diskutieren einige Länder, ob sie bereits Achtzehnjährigen das Wahlrecht verleihen sollten. Das ist verständlich; da sich der Mensch immer weiter entwickelt, wird die übliche Spanne von sieben Jahren für das Wachstum eines jeden Körpers immer kürzer.

Überall auf der Welt kommen Mädchen bereits mit dreizehn bis vierzehn Jahren in die Pubertät. In den letzten dreißig Jahren hat sich das Einsetzen der Pubertät immer mehr verfrüht. Sogar ein Mädchen von elf Jahren kann in die Pubertät kommen. Das Herabsetzen des Wahlalters auf achtzehn ist ein Zeichen dafür, dass der Mensch heutzutage in achtzehn Jahren die Arbeit von einundzwanzig Jahren abgeschlossen hat. Normalerweise werden jedoch für die Entwicklung des dritten Körpers einundzwanzig Jahre benötigt und die Entwicklung des Großteils der Menschen geht nicht darüber hinaus. Ihr Wachstum hört mit der Entwicklung des dritten Körpers auf und bis zum Ende ihres Lebens entwickeln sie sich nicht mehr weiter.

Den vierten Körper nenne ich den Seelenkörper – *Manas Sharir.* Dieser Körper hat seine eigenen wunderbaren Erfahrungen. Ein Mensch, dessen Intellekt nicht entwickelt ist, mag vielleicht nicht fähig sein, sich für Mathematik zu interessieren oder Freude daran zu finden. Die Mathematik hat ihren eigenen Zauber. Nur ein Einstein kann sich so darin verlieren, wie ein Musiker in seiner Musik oder ein Maler in seinen Farben. Für Einstein war Mathematik keine Arbeit, sondern Spiel. Aber der Intellekt muss erst einmal einen solchen Gipfel der Entwicklung erreicht haben, um Mathematik in Spiel verwandeln zu können.

Mit jedem Körper, der sich entwickelt, öffnen sich vor uns unendliche Möglichkeiten. Jemand, der seinen ätherischer Körper nicht entwickelt hat, der nach den ersten sieben Jahren seiner Entwicklung stehen bleibt, wird kein Interesse an einem Leben haben, das über Essen und Trinken hinausgeht. Deshalb geht es bei der Kultur jener Zivilisationen, wo die Mehrheit der Menschen sich nur bis zum ersten Körper entwickelt haben, einzig und allein um Gaumenfreuden. Bei der Zivilisation, wo die Mehrheit der Menschen im zweiten Körper stehen geblieben sind, wird sich alles um Sex drehen. Ihre Persönlichkeit, ihre Literatur, ihre Musik, ihre Filme und Bücher, ihre Dichtung und Malerei, sogar ihre Häuser und Fahrzeuge werden sich alle um Sex drehen: All diese Dinge werden total mit Sex durchdrungen sein, mit Sexualität.

In einer Zivilisation, in der sich der dritte Körper voll entwickelt hat, werden die Menschen intellektuell und kontemplativ sein. Immer wenn die Entwicklung des dritten Körpers in einer Gesellschaft oder einer Nation sehr wichtig wird, finden viele intellektuelle Revolutionen statt. In Bihar waren zu Buddhas und Mahaviras Zeiten die Mehrheit der Menschen von diesem Format. Aus diesem Grund wurden in der kleinen Provinz Bihar acht Personen vom Format eines Buddha und Mahavira geboren. Noch dazu gab es zu jener Zeit Tausende andere, die begabte Genies waren. Dieselben Bedingungen herrschten in Griechenland zu Zeiten von Sokrates und Plato; genau dieselben Voraussetzungen gab es in China zu Zeiten von Laotse und Konfuzius. Und es ist noch erstaunlicher, dass all diese leuchtenden Wesen innerhalb einer Zeitspanne von fünfhundert Jahren existierten. Innerhalb dieser fünfhundert Jahre erreichte die Entwicklung des dritten Körpers im Menschen ihren Höhepunkt. Im Allgemeinen bleibt der Mensch beim dritten Körper stehen. Der Großteil der Menschen entwickelt sich nach einundzwanzig Jahren nicht weiter.

Im vierten Körper sind ungewöhnliche Erfahrungen möglich. Hypnose, Telepathie, Hellsehen sind Potenziale des vierten Körpers. Menschen können ohne die Begrenzung von Zeit und Raum miteinander in Kontakt treten; sie können ohne weiteres die Gedanken eines anderen lesen oder sie können Gedanken an jemanden senden. Ohne irgendeine äußere Hilfe kann man den Samen eines Gedankens in einen anderen Mensch einpflanzen. Ein Mensch kann eine Reise außerhalb seines Körpers machen; er kann Astralprojektionen machen und sich von seinem physischen Körper getrennt sehen.

Im vierten Körper verfügt man über ungewöhnliche Möglichkeiten, aber normalerweise entwickeln wir diesen Körper nicht, denn es gibt viele Gefahren und auch viele Täuschungen. Wenn die Dinge immer subtiler werden, nimmt die Möglichkeit von Täuschungen zu. Es ist schwierig herauszufinden, ob ein Mensch wirklich seinen Körper verlassen hat oder nicht. Er kann träumen, dass er seinen Körper verlassen hat, und er kann es auch tatsächlich tun.

In beiden Fällen gibt es keinen anderen Zeugen außer ihm selbst. Es gibt also jede Möglichkeit der Täuschung. Die Welt, die mit dem vierten Körper beginnt, ist subjektiv, wohingegen die vorherige Welt objektiv ist. Wenn ich eine Rupie in der Hand habe, kann ich sie sehen, kannst du sie sehen, können fünfzig andere sie auch sehen. Es ist eine gewöhnliche Wirklichkeit, an der wir alle teilhaben können, und es kann untersucht werden, ob es die Rupie gibt oder nicht. Aber im Bereich meiner Gedanken kannst du kein Partner sein, noch kann ich ein Partner im Bereich deiner Gedanken sein. Ab hier beginnt die persönliche Welt mit all ihren Fallstricken; keine unserer äußeren Gültigkeitsregeln lässt sich hier anwenden.

Die Welt der Täuschungen beginnt also mit dem vierten Körper. Alle Täuschungen der vorhergehenden drei Körper können durchschaut werden. Die größte Gefahr besteht darin, dass es nicht unbedingt so ist, dass der Täuschende sich der Tatsache bewusst ist, dass er täuscht. Er kann täuschen, ohne es zu wissen – sowohl sich selbst als auch andere. Auf dieser Ebene sind die Dinge so subtil, so ungewöhnlich und so persönlich, dass man keine Mittel hat, die Gültigkeit seiner Erfahrungen zu überprüfen. Also lässt sich nicht sagen, ob man sich die Dinge einbildet oder ob sie einem wirklich geschehen.

Deshalb haben wir immer versucht, die Menschheit vor diesem vierten Körper zu bewahren, und diejenigen, die sich diesen Körper zunutze gemacht haben, wurden immer verdammt und verleumdet. Hunderte von Frauen wurden in Europa als Hexen verbrannt, da sie die Fähigkeiten des vierten Körpers nutzten.

Hunderte, die Tantra praktizierten, wurden in Indien aufgrund des vierten Körpers getötet. Sie kannten einige Geheimnisse, die gefährlich für Menschen zu sein schienen. Sie wussten, was in deinem Kopf vorging; sie wussten, wo sich die Dinge in deinem Haus befinden, ohne es je betreten zu haben. So wurde auf der ganzen Welt der Bereich des vierten Körpers als „schwarze Magie“ bezeichnet, da man nie wissen konnte, was geschehen würde.

Wir haben immer unser Möglichstes getan, um den Fortschritt daran zu hindern, über den dritten Körper hinauszugehen, denn der vierte Körper ist uns immer sehr gefährlich erschienen. Es gibt Gefahren, aber gleichzeitig gibt es auch erstaunliche Gewinne. Anstatt den Fortschritt aufzuhalten, wäre Forschung notwendig. Dann hätten wir Wege finden können, um die Gültigkeit unserer Erfahrungen zu überprüfen. Jetzt gibt es wissenschaftliche Instrumente, und auch die Verständnisfähigkeit des Menschen ist gewachsen. Man kann also Mittel und Wege finden, genau wie bei vielen anderen wissenschaftlichen Entdeckungen.

Es ist nicht erwiesen, ob Tiere träumen oder nicht. Wie könnte das ermittelt werden, solange ein Tier nicht spricht? Wir wissen, was wir träumen, denn wir stehen morgens auf und sagen, dass wir geträumt haben. Mit großer Ausdauer und Mühe hat man jetzt einen Weg gefunden. Ein Mann hat jahrelang mit Affen gearbeitet, um dies herauszufinden, und es lohnt sich, die Vorbereitungen zu verstehen, die er für das Experiment traf. Er begann damit, dem Affen einen Film zu zeigen. Sobald der Film anfing, bekam der Affe einen elektrischen Schlag. Am Stuhl des Affen war ein Knopf, und er lehrte ihn, immer wenn er den Schlag fühlte, auf diesen Knopf zu drücken. Man setzte ihn jeden Tag auf diesen Stuhl und wenn der Film anfing, fühlte er den Schlag. Dann drückte er auf den Knopf, um den Schmerz zu beenden. So ging es einige Tage; dann ließ man ihn auf dem Stuhl schlafen. Wenn er jetzt zu träumen begann, fing er an, sich unbehaglich zu fühlen, denn für ihn waren der Film auf der Leinwand und der Film in seinem Traum ein und dasselbe. Sofort drückte er auf den Knopf. Immer wieder drückte er auf den Knopf, womit bewiesen wurde, dass er träumte.

Auf diese Weise ist der Mensch jetzt fähig, in die innere Traumwelt der sprachlosen Tiere einzudringen. Auch Meditierer haben Wege gefunden, die Erfahrungen des vierten Körpers von außen zu überprüfen. Jetzt kann bewiesen werden, ob das, was geschieht, wahr oder unwahr ist. Die Erfahrungen der Kundalini im vierten Körper können psychisch sein, aber das macht sie nicht unwahr. Es gibt authentische psychische Zustände und unwirkliche psychische Zustände.

Wenn ich sage, dass die Kundalini nur eine mentale Erfahrung sein könnte, bedeutet das nicht unbedingt, dass sie unecht sind. Mentale Erfahrungen können sowohl unwahr als auch authentisch sein.

Du hast in der Nacht einen Traum. Dieser Traum ist eine Tatsache, denn er ereignet sich. Aber wenn du am Morgen aufwachst, erinnerst du dich vielleicht an einen Traum, den du gar nicht wirklich geträumt hast. Und doch wirst du darauf bestehen, dass du diesen Traum hattest. Das ist dann unwahr. Vielleicht steht jemand morgens auf und sagt, dass er nie träumt. Viele Leute glauben, dass sie nicht träumen. Aber sie träumen die ganze Nacht hindurch, und das ist wissenschaftlich erwiesen. Am Morgen jedoch versichern sie, dass sie niemals träumen. Was sie behaupten, ist absolut unwahr, obwohl sie sich dessen nicht bewusst sind. Tatsächlich erinnern sie sich nicht an ihre Träume. Das genaue Gegenteil findet auch statt: Du erinnerst dich an Träume, die du nie geträumt hast. Auch das ist unwahr.

Träume sind nicht unwahr, sie haben ihre eigene Wirklichkeit. Aber Träume können sowohl wirklich als auch unwirklich sein. Wirkliche Träume sind Träume, die tatsächlich geträumt wurden.

Eine andere Schwierigkeit besteht darin, dass du deinen Traum beim Aufwachen nicht präzise wiedergeben kannst. Aus diesem Grund genoss ein Mensch in alten Zeiten ein hohes Ansehen, wenn er seinen Traum klar und präzise erzählen konnte. Es ist sehr, sehr schwierig, einen Traum genau wiederzugeben. Der Verlauf eines Traums, während er sich ereignet, ist eine Sache; das genaue Gegenteil tritt ein, wenn du dich an ihn erinnerst. Es ist wie ein Film. Wenn wir einen Film sehen, spult sich die Geschichte vom Beginn des Films ab. Genauso spult sich die Spule des Traumgeschehens während des Schlafes in einer Richtung ab und läuft im Wachzustand in die entgegengesetzte Richtung. Daher erinnern wir uns an den letzten Teil des Traums, denn unser Erinnerungsprozess läuft rückwärts ab. Was wir zuerst geträumt hatten, kommt in der Erinnerung zuletzt. Das wäre genau so, als würde man ein Buch vom Ende her zu lesen beginnen, die rückwärts gelesenen Wörter würden ein Chaos verursachen. Sich also an einen Traum zu erinnern und eine wahrheitsgetreue Darstellung davon wiederzugeben, ist eine große Kunst. Im Allgemeinen geben wir, wenn wir uns einen Traum ins Gedächtnis zurückrufen, Geschehnisse wieder, die wir niemals geträumt haben. Wir lassen einen guten Teil des eigentlichen Traumes aus und später vergessen wir auch das meiste andere.

Träume sind Erscheinungen des vierten Körpers, und der vierte Körper hat ein großes Potenzial. Welche *Siddhis* auch immer im Yoga erwähnt werden, sie werden in diesem Körper erlangt. Yoga hat den Meditierer unaufhörlich davor gewarnt, sich darauf einzulassen. Dort besteht die größte Gefahr, in die Irre zu gehen. Sogar wenn du dich in einen seelischen Zustand begibst, hat das keinen spirituellen Wert.

Wenn ich also gesagt habe, dass die Kundalini seelisch ist, meine ich damit, dass sie tatsächlich ein Ereignis des vierten Körpers ist. Deshalb können die Mediziner die Kundalini nicht im menschlichen Körper finden. Es ist also nur verständlich, dass sie die Existenz der Kundalini und der Chakras verleugnen und sie als Einbildung bezeichnen. Es handelt sich um Geschehnisse des vierten Körpers. Der vierte Körper existiert, aber er ist sehr subtil, wir können ihn nicht erfassen. Nur der physische Körper lässt sich fassen. Es gibt jedoch zwischen dem ersten und dem vierten Körper korrespondierende Punkte. Wenn wir sieben Bögen Papier übereinander legen und mit einer Nadel ein Loch hineinstechen würden, sodass alle Bögen durchstochen sind, dann würde das erste Blatt Papier, auch wenn das Loch aus ihm verschwinden würde, noch eine Markierung tragen, die mit den Löchern in den übrigen Blättern übereinstimmt. Dann hat das erste Papier, obwohl es kein Loch mehr hat, doch den Punkt, der direkt mit den Nadellöchern in den übrigen Blättern übereinstimmt, wenn es darübergelegt wird. Chakras, Kundalini und so weiter gehören also nicht zum ersten Körper als solchem, aber es gibt übereinstimmende Punkte im ersten Körper. Wenn ein Mediziner sie also negiert, hat er nicht Unrecht. Die Chakras und die Kundalini befinden sich in den anderen Körpern, aber im physischen Körper können übereinstimmende Punkte mit ihnen gefunden werden.

Kundalini ist also ein Ereignis im vierten Körper und es ist seelisch. Wenn ich sage, dass dieses seelische Ereignis zweierlei Ausdrucksformen hat – wahr oder unwahr –, dann werdet ihr verstehen, was ich meine. Es ist unwahr, wenn es ein Produkt deiner Vorstellungskraft ist, denn Vorstellungskraft ist auch etwas für den vierten Körper Charakteristisches. Tiere haben kein Vorstellungsvermögen, daher haben sie sehr wenig Erinnerung an die Vergangenheit und keine Ahnung von der Zukunft. Tiere erleben viele Tode, aber sie stellen sich niemals vor, dass sie selbst sterben können; deshalb haben sie keine Angst vor dem Tod. Unter den Menschen gibt es auch viele, die sich nicht mit der Angst vor dem Tod auseinandersetzen. Solch ein Mensch sieht den Tod immer in Verbindung mit anderen und nicht mit sich selbst. Das kommt daher, weil die Vorstellungskraft in seinem vierten Körper noch nicht weit genug entwickelt ist, um in die Zukunft schauen zu können.

Vorstellungskraft kann auch wahr oder unwahr sein. Wahre Vorstellungskraft heißt, dass wir in der Lage sind, vorauszuschauen, dass wir visualisieren können, was bisher noch nicht geschehen ist. Aber sich vorzustellen, dass etwas geschehen wird, was nicht sein kann, was nicht existiert, ist eine falsche Vorstellung. Wenn Imagination in der richtigen Perspektive benutzt wird, wird sie wissenschaftlich; Wissenschaft ist in erster Linie Vorstellungskraft.

Seit Jahrtausenden hat der Mensch vom Fliegen geträumt. Die Menschen, die diese Träume hatten, müssen eine große Vorstellungskraft gehabt haben. Hätte nie ein Mensch vom Fliegen geträumt, wäre es für die Gebrüder Wright unmöglich gewesen, dass erste Flugzeug zu konstruieren. Sie manifestierten den Wunsch des Menschen, fliegen zu können. Es dauerte einige Zeit, diesen Wunsch zu verwirklichen; es wurden Experimente durchgeführt und schließlich gelang es dem Menschen zu fliegen.

Genauso wollte der Mensch seit Jahrtausenden zum Mond fliegen. Zuerst war es nur in seiner Phantasie, langsam und allmählich gewann es an Boden und jetzt ist es verwirklicht worden. Diese Vorstellungen waren authentisch, das heißt, sie waren nicht auf einem falschen Weg. Diese Vorstellungen waren auf dem Weg einer Realität, die zu einem späteren Zeitpunkt entdeckt werden konnte. Ein Wissenschaftler benutzt also auch seine Vorstellungskraft, ebenso wie ein Verrückter.

Wenn ich sage, dass Wissenschaft hauptsächlich Vorstellungskraft ist und dass Verrücktheit auch Vorstellungskraft ist, dann glaubt nicht, dass sie ein und dasselbe seien. Ein Verrückter bildet sich Dinge ein, die nicht existieren und die in keiner Beziehung zur physischen Welt stehen. Der Wissenschaftler stellt sich auch etwas vor, er stellt sich Dinge vor, die in direkter Beziehung zur physischen Welt stehen. Und wenn es zunächst nicht den Anschein hat, dann besteht doch absolut die Möglichkeit, dass es in Zukunft einmal so sein wird.

Innerhalb der Möglichkeiten des vierten Körpers besteht immer die Aussicht, sich zu irren. Dann beginnt die unwahre Welt. Deshalb ist es am besten, keinerlei Erwartungen zu hegen, wenn wir uns in den vierten Körper begeben. Dieser vierte Körper ist der seelische Körper. Wenn ich zum Beispiel ins Erdgeschoss dieses Hauses hinuntergehen will, muss ich nach einem Lift oder einer Treppe Ausschau halten, um dies zu tun. Aber wenn ich in meinen Gedanken hinuntergehen will, dann besteht keine Notwendigkeit für einen Lift oder eine Treppe. Ich kann einfach hier sitzen und gleichzeitig nach unten gehen.

Die Gefahr von Vorstellungskraft und Gedanken ist, dass man nichts anderes tun muss, als sich etwas vorzustellen oder zu denken, und deshalb kann es jeder tun. Wenn noch dazu jemand diesen Bereich mit vorgefassten Ideen und Erwartungen betritt, dann verliert er sich in ihnen, denn dann ist der Verstand nur allzu bereit zusammenzuarbeiten. Er wird sagen: „Du willst deine Kundalini erwecken? Aber ja doch! Sie setzt sich in Bewegung … sie ist aufgestiegen“. Dann fängst du an dir einzubilden, dass deine Kundalini aufsteigt, und der Verstand wird dich bei diesen falschen Gefühlen ermutigen, und letztendlich wirst du fühlen, dass sie völlig erwacht ist und dass deine Chakras voll aktiviert sind. Aber es gibt eine Methode, die Gültigkeit dessen zu überprüfen, und die besteht darin, dass sich mit der Öffnung eines jeden Chakras eine deutlich wahrnehmbare Veränderung in deiner Persönlichkeit vollzieht.

Diese Veränderung kannst du dir nicht einbilden oder vorher ausdenken, denn diese Veränderung findet in der Welt der Materie statt. So kannst du zum Beispiel, wenn die Kundalini erwacht, keine Rauschmittel nehmen, das ist unmöglich. Der mentale Körper wird sehr schnell von Alkohol beeinflusst, denn er ist sehr empfindsam. Aus diesem Grund – und es wird euch überraschen, das zu erfahren – wird eine Frau, wenn sie Alkohol zu sich nimmt, gefährlicher als ein Mann. Das kommt daher, dass ihr mentaler Körper sogar noch empfindsamer ist und sehr schnell angegriffen wird, sodass sich die Dinge ihrer Kontrolle entziehen.

Aus diesem Grund haben sich die Frauen vor dieser Gefahr durch gewisse Regeln in der Gesellschaft geschützt. Das ist ein Gebiet, wo die Frau keine Gleichberechtigung mit dem Mann gesucht hat, obwohl sie es leider neuerdings versucht. An dem Tag, an dem sie auf diesem Gebiet gleichberechtigt mit dem Mann ist und den Mann darin übertreffen will, wird sie sich selbst einen solchen Schaden zufügen, wie keine Handlung eines Mannes ihr je zugefügt hat.

Im vierten Körper kann das Erwachen der Kundalini nicht dadurch bewiesen werden, dass du über die Erfahrung sprichst, denn du kannst dir, wie ich schon sagte, das Erwachen und die Erfahrung der Kundalini auch vormachen. Sie kann nur durch deine konkreten Eigenschaften beurteilt werden, ob tatsächlich eine radikale Veränderung in deiner Persönlichkeit eingetreten ist. Sobald die Energie erweckt ist, gibt es unmittelbare Anzeichen der Veränderung in dir. Aus diesem Grund sage ich, dass das Verhalten ein äußeres Kriterium ist und nicht das Kriterium der inneren Ursache. Es ist ein Kriterium dafür, was im Innern geschehen ist. Wenn die Energie erwacht, wird es dem Meditierer unmöglich, irgendwelche Rauschmittel zu nehmen. Wenn er sich Drogen oder Alkohol hingibt, zeigt sich, dass all seine Erfahrungen nur eingebildet sind.

Nach dem Erwachen der Kundalini verschwindet jeder Hang zu Gewalt. Der Meditierer wendet nicht nur keine Gewalt an, sondern er trägt nicht einmal ein Gefühl von Gewalt in sich. Der Drang, gewalttätig zu sein, der Drang, anderen wehzutun, kann nur bestehen, solange die vitale Energie schläft. In dem Augenblick, in dem sie erwacht, hört der andere auf, der andere zu sein, und deshalb kann man ihm nicht mehr wehtun wollen. Dann braucht ihr den Drang zur Gewalt in euch nicht mehr zu unterdrücken, denn ihr könnt nicht mehr gewalttätig sein.

Wenn du merkst, dass du das Gefühl von Gewalttätigkeit unterdrücken musst, weißt du auch, dass deine Kundalini nicht erweckt ist. Wenn du deinen Weg bei offenen Augen immer noch mit einem Stock ertasten musst, dann weißt du, dass die Augen noch nicht sehen können, ganz gleich, wie sehr du das Gegenteil beteuerst – denn du hast deinen Stock noch nicht losgelassen. Ob ein Außenstehender herausfinden kann, ob du sehen kannst oder nicht, hängt ganz von deinen Handlungen ab. Dein Stock, dein Stolpern und dein unsteter Gang beweisen, dass deine Augen noch nicht sehen können.

Mit dem Erwachen wird sich dein Verhalten radikal verändern, und all die religiösen Gelübde wie die des *Mahavrata* – keine Gewalt, kein Stehlen, keine Habgier, Zölibat und volle Bewusstheit – werden leicht und natürlich für dich. Dann weißt du, dass deine Erfahrung authentisch ist. Sie ist zwar seelisch, aber dennoch authentisch. Jetzt kannst du weiter fortschreiten. Wenn du auf einem authentischen Weg bist, kannst du vorwärtskommen, sonst nicht. Du kannst nicht für immer im vierten Körper bleiben, denn er ist nicht das Ziel. Es gibt noch weitere Körper, die durchschritten werden wollen.

Nur sehr Wenige sind fähig den vierten Körper zu entwickeln. Deshalb gibt es heute in der Welt Menschen, die Wunder vorführen. Wenn bei jedem Menschen der vierte Körper entwickelt wäre, würden die Wunder sofort aus der Welt verschwinden. Wenn es eine menschliche Gesellschaft gäbe, deren Entwicklung mit dem vierzehnten Lebensjahr stehen geblieben wäre, würde man von jemandem, der sich ein klein wenig weiterentwickelt hätte, der addieren und subtrahieren könnte, glauben, dass er ein Wunder vollbringt. Wenn jemand vor tausend Jahren das exakte Datum einer

Sonnenfinsternis voraussagte, wurde dies als Wunder angesehen, das nur wirklich weise Menschen vollbringen konnten. Heute wissen wir, dass uns diese Information sogar eine Maschine geben kann. Es ist eine Frage der Berechnung und dazu braucht man keine Astronomen oder Propheten oder einen Gelehrten. Ein Computer kann nicht nur eine Sonnenfinsternis, sondern Millionen von Sonnenfinsternissen berechnen. Er kann sogar den Tag voraussagen, an dem die Sonne erkalten wird – denn all das sind Berechnungen. Die Maschine kann mit den eingegebenen Daten berechnen, dass die Quantität der Energie, die die Sonne täglich aussendet, geteilt durch die gesamte Energie der Sonne, die Anzahl der Jahre ergibt, die die Sonne existieren wird. Aber all das sieht für uns heutzutage nicht wie ein Wunder aus, denn jetzt sind wir alle bis zum dritten Körper entwickelt.

Vor tausend Jahren war es ein großes Wunder, wenn ein Mensch prophezeite, dass sich im nächsten Jahr, in einem bestimmten Monat, in einer bestimmten Nacht eine Mondfinsternis ereignen würde. Er wurde als übermenschlich betrachtet. Die „Wunder", die heutzutage geschehen – der magische Zauber, die Asche, die aus Bilderrahmen rieselt – sind alle gewöhnliche Vorkommnisse des vierten Körpers. Aber da wir es nicht kennen, ist es für uns ein Wunder.

Es ist so, als würdest du unter einem Baum stehen, auf dem ich sitze und wir unterhalten uns. Von weitem sehe ich einen Karren kommen und sage zu dir, dass in etwa einer Stunde ein Karren kommen und unter dem Baum anhalten wird. Du wirst sagen: „Bist du ein Prophet? Du sprichst in Rätseln. Hier ist nirgendwo ein Karren. Ich glaube nicht, was du sagst". Aber nach einer Stunde hat der Karren den Baum erreicht und du wirst meine Füße berühren und sagen: „Geliebter Meister, meine Hochachtung! Du bist ein Prophet". Und der Unterschied bestand nur darin, dass ich auf einer etwas höheren Ebene saß als du – auf dem Baum – von wo ich den Karren eine Stunde früher sehen konnte als du. Ich habe nicht über die Zukunft gesprochen, ich habe sehr wohl in der Gegenwart gesprochen. Aber zwischen meiner und deiner Gegenwart liegt ein Unterschied von einer Stunde, weil ich auf einer höheren Ebene bin. Für dich wird es erst nach einer Stunde zur Gegenwart werden, aber für mich ist es bereits jetzt gegenwärtig.

Je tiefer ein Mensch in sein inneres Sein eindringt, ein umso größeres Wunder erscheint es denjenigen, die sich noch an den äußeren Schichten befinden. Dann wird alles, was dieser Mensch tut, zum Wunder für uns, denn wir haben keine Möglichkeiten, diese Vorgänge zu beurteilen, da wir die Gesetze des vierten Körpers nicht kennen. Auf diese Art finden Magie und Wunder statt, sie sind nur ein kleiner Teil der Entwicklung des vierten Körpers. Wenn wir also die Wunder in dieser Welt beenden wollen, wird dies nicht erreicht, indem wir zu den Massen predigen. Genau wie wir dem Menschen die Erziehung des dritten Körpers gegeben haben, indem wir ihn Sprachen und Mathematik gelehrt haben, müssen wir ihn nun für den vierten Körper erziehen. Jeder Mensch muss sich entsprechend qualifizieren, denn nur dann werden die Wunder aufhören. Falls nicht, wird der eine oder andere dies immer wieder ausnutzen. Der vierte Körper entwickelt sich bis zum achtundzwanzigsten Lebensjahr – das heißt noch sieben Jahre weiter. Aber nur sehr wenige Menschen sind fähig, diesen zu entwickeln.

Der *Atman Sharir* – der fünfte Körper, der spirituelle Körper – ist von großem Wert. Wenn sich das Wachstum im Leben auf die richtige Weise vollzieht, dann sollte sich dieser Körper im Alter von fünfunddreißig Jahren voll entwickelt haben. Das ist jedoch eine weit entfernte Idee, denn selbst den vierten Körper haben nur sehr wenige Menschen entwickelt. Aus diesem Grund sind Themen wie die Seele oder Ähnliches nur Gegenstand unserer Diskussionen; die Worte haben keinen Inhalt.

Wenn wir *Atman* sagen, ist es lediglich ein Wort, ohne Bedeutung. Wenn wir „Wand" sagen, dann ist das nicht nur ein Wort, sondern es hat auch eine Substanz; wir wissen, was das Wort „Wand" bedeutet. Aber das Wort *Atman* hat keine Bedeutung für uns, denn wir haben kein Wissen, keine Erfahrung von *Atman*. Das ist unser fünfter Körper, und nur wenn die Kundalini im vierten Körper erwacht ist, ermöglicht dies den Eintritt in den fünften, sonst können wir nicht eindringen. Wir sind uns des vierten Körpers nicht bewusst, also wird uns der fünfte auch unbekannt bleiben.

Nur sehr wenige Menschen haben den fünften Körper entdeckt; wir nennen sie auch Geistheiler. Diese Menschen halten den fünften Körper für das Ende der Reise und sagen: „Den *Atman* erlangen heißt, alles erlangen". Aber die Reise ist noch nicht zu Ende. Ein Mensch, der beim fünften Körper anhält, verleugnet Gott. Er sagt: „Es gibt keinen *Brahman*, es gibt keinen *Paramatman*", genauso wie derjenige, der im ersten Körper feststeckt, die Existenz des *Atman* verleugnen würde. Genau wie der Materialist sagt: „Der Körper ist alles; wenn der Körper stirbt, stirbt alles", so erklärt der Spiritualist: „Es gibt nichts, was über den *Atman* hinausgeht. Der *Atman* ist alles, er ist der höchste Seinszustand". Aber das betrifft nur den fünften Körper.

Der sechste Körper ist der *Brahman Sharir* – der kosmische Körper. Wenn ein Mensch sich über den *Atman* hinaus entwickelt, wenn er bereit ist, ihn aufzugeben, gelangt er in den sechsten Körper. Wenn sich die Menschheit auf wissenschaftliche Weise entwickeln würde, wäre die natürliche Entwicklung des sechsten Körpers im Alter von zweiundvierzig abgeschlossen und die des *Nirvana Sharir* – des siebten Körpers – im Alter von neunundvierzig Jahren. Der siebte Körper ist der nirvanische Körper, ein Nicht-Körper, was einem Zustand von Körperlosigkeit entspricht – ein körperloser Zustand. Das ist der höchste Zustand; dort gibt es nur noch die Leere – nicht einmal der *Brahman*, die kosmische Realität, sondern nur die Leere.

Nichts ist geblieben, alles ist verschwunden.

Wenn also jemand Buddha fragte: „Was geschieht dort?" antwortete er: „Die Flamme erlischt". „Was geschieht dann?", fragte man ihn weiter. „Wenn die Flamme verloschen ist, fragt man nicht ‚Wohin ist sie gegangen? Wo ist die Flamme jetzt?' Sie ist verloschen, und das ist alles."

Das Wort *Nirvana* besagt: „Das Verlöschen der Flamme".

„Daher", sagte Buddha, „ereignet sich *Nirvana*."

Den Zustand von *Moksha* erfährt man im fünften Körper. Die Begrenzungen der ersten vier Körper sind überschritten und die Seele wird total frei. Deshalb ist Befreiung eine Erfahrung des fünften Körpers. Himmel und Hölle gehören zum vierten Körper, und derjenige, der dort anhält, wird sie erfahren. Für diejenigen, die im ersten, zweiten oder dritten Körper anhalten, wird das Leben zwischen Geburt und Tod alles sein; für sie gibt es kein Leben jenseits des Todes. Wenn jemand darüber hinaus in den vierten Körper geht, dann wird er nach diesem Leben Himmel oder Hölle erfahren, in denen unbegrenzte Möglichkeiten von Glück und Unglück liegen.

Wenn er bis zum fünften Körper hinaufgelangt, dann kommt er zum Tor der Befreiung, und wenn er bis zum sechsten gelangt, trifft er auf den Zustand der Gottesverwirklichung. Dann gibt es keine Frage von Befreiung oder Nicht-Befreiung, er wird eins mit dem, was ist. Die Worte: *„Aham Brahmasmi"* – „Ich bin Gott" – gehören zu dieser Ebene. Es gibt jedoch noch einen weiteren Schritt, den letzten Sprung; dort gibt es kein *Aham* und keinen *Brahman* mehr; dort sind „ich" und „du" total nichtexistent, dort ist einfach nichts – es herrscht eine totale und absolute Leere. Das ist *Nirvana.*

Das sind die sieben Körper, die in einem Zeitraum von neunundvierzig Jahren entwickelt werden. Deshalb wurde der Mittelwert von etwa fünfzig Jahren als der „Punkt der Revolution" bekannt. Während der ersten fünfundzwanzig Jahre war man in einem bestimmten Lebenssystem. Innerhalb dieses Zeitraums bemühte man sich, die ersten vier Körper zu entwickeln; dann hielt man die Erziehung für abgeschlossen. Daraufhin sollte man in seinem Leben nach dem fünften, sechsten und siebten Körper suchen, und in den letzten fünfundzwanzig Jahren wurde das Erlangen des siebten Körpers erwartet. Deshalb galt das fünfzigste Lebensjahr als ein entscheidendes Jahr. Zu diesem Zeitpunkt wurde der Mensch zum *Wanaprasth*, das heißt, er sollte seinen Blick jetzt dem Wald zuwenden – er sollte seine Augen jetzt von den Menschen, der Gesellschaft und dem Marktplatz abwenden.

Im Alter von fünfundsiebzig Jahren war ein weiterer „Punkt der

Revolution“ – dann wurde der Mensch in *Sannyas* eingeweiht. Sich dem Wald zuwenden bedeutet, sich von Menschen und Massen zu entfernen. Sannyas bedeutet, jetzt ist die Zeit gekommen, über das Ego hinauszugehen, das Ego zu transzendieren. Im Wald ist das „Ich“ zwangsläufig noch bei einem, obwohl man allem anderen entsagt hat. Aber im Alter von fünfundsiebzig muss man auch diesem „Ich“ entsagen. Die Bedingung dafür war jedoch, dass man in seinem Leben als Haushaltsvorstand durch alle sieben Körper gehen und alle sieben Körper entwickeln musste, damit die verbleibende Reise spontan und voller Freude sein würde. Geschieht dies allerdings nicht, wird es sehr schwierig, denn mit jedem Sieben-Jahres-Zyklus ist ein bestimmter Entwicklungsstand verbunden. Entwickelt sich der physische Körper eines Kindes in den ersten sieben Lebensjahren nicht vollständig, wird das Kind immer kränkeln. Im besten Fall können wir dafür sorgen, dass es nicht krank bleibt – aber ganz gesund wird es niemals sein, denn die Grundlage dafür, die in den ersten sieben Lebensjahren hätte gebildet werden sollen, wurde erschüttert. Das, was stark und fest hätte werden sollen, wurde in einer Zeit gestört, in der es sich entwickelte.

Es ist genau wie beim Legen der Fundamente für ein Haus. Wenn die Fundamente schwach sind und man bereits das Dach fertig gestellt hat, wird es schwierig – nein, unmöglich – sie zu korrigieren. Nur zu dem Zeitpunkt, als die Fundamente gelegt wurden, konnte gute Arbeit geleistet werden. Deshalb entwickelt sich der Körper in den ersten sieben Jahren auf die richtige Weise, wenn es die richtigen Bedingungen für den ersten Körper gibt. Entwickeln sich in den nächsten sieben Jahren der zweite Körper und die Gefühle nicht vollständig, resultieren daraus eine Reihe von sexuellen Perversionen. Es ist sehr schwierig, dies später zu korrigieren. Der Zeitpunkt der Entwicklung eines bestimmten Körpers ist demnach äußerst entscheidend.

In jedem Lebensabschnitt hat jeder Körper seinen vorbestimmten Zeitraum der Entwicklung. Hier und da mag es eine kleine Abweichung geben, aber das tut nichts zur Sache. Wenn sich ein Kind nicht innerhalb von vierzehn Jahren sexuell entwickelt, wird sein ganzes Leben zu einer langen Prüfung. Wenn sich der Intellekt nicht bis zu dem Zeitpunkt, wenn es zwanzig ist, entwickelt hat, besteht sehr wenig Aussicht, dass dies nachgeholt werden kann. Aber bis dahin stimmen wir überein: Wir kümmern uns um die Entwicklung des ersten Körpers. Dann sorgen wir dafür, dass das Kind zur Schule geht, um seinen Intellekt auszubilden. Aber wir vergessen, dass die übrigen Körper auch die ihnen bestimmte Zeit haben, was uns in große Schwierigkeiten bringt, wenn wir sie verpassen.

Ein Mensch braucht heutzutage fünfzig Jahre, um einen Körper zu entwickeln, den er in einundzwanzig Jahren hätte entwickeln sollen. Es ist offensichtlich, dass er im Alter von fünfzig Jahren nicht die gleiche Stärke hat, die er mit einundzwanzig Jahren hatte, deshalb muss er sich sehr anstrengen. Dann wird das, was im Alter von einundzwanzig Jahren einfach zu erreichen gewesen wäre, lang und beschwerlich.Es gibt noch eine Schwierigkeit, der er begegnet: Mit einundzwanzig Jahren stand er genau vor der richtigen Tür, aber er hat sie nicht genutzt. In den folgenden dreißig Jahren ist er an so vielen Plätzen gewesen, dass er die richtige Öffnung aus den Augen verloren hat. Sein Herumwandern macht es ihm jetzt unmöglich, den Ort wiederzufinden, an dem er mit einundzwanzig bereits stand, und wo damals nur ein kleiner Anstoß gereicht hätte, um die Tür zu öffnen.

Deshalb brauchen Kinder eine gut geordnete Situation, bis sie das Alter von fünfundzwanzig erreicht haben. Es sollte so gut geplant sein, dass es sie auf die Stufe des vierten Körpers führt. Nach dem Erreichen des vierten Körpers ist alles andere einfach. Die Fundamente sind gut gelegt, jetzt muss man nur noch die Früchte wachsen lassen. Der Baum hat bis zum vierten Körper Gestalt angenommen. Ab dem fünften Körper zeigen sich die Früchte, die im siebten Körper zur vollen Reife gelangen. Hier und da ist ein wenig Nachsicht möglich, bei den Fundamenten solltest du jedoch äußerst achtsam vorgehen.

Noch ein paar Dinge sollten beachtet werden. In den ersten vier Körpern gibt es zwischen Mann und Frau einen Unterschied. Handelt es sich um einen Mann, ist sein physischer Körper maskulin. Sein zweiter Körper – der ätherische Körper, der sich innerhalb des physischen Körpers befindet – ist weiblich, denn kein negativer oder positiver Pol kann für sich allein existieren. Ein männlicher Körper und ein weiblicher Körper sind, in der Sprache der Elektrizität ausgedrückt, positive und negative Körper.

Der physische Körper einer Frau ist negativ, daher ist sie beim Sex niemals aggressiv. Sie kann die Aggressivität des Mannes in dieser Hinsicht akzeptieren, aber sie kann selber nicht aggressiv sein. Sie kann dem Mann ohne seine Bereitschaft nichts antun. Der erste Körper des Mannes ist positiv, aggressiv. Deshalb kann er der Frau gegenüber ohne ihre Einwilligung aggressiv sein, er hat einen aggressiven ersten Körper. Aber negativ ist nicht gleich Null oder abwesend. Im physikalischen Kontext bedeutet negativ: rezeptiv, empfänglich, ein Sammelbecken. Im Körper der Frau liegt die Energie in Reserve, viel Energie liegt in Reserve. Aber sie ist nicht aktiv, sie ist inaktiv. Deshalb kann eine Frau nichts wirklich erschaffen. Weder verfasst sie Dichtung, noch malt sie große Gemälde, noch führt sie wissenschaftliche Untersuchungen durch. Das ist so, weil man für die Forschung oder für eine schöpferische Arbeit aggressiv sein muss. Die Frau kann nur warten; daher bringt sie die Kinder zur Welt.

Der Mann hat einen positiven Körper, aber immer wenn es einen positiven Körper gibt, muss es dahinter einen negativen Körper geben, sonst ist er nicht beständig. Beide existieren gemeinsam, der Kreis ist geschlossen. Der zweite Körper eines Mannes ist demnach weiblich, wohingegen der zweite Körper einer Frau männlich ist. Aus diesem Grund – und das ist eine interessante Tatsache – sieht der Mann sehr stark aus und soweit es seinen physischen Körper betrifft, ist er es auch. Aber hinter dieser äußeren Stärke verbirgt sich ein schwacher weiblicher Körper. Deshalb gelingt es ihm nur für kurze Momente, seine Stärke zu zeigen.

Auf lange Sicht ist er der Frau unterlegen, denn hinter ihrem schwachen weiblichen Körper ist ein starker positiver Körper.

Daher sind die Widerstandsfähigkeit und das Durchhaltevermögen einer Frau größer als die eines Mannes. Wenn ein Mann und eine Frau an der gleichen Krankheit leiden, kann die Frau es länger aushalten als der Mann. Frauen gebären Kinder. Wenn Männer Kinder gebären müssten, würden sie erkennen, welche Belastungsprobe man dabei bestehen muss. Dann bestünde wahrscheinlich keine Notwendigkeit für Familienplanung – denn der Mann kann nicht eine so lange Zeit so starke Schmerzen aushalten. Für einen oder zwei Momente kann er vor Ärger ausflippen, vielleicht auf ein Kissen einprügeln, aber er kann weder neun Monate ein Kind in seinem Bauch tragen, noch es viele Jahre danach geduldig pflegen. Wenn es die ganze Nacht hindurch schreit, wird er es vielleicht erwürgen. Er wird nicht in der Lage sein, die Störung zu ertragen. Er verfügt über außergewöhnliche Kräfte, aber dahinter liegt ein zerbrechlicher, zarter ätherischer Körper. Weil das so ist, kann er weder Schmerzen noch Unbehagen gut ertragen. Deshalb werden Frauen seltener krank als Männer und ihre Lebenserwartung ist größer als die von Männern.

Nun ist der dritte Körper des Mannes, der Astralkörper, wieder männlich und der vierte, oder Seelenkörper, ist weiblich. Bei der Frau ist es genau umgekehrt. Die Einteilung in männlich und weiblich existiert nur bis zum vierten Körper; der fünfte Körper geht über den Sex hinaus. Daher gibt es im Zustand des *Atman* weder männlich noch weiblich – vorher nicht. Und noch etwas muss in diesem Zusammenhang erwähnt werden. Da jeder Mann einen weiblichen Körper und jede Frau einen männlichen Körper in sich trägt, kann eine Ehe nur dann erfolgreich sein, wenn durch Zufall eine Frau einen Ehemann bekommt, der mit dem männlichen Körper in ihrem Innern übereinstimmt, oder wenn ein Mann eine Frau heiratet, die mit dem weiblichen Körper in ihm übereinstimmt.

Deshalb scheitern neunundneunzig Prozent aller Ehen, denn die wahre Erfolgsregel ist noch nicht bekannt. Solange wir unfähig sind, die richtige Verbindung zwischen den zueinander passenden Energiekörpern beider Partner zu ermitteln, werden die Ehen weiterhin scheitern, ganz gleich was wir unternehmen. Erfolgreiche Ehen werden nur dann möglich, wenn klare wissenschaftliche Einzelheiten bezüglich der inneren Körper beider Partner gefunden werden.

Ein Junge oder ein Mädchen, die bis an den Punkt des Erwachens der Kundalini gelangt sind, finden ganz leicht den richtigen Partner fürs Leben. Mit umfassendem Wissen bezüglich der inneren Körper kann man die äußere Wahl richtig treffen. Vorher ist dies sehr schwierig.

Wenn die Entwicklung eines Menschen mit vierzehn aufhört, wird er diese Höllenqualen nicht zu leiden haben, denn alles Leiden beginnt mit der Entwicklung des dritten Körpers. Wenn nur die ersten zwei Körper entwickelt sind, wäre der Mensch mit Sex zufrieden. Es gibt also zwei Möglichkeiten: Entweder sollten wir in den ersten fünfundzwanzig Jahren, während der Zeit des *Brahmacharya*, das Kind bis zum vierten Körper entwickeln, oder wir sollten Kinderheiraten befürworten. Eine Kinderheirat bedeutet eine Heirat, bevor der Intellekt sich entwickelt, sodass die Person beim Sex stehen bleibt. Dann gibt es keine Schwierigkeiten, denn die Beziehung befindet sich ganz und gar auf der animalischen Ebene. Die Beziehung in einer Kinderehe ist eine rein sexuelle Beziehung; dabei gibt es keinerlei Möglichkeiten für Liebe.

Nun scheitern die Ehen in einem Land wie Amerika, wo die Erziehung große Fortschritte gemacht hat und wo sich der dritte Körper vollständig entwickelt hat. Sie müssen scheitern, denn der dritte Körper rebelliert gegen eine falsche Partnerschaft. Daraus resultieren Scheidungen, denn es ist nicht möglich, solche Ehen fortzuführen.

In der richtigen Form von Erziehung werden die ersten vier Körper entwickelt. Richtige Erziehung bringt dich bis zum vierten Körper. Erst dort ist die Aufgabe der Erziehung vollendet. Keine Erziehung kann dir helfen, in den fünften Körper zu gelangen, dorthin musst du ganz allein gehen. Eine richtige Erziehung kann dich leicht bis zum vierten Körper bringen.

Danach beginnt die Entwicklung des fünften Körpers, der sehr kostbar und sehr individuell ist. Die Kundalini ist das Potenzial des vierten Körpers, deshalb ist die Kundalini ein seelisches Phänomen. Ich hoffe, das ist euch jetzt klar geworden.

Die Grundlagen der Harmonie in den ersten drei Körpern

Wie sollte ein Meditierer seinen physischen, ätherischen und astralen Körper auf das Erwachen der Kundalini vorbereiten?

Das Allererste, was in dieser Hinsicht verstanden werden muss, ist im Wesentlichen die totale Harmonie zwischen dem ersten, zweiten und dritten Körper. Wenn es keine harmonische Verbindung zwischen diesen drei Körpern gibt, kann das Erwachen der Kundalini schädliche Auswirkungen haben. Es gibt ein paar Dinge, die absolut notwendig sind, um diese Harmonie, diese Beziehung herzustellen.

Zunächst: Solange wir unserem physischen Körper gegenüber unbewusst und unsensibel sind, kann dieser Körper keine Harmonie mit den anderen Körpern herstellen. Mit Unsensibilität meine ich, dass wir unseren Körper nicht vollständig wahrnehmen. Wenn wir gehen, sind wir uns der Tatsache, dass wir gehen, kaum bewusst. Wenn wir stehen, sind wir uns der Tatsache, dass wir stehen, kaum bewusst. Wenn wir essen, sind wir uns der Tatsache, dass wir essen, kaum bewusst. Ganz gleich, welche Tätigkeit unser Körper gerade ausübt, sie geschieht in Unbewusstheit, wir sind wie Schlafwandler. Wenn wir schon mit diesem Körper so unbewusst umgehen, werden wir bezüglich der anderen inneren Körper in zweifacher Weise unbewusst sein, denn sie sind subtiler. Wenn wir unbewusst mit diesem grobstofflichen Körper sind, der für das Auge sichtbar ist, dann steht die Bewusstheit der unsichtbaren feinstofflichen Körper außer Frage: Es ist unmöglich, sich ihrer bewusst zu sein. Harmonie ohne Bewusstheit ist nicht möglich. Harmonie ist nur in einem Zustand der Bewusstheit möglich. In einem Zustand der Unbewusstheit zerbricht alle Harmonie.

Das Erste ist also, sich seines Körpers bewusst zu sein. Bei jeder kleinsten Tätigkeit, die der Körper ausführt, ist ein Erinnern absolut notwendig. Achtsamkeit sollte bei allem, was wir tun, dabei sein. Wie Buddha zu sagen pflegte: „Wenn du die Straße entlanggehst, dann sei dir bewusst, dass du gehst. Wenn du das rechte Bein hebst, sollte dein Verstand sich der Tatsache bewusst sein, dass das rechte Bein gehoben ist. Wenn du des Nachts schläfst, solltest du wissen, wenn du dich umdrehst."

Es gibt einen Vorfall aus dem Leben Buddhas, als er noch ein Sucher war. Er wanderte mit einem Gefährten durch ein Dorf. Sie unterhielten sich, als sich eine Fliege auf Buddhas Hals setzte. In die Unterhaltung vertieft hob er die Hand und verjagte die Fliege. Sie flog davon – aber Buddha hielt plötzlich inne. „Ich habe einen schwer wiegenden Irrtum begangen", sagte Buddha zu seinem Gefährten. Dann hob er die Hand noch einmal, wie um eine Fliege zu verjagen.

Der Weggefährte rief überrascht: „Was machst du da? Die Fliege ist doch gar nicht mehr da."

Buddha erwiderte: „Ich verjage die Fliege jetzt, wie ich es vorher hätte tun sollen. Jetzt bin ich mir dessen, was ich tue, vollständig bewusst. Während sich jetzt die Hand hebt, bin ich mir völlig bewusst, dass sie erhoben wird und dass sie sich auf meinen Hals zubewegt, um die Fliege zu vertreiben. Vorher war ich im Gespräch mit dir, deshalb war meine Handlung mechanisch. Ich beging eine Sünde gegen meinem Körper."

Wenn wir anfangen, all unsere körperlichen Tätigkeiten mit vollem Bewusstsein auszuführen, dann zerbricht die Identifikation mit dem physischen Körper. Wenn du eine Hand mit voller Aufmerksamkeit hochhebst, fühlst du dich von der Hand getrennt – denn derjenige, der sie hochhebt, unterscheidet sich von dem, was hochgehoben wird. Das Gefühl, vom physischen Körper getrennt zu sein, ist der Anfang des Bewusstseins des ätherischen Körpers. Dann solltest du, wie ich vorher schon sagte, auch diesem zweiten Körper gegenüber völlig bewusst sein.

Nimm einmal an, es spielt ein Orchester. Viele verschiedenartige Instrumente werden in einem Orchester gespielt. Wenn unter den Zuhörern jemand ist, der noch nie Musik gehört hat, wird er nur das Schlagzeug hören, denn das ist das Instrument, das am lautesten ist; er wird nicht fähig sein, die leiseren Klänge der anderen Instrumente aufzunehmen. Aber wenn er anfängt, die Musik bewusst wahrzunehmen, wird er langsam die leiseren Klänge auffangen. Mit zunehmender Bewusstheit wird er anfangen, die zartesten feinen Töne aufzufangen. Wenn seine Bewusstheit dann noch weiter zunimmt, wird er nicht nur die Töne auffangen, sondern er wird sich der Pause zwischen zwei Tönen bewusst– der Stille zwischen zwei Tönen. Dann wird er die Musik vollkommen erfasst haben. Die Pause, die Stille, ist das Letzte, was es zu erfassen gibt. Dann kann man sagen, dass sein Erfassen der Musik vollständig ist.

Die Pause, die Stille zwischen zwei Tönen, hat ihre eigene Bedeutung. Tatsächlich dienen die Töne nur dazu, die Stille zu betonen. Wie viel dieser Stille sich ereignen kann, macht die wahre Bedeutung der Musik aus.

Wenn ihr japanische oder chinesische Malerei seht, werdet ihr überrascht feststellen, dass die Malerei sich immer in einer Ecke befindet, der Rest der Leinwand bleibt leer. Nirgendwo sonst auf der Welt finden wir diese Art und Weise zu malen, denn nirgendwo sonst hat der Künstler so meditativ gemalt. In der Tat haben nirgendwo, außer in China und Japan, Meditierer sich der Malerei gewidmet. Wenn du diesen Künstler fragst, warum er eine so große Leinwand für ein so kleines Gemälde verschwendet hat, wenn eine achtmal kleinere Leinwand ausgereicht hätte, wird er antworten, dass er speziell an dem restlichen Teil gearbeitet hat, um die Leere von sieben Achteln der Leinwand hervorzuheben.

Darin besteht das tatsächliche Verhältnis. Wenn ein Baum gemalt wird, der an einem offenen Platz steht, nimmt er normalerweise die ganze Leinwand ein. Eigentlich sollte der Baum in einer kleinen Ecke sein, da er im Vergleich zur Weite des Himmels sehr unbedeutend ist. Das ist das wahre Verhältnis. Nur wenn der Baum in seiner wahren räumlichen Proportion auf der Leinwand steht, kann er lebendig sein. Daher sind all eure Gemälde unverhältnismäßig. Wenn ein Meditierer musiziert, wird seine Musik weniger Klang und mehr Stille haben – denn die Töne sind sehr begrenzt, verglichen mit der Stille, die darauf folgt. Die Klänge erfüllen nur einen Zweck – einen Hinweis auf die Leere, die Stille, zu geben, um dann zu verklingen. Je tiefer du in die Musik hineingehst, desto ausgeprägter wird dein Sinn für Stille.

Der Zweck unseres physischen Körpers ist lediglich, uns die Wahrnehmung unserer feinstofflichen Körper zu ermöglichen, aber wir nutzen ihn nie zu diesem Zweck. Aufgrund unserer schläfrigen Identifikation mit ihm bleiben wir nur auf den physischen Körper fixiert. Wir befinden uns im Schlaf und deshalb leben wir unbewusst in unserem Körper. Wenn ihr euch einer jeden Handlung dieses Körpers bewusst werdet, fangt ihr an, die Präsenz des zweiten Körpers zu fühlen.

Auch der zweite Körper hat seine eigenen Aktivitäten, aber ihr werdet den ätherischen Körper nicht kennenlernen, bevor ihr euch nicht der Aktivitäten des physischen Körpers vollkommen bewusst geworden seid, weil der Ätherkörper feinstofflicher ist. Wenn ihr die Aktivitäten eures physischen Körpers vollkommen bewusst wahrnehmen könnt, fangt ihr an, die Bewegungen des zweiten Körpers zu fühlen. Es wird euch überraschen, dass es in euch ätherische Schwingungen gibt, die immerzu aktiv sind.

Ein Mensch wird wütend. Wut entsteht im ätherischen Körper, manifestiert sich jedoch im ersten Körper. Im Grunde ist Wut eine Aktivität des zweiten Körpers, der erste Körper wird als Ausdrucksmöglichkeit benutzt. Daher kann man willentlich die Wut daran hindern, den ersten Körper zu erreichen. Genau das macht man, wenn man etwas unterdrückt. Stell dir vor, ich bin voller Wut; am liebsten würde ich dich mit einem Stock verprügeln, aber ich kann mich zurückhalten. Verprügeln ist eine Aktivität der ersten Ebene. Im Grunde ist die Wut da, aber jetzt gibt es kein Anzeichen von Wut. Ich kann mich vom Akt des Verprügelns zurückhalten. Ich kann dich sogar anlächeln, wenn ich möchte. Aber innerlich hat sich die Wut in meinem ganzen zweiten Körper ausgebreitet.

Wenn wir also etwas unterdrücken, bedeutet dies, wir halten uns auf der Ebene der Manifestation zurück, aber die Wut existiert bereits an der Quelle ihres Ursprungs. Wenn du beginnst, dir der Bewegungen des physischen Körpers bewusst zu werden, wirst du anfangen, die Bewegungen von Liebe, Ärger und Hass in dir zu verstehen, du wirst dir ihrer Gegenwart bewusst. Bevor du die Bewegungen dieser Gefühle, die im zweiten Körper aufsteigen, nicht erfasst hast, kannst du sie nur unterdrücken. Du kannst nicht frei sein von ihnen, denn du nimmst sie erst bewusst wahr, wenn sie den ersten Körper erreicht haben – und selbst dann oft nicht: Oft nimmst du sie erst wahr, wenn sie den Körper eines anderen Menschen erreicht haben. Du bist so unsensibel, dass du gar nicht merkst, was du tust, bevor deine Ohrfeige auf der Wange eines anderen gelandet ist. Erst nach der Ohrfeige merkst du plötzlich, dass etwas passiert ist.

Alle Gefühle steigen aus dem zweiten Körper auf. Daher nenne ich den zweiten, ätherischen Körper auch den Emotionalkörper. Er hat seine eigenen Impulse; er hat seine eigenen Bewegungen für Wut, Liebe, Hass, Ruhelosigkeit. Du wirst diese Schwingungen kennenlernen.

In Angst zieht sich der ätherische Körper zusammen. Der Vorgang des Sich-Zusammenziehens, den wir in der Angst fühlen, gehört nicht zum ersten Körper. Der erste Körper bleibt so, wie er ist; es gibt keinerlei Veränderung in ihm. Aber die Wirkung dieser Kontraktion des ätherischen Körpers wird offensichtlich in der Art, wie jemand geht, in der Art, wie jemand sitzt. Er sieht die ganze Zeit über bedrückt aus. Er hält sich nicht gerade. Wenn er spricht, stottert er. Wenn er geht, wackeln ihm die Knie; wenn er schreibt, zittern ihm die Hände.

Nun kann jedermann den Unterschied zwischen der Handschrift eines Mannes und der einer Frau erkennen; das ist gar nicht schwierig. Die Handschrift einer Frau wird niemals ganz gerade Linien haben. Ganz gleich wie symmetrisch und wohlgeformt, es werden sich immer Zeichen von Zittern darin finden. Das ist ein ganz weibliches Charakteristikum und es stammt vom Körper der Frau. Eine Frau ist immerzu furchtsam, ihre Persönlichkeit ist von Angst befallen. Daher kann man ohne Schwierigkeiten die Handschrift einer Frau von der eines Mannes unterscheiden. Auch kann man an der Handschrift eines Mannes ablesen, wie furchtsam er ist. Es besteht weder ein Unterschied zwischen den Fingern eines Mannes und denen einer Frau, noch in der Art, wie sie den Stift halten.

Was den ersten Körper betrifft, gibt es keinen Unterschied zwischen den beiden, aber auf der Ebene des zweiten Körpers ist die Frau furchtsam. Sogar die zeitgenössische Frau ist noch nicht fähig, im Innern furchtlos zu sein. Unsere Gesellschaft, unsere Kultur und der Stand unseres Denkens sind immer noch so, dass es uns noch nicht gelungen ist, die Frau furchtlos zu machen. Sie ist ständig furchtsam und die Schwingungen ihrer Angst verbreiten sich durch ihre Persönlichkeit. Der Grad der Furchtlosigkeit oder Furchtsamkeit von Männern kann auch mittels ihrer Handschrift beurteilt werden. Der Zustand der Angst liegt auf der ätherischen Ebene.

Ich sagte euch, ihr solltet euch jedweden Geschehens in eurem grobstofflichen Körper bewusst werden, aber gleichermaßen solltet ihr euch auch der Vorgänge im ätherischen Körper bewusst werden. Wenn du dich verliebt hast, fühlst du dich, als hättest du dich ausgedehnt. Die Freiheit, die man in der Liebe erfährt, stammt von dieser Ausdehnung. Jetzt ist da jemand, vor dem du keine Angst zu haben brauchst. Es gibt keinen Anlass für Angst in der Nähe eines Menschen, den du liebst. Um es klar zu sagen: Lieben bedeutet, angstfrei in der Gegenwart eines Menschen zu sein, bei dem man sich zu seinem vollen Potenzial entfalten kann, ganz gleich, was man ist. Daher wird in Augenblicken der Liebe ein Gefühl von Ausdehnung erfahren. Der physische Körper bleibt derselbe, aber der innere ätherische Körper blüht auf und weitet sich aus.

In der Meditation gibt es immer Erfahrungen des ätherischen Körpers. Der Meditierer mag fühlen, dass sein Körper größer geworden ist – und zwar so sehr, dass er den ganzen Raum ausfüllt.

Sein physischer Körper bleibt jedoch derselbe. Wenn er die Augen öffnet, ist er schockiert: Der Körper ist noch ganz genau derselbe.

Aber das Gefühl dieser Erfahrung bleibt bei ihm und lässt ihn erkennen, dass das, was er gefühlt hat, nicht falsch war. Die Erfahrung war klar – dass er den ganzen Raum ausgefüllt hatte. Das ist ein Geschehen des ätherischen Körpers; die Möglichkeiten seiner Ausdehnung sind grenzenlos. Er dehnt sich aus und zieht sich zusammen, den Gefühlen entsprechend. Er kann sich so ausdehnen, dass er die ganze Erde ausfüllt; er kann sich so zusammenziehen, dass er genug Platz in einem Atom findet.

Du wirst also anfangen, die Bewegungen des ätherischen Körpers zu bemerken – seine Expansionen und Kontraktionen, in welchen Situationen er sich zusammenzieht und in welchen Situationen er sich ausdehnt. Wenn der Meditierer anfängt, in den Prozessen zu leben, in denen er sich ausdehnt, wird eine Harmonie entstehen. Wenn er unter Bedingungen lebt, die ihn sich zusammenziehen lassen, ist keine Harmonie zwischen den beiden Körpern möglich. Expansion ist die ihm eigene Natur. Wenn er sich zu seinem vollen Ausdehnungsvermögen ausgeweitet hat, wenn er voll aufgeblüht ist, ist er durch eine Brücke mit dem ersten Körper verbunden. Wenn er sich fürchtet und sich zusammenzieht, reißen all seine Verbindungen zum ersten Körper ab und er liegt getrennt in einer Ecke.

Es gibt andere Prozesse des zweiten Körpers, die man mit anderen Methoden erfahren kann. Du siehst zum Beispiel einen völlig gesunden, völlig normalen Mann. Wenn ihm nun jemand mitteilt, dass er zum Tode verurteilt ist, wird er sofort ganz bleich. In seinem ersten Körper ist keine Veränderung eingetreten, aber es gibt eine unmittelbare Veränderung in seinem ätherischen Körper. Sein ätherischer Körper ist bereit, den physischen Körper zu verlassen. Wenn der Besitzer eines Hauses erfährt, dass er das Haus verlassen muss, sind sofort aller Frohsinn und alle Leichtigkeit dahin; alles gerät in Aufruhr.

Der zweite Körper hat, in gewisser Hinsicht, seine Verbindung zum ersten abgebrochen. Die Hinrichtung wird erst in einiger Zeit oder vielleicht gar nicht stattfinden, aber seine Verbindung zum ersten Körper ist abgebrochen. Ein Mann greift dich mit einem Gewehr an oder ein Löwe attackiert dich im Dschungel; obwohl dem physischen Körper noch gar nichts passiert ist, trifft der ätherische Körper sofort seine Vorkehrungen, um ihn zu verlassen, und dadurch entsteht eine große Distanz zwischen den beiden. Man kann also ohne Schwierigkeiten beobachten, auf welch subtile Weise der zweite Körper funktioniert. Die Schwierigkeiten entstehen dadurch, dass es uns nicht gelingt, auch die Vorgänge des physischen Körpers zu beobachten. Wenn wir das erreichen, werden wir anfangen, die Bewegungen des zweiten Körpers zu fühlen. Wenn du genau weißt, wie beide funktionieren, wird eben diese Tatsache beide in Harmonie miteinander bringen.

Dann ist da noch der dritte Körper – der Astralkörper. Seine Bewegungen sind mit Sicherheit noch subtiler – subtiler als Angst, Wut, Liebe und Hass. Es ist schwierig, seine Bewegungen zu erfassen, bevor wir nicht das Wissen um den zweiten Körper vervollständigen. Es ist sogar noch schwieriger, den dritten Körper vom ersten Körper aus zu verstehen, denn der Abstand ist jetzt noch größer; wir sind unbewusst auf der ersten Ebene. Der zweite Körper ist dem ersten nahe, deshalb können wir ein paar Dinge über ihn verstehen. Es ist genau so, als wäre der zweite Körper unser Nachbar; manchmal hören wir das Klappern der Töpfe oder das Weinen eines Kindes von nebenan. Aber der dritte Körper ist der Nachbar des Nachbarn, aus dessen Haus können wir keine Geräusche hören. Das Phänomen des dritten Körpers ist noch feinstofflicher. Es kann nur verstanden werden, wenn wir anfangen, Gefühle umfassend zu verstehen.

Wenn Gefühle sich verdichten, werden sie zu Handlungen. Und astrale Schwingungen sind subtiler als die Schwingungen der Gefühle. Deshalb werde ich nicht wissen, dass du wütend auf mich bist, solange du deinen Ärger nicht zeigst, denn ich kann ihn nur sehen, wenn er zur Handlung wird. Aber du selbst kannst ihn schon lange vorher erkennen. Du kannst fühlen, wie er in deinem ätherischen Körper aufsteigt. Nun hat dieser aufsteigende Ärger seine eigenen

Atome, die vom ätherischen Körper kommen. Wenn diese Atome nicht aufsteigen, kannst du nicht ärgerlich werden.

Du kannst den Astralkörper eine Ansammlung von Schwingungen nennen. Anhand eines Beispiels wirst du die verschiedenen Bedingungen dieses Körpers besser verstehen. Wir können Wasser sehen und wir können Wasserstoff und Sauerstoff getrennt sehen; es gibt keine Spur von Wasser in Sauerstoff, es gibt keine Spur von Sauerstoff in Wasser. Weder Wasserstoff noch Sauerstoff hat irgendwelche Eigenschaften von Wasser, aber beide verbinden sich, um Wasser zu bilden: Beide haben eine versteckte Eigenschaft, die sich erst zeigt, wenn sie sich miteinander verbinden. Wut und Liebe sind im Astralkörper nicht sichtbar, Hass und Angst auch nicht. Aber sie haben Schwingungen, die sich manifestieren, wenn sie sich mit dem zweiten Körper verbinden.

Wenn du dir deines zweiten Körpers vollkommen bewusst bist, wenn du deine Wut vollkommen bewusst wahrnimmst, dann wirst du wissen, dass bereits vor dem Erscheinen der Wut einige Reaktionen in dir abgelaufen sind. Mit anderen Worten: Die Wut ist nicht der Ausgangspunkt. Sie ist die Folge eines Geschehens, das schon anderswo stattgefunden hat.

Eine Luftblase steigt vom Grund des Sees auf und beginnt nach oben zu treiben. Wenn sie sich aus dem Sand am Grunde des Sees erhebt, können wir sie nicht sehen. Wenn sie die Hälfte der Tiefe des Sees erreicht hat, ist sie immer noch unsichtbar. Wenn sie nur noch eine kleine Strecke von der Oberfläche entfernt ist, beginnt sie, sichtbar zu werden, obwohl sie ziemlich klein ist. Dann beginnt sie immer größer zu werden, während sie an die Oberfläche gelangt, denn Gewicht und Wasserdruck nehmen ab, während sie hochsteigt. In den unteren Tiefen hielt der Wasserdruck sie klein, aber während sie hochsteigt, wird der Druck immer geringer, bis sie schließlich an der Oberfläche ihre volle Größe erreicht. Aber wenn sie ihre volle Dimension erreicht hat, platzt sie auch. So hat sie also eine lange Strecke zurückgelegt. Es gab Stellen, wo wir sie nicht sehen konnten, aber sie war trotzdem genau so da, unter dem Sand versteckt. Dann stieg sie daraus hervor, aber sie war immer noch unsichtbar, denn das Wasser hielt sie unten. Dann kam sie näher an die Oberfläche, von wo aus wir sie sehen konnten, obwohl sie immer noch sehr klein war. Dann schwamm sie an die Oberfläche, wo wir sie in ihrer Ganzheit sehen konnten – und dann ist sie geplatzt.

In gleicher Weise entwickelt sich die Luftblase der Wut und sie platzt in dem Moment, wenn sie den ersten Körper erreicht. Wenn sie an die Oberfläche tritt, wird sie sichtbar. Du kannst sie im zweiten Körper aufhalten, aber das wäre Unterdrückung. Wenn du in deinen ätherischen Körper schaust, wirst du überrascht feststellen, dass sie bereits eine bestimmte Strecke zurückgelegt hat. Am Ort ihres Ursprungs existiert sie jedoch in Form von Energieschwingungen.

Wie ich euch bereits sagte, gibt es keine verschiedenen Typen von Materie; es gibt vielmehr verschiedene Kombinationen derselben Energieteilchen. Kohle und Diamant sind dasselbe: Der Unterschied besteht nur in der Verbindung ihrer Energieteilchen. Wenn du irgendeine Form von Materie in ihre Bestandteile aufspaltest, bleibt letztlich elektrische Energie übrig. Die verschiedenen Zusammensetzungen dieser Energieschwingungen verursachen Formationen verschiedener Stoffe. All diese Stoffe sind an der Oberfläche verschieden, tief im Innern sind sie alle eins.

Wenn du deinem ätherischen Körper gegenüber erwachst und die Gefühle bis zu ihrem Ursprung verfolgst, befindest du dich plötzlich im Astralkörper. Dort entdeckst du, dass Wut nicht Wut ist, dass Verzeihen nicht Verzeihen ist; dieselbe Energie schwingt in beiden. Die Energie in den Schwingungen von Liebe und Hass ist dieselbe. Der Unterschied besteht nur in der Natur der Schwingung.

Wenn Liebe sich in Hass verwandelt und Hass sich in Liebe verwandelt, dann fragen wir uns, wie zwei einander vollkommen entgegengesetzte Gefühle sich so verwandeln können. Zum Beispiel: Ein Mann, den ich bis gestern noch meinen Freund genannt habe, ist heute mein Feind geworden. Dann tröste ich mich damit, dass ich denke, dass ich mich vielleicht geirrt habe, dass er niemals mein Freund war, denn wie kann ein Freund zum Feind werden?

Es ist dieselbe Energie, die in Freundschaft und Feindschaft schwingt, der Unterschied liegt nur in der Natur der Schwingungen. Der Unterschied besteht in der Struktur der Wellen. Was wir Liebe nennen, ist morgens Liebe und abends Hass. Mittags ist Liebe da und abends hat sie sich in Hass verkehrt. Denjenigen, den wir am Morgen lieben, hassen wir am Abend.

Freud hatte den Eindruck, dass wir diejenigen, die wir lieben, hassen und diejenigen, die wir hassen, lieben. Der Grund, den er dafür anführte, war bis zu einem gewissen Grade richtig, aber da er überhaupt nichts von den anderen Körpern des Menschen wusste, konnte er mit seinen Untersuchungen nicht weiterkommen. Der Grund, den er angibt, ist sehr oberflächlich. Er sagt, dass die Beziehung zur Mutter die erste Beziehung ist, die das Kind erfährt; die Mutter ist sein erstes Liebesobjekt. Wenn die Mutter ihm all ihre Fürsorge und Aufmerksamkeit schenkt, liebt es sie; und es hasst dieselbe Mutter, wenn sie es ausschimpft oder bestraft. Zwei Gefühle erfüllen also sein Gemüt demselben Objekt gegenüber – der Mutter. Es hasst sie ebenso, wie es sie liebt. Manchmal möchte es sie umbringen und manchmal glaubt es, ohne sie nicht leben zu können – dass sie die Luft ist, die es atmet. Dieses zwiespältige Denken macht die Mutter zu seinem ersten Liebes- und Hassobjekt. Daher wird es aufgrund dieser Assoziationen in seinem Verstand in seinem späteren Leben jeden, den es liebt, auch hassen.

Das ist ein sehr oberflächlicher Befund. Die Luftblase ist an der Oberfläche erfasst worden, wo sie kurz vor dem Platzen steht. Wenn ein Kind seine Mutter gleichzeitig lieben und hassen kann, bedeutet es, dass der Unterschied zwischen Liebe und Hass quantitativ und nicht qualitativ ist. Liebe und Hass können nicht gleichzeitig existieren. Wenn beide gegenwärtig sind, ist das nur möglich, weil sie umkehrbar sind: Ihre Wellen können vom einen zum andern oszillieren. Der Meditierer erfährt also erst im dritten Körper, warum sein Verstand von widersprüchlichen Gefühlen erfüllt ist.

Ein Mann berührt am Morgen meine Füße und begrüßt mich als den Gesegneten – seinen geliebten Meister. Derselbe Mann kommt am Abend, beschimpft mich und sagt: „Dieser Mensch ist der Teufel in Person.“ Am nächsten Morgen bin ich wieder sein geliebter Meister und er berührt meine Füße. Dann raten mir andere, seinen Worten keine Beachtung zu schenken, weil er mich manchmal einen Gott und manchmal einen Teufel nennt.

Ich sage, dass er der Einzige ist, auf den ich mich verlassen kann. Einem Mann, der so spricht, sollte man keine Vorwürfe machen. Er macht keine widersprüchlichen Aussagen; seine Aussagen gehören vielmehr demselben Spektrum an. Sie sind Sprossen derselben Leiter, der Unterschied ist nur quantitativ. Tatsächlich hält er, indem er „geliebter Meister“ sagt, an einem Teil fest.

Der Verstand besteht aus Gegensatzpaaren, wohin geht also der zweite Teil? Er liegt unter dem ersten und wartete nur darauf, dass diesem die Luft ausgeht. Der erste wird schließlich müde, denn wie lange kann dieser Mann noch „geliebter Meister“ sagen? Wenn er müde wird, kommt der zweite Teil hervor und flüstert ihm ein zu sagen: „Dieser Mensch ist der Teufel in Person.“ Das sind nun nicht zwei Dinge, es ist eins.

Bis zu dem Zeitpunkt, wenn wir in der Lage sein werden zu verstehen, dass alle unsere widersprüchlichen Gefühle Formen derselben Energie sind, werden wir unfähig sein, die Probleme des Menschen zu lösen. Unser größtes Problem ist, dass wir auch hassen, wenn wir lieben. Wir sind bereit, den Menschen zu töten, ohne den wir nicht leben können. Unser Freund ist im Tiefinnersten auch unser Feind. Das ist unser größtes Problem und dies gibt in jeder Form von Beziehung große Rätsel auf. Es muss verstanden werden, dass die den verschiedenen Gefühlen zugrunde liegende Energie dieselbe ist; es besteht überhaupt kein Unterschied.

Für gewöhnlich betrachten wir Licht und Dunkelheit fälschlicherweise als zwei entgegengesetzte Dinge. Wissenschaftlich ausgedrückt ist die Dunkelheit der Minimalzustand des Lichts. Wenn wir es versuchen, werden wir auch im Licht Dunkelheit finden. Es gibt keine Dunkelheit, wo es kein Licht gibt. Dass unsere Messinstrumente dabei versagen, es zu erkennen, ist etwas anderes.

Unsere Augen mögen unfähig sein, das Licht in der Dunkelheit wahrzunehmen, aber Licht und Dunkelheit sind auf derselben Ebene, es sind verschiedene Formen und Schwingungen einer Energie. Es ist einfacher, es auf eine andere Art und Weise zu verstehen: Wir glauben, dass Licht und Dunkelheit einander absolut entgegengesetzt sind, aber wir nehmen nicht an, dass Kälte und Hitze im gleichen Maße einander entgegengesetzt sind. Es wäre interessant, ein Experiment durchzuführen. Lass eine deiner Hände sich über einem Ofen aufheizen und halte die andere auf Eis. Stecke nun beide Hände in einen Eimer mit Wasser, das Raumtemperatur hat. Du wirst Schwierigkeiten haben zu entscheiden, ob das Wasser warm oder kalt ist. Die eine Hand wird sagen, dass es heiß ist, und die andere wird sagen, dass es kalt ist. Du wirst dich nicht entscheiden können, denn beide Hände sind dein. Tatsächlich sind Hitze und Kälte nicht zwei verschiedene Dinge, es sind relative Erfahrungen.

Wenn wir etwas kalt nennen, heißt das nur, dass wir wärmer sind. Dass wir es warm nennen, bedeutet nur, dass wir kälter sind: Wir bezeichnen nur den quantitativen Temperaturunterschied zwischen dem Objekt und uns – sonst nichts. Es gibt nichts Heißes und nichts Kaltes – oder man kann auch sagen, dass das, was heiß ist, auch kalt ist. Tatsächlich sind heiß und kalt irreführende Bezeichnungen. Wir sollten in Begriffen von Temperatur sprechen, das ist der richtige Ausdruck.

Die Wissenschaftler benutzen auch nicht die Wörter heiß und kalt. Sie sagen, die Temperatur einer Sache ist soundso viel Grad. Heiß und kalt sind dichterische Wörter. Sie sind für die Wissenschaft gefährlich, weil sie nichts vermitteln.

Wenn ein Mann einen Raum betritt und sagt, dass es kalt ist, wissen wir nicht, was er meint. Es ist möglich, dass der Mann Fieber hat und der Raum sich für ihn kalt anfühlt, obwohl er ganz und gar nicht kalt ist. Deshalb ist die Bewertung der Raumtemperatur durch diesen Mann bedeutungslos, solange man nicht den Zustand seiner Körpertemperatur kennt. Deshalb können wir sagen: „Sage nichts darüber, ob der Raum heiß oder kalt ist. Sage einfach, welche

Temperatur der Raum hat.“ Die Gradzahl sagt nichts über heiß oder kalt aus, sie informiert nur darüber, wie hoch die Temperatur ist. Wenn die Temperatur unter deiner Körpertemperatur liegt, wird dir kalt sein, wenn sie darüber liegt, wird dir warm sein. Das gleiche gilt für Licht und Dunkelheit; sie beziehen sich auf unsere Fähigkeit zu sehen.

Die Schwingungen von Liebe und Hass sind wie die von Dunkelheit und Licht: Sie stehen in einem bestimmten Verhältnis zueinander. Wenn du also anfängst, dir der dritten Ebene bewusst zu werden, wirst du dich in einer merkwürdigen Lage befinden: Es ist keine Frage deiner Wahl mehr, ob du liebst oder hasst. Jetzt wirst du wissen, dass dies zwei Namen für ein und dieselbe Energie sind.

Wenn du das eine wählst, wählst du automatisch auch das andere, du kannst der zweiten Wahl nicht ausweichen. Wenn du also einen Mann der dritten Ebene lieben willst, wird er dich fragen, ob du auch auf Hass vorbereitet bist. Natürlich wirst du sagen: „Nein, ich will nur Liebe. Bitte liebe mich!“ Er wird antworten, dass das nicht möglich ist, denn Liebe ist eine Form der Schwingungen von Hass. Tatsächlich ist die Liebe die Form, die dir gefällt, wohingegen Hass diejenige Form derselben Schwingung ist, die dir missfällt.

Der Mensch, der auf der dritten Ebene erwacht ist, beginnt von den Gegensatzpaaren frei zu werden. Zum ersten Mal wird er wissen, dass das, was er als zwei gegensätzliche Dinge betrachtet hatte, ein und dasselbe ist. Zwei gegenüberliegende Äste gehören zum selben Baumstamm. Dann wird er über seine Dummheit lachen, dass er versucht hatte, einen zu zerstören, um den andern zu retten. Aber da wusste er noch nicht, dass das unmöglich war, weil es tief innen derselbe Baum war. Aber erst wenn man in der zweiten Ebene erwacht ist, kann die dritte Ebene erkannt werden, denn der dritte Körper hat noch subtilere Schwingungen. Dort existieren keine Gefühle – nur Schwingungen.

Wenn du dahin kommst, dass du die Schwingungen des dritten Körpers verstehst, wirst du anfangen, eine einzigartige Erfahrung zu machen. Dann wirst du, wenn du jemanden siehst, sofort sagen können, was für Schwingungen er um sich herum verbreitet. Da du dir deiner eigenen Schwingungen nicht bewusst bist, ist es dir unmöglich, die eines anderen zu erkennen. Die Schwingungen, die vom dritten Körper ausgesandt werden, sammeln sich um den Kopf herum. Der Heiligenschein, der in Bildern von Buddha, Mahavira, Rama und Krishna abgebildet ist, ist die Aura, die um ihren Kopf herum gesehen wird. Man hat entdeckt, dass sie besondere Farben hat. Wenn man die richtige Erfahrung des dritten Körpers hat, kann man diese Farben sehen lernen. Wenn du anfängst, diese Farben zu sehen, wirst du sie nicht nur bei dir, sondern auch bei anderen sehen.

Je tiefer wir uns selbst erkennen, desto tiefer können wir auch andere erkennen – im gleichen Verhältnis. Da wir nur unseren eigenen physischen Körper kennen, kennen wir nur die physischen Körper von anderen. An dem Tag, an dem wir unseren eigenen ätherischen Körper kennenlernen, werden wir auch den ätherischen Körper anderer Menschen beginnen wahrzunehmen. Wenn wir also die Gefühle der anderen erkennen, ist das nichts Außergewöhnliches. Wird man sich seines eigenen Emotionalkörpers bewusst, wird es leicht sein, die Gefühle anderer zu erfassen, all ihre Nuancen zu erkennen. Wenn man auf der dritten Ebene erwacht ist, werden diese Dinge sehr klar, denn dort sind auch die Farben der Persönlichkeit zu sehen.

Die Farben der Kleidung von Sadhus und Sannyasins wurden nach der Farbe gewählt, die im dritten Körper gesehen wird. Die Wahl wurde dem Körper gemäß getroffen, der betont werden sollte. Zum Beispiel wählte Buddha die Farbe Gelb, denn er maß dem siebten Körper besondere Bedeutung bei. Die Aura eines Menschen, der die siebte Ebene erreicht hat, ist gelb; daher wählte Buddha die Farbe Gelb für seine *Bhikkhus*. Aufgrund dieser Farbe wurde es für buddhistische *Bhikkhus* schwierig in Indien zu bleiben. Die gelbe Farbe wurde dort mit dem Tod assoziiert. Und sie ist wirklich die Farbe des Todes, denn die siebte Ebene ist die Ebene des letztendlichen Todes. Daher ist die gelbe Farbe tief in uns mit Tod verbunden.

Die Farbe Orange vermittelt ein Gefühl von Lebenskraft. Aus diesem Grund sehen in Orange gekleidete Sannyasins anziehender aus, als die in Gelb gekleideten; sie erscheinen lebendig. Diese Farbe ist die Farbe des Blutes und die Farbe der Aura des sechsten Körpers; es ist die Farbe der aufgehenden Sonne.

Die Jains wählten Weiß – was der Farbe des fünften, des spirituellen Körpers entspricht. Die Jains bestehen darauf, Gott in Ruhe zu lassen – nicht über Gott zu sprechen und nicht über *Nirvana* zu sprechen –, denn wissenschaftliche Diskussionen sind nur bis zum fünften Körper möglich. Mahavira war ein Mann mit wissenschaftlichem Verstand. Daher sprach er über Dinge, solange sie mathematisch gelöst werden konnten; er weigerte sich, über Dinge zu sprechen, die darüber hinausgingen.

Er wollte nicht über etwas sprechen, wo seine Worte wahrscheinlich falsch waren; daher weigerte er sich, ausführlich über Mystik zu sprechen. Mahavira sagte, wir sollten nicht darüber sprechen, sondern nach innen gehen, um es zu erfahren. Daher sprach er nicht über Ebenen, die jenseits der fünften liegen. Aus diesem Grund wählte Mahavira Weiß; es ist die Farbe der fünften Ebene.

Ab der dritten Ebene wirst du beginnen, Farben zu sehen, die auf die Wirkung der subtilen Schwingungen im Innern zurückzuführen sind. In naher Zukunft wird es möglich sein, sie zu fotografieren. Wenn sie mit dem bloßen Auge gesehen werden können, folgt daraus, dass sie dem Auge der Kamera nicht mehr lange verborgen bleiben. Dann werden wir die wunderbare Fähigkeit entwickeln, den Menschen und seinen Charakter einzuschätzen.

Es gibt einen deutschen Denker namens Lüscher, der die Wirkungen der Farben auf Millionen von Menschen erforscht hat. Viele Krankenhäuser in Europa und Amerika nutzen seine Forschungen. Die Farbe, die du wählst, sagt auf tief greifende Weise etwas über deine Persönlichkeit aus. Ein Mensch mit einer bestimmten Krankheit bevorzugt eine bestimmte Farbe; ein gesunder Mensch sucht sich eine ganz andere Farbe aus. Ein sehr ruhiger Mensch bevorzugt wieder eine andere Farbe, ein ehrgeiziger Mensch wählt eine ganz andere Farbe als jemand, der nicht ehrgeizig ist. Mit der Wahl, die du triffst, weist du darauf hin, was in deinem dritten Körper geschieht. Besonders interessant ist Folgendes: Kennt man die Farbe, die dein dritter Körper ausstrahlt, und testet man dann, welche Farbe du bevorzugst, wird sich herausstellen, dass die Farbe übereinstimmt; du wirst die Farbe wählen, die der Farbe entspricht, die von deinem dritten Körper ausgeht.

Farben haben erstaunliche Bedeutungen und Zwecke. Man wusste bisher nicht, dass Farben so bedeutend sein können, dass sie sogar nach außen hin etwas über deine Persönlichkeit mitteilen. Auch wusste man nicht, dass die Wirkungen der Farben deine innere Persönlichkeit berühren können. Du kannst ihnen nicht entrinnen.

Die Farbe Rot zum Beispiel: Sie wird immer mit Revolution in Verbindung gebracht. Sie ist die Farbe der Wut und es ist schwierig, ihr zu entkommen. Daher trugen die Revolutionäre rote Fahnen. Eine rote Aura umgibt ein zorniges Gemüt. Es ist die Farbe von Blut, die Farbe von Mord, die Farbe von Wut und Zerstörung.

Es ist sehr interessant, dass der Blutdruck von allen, die ihr hier sitzt, steigen würde, wenn alles in diesem Raum rot gestrichen wäre. Wenn ein Mensch ununterbrochen mit der Farbe Rot lebt, kann sein Blutdruck nie normal sein. Die Farbe Blau verursacht das Sinken des Blutdrucks: Sie ist die Farbe des Himmels und des höchsten Friedens. Wenn du von Blau umgeben bist, sinkt dein Blutdruck.

Das gilt nicht nur für den Menschen. Wenn wir Wasser in eine blaue Flasche füllen und sie in die Sonne stellen, verändert sich die chemische Zusammensetzung des Wassers. Das Wasser absorbiert die blaue Farbe, was dann seine Zusammensetzung verändert. Dieses Wasser hat eine Wirkung auf den Blutdruck des Menschen. Ebenso werden, wenn wir eine Flasche mit gelbem Wasser füllen und in die Sonne stellen, sich seine Eigenschaften verändern. Das Wasser in der blauen Flasche wird tagelang frisch sein, wohingegen das Wasser in der gelben Flasche sofort zu faulen beginnt. Die gelbe Farbe ist die Farbe des Todes und sie bewirkt, dass sich die Dinge zersetzen.

Du wirst anfangen, all diese Farben um dich herum zu sehen. Das geschieht auf der vierten Ebene.

Wenn du dir dieser drei Körper bewusst bist, wird eben dieses Bewusstsein eine Harmonie zwischen ihnen ermöglichen. Dann wird keine Form von *Shaktipat* schädlich sein. Die Energie von *Shaktipat* wird durch die harmonisierten Schichten der ersten drei Körper in deinen vierten Körper eintreten; das wird die Schnellstraße sein, die sie benutzen wird. Wenn dieser Weg nicht vorbereitet ist, ergeben sich viele Gefahren.

Aus diesem Grunde habe ich gesagt, dass die ersten drei Körper stark und fit sein müssen; nur dann kann Wachstum reibungslos geschehen.

Wissenschaftliche Grenzen und Möglichkeiten bei der Erforschung der feinstofflichen Körper

Das, was wir den physischen Körper, und das, was wir die Seele nennen, sind nicht zwei voneinander verschiedene und getrennte Dinge. Es besteht kein Bruch zwischen ihnen; es gibt Zusammenhänge. Wir haben immer geglaubt, dass der Körper für sich besteht und dass die Seele für sich besteht und dass es nichts gibt, was sie verbindet. Außerdem haben wir nicht nur geglaubt, dass sie getrennt voneinander bestehen, sondern auch, dass sie einander entgegengesetzt sind.

Diese Vorstellung trennte die Religion von der Wissenschaft. Die Aufgabe der Religion bestand darin zu erforschen, was über den physischen Körper hinaus existierte, wohingegen die Wissenschaft alles in Bezug auf den physischen Körper erforschte – alles außer dem *Atman*, der Seele. Es ist also verständlich, dass das eine das andere verleugnete. Die Wissenschaft war in den physischen Körper vertieft und stellte deshalb die Frage: „Der Körper ist real, aber wo ist die Seele?“ Die Religion suchte nach dem Inneren und nannte es die Seele. Sie sagte: „Der Geist ist real, aber das Körperliche ist eine Illusion.“ Daher beschrieb die Religion, als sie ihren Gipfel erreichte, den Körper als Illusion, Phantasie, *Maya* und sagte, dass er in Wirklichkeit nicht existiere. Sie proklamierte den *Atman* als Wahrheit und den Körper als Illusion. Als die Wissenschaft ihren Höhepunkt erreicht hatte, widerrief sie den *Atman*. Sie sagte: „Die Vorstellung von einer Seele ist falsch; sie ist eine Lüge. Der Körper ist alles.“ Dieser Irrtum beruht auf dem Hintergrund der Vorstellung, dass Körper und *Atman* zwei einander entgegengesetzte Dinge sind.

Ich habe über die sieben Körper gesprochen. Wenn der erste Körper der physische und der letzte der spirituelle ist, dann wird es zwischen diesen beiden keine Brücke geben, wenn wir nicht die fünf Körper dazwischen in Betracht ziehen. Es wäre gerade so, als ob du eine Leiter hochklettern würdest und dann alle Sprossen zwischen der ersten und letzten herausnehmen würdest. Dann bestünde keine Verbindung zwischen der ersten und letzten Sprosse.

Wenn man die vollständige Leiter sieht, wird man feststellen, dass die erste Stufe mit der letzten verbunden ist. Und wenn man sie genauer untersucht, wird man feststellen, dass die letzte Stufe dem letzten Teil der ersten Stufe entspricht und dass die erste Stufe dem ersten Teil der letzten entspricht. Ganz ähnlich finden wir, wenn wir alle sieben Körper zusammennehmen, eine Verbindung zwischen dem ersten und dem zweiten Körper. Der erste Körper ist der physische Körper; der zweite Körper ist der ätherische Körper – der Emotionalkörper.

Er ist nur die feinstoffliche Form des physischen und er ist nicht nichtstofflich. Es ist einfach nur so, dass er so feinstofflich ist, dass er mit physikalischen Methoden bisher noch nicht ganz erfasst wurde. Aber jetzt bestreiten die Physiker die Tatsache nicht mehr, dass die physische Materie immer verdünnter wird und in ihrer feinstofflichen Form nichtphysisch wird.

So sagt die moderne Wissenschaft zum Beispiel, dass Materie, wenn sie analysiert wird, sich letztendlich auf Elektronen reduzieren lässt, die nicht Materie, sondern Teilchen von Elektrizität sind. So etwas wie Substanz bleibt am Ende nicht übrig – nur Energie. Die Wissenschaft hat in den letzten dreißig Jahren also eine wundervolle Entdeckung gemacht. Obwohl sie der Ansicht war, dass Materie eine Realität ist, ist sie nun zu dem Schluss gekommen, dass Materie nicht existiert, wohingegen Energie eine Tatsache ist. Die Wissenschaft sagt jetzt, dass Materie eine Illusion ist, die durch die Bewegung der Energie bei hoher Geschwindigkeit hervorgerufen wird.

Wenn man einen Ventilator bei hoher Geschwindigkeit laufen lässt, können wir die drei Ventilatorenflügel nicht einzeln sehen. Was wir sehen, ist ein sich drehender Kreis. Auch die Zwischenräume zwischen den Ventilatorenflügeln scheinen ausgefüllt zu sein. In Wirklichkeit bewegen sie sich so schnell, dass, bevor das Bild des ersten Flügels an unserem Auge vorbeigezogen ist, der zweite Flügel schon da ist. Dann kommt der dritte Flügel mit der gleichen Schnelligkeit, mit dem Resultat, dass sie so aufeinander folgen, dass wir die leeren Zwischenräume nicht sehen können. Man kann den Ventilator mit einer solchen Geschwindigkeit laufen lassen, dass du darauf sitzen kannst und nicht einmal merkst, dass sich unter dir etwas bewegt. Der Zwischenraum zwischen den zwei Flügeln kann so schnell ausgefüllt werden, dass, nachdem der eine Flügel unter dir weggezogen ist, der nächste sofort an seine Stelle tritt, dann fühlst du den Leerraum überhaupt nicht. Es ist ganz und gar eine Frage der Geschwindigkeit.

Wenn Energie sich mit hoher Geschwindigkeit dreht, sieht sie wie Materie aus. Atomenergie, auf der unsere gesamte moderne wissenschaftliche Forschung basiert, ist niemals visuell wahrgenommen worden; nur ihre Auswirkungen sind sichtbar. Die zu Grunde liegende Energie ist unsichtbar und die Frage, sie zu sehen, stellt sich gar nicht; aber wir können ihre Auswirkungen beobachten.

Wenn wir also den ätherischen Körper wie einen atomaren Körper betrachten, ist das nicht falsch – denn auch in diesem Fall sehen wir nur die Auswirkungen und nicht den ätherischen Körper selbst. Aufgrund der Auswirkungen müssen wir seine Existenz zugeben. Dieser zweite Körper ist die subtile Form des ersten; daher bestehen keinerlei Schwierigkeiten, die zwei miteinander in Verbindung zu bringen. Sie gehören auf eine Art zusammen. Der eine ist grobstofflich, also kann man ihn sehen; der andere ist feinstofflich, daher kann man ihn nicht sehen.

Jenseits des ätherischen Körpers ist der Astralkörper. Er ist eine subtilere Form des Äthers. So weit ist die Wissenschaft noch nicht gekommen, aber sie ist zu dem Schluss gekommen, dass, wenn wir Materie analysieren, letztendlich Energie übrigbleibt. Diese Energie kann Äther genannt werden. Wenn Äther in seine subtileren Bestandteile aufgespalten wird, bleibt das Astrale zurück – und dies ist feinstofflicher als das Feinstoffliche. Die Wissenschaft ist noch nicht bis zum Astralen vorgedrungen, aber sie wird es schaffen. Bis vor kurzem akzeptierte die Wissenschaft nur die Materie und verleugnete die Existenz des Atoms. Fast bis gestern behauptete sie, dass die Materie fest ist. Heute sagt sie, dass es so etwas wie einen festen Stoff nicht gibt und alles nichtfest ist. Jetzt haben sie bewiesen, dass sogar eine Wand, die fest erscheint, nicht wirklich fest ist. Sie ist porös und Teilchen können sich durch ihre Poren hin- und herbewegen. Wir glauben vielleicht, dass zumindest das, was um die Poren herum existiert, fest sein muss; aber auch das ist nicht fest; jedes Atom ist porös.

Wenn wir ein Atom auf dieselbe Größe wie die Erde vergrößern, werden wir feststellen, dass genauso viel Abstand zwischen den zwei Komponenten eines Atoms besteht wie zwischen der Erde und dem Mond oder der Sonne und den Sternen. Dann mögen wir sagen, dass zumindest die zwei Komponenten an den zwei Enden fest sind – aber die Wissenschaft sagt, dass auch diese nicht fest sind; es sind elektrische Teilchen. Jetzt ist die Wissenschaft nicht einmal mehr bereit, das Wort Teilchen zu akzeptieren, denn das bedeutet von der Vorstellung von Materie auszugehen. Teilchen bedeutet ein Teil der Materie – aber die Komponenten des Atoms sind keine Materie, denn Materie ist fest und behält ihre Form, wohingegen diese Komponenten ihre Form ständig verändern. Sie sind wie Wellen, nicht wie Teilchen. Wenn sich eine Welle im Wasser erhebt, hat sie, bevor du dir überhaupt sagen kannst: „Das ist eine Welle“, sich schon verändert, denn eine Welle ist das, was immerzu kommt und geht.

Aber eine Welle ist auch eine materielle Erscheinung. Deshalb hat die Wissenschaft ein neues Wort geprägt, das es vor dreißig Jahren noch gar nicht gab. Das Wort ist Quantum. Es ist schwierig ein Äquivalent in Hindi zu finden, genau wie es für viele Hindiwörter kein Äquivalent im Englischen gibt: das Wort *Brahman* zum Beispiel – die kosmische Realität. Wörter werden gebildet, weil eine Notwendigkeit, sich auszudrücken, von seiten derjenigen besteht, die diese Erfahrung gemacht haben. Als die Erfahrung des *Brahman* gemacht wurde, bestand für diejenigen, die die Erfahrung gemacht hatten, die Notwendigkeit, ein Wort zu prägen, dass die Erfahrung ausdrückte; so wurde das Wort *Brahman* im Osten geprägt.

Der Westen hat dieses Stadium noch nicht erreicht; daher haben sie kein Wort mit der gleichen Bedeutung, denn es war nicht erforderlich. Aus diesem Grund gibt es für viele religiöse Ausdrücke keine gleichbedeutenden Wörter im Englischen. Das Wort *Aum* zum Beispiel – dieses Wort kann in keine Sprache der Welt übersetzt werden. Es ist der Ausdruck einer tiefen spirituellen Erfahrung. Der Westen hat kein paralleles Wort, mit dem es ausgedrückt werden kann.

Auf die gleiche Weise ist Quantum ein Wort, das geprägt wurde, um den Gipfel wissenschaftlicher Höhen auszudrücken, und es gibt kein entsprechendes Wort in irgendeiner anderen Sprache. Wenn wir versuchen, die Bedeutung von Quantum zu verstehen, heißt es „ein Teilchen und eine Welle gemeinsam". Es ist allerdings schwierig, sich eine Vorstellung davon zu machen. Es ist etwas, das sich manchmal wie ein Teilchen verhält und manchmal wie eine Welle und dessen Verhalten völlig unvorhersehbar ist. Bisher war die Materie am zuverlässigsten, bei ihr gab es Gewissheit. Aber der kleinstmögliche Teil der Materie, der entdeckt wurde – die Atomenergie – ist sehr unbeständig. Ihr Verhalten kann nicht vorausgesagt werden. Zuerst war die Wissenschaft von der Gewissheit der Materie überzeugt. Sie sagte, alles sei exakt und klar abgegrenzt. Jetzt besteht der Wissenschaftler nicht mehr auf dieser Behauptung, denn er weiß durch den heutigen Stand seiner Forschung, dass diese Gewissheit sehr oberflächlich ist. Im Inneren gibt es eine tiefe Ungewissheit, und es wäre interessant herauszufinden, was diese Ungewissheit besagt.

Dort wo es Ungewissheit gibt, muss es zwangsläufig Bewusstsein geben, sonst könnte Ungewissheit nicht existieren. Ungewissheit ist ein Teil des Bewusstseins, Gewissheit ist ein Teil der Materie. Wenn wir einen Stuhl an einen bestimmten Platz im Zimmer stellen, finden wir ihn bei unserer Rückkehr genau dort wieder. Wenn wir jedoch ein Kind in dem Zimmer lassen, wird es niemals dort bleiben, wo wir es zurückgelassen haben. Es wird immer einen Zweifel, eine Ungewissheit darüber geben, wo es ist und was es gerade macht. Bei Materie können wir sicher sein, aber niemals bei Bewusstsein.

Als die Wissenschaft die Ungewissheit im Verhalten des kleinsten atomaren Teilchens akzeptierte, musste sie auch die Möglichkeit von Bewusstsein im kleinsten Teilchen der Materie akzeptieren.

Ungewissheit ist die Qualität des Bewusstseins, aber Materie kann nicht unberechenbar sein. Es ist weder so, dass Feuer erst brennt, wenn es brennen will, und nicht brennt, wenn es nicht brennen will, noch kann Wasser in jede beliebige Richtung fließen oder bei jeder beliebigen Temperatur verdunsten. Die Funktionen der Materie sind festgelegt, aber wenn wir in die Materie hineingehen, werden wir feststellen, dass sie letztendlich nicht festgelegt ist.

Man kann es so sehen: Wenn wir herausfinden wollen, wie viele Menschen in Bombay sterben, ist dies möglich. Wenn es zehn Millionen Menschen gibt, können wir die Anzahl der Todesfälle in einem Jahr nehmen und herausfinden, wie viele ungefähr an einem Tag sterben, und es wird fast korrekt sein. Wenn wir die Sterblichkeitsrate für dieses ganze Land von neunhundert Millionen auf die gleiche Art berechnen, wäre die Ziffer noch näher an der exakten Zahl. Wenn wir die Sterblichkeitsrate für die ganze Welt berechnen, wäre die Genauigkeit der Ziffer sogar noch größer. Aber wenn wir herausfinden wollen, wann eine Einzelperson sterben wird, werden unsere Berechnungen äußerst unsicher sein.

Je größer die Menge, desto materieller werden die Dinge. Je individueller das Phänomen, desto mehr Bewusstsein finden wir. Ein einziges Stück Materie ist tatsächlich eine Ansammlung von Millionen von Atomen, deshalb ist es berechenbar. Aber wenn wir in das Atom eindringen und das Elektron erfassen, stellen wir fest, dass es sehr individuell ist: Wir können seinen Lauf nicht bestimmen und es sieht so aus, als würde es ihn selbst entscheiden. Bei einem massiven Felsen können wir also sicher sein: Wir werden ihn an einem bestimmten Platz wiederfinden. Aber die Struktur der individuellen Atome in seinem Innern wird nicht dieselbe sein. Zu dem Zeitpunkt, an dem wir wieder zu dem Felsen zurückkommen, werden alle Atome in ihm ihre Positionen verändert haben und von einem Platz zum andern gewandert sein. Ungewissheit beginnt damit, dass man tief in die Materie eindringt. Aus diesem Grund hat sich die Sprache der Wissenschaft von Gewissheit zu Wahrscheinlichkeiten gewandelt. Sie sagt nicht mehr: „So wird dieses oder jenes sein." Sie sagt vielmehr: „Dieses ist wahrscheinlicher als jenes." Sie sagt nicht mehr voller Nachdruck: „Genau so ist es!" In der Vergangenheit wurden alle Ansprüche der Wissenschaft in der Sprache der Gewissheit erhoben; was immer sie sagte, musste so sein. Als sich die Suche der Wissenschaft vertiefte, wurden all ihre früheren Konzepte nach und nach außer Kraft gesetzt. Der Grund dafür war, dass die Wissenschaft, ohne es zu wissen, vom physischen Bereich in den ätherischen eingedrungen war, von dem sie keine Ahnung hat. Bevor sie die Tatsache, dass sie von der physischen auf die ätherische Ebene eingedrungen ist, nicht akzeptiert, kann sie kein Verständnis erlangen. Sie hat die zweite Dimension der Materie erreicht, die ätherische Dimension, und diese hat ihre eigenen Möglichkeiten.

Zwischen dem ersten und dem zweiten Körper gibt es keinerlei Kluft. Der dritte oder Astralkörper ist sogar noch feinstofflicher. Er ist der feinstofflichste der Feinstofflichen. Bevor wir den Äther in Atome aufspalten – was noch unwahrscheinlich erscheint, denn wir haben kaum das physische Atom erforscht – also bevor man mit dem Äther experimentiert, wird noch viel Zeit vergehen. Wenn die Ätheratome bekannt sein werden, werden wir feststellen, dass ihre Teilchen zum nächsten Körper – dem Astralkörper – gehören. Als das physische Atom gespalten wurde, haben wir seine feinsten Teilchen als ätherisch erkannt. Ganz ähnlich werden wir bei der Spaltung des Ätheratoms erkennen, dass seine feinsten Teilchen den Astralkörper bilden. Auf diese Weise werden wir die Verbindung zwischen ihnen entdecken. Diese drei Körper hängen offensichtlich miteinander zusammen; und aus diesem Grund konnten Fotos von Geistern gemacht worden.

Ein Geist hat keinen physischen Körper. Seine Schleier beginnen mit dem ätherischen Körper. Es war möglich, Geister zu fotografieren, denn wenn der ätherische Körper sich verdichtet, kann eine hochempfindliche Kamera sein Abbild auffangen. Außerdem kann der Ätherkörper wegen seiner hohen Feinstofflichkeit leicht von der Psyche beeinflusst werden. Wenn der Geist eines Toten erscheinen möchte, kann er seine Form so verdichten, dass die Atome, die weit verstreut sind, näher zusammenkommen und den Umriss einer Gestalt bilden. Dies kann von einer Kamera aufgefangen werden.

Deshalb wird unser zweiter Körper – der Ätherische – viel mehr vom Verstand beeinflusst als unser physischer Körper. Der physische Körper gerät auch unter den Einfluss des Verstandes, aber zu einem geringeren Maß. Je feinstofflicher der Körper ist, desto mehr wird er vom Verstand beeinflusst und desto näher wird er dem Verstand sein. Der Astralkörper wird sogar noch mehr vom Verstand beeinflusst. Daher sind Astralreisen möglich. Jemand kann schlafend in diesem Zimmer liegen, aber mit seinem Astralkörper kann er jeden Teil der Welt erreichen. Ihr habt sicher Geschichten gehört von jemandem, der an zwei oder drei Plätzen gleichzeitig gesehen wurde. Das ist möglich. Sein physischer Körper ist an einem Ort und sein Astralkörper an einem anderen. Es ist eine Frage der Übung und dann kann man es zustande bringen. Die Verstandeskräfte entwickeln sich immer mehr, wenn wir nach innen gehen, und sie zerstreuen sich, wenn wir nach außen gehen. Nach außen gehen ist genau wie eine Lampe anzünden und dann einen Glasschirm darüberstülpen. Wenn man den Schirm darübergestülpt hat, erscheint die Lampe nicht sehr hell. Dann stülpen wir noch einen darüber und dann noch einen. Auf diese Weise geben wir sieben Hüllen darüber. Nach der siebten Hülle wird das Licht der Lampe äußerst schwach und dämmrig, weil es sieben Ebenen durchdringen muss.

Auf dieselbe Weise ist unsere Lebensenergie, wenn sie den physischen Körper erreicht hat, ermattet. Daher scheint es, als hätten wir über den physischen Körper nicht viel Kontrolle. Aber wenn jemand die Reise nach innen antritt, wird seine Kontrolle über den physischen Körper immer größer, proportional zur Tiefe seiner inneren Reise. Die feinstoffliche Form des Physischen ist das Ätherische und der noch subtilere Teil des Ätherischen ist das Astrale. Dann kommt der vierte Körper – der mentale Körper.

Bisher hatten wir den Eindruck, dass der Verstand – der menschliche Geist – das eine und die Materie das andere ist. Verstand und Materie wurden als zwei voneinander getrennte Dinge betrachtet. In der Tat bestand keine Möglichkeit sie zu definieren. Sollten wir fragen: „Was ist Verstand?“ würde man uns antworten: „Das, was nicht Materie ist“ und umgekehrt.

Sollten wir fragen: „Was ist Materie?“, gäbe es keine andere Definition. Genauso haben wir immer darüber gedacht – sie seien voneinander verschieden und getrennt. Jetzt wissen wir jedoch, dass der Verstand auch eine feinstofflichere Form der Materie ist. Andersherum können wir sagen, die Materie ist die kondensierte Form des Verstandes, des Geistes. Wenn die Astralatome gespalten werden, werden sie zu Gedankenwellen.

Es gibt eine nahe Verwandtschaft zwischen Quanten und Gedankenwellen; das wurde nie in Betracht gezogen. Bisher hat man nicht daran gedacht, dass Gedanken eine physikalische Existenz haben können. Aber Tatsache ist, dass sich, wenn du eine spezielle Art von Gedanken denkst, die Schwingungen um dich herum entsprechend verändern. Es ist interessant festzustellen, dass nicht nur Gedanken, sondern sogar Wörter ihre eigenen Schwingungen haben. Wenn du Sandkörnchen auf eine Glasscheibe streust und unter dem Glas laut Aum singst, wird das Muster, das durch die Schwingungen des Klangs hervorgerufen wird, anders sein als das Muster, das beim Singen von Rama entsteht. Wenn du ein Schimpfwort singen würdest, würde sich das Muster erneut verändern.

Es ist erstaunlich, dass das sich formende Muster umso hässlicher wird, je abfälliger das Schimpfwort ist, und umso schöner, desto schöner der Klang des Wortes ist. Das Schimpfwort zeigt ein chaotisches Muster; die Linien des wohlklingenden Wortes dagegen werden schön geformt und ausgeglichen sein. Aus diesem Grund wurden viele Jahrtausende hindurch Forschungen betrieben, um Wörter zu finden, die schöne Schwingungen erzeugen, und man achtete darauf, ob ihre Intensität groß genug war, um auf das Herz einzuwirken. Worte sind Gedanken, die sich manifestiert haben.

Nichtmanifestierte Worte haben auch eine Resonanz und wir nennen sie Gedanken. Wenn du über etwas nachdenkst, verbreitet sich um dich eine bestimmte Form von Resonanz, eine bestimmte Schwingung umgibt dich. Deshalb wirst du aus keinem ersichtlichen Grund in der Nähe einer bestimmten Person traurig. Es kann sein, dass diese Person kein einziges negatives Wort geäußert hat, und vielleicht lacht sie sogar und freut sich, dich zu treffen. Und doch ergreift dich eine Traurigkeit von innen her. Andrerseits fühlst du dich in der Gesellschaft von jemand anderem plötzlich fröhlich und ausgelassen. Du betrittst einen Raum und fühlst plötzlich eine Veränderung in dir. Etwas Heiliges oder Unheiliges ergreift Besitz von dir. In einem Moment bist du von Ruhe und Frieden umgeben und im anderen von Ruhelosigkeit. Du verstehst es nicht und du fragst dich: „Ich habe mich so friedlich gefühlt. Warum ist diese Ruhelosigkeit plötzlich über mich gekommen?“ Überall um dich herum sind Gedankenwellen und sie dringen vierundzwanzig Stunden am Tag auf dich ein.

Vor kurzem hat ein französischer Wissenschaftler ein Instrument entwickelt, mit dem es gelingt, Gedankenwellen zu erfassen. Sobald sich jemand diesem Instrument nähert, zeigt es an, welche Gedanken in ihm sind. Das Instrument beginnt die Gedankenwellen aufzufangen. Wenn man einen Idioten davorstellt, wird es nur sehr wenige Wellen anzeigen, denn so ein Mensch denkt kaum. Wenn man einen Intellektuellen davorstellt, übermittelt die Maschine all die Schwingungen seiner Gedanken.

Was wir also den Verstand oder menschlichen Geist nennen, ist die feinstoffliche Form des Astralen. Je weiter wir nach innen gehen, desto feinstofflicher werden die Schichten. Die Wissenschaft ist bis zum ätherischen Körper vorgedrungen, aber sogar jetzt besteht sie noch darauf, ihn die Atomebene oder die Ebene der atomaren Energie zu nennen. Aber die Wissenschaft ist bis zum zweiten Körper der Materie vorgedrungen. Es wird nicht mehr lange dauern, bis sie die dritte Ebene erreicht, denn jetzt besteht dazu die Notwendigkeit.

Auf der vierten Ebene wird auch Arbeit geleistet, aber aus einer anderen Dimension. Da man annahm, dass der Verstand vom Körper getrennt ist, arbeiten einige Wissenschaftler nur mit dem Verstand; sie lassen den Körper völlig außer Acht. Sie haben sehr viel über den vierten Körper erfahren. Auf bestimmte Art sind wir zum Beispiel alle Sender. Unsere Gedanken verbreiten sich um uns herum in jede Richtung. Sogar wenn ich nicht mit dir spreche, erreichen dich meine Gedanken. In Russland wird auf dem Feld der Telepathie sehr viel experimentiert. Der Wissenschaftler Fayadev konnte erfolgreich Gedanken an eine tausend Kilometer entfernte Person übertragen, genau wie bei einer Radiosendung. Wenn wir unsere Aufmerksamkeit mit voller Willenskraft in eine bestimmte Richtung konzentrieren und einen Gedanken aussenden, dann erreicht er diesen speziellen Bestimmungsort. Wenn der Verstand am anderen Ende genauso offen ist und in dem Moment bereit zu empfangen und auf dieselbe Richtung konzentriert ist, wird der Gedanke empfangen.

Du kannst ein einfaches Experiment zu Hause versuchen. Kleine Kinder erfassen Gedankenwellen sehr schnell, denn ihre Aufnahmefähigkeit ist sehr genau. Setze ein Kind in einem abgedunkelten Raum in eine Ecke und sage ihm, es solle sich fünf Minuten lang auf dich konzentrieren. Sage ihm, dass du ihm schweigend etwas mitteilen wirst und es versuchen soll, dies zu hören. Wenn es etwas hört, soll es wiederholen, was es gehört hat. Dann suchst du ein Wort aus, sagen wir Rama. Konzentriere dich jetzt auf das Kind und wiederhole das Wort innerlich so lange, bis es in dir widerhallt. Sag es nicht laut. Nach zwei oder drei Tagen wirst du feststellen, dass das Kind das Wort empfangen hat.

Das Umgekehrte kann auch stattfinden. Wenn das Experiment einmal gelungen ist, wird es leicht, weitere Experimente durchzuführen. Jetzt kannst du dem Kind sagen, dass es sich auf dich konzentrieren soll. Es soll sich ein Wort ausdenken und es auf die gleiche Art in deine Richtung senden. Mit dem ersten Teil des Experiments wurden deine Zweifel in dem Moment ausgeräumt, als das Kind dein Wort empfing. Jetzt bist du also empfänglich und fängst das Wort des Kindes auf. Wenn das Experiment erfolgreich ist, wirst du aufhören zu zweifeln und deine Empfänglichkeit wird dementsprechend zunehmen. Zwischen dir und dem Kind besteht die physische Welt; der Gedanke sollte von seinem Inhalt her im wesentlichen physisch sein, sonst wird er nicht in der Lage sein, das physische Medium zu überwinden.

Es wird euch überraschen zu erfahren, dass Mahavira sogar Karma als Materie definierte. Wenn du wütend bist und jemanden tötest, ist es eine Handlung von Aggression und Mord. Mahavira sagt, dass die subtilen Atome dieser Tat an dir haften. Sie bilden einen Rückstand deines Karmas und deiner Handlungen. Handlungen haben also auch physische Substanzen und sie haften an dir wie Materie.

Mahavira nennt das Freiwerden von diesen angesammelten Konditionierungen des *Karma Nirjara* – Dekonditionierung. Alle Atome dieses Karmas, die an dir haften, werden abfallen. An dem Tag, an dem du von ihnen frei bist, wird das, was von dir übrigbleibt, absolut rein sein. *Nirjara* bedeutet das Wegfallen der Atome der Handlungen. Wenn du wütend bist, ist das eine Handlung, dann bleibt diese Wut in ihrer atomaren Form immer bei dir. Wenn der physische Körper vergeht, lösen sich diese Atome nicht mit auf, denn sie sind viel feinstofflicher. Sie begleiten dich bis in deine nächste Geburt.

Der mentale Körper ist also die subtile Form des Astralkörpers. Daher gibt es zwischen diesen vier Körpern keine Kluft. Jeder ist eine subtilere Form des vorhergehenden Körpers. Auf der Ebene des mentalen Körpers wird sehr viel gearbeitet. Wissenschaftler experimentieren auf dem Feld der Psychologie und besonders der Parapsychologie, und die merkwürdigen und erstaunlichen Gesetzmäßigkeiten mentaler Energien kommen langsam in ihre Reichweite. Die Religionen haben sie schon seit langem erfasst, aber jetzt sind auch in der Wissenschaft viele Dinge klar geworden.

In Monte Carlo gibt es viele Menschen, die beim Würfelspiel nicht geschlagen werden können. Immer wenn sie würfeln, zeigen die Würfel genau die Zahlen, die sie wollen. Am Anfang vermutete man, dass die Würfel vielleicht besonders präpariert waren, um die gewünschten Zahlen zu würfeln. Dann tauschte man die Würfel aus, aber man kam zum gleichen Ergebnis: Die Würfel fielen immer noch genau so, wie die Leute wollten. Mehrere Wechsel der Würfel brachten das gleiche Resultat. Sogar mit verbundenen Augen gelang es diesen Menschen, die richtigen Zahlen zu würfeln. Das machte andere aufmerksam und neugierig. Untersuchungen wurden gemacht, um die Gründe herauszufinden. Tatsächlich wurden die Würfel durch die absolute Entschlossenheit ihrer Gedanken beeinflusst. Sie würfelten mit der Entschlossenheit, die gewünschte Zahl zu bekommen. Ihre Gedankenwellen brachten die Würfel genau zu der betreffenden Zahl. Was bedeutet das? Wenn Gedankenwellen in der Lage sind, die Richtung von Würfeln zu verändern, müssen sie auch eine Form von Materie sein, sonst wäre das nicht möglich.

Mache ein kleines Experiment und du wirst es verstehen. Da du von Wissenschaft sprichst, spreche ich von Experimenten. Nimm ein Glas Wasser. Gib ein wenig Glyzerin oder eine andere ölige Flüssigkeit hinein, sodass sich ein dünner Ölfilm auf der Oberfläche des Wassers bildet. Lege eine gerade Stecknadel vorsichtig auf diesen Ölfilm, sodass sie auf der Oberfläche schwimmt. Riegle den Raum von allen Seiten ab. Konzentriere dich, mit deinen Handflächen auf dem Boden, voll und ganz auf die Stecknadel. Fixiere deinen Blick fünf Minuten lang auf die Nadel. Gib dann der Stecknadel den Befehl, sich nach links zu drehen, und sie wird sich nach links drehen. Dann sag ihr, sie solle sich nach rechts drehen, und sie wird sich nach rechts drehen. Sag ihr, dass sie stillstehen soll, und sie wird stillstehen; sag ihr, dass sie sich bewegen soll, und sie wird sich bewegen. Wenn deine Gedanken eine Stecknadel bewegen können, können sie auch einen Berg bewegen; es ist nur eine Frage der Verhältnismäßigkeit. Das Prinzip ist grundsätzlich dasselbe. Wenn du die Fähigkeit hast, eine Stecknadel zu bewegen, ist der Grundsatz bewiesen. Es ist ein anderes Thema, dass der Berg vielleicht eine zu große Struktur hat, um ihn zu bewegen – aber er kann bewegt werden.

Unsere Gedankenwellen berühren die Materie und transformieren sie. Es gibt Menschen, die in der Lage sind, fast genauso viel über dich auszusagen, wenn du ihnen nur ein Taschentuch von dir gibst, als wärst du selbst anwesend. Das kommt daher, weil dein Taschentuch deine Gedankenwellen absorbiert hat. Diese Wellen sind so subtil, dass ein Taschentuch, das Alexander dem Großen gehörte, immer noch die Schwingungen seiner Persönlichkeit in sich trägt. Diese Wellen sind so subtil, das sie Millionen von Jahren brauchen, um sich aus einem Gegenstand zu lösen. Aus diesem Grund wurden Gräber und *Samadhi*s errichtet.

Gestern habe ich von der indischen Sitte berichtet, unsere Toten zu verbrennen, aber nicht unsere toten Sannyasins. Die Leiche eines normalen Menschen wird verbrannt, sodass seine Seele nicht weiterhin um ihn herumschwebt. Aber der Körper eines Sannyasins wird nicht verbrannt, denn seine Seele hat sich bereits während er noch lebte, von seinem Körper gelöst. Jetzt braucht man nicht zu befürchten, dass seine Seele noch irgendwelche Bindungen an seinen Körper hat. Wir wollen seinen Körper konservieren, denn der Körper eines Menschen, der Jahre damit zugebracht hat, das Göttliche zu erfahren, wird für Jahrtausende dieselben Gedankenschwingungen verbreiten. Seine Begräbnisstätte wird bedeutungsvoll sein; sie wird etwas auslösen. Der Körper ist tot, aber dieser Körper ist seiner Seele so nahe gewesen, dass er eine große Menge ihrer Ausstrahlungen in sich aufgenommen hat.

Gedanken haben unendliche Möglichkeiten, aber sie sind trotz allem physisch. Sei daher sehr vorsichtig, was du denkst, denn die subtilen Gedankenwellen werden bei dir bleiben, sogar nachdem dein Körper vergangen ist. Deine körperliche Lebenserwartung ist sehr begrenzt, verglichen mit der Lebensdauer der feinstofflichen Wellen. Die Wissenschaftler sind jetzt zu dem Schluss gekommen, dass es ihnen in der nahen Zukunft möglich sein wird, die Gedankenwellen von Menschen wie Krishna oder Jesus, wenn diese tatsächlich gelebt haben, aufzufangen. Dann wird es möglich sein zu entscheiden, ob die Gita wirklich von Krishna selbst gesprochen wurde – denn die Gedankenwellen, die von Krishna ausstrahlten, sind immer noch im Universum gegenwärtig und können von einem Planeten oder von einem Asteroiden zurückgeworfen werden.

Es ist so, als würden wir einen Stein ins Meer werfen: Wenn er hineinfällt, macht er einen kleinen Kreis. Der Stein wird versinken, denn er kann nicht lange an der Oberfläche des Wassers bleiben; er beginnt zu sinken, sobald er auf das Wasser trifft. Die kleinen Wellen, die durch seinen Aufprall auf dem Wasser entstehen, vergrößern sich. Sie werden größer und größer und ihre Ausdehnung ist endlos. Sie mögen über den Horizont deines Gesichtsfeldes hinausgehen, und wer weiß, zu welch fernen Ufern sie gelangen.

Gedanken breiten sich also auch im Universum aus, ganz gleich, wann sie entstanden sind – und nicht nur die Gedanken, die ausgesprochen wurden, sondern auch die Gedanken, die im Kopf behalten wurden – sie breiten sich immer weiter aus. Und man kann sie erfassen. Eines Tages, wenn sich die Wissenschaft weiterentwickelt und der Mensch weitere Fortschritte macht, werden wir in der Lage sein, sie von neuem zu hören. Jetzt brauchen die Nachrichten, die im Radio von Delhi nach Bombay ausgestrahlt werden, eine bestimmte Zeit, um in Bombay anzukommen, denn Schallwellen brauchen Zeit, um sich fortzubewegen. Zu dem Zeitpunkt, wenn sie Bombay erreichen, sind sie nicht mehr in Delhi: Die Wellen haben Delhi verlassen, obwohl die Überbrückung der Entfernung nur wenige Augenblicke beträgt. Es besteht ein zeitlicher Abstand.

Nehmen wir einmal an, wir sehen im indischen Fernsehen einen Mann in New York. Wenn sein Bild in New York entsteht, ist es in Indien nicht sofort sichtbar. Es besteht ein zeitlicher Abstand zwischen seiner Entstehung und dem Zeitpunkt, wann es Indien erreicht. Es wäre möglich, dass der Mann in diesem zeitlichen Abstand gestorben ist, aber er wird uns lebendig erscheinen. Sowohl Gedankenwellen von der Erde als auch die kleinen Wellen anderer Geschehnisse gehen zu der unendlichen Anzahl von Planeten hinaus. Wenn wir ihnen vorauseilen und sie auffangen könnten, wären sie immer noch in gewissem Sinne lebendig. Der Mensch stirbt, aber seine Gedanken sterben nicht so schnell. Das Leben des Menschen ist sehr kurz; das Leben der Gedanken ist sehr lang. Behaltet auch im Gedächtnis: Die Gedanken, die wir nicht ausdrücken, leben länger als die, die wir ausdrücken, denn sie sind subtiler. Je subtiler etwas ist, desto länger lebt es; je gröber, desto kürzer ist sein Leben.

Gedanken beeinflussen die physische Welt auf vielerlei Weise. Wir haben keine Ahnung von ihren Wirkungen. Die Biologen haben herausgefunden, dass eine Pflanze früher zu blühen beginnt, wenn eine liebevolle Musik neben ihr gespielt wird – sogar außerhalb ihrer normalen Blütezeit. Wenn lärmende chaotische Musik neben ihr gespielt wird, dann blüht sie nicht – nicht einmal zu ihrer normalen Blütezeit. Die Schwingungen der Musik berühren die Pflanze. Kühe geben mehr Milch unter dem Einfluss bestimmter Musik. Gedanken erzeugen feinstofflichen Äther, der von feinen Schwingungen umgeben wird. Jeder Mensch ist umgeben von seiner eigenen Gedankenwelt, aus der sich ständig kleine Schwingungen ausbreiten.

Diese Gedankenschwingungen sind auch physischer Natur. Was wir als Verstand kennen, ist eine sehr feinstoffliche Form von physischer Energie. Daher ist es für die Naturwissenschaften nicht schwierig, sie zu erreichen, denn diese Wellen können erfasst und untersucht werden. Zum Beispiel haben wir bis vor kurzem noch nicht gewusst, wie tief ein Mensch schläft – bis zu welcher Tiefe sein Verstand reicht. Jetzt wissen wir es; wir haben Instrumente, um es herauszufinden. Genau wie wir Instrumente haben, um den Pulsschlag zu messen, so haben wir Instrumente, um den Schlaf zu messen. Ein Instrument wird während der ganzen Nacht am Kopf befestigt und von seiner grafischen Aufzeichnung kann man genau ablesen, wann der Schlaf der Versuchsperson tief war, wie lange er schlief, wie lange er träumte, wie lange die guten Träume dauerten, wie lange die schlechten Träume dauerten, wie lange die Traumphasen waren und ob es sexuelle oder nichtsexuelle Träume waren. All das zeigt die grafische Darstellung. In Amerika gibt es etwa zehn Laboratorien, in denen Tausende von Menschen dafür bezahlt werden zu schlafen, und ihr Schlaf wird genau überwacht. Es ist von immenser Bedeutung, sich mit dem Phänomen Schlaf vertraut zu machen. Ein Drittel des menschlichen Lebens verbringt man im Schlaf. Schlaf ist keine unwichtige Angelegenheit. Wenn ein Mensch sechzig Jahre lebt, schläft er davon zwanzig Jahre. Wenn ihm diese Zeitspanne von zwanzig Jahren unbekannt bleibt, bleibt ihm ein Drittel seines Lebens unbekannt. Das Interessante daran ist, dass er keine vierzig Jahre leben wird, wenn er diese zwanzig Jahre nicht schläft. Das heißt, der Schlaf ist eine grundsätzliche Notwendigkeit. Ein Mensch kann sechzig Jahre lang schlafen, ohne aufzuwachen, aber er kann nicht leben ohne zu schlafen. Das heißt, der Schlaf ist eine Grundvoraussetzung.

Im Schlaf sind wir irgendwo anders; der Verstand ist irgendwo anders. Aber dieser Verstand kann gemessen werden. Jetzt können wir feststellen, wie tief wir schlafen. Es gibt viele Menschen, die darauf bestehen, dass sie nicht träumen. Das ist vollkommen falsch und sie sagen es, weil sie es nicht wissen. Es ist sehr schwierig, einen Menschen zu finden, der nicht träumt. Es ist sehr schwierig! Träume ereignen sich die ganze Nacht hindurch. Du glaubst nur einen oder zwei Träume geträumt zu haben, aber das stimmt nicht. Das Messgerät zeigt an, dass sich Träume die ganze Nacht hindurch ereignen, aber wir erinnern uns nicht daran. Du schläfst, also ist dein Erinnerungsvermögen ausgeschaltet. Der Traum, an den du dich erinnerst, ist der allerletzte, den du kurz vor dem Aufwachen geträumt hast. Wenn du aus dem Schlaf zurückkommst, bleibt dir der letzte Traum im Gedächtnis. Ein schwacher Widerhall davon bleibt noch in dir zurück, während du aufwachst. Aber an all die Träume während deines Tiefschlafs kannst du dich nicht mehr erinnern.

Es ist jetzt notwendig geworden zu untersuchen, was für Träume sich im Tiefschlaf ereignen, denn das, was der Mensch in den Tiefen des Schlafes träumt, offenbart seine authentische Persönlichkeit. Mit dem Aufwachen werden wir wieder unauthentisch. Normalerweise sagen wir: „Was ist schon an Träumen dran?" Aber die Träume enthüllen mehr Wahrheit über uns als unser Wachzustand. In unseren bewussten Perioden verhüllen wir uns mit einem Deckmantel. Falls es uns eines Tages gelingen sollte, ein Fenster in den Kopf des Menschen zu machen, durch das wir all seine Träume beobachten können, dann ist seine letzte Freiheit vorbei. Dann wird er nicht einmal mehr die Freiheit haben zu träumen. Er wird sich fürchten zu träumen, denn auch dort wird die Moral mit ihren Gesetzen und Regeln ihre Polizisten einsetzen. Sie wird sagen: „Dieser Traum ist nicht anständig; es ist nicht in Ordnung, wie du träumst." Im Augenblick haben wir diese Möglichkeit noch nicht. Der Mensch ist frei in seinem Schlaf – aber diese Freiheit wird nicht mehr lange währen, denn Übergriffe auf den Schlaf haben schon begonnen.

Russland zum Beispiel hat jetzt mit dem Unterrichten im Schlaf angefangen. Auf dem Gebiet des Schlafunterrichts wird sehr viel gearbeitet. Während des Wachzustandes sind größere Anstrengungen erforderlich, denn das Kind hat Widerstände. Es ist schwierig, einem Kind etwas beizubringen, denn grundsätzlich sträubt es sich dagegen, unterrichtet zu werden. Tatsächlich sträubt sich jeder Mensch gegen das Lernen, denn jeder beginnt mit dem Grundgedanken, dass er es schon weiß. Auch das Kind weigert sich und sagt: „Was bringst du mir da bei?" Es ist keinesfalls bereit zu lernen. Dann müssen wir es bestechen, indem wir Preise für Prüfungen geben, Goldmedaillen usw. Wir müssen die Flamme des Ehrgeizes in ihm entfachen, wir müssen es vorwärtsdrängen, um es zu erziehen. Dieser Konflikt nimmt zu viel Zeit in Anspruch. Was man einem Kind in zwei Stunden beibringen könnte, dazu benötigen wir zwei Monate.

Deshalb ist die Methode des Schlafunterrichts entwickelt worden, und es ist so klar wie der lichte Tag, dass man ein Kind im Schlaf sehr wohl unterrichten kann. Der Grund dafür ist einfach: Es gibt im Schlaf keinen Widerstand. Dem schlafenden Kind wird eine Tonbandaufnahme vorgespielt, die das vermittelt, was dem Kind gerade eingegeben werden soll. „Zwei und zwei ist vier; zwei und zwei ist vier ..." wiederholt das Band. Frag das Kind am Morgen und es wird antworten: „Zwei und zwei ist vier."

Nun kann dieser Gedanke, der im Schlaf vermittelt wurde, auch durch Gedankenwellen zum Eindringen in den Verstand gebracht werden, denn jetzt kennen wir die Gedankenwelle. In der Vergangenheit wussten wir nichts davon, aber jetzt wissen wir, das nicht etwa Wörter auf einer Schallplatte eingraviert sind. Vielmehr werden die Eindrücke der Schallwellen auf der Platte aufgenommen. Wenn die Nadel die Rillen berührt, die sich darauf befinden, wiederholen sie dieselben Schwingungen, die eingeprägt wurden.

In sehr naher Zukunft werden wir in der Lage sein, Gedankenschallplatten herzustellen. Da die Wirkung der Gedanken vom Menschen erkannt wurde, wird es nicht lange dauern, bis der Mensch fähig ist, sie aufzunehmen. Dann wird etwas Wunderbares geschehen. Es wird möglich sein, Einsteins vollen Gedankenprozess aufzunehmen, obwohl er tot ist. Dann wird sogar, was Einstein in der Zukunft gedacht hätte, wenn er am Leben geblieben wäre, von der Maschine geliefert, denn die Maschine wird die Eindrücke seiner gesamten Gedankenwellen auffangen.

Der Schlaf, die Träume und das Unbewusste sind vollständig untersucht worden. Deshalb stehen dem Menschen jetzt alle wissenschaftlichen Möglichkeiten des Verstandes offen. Daher tun wir gut daran, sie zu verstehen.

Nimm zum Beispiel einen Mann, der wütend ist. Unserer früheren Einschätzung zufolge raten wir ihm: „Gib dem Ärger nicht nach, du wirst in die Hölle kommen." Wir haben kein anderes Mittel. Aber wenn dieser Mann sagt, dass er willens ist, in die Hölle zu kommen, sind wir hilflos; wir können ihm nichts anhaben. Und wenn der Mann noch dazu erklärt, dass er ganz wild darauf ist, in die Hölle zu kommen, wird unsere Moral vollkommen nutzlos.

Wir können einen Menschen nur so lange kontrollieren, wie er Angst vor der Hölle hat. Aus diesem Grunde ist, sobald die Angst vor der Hölle aus der Welt verschwunden war, auch unsere Moral verschwunden. Keiner hat mehr Angst vor der Hölle. „Wo ist die Hölle?", möchte jeder wissen. Die Moral ist also völlig am Ende, denn die Angst, auf die sie sich gegründet hatte, ist dahin. Aber die

Wissenschaft sagt, dass wir keine Moral brauchen, da sie eine andere Formel entwickelt hat, die darauf basiert, dass sie die Produktion bestimmter Körpersekrete verhindert. Wenn wir wütend sind, findet ein bestimmter chemischer Prozess im Körper statt, denn Wut ist ein physisches Geschehen. Damit im Innern Wut entstehen kann, müssen unbedingt gewisse chemische Körpersubstanzen als Sekret ausgeschieden werden. Deshalb lautet die wissenschaftliche Formel: Diese Absonderung kann verhindert werden, bevor sie geschieht, und dann entsteht keine Wut. Dann braucht man nicht die Wut selbst zu verhindern. Wenn die Entstehung dieser Flüssigkeiten verhindert wird, ist es dem Menschen nicht möglich, wütend zu werden. Wenn wir Jungen oder Mädchen dahingehend ermahnen, sich dem Sex fernzuhalten und Enthaltsamkeit zu üben, ignorieren sie das. Die Wissenschaft sagt: „Schluss damit! Wenn wir das Wachstum verschiedener Drüsen beschränken, dann wird die sexuelle Reife nicht vor fünfundzwanzig eintreten."

Das ist sehr gefährlich. In dem Moment, wenn der Verstand vollkommen in die Hände der Wissenschaft gerät, wird der Mensch anfangen, sein Wissen zu missbrauchen. Die Wissenschaft sagt, dass die Körperchemie eines Menschen mit einem rebellischen Verstand anders ist, als die eines Menschen mit einem orthodoxen Verstand.

Dieser Befund eröffnet gefährliche Möglichkeiten. Wenn die Zusammensetzungen dieser chemischen Stoffe dem Menschen bekannt werden, können wir einen Rebellen passiv machen und einen Orthodoxen rebellisch. Wenn erst einmal die Zusammensetzung der chemischen Stoffe bekannt ist, die den Trieb zu stehlen oder zu töten verursachen, wird keine Notwendigkeit mehr für Gefängnisse oder Hinrichtungen bestehen. Das Einzige, was dann erforderlich ist, ist die jeweils notwendige Operation oder Behandlung, um die Menschen davon zu befreien. Die in Frage kommenden chemischen Stoffe können entfernt werden oder andere chemische Stoffe können verabreicht werden, um sie zu neutralisieren, oder es können Gegenmittel verabreicht werden. An all diesen Forschungsprojekten wird derzeit gearbeitet.

Das zeigt, dass es auf dem Weg der Wissenschaft keine großen Hindernisse mehr gibt, um den vierten Körper zu erreichen. Das einzige Problem ist, dass ein großer Teil der Wissenschaft mit der Forschung für Kriegszwecke beschäftigt ist. Aus diesem Grund sind diese Forschungen nicht vorrangig; sie bleiben eine zweitrangige Angelegenheit. Und doch sind große Fortschritte gemacht und ungewöhnliche Resultate erzielt worden.

Aldous Huxley hat behauptet, dass das, was einer Meera oder einem Kabir geschehen ist, durch Injektionen hervorgerufen werden kann. Das ist eine sehr eigenwillige Behauptung, wenn auch bis zu einem gewissen Grade wahr. Mahavira pflegte einen Monat lang zu fasten und sein Verstand wurde still. Fasten ist ein physischer Akt und wenn der Verstand durch einen physischen Akt friedlich werden kann, dann ist auch der Verstand physisch.

Wenn man einen Monat lang fastet, verändert sich die gesamte chemische Zusammensetzung des Körpers; das ist alles, was dabei herauskommt. Dem Körper wird die Ernährung, die ihm zusteht, verweigert, und alle Körperreserven werden aufgebraucht. Das Fett schmilzt dahin und die unwesentlichen Elemente werden verbraucht, während die wesentlichen aufgespart werden. Auf diese Art und Weise unterzieht sich die ganze chemische Anordnung des Körpers einer kompletten Veränderung. Die Wissenschaft sagt: „Warum muss man sich für einen ganzen langen Monat solch einer Härte aussetzen? Das chemische Verhältnis kann hier und jetzt genauen Angaben gemäß verändert werden.“ Wenn diese chemische Veränderung durch die Wissenschaft herbeigeführt wird, wirst du sofort denselben Frieden erfahren, der Mahavira nach vierwöchigem Fasten widerfuhr; einen Monat zu fasten ist nicht mehr notwendig.

Deshalb sage ich, dass ihr während der Meditation heftig und schnell atmen sollt. Aber was wird nach einer halben Stunde intensiven Atmens geschehen? Es ist einfach nur, dass sich das Verhältnis von Sauerstoff und Kohlenstoff in euch verändert – aber das kann auch durch äußere Mittel bewirkt werden. Es besteht keine Notwendigkeit, euch eine halbe Stunde lang hart arbeiten zu lassen. Das

Verhältnis von Sauerstoff und Kohlendioxyd in diesem Raum kann verändert werden und alle, die hier sitzen, werden Ruhe und Frieden erfahren und sich glücklich fühlen. Auf diese Art ist die Wissenschaft aus allen möglichen Richtungen in den vierten Körper eingedrungen, und sie ist im Begriff, noch tiefer vorzudringen.

In der Meditation machst du verschiedenartige Erfahrungen. Du riechst alle möglichen Düfte, du siehst Farben. All das kann jetzt auch ohne Meditation hervorgerufen werden, denn die Wissenschaft hat herausgefunden, welcher Teil deines Gehirns während dieser Erfahrungen aktiv wird. Wenn der hintere Teil meines Gehirns stimuliert wird, ich herrliche Farben sehe, wird die wissenschaftliche Untersuchung ganz genau nachweisen, welcher Teil aktiviert wird und welche Art von Wellen produziert werden. Du brauchst nicht in Meditation zu gehen.

Dieselben Schwingungen können mit Hilfe von Elektrizität in dir erzeugt werden. Dann wirst du anfangen, Farben zu sehen. Das alles sind Wechselwirkungen; ganz gleich, an welchem Pol wir ansetzen, das andere Ende wird sofort mitaktiviert. Dabei gibt es jedoch Risiken. Je mehr die Forschungen der Menschen ins Innere eindringen, desto größer werden die Risiken. Wir können zum Beispiel die Lebenserwartung des Menschen so weit erhöhen, wie wir wollen. Es liegt nicht mehr in den Händen der Natur, es liegt in den Händen der Wissenschaft. Daher gibt es in Europa und Amerika Tausende von alten Menschen, die das Recht fordern, nach ihrem eigenen freien Willen zu sterben. Man lässt sie jedoch auf ihrem Totenbett liegend warten. Man gibt ihnen Sauerstoff und kann dafür sorgen, dass sie noch lange Zeit leben. Ein Neunzigjähriger bittet darum, sterben zu dürfen, aber der Arzt sagt; „Das können wir nicht zulassen; es ist gegen das Gesetz." Sogar wenn der Sohn eines alten Mannes fühlt, dass die Leiden seines Vaters zu groß sind und man ihm jetzt erlauben sollte zu sterben, kann er das nicht offen sagen. Es gibt Maschinen, die den Sterbenden am Leben erhalten und die fast schon Toten werden zum Weiterleben gezwungen. Das ist auf gewisse Weise gefährlich.

Unsere alten Gesetze wurden gemacht, als es noch keine Mittel gab, einen Menschen am Leben zu erhalten, und als wir Menschen auch töten konnten. Jetzt müssen die Gesetze revidiert werden, denn wir können einen Sterbenden am Leben erhalten und seinen Tod so weit hinauszögern, dass er fühlt: „Dies ist Gewalt, dies ist eine Gräueltat! Ich will nicht länger leben. Was macht ihr mit mir?" Es gab eine Zeit, wo wir einen Menschen für sein Verbrechen dadurch bestraften, dass wir ihn aufhängten. Es wäre keine Überraschung, wenn wir einen Menschen in fünfzig Jahren dadurch bestraften, dass wir ihm nicht erlauben zu sterben. Und diese Strafe wird schlimmer sein als die erste, denn Sterben ist eine Sache von wenigen Sekunden, aber Weiterleben kann sich über Jahrzehnte hinziehen.

Immer wenn es also eine Neuentdeckung in der inneren Welt des Menschen gibt, ergeben sich zwei Folgerungen: Entweder kann die Menschheit darunter leiden oder sie kann davon profitieren. Wann immer der Mensch an Macht gewinnt, ist das zweischneidig.

Die Wissenschaft hat die vierte Ebene im Menschen erreicht. In den nächsten fünfzig Jahren – oder besser, in den nächsten dreißig Jahren – wird sie noch tiefer in den vierten Körper vordringen. Es ist euch vielleicht nicht bekannt, dass die Errungenschaften eines Jahrhunderts gegen Ende des Jahrhunderts ihren Höhepunkt erreichen. Jedes Jahrhundert vollendet sein Werk dann, wenn es zu Ende geht. Dieses Jahrhundert hat sehr viele Aufgaben auf sich genommen, die in den nächsten dreißig Jahren vollendet sein werden. Sein größtes Unterfangen ist der Zugang zur Seele des Menschen, und dies wird vollendet werden.

Der fünfte – der spirituelle Körper – ist sogar noch feinstofflicher als der vierte. Hier gibt es nicht nur die Schwingungen der Gedanken, sondern auch die Schwingungen des Seins. Sogar wenn ich absolut still, ohne einen einzigen Gedanken in meinem Innern dasitze, kreiert mein Sein Schwingungen. Wenn du dich mir näherst und ich bin ohne Gedanken, befindest du dich immer noch in meinem Schwingungsfeld. Und das Interessanteste ist, dass die Schwingungen meiner Gedanken nicht so stark oder eindringlich sind, wie die

Schwingungen meines Seins. Aus diesem Grund wird derjenige, der den Zustand von Nicht-Verstand erreicht, sehr machtvoll. Es ist sehr schwierig, die Wirkungsweise seiner Macht einzuschätzen, denn die Schwingungen der Existenz beginnen in ihm aufzusteigen. Die Energieschwingung des fünften Körpers ist die subtilste Energieform, die der Mensch kennt. Deshalb haben diejenigen, die wie Mahavira über den fünften Körper hinausgelangt sind, nicht gesprochen. Mahavira sprach entweder sehr wenig oder überhaupt nicht; er saß nur da. Die Menschen kamen, saßen vor ihm, verstanden ihn und gingen wieder. Zu seiner Zeit war dies möglich, aber heute nicht mehr. Heute ist das sehr schwierig, denn du wirst die tiefen Wellen des spirituellen Körpers nur fühlen, wenn du bereit bist, selbst im Zustand des Nicht-Denkens zu sein, sonst nicht. Wenn du mit dem Lärm deiner eigenen Gedanken angefüllt bist, werden dir diese subtilen Schwingungen entgehen. Sie werden nur durch dich hindurchgehen und du wirst nicht fähig sein, sie zu erfassen.

Wenn die Schwingungen der Existenz in unsere Reichweite gelangen, wenn auf beiden Seiten ein Zustand des Nicht-Denkens besteht, dann ist es nicht nötig zu sprechen. Dann findet die Kommunikation auf einer ganz intimen Ebene statt, und diese Kommunikation geht direkt ins Herz. Dann gibt es keine Erklärungen, denn es ist unmöglich zu erklären. Dann wirst du auch nicht schwanken, ob dieses oder jenes geschehen wird oder nicht. Dein Sein wird direkt wissen, was geschehen ist.

Es ist nicht unbedingt der Fall, dass nur Menschen von den Schwingungen des fünften Körpers erreicht werden. Es gibt ein erstaunliches Phänomen im Leben von Mahavira: Man sagt, dass sogar Tiere seine Versammlungen besuchten. Jain-Mönche waren nicht in der Lage, dieses Phänomen zu erklären, und sie werden es auch nie können. Nun versteht ein Tier die menschliche Sprache nicht, aber es versteht die Sprache des Seins sehr wohl. Wenn ich im Zustand des Nicht-Denkens neben einer Katze sitze … ist die Katze bereits im Zustand des Nicht-Denkens. Mit euch muss ich jedoch sprechen. Euch in den Zustand des Nicht-Denkens, wie bei der

Katze, zu versetzen, ist ein sehr langer Weg. Tiere, Pflanzen und sogar Steine verstehen die Schwingungen, die der spirituelle Körper aussendet, dabei gibt es keine Schwierigkeiten. Dieser Körper kann demnach auch erreicht werden, aber erst nach dem Erreichen des vierten Körpers. In den vierten Körper ist man aus vielen Richtungen eingedrungen, und sogar die Wissenschaft wird den spirituellen Zustand bereitwillig akzeptieren. Aber nach dem fünften Körper wird es einige Schwierigkeiten geben.

Wenn ich also gesagt habe, dass die Dinge bis zum fünften Körper wissenschaftlich sehr gut erklärt werden können, dass aber nach dem fünften Körper die Schwierigkeiten beginnen, gibt es Gründe dafür. Wenn wir die Wissenschaft richtig verstehen, dann ist sie auf eine bestimmte Richtung spezialisiert; sie wählt aus. Deshalb kann die Wissenschaft nur dann tiefer gehen, wenn sie ihre Suche auf so wenige Dinge wie möglich beschränkt und so viel wie nur möglich darüber zu erfahren versucht. Das Ziel der Wissenschaft ist, immer mehr über immer weniger zu wissen. Sie arbeitet in zweifacher Richtung: Sie versucht so viel wie möglich über einen kleinstmöglichen Teil zu erfahren. Sie verkleinert den Gegenstand ihrer Untersuchungen so sehr wie nur irgend möglich und vergrößert dadurch ihr Wissen über ihn.

Die Ärzte vergangener Zeiten wussten über den gesamten Körper Bescheid, aber der Arzt von heute weiß das nicht mehr. Der frühere Typus des Praktischen Arztes tritt kaum noch in Erscheinung. In der heutigen Welt ist er ein Relikt; man kann sich nicht mehr auf ihn verlassen. Er kennt sich in so vielen Bereichen aus, deshalb kann er über eine bestimmte Sache nicht spezifisch genug Bescheid wissen, um auf ihn zu vertrauen. Jetzt gibt es Augenärzte und Ohrenärzte, und auf sie kann man sich verlassen, denn sie haben ein Höchstmaß an Wissen auf einem Spezialgebiet errungen.

Alle verfügbare Literatur über das Auge zum Beispiel ist so umfassend, dass ein Leben nicht ausreicht, durch sie durchzukommen. Es ist sehr wahrscheinlich, dass es in der nahen Zukunft einen Augenspezialisten für das rechte Auge und einen andern für das linke Auge geben wird, oder vielleicht einen Spezialisten für die Pupille und einen für die Netzhaut. Sowie das Wissen zunimmt, wird das Auge für besondere Studien in viele Teile aufgespalten, denn jeder Teil ist ein wichtiger Bestandteil für sich. Das Ziel der Wissenschaft ist es, den Fokus ihrer Aufmerksamkeit auf einen so winzigen Punkt zu konzentrieren, sodass sie bis in die größte Tiefe dringen kann. Auf diese Art und Weise kann die Wissenschaft große Fortschritte machen.

Deshalb wird die Wissenschaft, wie ich schon sagte, bis hinauf zum fünften Körper gelangen, denn bis zum fünften existiert das Individuum noch, deshalb kann es in ihr Blickfeld kommen. Vom sechsten an beginnt das Kosmische, und das geht über das Blickfeld der Wissenschaft hinaus. Der kosmische Körper bedeutet das Totale: Bis dahin kann die Wissenschaft nicht vordringen, denn die Wissenschaft führt vom Kleinen zum Kleinsten. Deshalb kann sie nur das Individuelle erfassen; sie wird es sehr schwierig finden, das Kosmische zu erfassen. Allein die Religion kann das Kosmische erfassen. Daher hat die Wissenschaft bis hinauf zum *Atman*, zum Selbst, keine Probleme. Die Schwierigkeiten beginnen mit dem *Brahman* – dem kosmischen Selbst.

Ich nehme nicht an, dass die Wissenschaft jemals in der Lage sein wird, den *Brahman* zu erfassen, denn dann wird sie ihre Spezialisierung hinter sich lassen müssen. Und in dem Moment, in dem sie ihre Spezialisierung zurücklässt, ist sie nicht länger eine Wissenschaft. Dann wird sie so allgemein und vage wie die Religion. Daher können wir mit Hilfe der Wissenschaft die Reise bis zum fünften Körper zurücklegen. Beim sechsten wird sie sich verlieren und der siebte ist unmöglich für sie, denn ihre ganze Suche ist nur auf das Leben ausgerichtet.

Tatsächlich ist das Leben der Mittelpunkt unserer Existenz. Wir wollen weniger krank und mehr gesund sein; wir wollen länger, glücklicher und bequemer leben. Das Ziel der Wissenschaft ist es, das Leben glücklicher, befriedigender, gesünder und erfreulicher zu machen. Aber der siebte Körper ist das Akzeptieren des Todes: Er ist der höchste Tod. Hier geht der Meditierer über die Suche nach dem Leben hinaus. Er sagt: „Ich möchte auch den Tod kennen. Ich habe die Existenz und die Geheimnisse des Seins kennen gelernt; jetzt will ich auch die Nichtexistenz, das Nichtsein kennenlernen."

Die Wissenschaft hat auf diesem Gebiet keine Bedeutung. Wissenschaftler wie Freud werden es Todessehnsucht nennen und behaupten, dass es keiner gesunden Geistesverfassung entspricht – dass es selbstmörderisch ist. Laut Freud sind die Befreiung und *Nirvana* dem Leben nicht zuträglich und solche Auffassungen sind ein Beweis für deine Todessehnsucht. Er sagt, dass du krank bist, weil du sterben möchtest. Der Wissenschaftler ist gegen die Sehnsucht zu sterben, denn die Wissenschaft gründet sich auf den Willen zu leben und auf Fortführung des Lebens. Ein Mensch, der leben möchte, ist ein gesunder Mensch, aber es kommt der Augenblick, da der Wunsch zu sterben genauso gesund ist. Wenn jemand sterben möchte, bevor dieser Augenblick kommt, dann ist das mit Sicherheit ungesund. Es kommt jedoch im Leben ein Moment, wenn der Mensch um des Todes willen sterben möchte.

Man könnte es wie folgt vergleichen: Man könnte sagen, dass es gesund ist wach zu sein und ungesund zu schlafen, und langsam geben wir dem Tag mehr Raum als der Nacht. Zuerst begann die Nacht um sechs Uhr, jetzt beginnt sie um zwei Uhr morgens. Wir haben die Zeit der Nacht dem Tage zugeordnet. Einige moderne Denker gehen sogar davon aus, dass man einen beträchtlichen Teil des Lebens davor bewahren kann, verschwendet zu werden, wenn die Nacht vollständig aus dem Leben des Menschen gestrichen würde. Worin besteht die Notwendigkeit zu schlafen? Sie sollte abgeschafft werden, so argumentieren sie. Aber so, wie es Freude am Wachsein gibt, so gibt es auch Freude am Schlafen. Genau wie der Wunsch aufzuwachen natürlich und gesund ist, so ist es auch der zu schlafen. Wenn ein Mensch seine Begierde zu leben bis zu seinem letzten Atemzug aufrecht erhält, ist er nicht gesund, und wenn ein Mensch von Geburt an den Wunsch zu sterben hegt, dann ist auch das nicht natürlich und ungesund. Wenn sich ein Kind nach dem Tod sehnt, ist es krank, anormal und es sollte behandelt werden. Wenn sich ein alter Mann nach dem Leben sehnt, sollte auch er behandelt werden, denn auch er ist krank.

Leben und Tod sind die zwei Glieder der Existenz. Wenn du nur eins akzeptierst, bist du zwangsläufig verkrüppelt. Und diese Behinderung wird so lange bestehen, bis die Zeit kommt, wenn du auch das andere akzeptierst. Beide Glieder sind wichtig – Sein und Nichtsein. Wer beide, Sein und Nichtsein, gleichermaßen annimmt und akzeptiert, kann als vollkommen gesund bezeichnet werden. Wer sagt: „Ich habe erfahren, was es ist zu sein; jetzt möchte ich erfahren, was es ist, nicht zu sein," hat keine Angst vor dem Nicht-Sein.

Die siebte Ebene ist nur für Menschen mit Mut, die – vertraut mit dem Leben – begierig darauf sind, den Tod kennen zu lernen; die versessen darauf sind, den Tod zu erforschen, den Zustand des Verlöschens. Sie sind versessen darauf, zu erfahren, wie es ist, nicht zu sein, wie der Untergang ist, was Nicht-Sein bedeutet. Sie haben das Leben gekostet, jetzt wollen sie den Geschmack des Todes kosten.

An diesem Punkt solltet ihr wissen, dass der Tod aus der siebten Ebene herabsteigt. Was wir normalerweise als Tod kennen, kommt nicht von der siebten Ebene, und was wir als Leben kennen, steigt von der ersten Ebene auf. Die Geburt beginnt mit dem Körperlichen, mit dem Physischen; die Geburt bedeutet: der Anfang des Physischen. Aus diesem Grund bildet sich zuerst der physische Körper im Mutterleib und die anderen Körper entwicklen sich später. Der erste Körper ist also der Beginn des Lebens und aus dem letzten Körper, dem nirvanischen Körper, kommt der Tod. Daher hat ein Mensch, der sich an seinen physischen Körper klammert, große Angst vor dem Tod, und ein Mensch mit große Todesangst wird niemals den siebten Körper kennenlernen.

Auf diese Art und Weise, indem wir uns nach und nach immer mehr vom physischen Körper lösen, wird ein Zeitpunkt kommen, an dem wir sogar den Tod akzeptieren. Erst dann werden wir wirklich wissen. Und nur wer den Tod kennt, ist im wahrsten Sinne des Wortes befreit, denn dann werden Leben und Tod zwei Teile des einen und man selbst ist jenseits von beiden. Es gibt also keine Hoffnung, dass die Wissenschaft den siebten Körper erreicht, obwohl es eine Möglichkeit gibt, dass sie bis zum sechsten gelangt.

Die Tore des vierten Körpers haben sich der Wissenschaft geöffnet, und jetzt bestehen eigentlich keinerlei Schwierigkeiten für sie, bis hinauf zum fünften Körper zu gehen. Aber dafür braucht es solche Menschen, die einen wissenschaftlichen Verstand und ein religiöses Herz haben. Wenn sie einmal erscheinen, wird der Zugang zum fünften Körper nicht mehr schwierig sein. Diese Kombination ist jedoch eine schwierige, denn die Ausbildung eines Wissenschaftlers versperrt einem Menschen in verschiedener Hinsicht den Weg, religiös zu werden. Ebenso hindert eine religiöse Ausbildung einen Menschen auch daran, wissenschaftlich zu werden. An keinem Punkt überschneiden sich diese beiden Ausbildungszweige und das ist eine große Schwierigkeit.

Manchmal geschieht es doch, und immer wenn es geschieht, tritt in der Welt ein neuer Gipfel der Erkenntnis in Erscheinung. Nehmt zum Beispiel Patanjali. Er war ein Mensch mit einem wissenschaftlichen Verstand, aber er wandte sich der Religion zu. Er brachte Yoga auf ein Niveau, das bis heute schwierig zu übertreffen ist. Viel Zeit ist seit Patanjalis Tod vergangen, und sehr viel mehr hätte auf diesem Gebiet geleistet werden können, aber es fand sich niemand, der die Intelligenz eines Wissenschaftlers hat und zugleich über eine innere Welt spiritueller Übung verfügt. Es hat bisher niemanden gegeben, der höhere Gipfel im Yoga hätte erklimmen können.

Sri Aurobindo hat es versucht, aber ohne Erfolg. Sri Aurobindo hatte einen wissenschaftlichen Verstand – vielleicht noch wissenschaftlicher als Patanjali, denn er hatte im Westen studiert. Seine Ausbildung war ausgezeichnet. Als er etwa sechs Jahre alt war, schickte sein Vater ihn aus Indien fort und verbat ihm wiederzukommen, bevor er nicht zu voller Reife gelangt war. Sogar auf seinem Totenbett, als andere Familienmitglieder davon sprachen, Aurobindo zu holen, wollte der Vater es nicht erlauben. Er sagte: „Es ist schon in Ordnung, wenn ich ihn vor meinem Tod nicht noch einmal sehe.

Er muss sich die westliche Kultur vollkommen zu eigen machen. Lasst nicht einmal einen Schatten des Ostens auf ihn fallen. Lasst ihn nicht einmal wissen, dass ich tot bin."

Er muss ein sehr mutiger Vater gewesen sein. Auf diese Art und Weise trank Aurobindo in tiefen Zügen von der westlichen Kultur. Falls es je einen Mann gegeben hat, der im wahren Sinne des Wortes westlich war, so war es Aurobindo. Er musste seine Muttersprache von neuem lernen, nachdem er nach Indien zurückgekehrt war.

Die Kenntnis der Wissenschaft war also vollständig in ihm, aber die Religion war ein späteres Implantat und konnte deshalb keinen tief greifenden Ausdruck finden. Wäre es anders gewesen, hätte dieser Mann zu größeren Höhen als Patanjali gelangen können. Aber das sollte nicht sein. Auf tief greifende Weise wurde die westliche Ausbildung zum Hindernis, denn sein Denken war ganz und gar das eines Wissenschaftlers. Er brachte die ganze Darwinsche Evolutionstheorie in die Religion ein. Er übertrug Gedanken, die er aus dem Westen mitgebracht hatte, in die Religion. Aber er hatte keinerlei Einblick in Religion, die er in die Wissenschaft hätte einfließen lassen können. Das Ergebnis war, dass er eine umfangreiche wissenschaftliche Literatur schuf, in der die Religion sehr oberflächlich behandelt wird, denn jede Bemühung, die Geheimnisse der sechsten und siebten Ebene zu erklären, wird misslingen, weil es nicht möglich ist, sie in der Sprache der Wissenschaft auszudrücken.

Immer wenn zwischen wissenschaftlichem Intellekt und religiösem Geist ein Gleichgewicht erreicht ist, werden große Höhen erlangt. Aber dass das im Osten geschehen wird, ist sehr unwahrscheinlich, denn der Osten hat seine Religion verloren und Wissenschaft hat er nie gehabt. Im Westen ist die Wahrscheinlichkeit größer, denn dort ist die Wissenschaft zu stark geworden.

Immer wenn ein Übermaß besteht, schlägt das Pendel zum anderen Extrem aus. Daher lesen die Superintellektuellen im Westen die Gita mit einer Begeisterung, die nirgendwo in Indien zu finden ist.

Als Schopenhauer die Gita zum ersten Mal las, legte er sie auf seinen Kopf und tanzte vor Freude. Als man ihn fragte, was mit ihm los sei, warum er sich so verrückt verhalte, sagte er: „Dieses Buch ist es nicht nur Wert gelesen zu werden, sondern es ist Wert, dass man es auf dem Kopf trägt und dazu tanzt. Nie habe ich gewusst, dass es einst Menschen auf der Welt gab, die auf solche Weise sprachen. Wovon ich glaubte, dass es niemals in Worte gefasst werden könnte, ist in diesem Buch ausgedrückt." Nun werden wir in ganz Indien niemanden finden, der die Gita auf seinen Kopf legt und tanzt. Wir werden nur Leute finden, die die Gita auf ihren Sitz im Zug legen und darauf sitzend reisen werden – aber das ist bedeutungslos.

Gegen Ende dieses Jahrhunderts werden wir einen neuen Höhepunkt erreicht haben, denn immer wenn es notwendig wird, werden viele Kräfte in der Welt aktiviert. Einstein wurde ein religiöser Mensch, bevor er starb. In seinem Leben war er Wissenschaftler, aber als sich sein Leben dem Ende zuneigte, wurde er religiös. Daher sagten diejenigen, die im Wesentlichen wissenschaftlich orientiert waren: „Man kann Einsteins letzte Worte nicht ernst nehmen. Er war nicht bei Sinnen." Einsteins letzte Worte waren bedeutungsvoll. Er sagte: „Ich dachte, ich würde einmal alles über die Welt wissen, was es darüber zu wissen gibt, aber je mehr ich wusste, desto mehr erkannte ich, dass das unmöglich ist, denn es gab ein grenzenloses Unendliches, das es noch zu erforschen galt. Ich glaubte, dass ich eines Tages das Geheimnis der Welt der Wissenschaft lösen und auf eine mathematische Gleichung reduzieren würde und dass es dann kein Geheimnis mehr sein würde. Aber das mathematische Problem wurde immer größer, und anstatt das Geheimnis der Welt zu lösen, wurde es selber zum Geheimnis. Jetzt ist es unmöglich, dieses Problem zu lösen."

Einige der besten Wissenschaftler der modernen Zeit befinden sich nahe an der Grenze zur Religion. Es eröffnen sich der Wissenschaft jetzt solche Möglichkeiten, weil sie den zweiten Körper überschritten hat und sich dem dritten nähert, und während sie sich dem dritten Körper nähert, wird das Echo der Religion unüberhörbar. Aus freien Stücken betritt sie die unbekannte Welt der Unsicherheiten und Wahrscheinlichkeiten. Irgendwann, irgendwo wird sie das Unbekannte zugeben müssen. Sie wird zugeben müssen, dass es noch mehr gibt, als wir mit dem bloßen Auge wahrnehmen können. Was nicht gesehen werden kann, existiert; was nicht gehört werden kann, existiert auch. Noch vor hundert Jahren behaupteten wir, dass nichts existiert, was nicht gesehen oder gehört oder berührt werden kann. Jetzt sagt die Wissenschaft etwas anderes. Sie sagt, dass der Bereich des Tastbaren sehr klein, aber der Bereich des Unertastbaren sehr groß ist. Der Bereich des Schalls ist sehr klein, aber das, was nicht gehört werden kann, ist grenzenlos. Das Sichtbare ist unendlich klein verglichen mit der Grenzenlosigkeit des Unsichtbaren.

Tatsächlich ist das, was unsere Augen erkennen, nur ein sehr kleiner Teil dessen, was ist. Unsere Augen erfassen eine gewisse Wellenlänge, unsere Ohren hören auf einer gewissen Wellenlänge. Oberhalb und unterhalb dieser Wellenlängen liegen unzählige, andere Wellenlängen. Manchmal werden auch diese Wellenlängen durch Zufall von unseren Sinnen erfasst.

Ein Mann stürzte einmal von einem Berg und verletzte sich im Ohr. Sein Ohr konnte plötzlich die Radiowellen des Radiosenders seiner Stadt empfangen. Als er im Krankenhaus war, hatte er große Schwierigkeiten; am Anfang verstand er gar nicht, was mit ihm geschah. Er dachte: „Entweder werde ich verrückt oder ich begreife einfach nicht, was vor sich geht.“ Dann schien ihm die Sache klar zu werden, und er beschwerte sich bei seinem Arzt.

Er fragte den Arzt: „Wo befindet sich hier im Krankenhaus das Radio?“

Der Arzt antwortete: „Hören sie Gespenster? Hier gibt es kein Radio.“

Dennoch bestand er darauf, dass er immer die Nachrichten höre, und er berichtete, was er hörte. Der Arzt lief in sein Büro und machte das Radio an. Zu seinem Erstaunen stellte er fest, das genau diese Nachrichten gerade übertragen wurden. Da wusste er, was los war. Man entdeckte, dass die Ohren des Verunglückten ungewöhnliche, neue Wellenlängen empfangen konnten. Die Veränderung trat durch den Sturz ein.

Es ist durchaus möglich, dass wir in naher Zukunft in der Lage sein werden, Frequenzen direkt zu empfangen, indem wir einen kleinen Apparat an unserem Ohr befestigen. Um uns herum gibt es unendlich viele Klänge, die auf uns einwirken, aber wir können sie nicht hören, denn unsere Hörfähigkeit ist sehr begrenzt. Sogar viele laute Klänge können wir nicht hören. Wir können keinen Ton über- oder unterhalb der Hörkapazität unserer Ohren wahrnehmen. Wenn ein Stern fällt, breitet sich um ihn der ungeheure Klang seines Fallens aus, aber wir können es nicht hören. Wäre dies anders, würden wir taub. Ebenso liegt unsere Körpertemperatur in einem Bereich zwischen sechsunddreißig und einundvierzig Grad. Wenn sie unter sechsunddreißig oder über einundvierzig Grad geht, sterben wir. Unser Leben spielt sich zwischen vier und fünf Grad ab. Wärme hat eine ungeheure Reichweite. Sie kann außerhalb dieses Fünfgradbereichs liegen, aber das hat nichts mit uns zu tun.

So unterliegen wir in jeder Hinsicht bestimmten Beschränkungen. Aber wir können auch von Dingen außerhalb dieser Grenzen wissen, denn auch sie existieren. Die Wissenschaft hat begonnen, ihre Existenz anzuerkennen. Ist diese Anerkennung einmal vorhanden, dann beginnt die Suche nach dem Wo und Was dieser Dinge. All das kann erforscht und herausgefunden werden. Aus diesem Grund habe ich gesagt, dass die Wissenschaft bis hinauf zum fünften Körper gelangen kann.

Über die sieben Traumtypen und die sieben Realitätsformen

Wir haben sieben Körper: den physischen, den ätherischen, den astralen, den mentalen, den spirituellen, den kosmischen, den nirvanischen. Jeder dieser Körper hat seine eigene Art zu träumen.

Der physische Körper ist in der Psychologie des Westens als das Bewusste, der ätherische Körper als das Unbewusste und der Astralkörper als das kollektive Unbewusste bekannt. Der physische Körper erzeugt seine eigenen Träume. Wenn dein Magen verstimmt ist, entsteht eine bestimmte Art von Traum. Wenn du krank bist, Fieber hast, entsteht eine bestimmte Art von Traum. Eines ist dabei gewiss: Der Traum entstammt einer Unausgewogenheit, einem Unwohlsein. Physisches Unwohlsein, physische Krankheit erzeugen einen eigenen Traumbereich; er kann sogar von außen stimuliert werden. Wenn dir im Schlaf ein nasses Tuch auf die Beine gelegt wird, fängst du an zu träumen, dass du z.B. durch einen Fluss gehst. Legt man ein Kissen auf deine Brust, dann träumst du vielleicht, dass jemand auf dir sitzt oder dass ein Stein auf dich gefallen ist. Das sind Träume, die durch den physischen Körper bedingt sind.

Der zweite, der Ätherkörper, träumt auf seine eigene Weise. Diese ätherischen Träume haben viel Verwirrung in der westlichen Psychologie angerichtet. Freud hielt ätherische Träume fälschlicherweise für Träume, die aus verdrängten Begierden kommen. Es gibt zwar solche Träume, aber sie gehören zum ersten, zum physischen Körper. Wenn du ein physisches Verlangen unterdrückt hast; wenn du beispielsweise gefastet hast, dann ist es leicht möglich, dass du vom Frühstück träumst. Oder wenn du den Sex unterdrückt hast, besteht die Möglichkeit, dass du sexuelle Phantasien hast. Aber das gehört zum ersten Körper.

Der ätherische Körper ist psychologisch unerforscht, daher hält man seine Träume für Träume des ersten Körpers. Das führt zu großer Verwirrung. Der ätherische Körper kann im Traum reisen. Es ist sehr leicht für ihn, den physischen Körper zu verlassen. Wenn du dich daran erinnerst, scheint es ein Traum zu sein, aber es ist kein Traum wie die Träume des physischen Körpers. Der ätherische Körper kann sich selbständig machen, wenn du schläfst. Dein physischer Körper bleibt, wo er ist, dein Ätherkörper jedoch kann aus ihm aussteigen und durch den Raum reisen. Es gibt keine räumliche Begrenzung für ihn, keine Frage der Entfernung.

Wer das nicht versteht, wer die Existenz des zweiten Körpers nicht zur Kenntnis nimmt, mag es als den Bereich des Unbewussten interpretieren. Man teilt den menschlichen Geist in „bewusst" und „unbewusst" ein. Physiologisches Träumen wird „bewusst" genannt, und ätherisches Träumen „unbewusst". Es ist jedoch nicht unbewusst. Es ist genauso bewusst wie physiologisches Träumen, aber auf einer anderen Ebene. Wenn du dir des ätherischen Körpers bewusst wirst, wird das Träumen, das mit diesem Körper zusammenhängt, auch bewusst. Genauso wie man physiologische Träume von außen erzeugen kann, kann man auch ätherische Träume stimulieren.

Das Singen von Mantras ist eine Methode, ätherische Visionen, ätherische Träume anzuregen. Ein bestimmtes Mantra oder ein bestimmtes *Nada*, ein bestimmtes Wort, das wieder und wieder gesungen wird, während man sich auf ein bestimmtes Körperzentrum konzentriert, kann ätherische Träume hervorrufen.

Dafür gibt es eine Vielzahl von Methoden. Klangschwingung ist eine davon. Sufis haben Riechstoffe benutzt, um ätherische Visionen zu erzeugen. Mohammed selbst war von Parfüms sehr angetan. Ein bestimmtes Parfüm kann einen bestimmten Traum auslösen. Auch Farben können hilfreich sein. Leadbeater, eine führende Figur in der theosophischen Bewegung und Krishnamurtis Erzieher, hatte einmal einen ätherischen Traum in reinem Blau, in einem ganz bestimmten Farbton. Er suchte in allen Geschäften nach dieser Blauschattierung, reiste deswegen durch die ganze Welt. Nach einigen Jahren fand er einen Samtstoff in einem italienischen Laden – dessen Farbe genau dem Blau entsprach. Dieses Samttuch wurde dann verwendet, um auch bei anderen ätherische Träume hervorzurufen.

Wenn man also tief in Meditation eindringt und Farben sieht, völlig unbekannte Wohlgerüche, Klänge und Musik erfährt, dann sind das auch Träume, Träume des Ätherkörpers. sogenannte spirituelle Visionen gehören zum Ätherkörper; sie sind ätherische Träume. Gurus, die ihren Schülern erscheinen – das geschieht auf ätherischen Reisen, in ätherischen Träumen. Weil wir den Geist jedoch nur auf einer einzigen Existenzebene untersucht haben, auf der physiologischen Ebene, werden diese Träume entweder interpretiert oder man schenkt ihnen keine Beachtung und lässt sie unter den Tisch fallen. Oder man schiebt sie auf das Unbewusste. Wenn wir sagen, dass etwas zum Unbewussten gehört, heißt das, in Wirklichkeit wissen wir nichts darüber. Es ist ein technischer Trick.

Nichts ist unbewusst, aber alles, was erst auf einer tieferen Ebene bewusst wird, ist auf der vorhergehenden noch unbewusst. Deshalb ist die ätherische Ebene von der physischen aus gesehen unbewusst, auf der ätherischen Ebene ist die astrale unbewusst, auf der astralen Ebene ist die mentale unbewusst. „Bewußt“ heißt das, was bekannt ist und „unbewusst“ wird das, was noch nicht bekannt ist, das Unbekannte, genannt.

Dann gibt es die astralen Träume. In astralen Träumen gehst du in deine früheren Leben zurück. Das ist die dritte Dimension eurer Träume. Manchmal mischen sich in einem gewöhnlichen Traum ätherische und astrale Traumphasen. Dann wird aus dem Traum ein Kuddelmuddel, ein Wirrwarr, du kannst ihn nicht verstehen. Weil deine sieben Körper gleichzeitig existieren, können sie sich teilweise überlagern. Deshalb tauchen manchmal selbst in gewöhnlichen Träumen ätherische oder astrale Traumfragmente auf.

Im ersten Körper kannst du weder durch Zeit noch Raum reisen. Du bist an deinen physischen Standort und an die Zeit – zum Beispiel zehn Uhr nachts – gebunden. Dein physischer Körper kann in diesem Zeitraum träumen, aber nicht darüber hinaus. Im ätherischen Körper kannst du im Raum, aber nicht in der Zeit reisen. Du kannst überall hin, aber die Uhrzeit wird immer noch zehn Uhr nachts sein. Im astralen Bereich, im dritten Körper, kannst du nicht nur im Raum, sondern auch in der Zeit reisen. Der astrale Körper kann die Zeitbarriere überschreiten – aber nur in die Vergangenheit, nicht in die Zukunft. Der Astralkörper kann ungehindert in die Phasen der Vergangenheit eintauchen, von der Amöbe bis zum Menschen.

In Jungs Psychologie nennt man den astralen Geistkörper das „kollektive Unbewusste". Es ist die individuelle Chronik all deiner Leben. Manchmal dringt etwas davon in gewöhnlichen Träumen durch, jedoch häufiger im pathologischen als im gesunden Zustand. Bei einem geisteskranken Menschen verlieren die ersten drei Körper ihre normale Abgrenzung voneinander. Ein Geisteskranker kann von seinen vergangenen Leben träumen, aber niemand wird ihm Glauben schenken. Er wird es selbst nicht glauben und sagen, es sei nur ein Traum gewesen. Solche Träume geschehen nicht auf der physischen Ebene. Sie sind astrale Träume. Und astrales Träumen hat große Bedeutung; aber der dritte Körper kann nur von der Vergangenheit träumen, nicht von dem, was noch bevorsteht.

Der vierte Körper ist mental. Er hat Zugang in die Vergangenheit und in die Zukunft. In einem akuten Notfall kann manchmal selbst ein gewöhnlicher Mensch einen Blick in die Zukunft werfen. Wenn jemand stirbt, der dir nahe und teuer ist, kann die Botschaft davon in einem gewöhnlichen Traum auftauchen. Weil du die anderen Dimensionen des Träumens nicht kennst, wird die Botschaft in deinen gewöhnlichen Träumen auftauchen.

Aber der Traum wird nicht klar sein, weil die Botschaft viele Hindernisse überwinden muss, bevor sie in den gewöhnlichen Traum eingeblendet werden kann. Jede Barriere nimmt etwas weg, verändert etwas. Jeder Geistkörper hat seine eigene Symbolik, deshalb werden die Traumbilder, wenn der Traum von einem Körper in den anderen übergeht, in die Symbolik dieses Körpers übertragen, und alles vermischt sich. Wenn du aber direkt und klar im vierten Körper träumst – nicht durch einen anderen Körper gefiltert, sondern im vierten Körper selbst –, dann kannst du in die Zukunft eindringen.

Aber nur in deine eigene Zukunft. Es bleibt immer noch individuell; du erhältst keinen Einblick in die Zukunft eines anderen.

Für den vierten Körper ist die Vergangenheit genauso gegenwärtig wie die Zukunft. Vergangenheit, Zukunft und Gegenwart werden eins. Alles wird zu einem Jetzt; ein Jetzt, das die Vergangenheit, und ein Jetzt, das die Zukunft durchdringt. Es gibt keine Vergangenheit und Zukunft, aber es gibt immer noch Zeit. Selbst als „Gegenwart" fließt die Zeit immer noch. Du musst deinen Geist immer noch in eine bestimmte Richtung lenken. Du kannst in die Vergangenheit sehen, aber du musst immer noch deine Aufmerksamkeit dorthin richten. Zukunft und Gegenwart bleiben dann im Dunkeln.

Konzentrierst du dich auf die Zukunft, sind die anderen zwei – Vergangenheit und Gegenwart – ausgeschlossen. Du kannst Vergangenheit, Gegenwart und Zukunft sehen, aber nicht als Einheit. Und du kannst nur deine eigenen Träume sehen, Träume, die zu dir als Individuum gehören.

Der fünfte Körper, der spirituelle Körper, ist jenseits von Individuum und Zeit. Jetzt bist du in der Ewigkeit. Der Traum entsteht nicht aus deiner Individualität, sondern aus dem Bewusstsein des Ganzen. Jetzt kennst du die gesamte Vergangenheit der ganzen Existenz, aber nicht ihre Zukunft. Durch diesen fünften Körper haben sich alle Schöpfungsmythen entwickelt. Sie sind sich alle gleich. Die Symbole sind verschieden, die Geschichten weichen leicht voneinander ab, aber ob sie christlich oder hinduistisch, jüdisch oder ägyptisch sind, alle Schöpfungsmythen der Welt gleichen sich, sie haben Parallelen. Es gibt zum Beispiel in der ganzen Welt ähnliche Geschichten von der großen Flut. Es existieren keine historischen Aufzeichnungen darüber und trotzdem existiert eine Aufzeichnung. Diese Aufzeichnung gehört zum fünften, dem spirituellen Körper. Der fünfte Körper kann davon träumen.

Je tiefer du nach innen vordringst, desto mehr nähert sich der Traum der Realität. Physiologische Träume sind nicht annähernd so real. Sie haben ihre eigene Realität, aber es ist nicht weit her damit. Das ätherische Träumen ist wirklicher, das astrale Träumen ist noch wirklicher, das mentale ist ungefähr mit der Realität identisch, und im fünften Körper endlich wird dein Träumen authentisch und real. Das ist der Weg, die Realität zu erkennen. Von „Träumen" zu sprechen, ist nicht angemessen. Aber in gewisser Weise sind es doch Träume, weil das Wirkliche noch nicht objektiv vorhanden ist. Sie haben einen großen Grad an Objektivität, aber erscheinen noch als subjektive Erfahrung.

Zwei Personen, die den fünften Körper verwirklicht haben, können gleichzeitig dasselbe träumen, was vorher nicht möglich war. Gewöhnlich gibt es keine Möglichkeit für gemeinsame Träume, aber vom fünften Körper an kann ein Traum von mehreren gleichzeitig geträumt werden. Deshalb sind diese Träume in gewisser Weise objektiv. Man kann seine Traumerfahrungen austauschen. So kommt es, dass viele Menschen, die im fünften Körper träumen, dieselben Mythen erfahren. Diese Mythen waren keine Schöpfungen einzelner Individuen. Sie wurden von bestimmten esoterischen Schulen, bestimmten Traditionen in gemeinsamer Arbeit geschaffen.

Die fünfte Form von Träumen ist der Realität sehr viel näher. Die vier vorangehenden Formen sind unwirklich in dem Sinn, dass sie individuell sind. Es gibt keine Möglichkeit, die Erfahrung mit einem anderen zu teilen, keine Möglichkeit, ihren Wert zu beurteilen – ob sie eine Phantasie ist oder nicht. Eine Phantasie ist etwas Projiziertes; ein Traum zeigt etwas, was an sich nicht existiert, aber du hast es gesehen. In dem Maße, wie du nach innen gehst, wird das Träumen weniger fantastisch, weniger subjektiv – objektiver, echter.

Alle theologischen Konzepte stammen aus dem fünften Körper. Sie unterscheiden sich in Sprache, Terminologie, Strukturierung, aber sie sind im Grunde gleich: Träume des fünften Körpers.

Im sechsten Körper, dem kosmischen Körper, überschreitest du die Schwelle zwischen Bewusstem und Unbewusstem, zwischen Materie und Geist. Du lässt alle Unterscheidungen hinter dir. Der sechste Körper träumt im kosmischen Bereich. Du überquerst die Schwelle des Bewusstseins, und was vorher unbewusst war, wird jetzt ebenfalls bewusst. Jetzt ist alles lebendig und bewusst.

Selbst das, was wir Materie nennen, ist jetzt Teil des Bewusstseins. Im sechsten Körper werden die Träume kosmischer Mythen erfahren. Du bist über das Individuum hinausgewachsen, über das Bewusste hinausgegangen, hast Zeit und Raum hinter dir gelassen, aber die Sprache ist immer noch möglich. Sie deutet auf etwas hin, wie ein Wegweiser. Alle Theorien von *Brahma*, *Maya*, die Theorien der Einheit, des Unendlichen, sind im sechsten Körper verwirklicht worden. Diejenigen, die in der kosmischen Dimension geträumt haben, waren die Schöpfer großer Systeme, der großen Religionen.

In dieser sechsten Körperform haben die Träume noch eine Qualität des Seins, sie sind noch nicht im Bereich des Nicht-Seins: Sie treten als positive Existenz, nicht als Nicht-Existenz auf. Es gibt immer noch ein Festhalten am Sein und eine Furcht vor dem Nicht-Sein. Materie und Geist sind zu einem verschmolzen, Existenz und Nicht-Existenz jedoch sind immer noch getrennt. Das ist die letzte Barriere.

Der siebte Körper, der nirvanische, überschreitet die Grenze des Seins und fällt ins Nichts. Er hat seine eigenen Träume; Träume des Nicht-Seins, Träume des Nichts und der Leere. Das Ja ist überschritten und selbst das Nein ist jetzt kein Nein mehr: Das Nichts ist nicht nichts. Es ist viel unbegrenzter als das Sein. Dem Sein sind Grenzen gesetzt, es kann nicht unbegrenzt sein; nur das Negative ist grenzenlos. Der siebte Körper hat also seine eigenen Träume. Jetzt existieren keine Symbole, keine Formen mehr. Alles ist formlos. Jetzt gibt es keinen Klang, keinen Ton, nur das Tonlose; es herrscht absolute Stille. Diese Träume der Stille sind allumfassend, ohne Ende.

Das sind die sieben Körper. Jeder von ihnen hat seine eigenen Träume. Aber diese sieben Traumdimensionen können ein Hindernis werden, die sieben Arten von Realität zu erkennen.

Dein physischer Körper kann einerseits die Realität erkennen und andererseits davon träumen. Wenn du Nahrung zu dir nimmst, ist das eine Realität; aber wenn du träumst, dass du isst, dann ist das nicht real. Der Traum ist ein Ersatz für die wirkliche Nahrung. So hat der physische Körper seine eigene Realität und seine eigene Art zu träumen. Das sind zwei Funktionsweisen des physischen Körpers und sie sind weit entfernt voneinander.

Je mehr du zum Zentrum gehst – je höher die Ebene, auf der du bist –, desto näher kommen sich Traum und Realität. Genau wie sich die Speichen eines Rades näher kommen, je näher sie dem Zentrum zulaufen oder sich voneinander entfernen, je mehr sie nach außen laufen, so kommen sich Traum und Realität zum Mittelpunkt hin immer näher und entfernen sich immer weiter voneinander, je mehr sie an der Peripherie liegen. Was also den physischen Körper angeht, sind Traum und Realität weit voneinander entfernt. Die Entfernung zwischen ihnen ist groß. Träume sind nur Phantasien. Diese Trennung ist im ätherischen Körper nicht so groß. Wirklichkeit und Traum kommen sich näher, daher kann man sie nicht so leicht voneinander unterscheiden wie im physischen Körper. Aber der Unterschied ist immer noch festzustellen. Wenn deine ätherische Reise eine wirkliche Reise war, wird sie auch geschehen, während du wach bist. Wenn sie ein Traum war, wird sie im Schlaf geschehen. Damit du den Unterschied erkennen kannst, muss dein ätherischer Körper erweckt werden.

Es gibt Methoden, um im zweiten Körper bewusst zu sein. Alle Methoden der inneren Arbeit, wie zum Beispiel *Japa*, das Wiederholen eines Mantras, isolieren dich von der Außenwelt. Wenn du dabei einschläfst, kann die ständige Wiederholung einen hypnotischen Schlaf erzeugen; dann träumst du. Aber wenn du dir deines *Japas* bewusst bleiben kannst und es keinen hypnotischen Effekt auf dich hat, dann wirst du das Wirkliche der ätherischen Dimension erkennen.

Im dritten Körper, dem astralen, ist es noch schwieriger, den Unterschied zwischen Traum und Wirklichkeit zu erkennen, weil sich beide noch näher gekommen sind. Wenn du den wirklichen Astralkörper und nicht nur astrales Träumen erlebt hast, dann verlierst du jegliche Furcht vor dem Tod. Von da an erkennt man die Unsterblichkeit. Aber wenn das Astrale nur Traum ist und nicht Wirklichkeit, wirst du von Todesangst gepeinigt.

Das ist der springende Punkt, der Prüfstein: die Todesangst. Jemand, der glaubt, dass die Seele unsterblich ist und sich das dauernd vorsagt, es sich einredet, kann den Unterschied zwischen Astralkörper und Astraltraum nicht erkennen. Man darf nicht an Unsterblichkeit glauben; man muss sie kennen. Aber bevor es dazu kommt, muss man Zweifel und Ungewissheit darüber haben. Nur dadurch wird dir klar, ob du sie wirklich kennst oder ob du sie nur projizierst. Wenn es dein Glaube ist, dass die Seele unsterblich ist, wird dieser Glaube in deine astrale Vorstellungswelt dringen. Dann wirst du zu träumen anfangen, aber es wird nur beim Träumen bleiben.

Aber wenn du keinen Glauben hast, nur Wissensdurst, wenn du auf der Suche bist – ohne zu wissen, nach was du suchen sollst oder was du finden wirst, ohne Vorstellungen und Vorurteile –, wenn du nur in einem leeren Raum suchst, dann erkennst du den Unterschied. Leute, die an die Unsterblichkeit der Seele oder an vergangene Leben glauben und für bare Münze nehmen, was sie bloß vom Hörensagen kennen, träumen nur auf der Astralebene, ohne eine Ahnung von der Realität zu haben.

Im vierten Körper, dem mentalen Körper, werden Traum und Wirklichkeit zu Nachbarn. Ihre Gesichter ähneln einander so sehr, dass man sie ohne weiteres miteinander verwechseln kann. Der mentale Körper kann Träume haben, die so wirklich scheinen wie die Realität. Und es gibt Methoden, solche Träume zu erzeugen: yogische, tantrische und andere Methoden. Jemand, der fastet, sich in Einsamkeit und Dunkelheit zurückzieht, erzeugt die vierte Art von Traum, den mentalen Traum. Er ist so real – realer als die Realität, die uns umgibt. Im vierten Körper ist der Geist vollkommen schöpferisch; ungehindert vom Objekt, ungehindert von materiellen Begrenzungen. Jetzt ist er völlig frei, sich schöpferisch zu verwirklichen. Dichter, Maler, alle leben sie in der vierten Art von Traum, alle Kunst stammt aus mentalen Träumen. Jemand, der auf der vierten Ebene träumt, kann ein großer Künstler werden. Aber nicht, wer ihre Wirklichkeit kennt. Im vierten Körper muss man sich vor jeder Art von mentaler Schöpfung in Acht nehmen.

Man darf nichts projizieren, nichts wünschen, sonst wird es projiziert und es besteht die Möglichkeit, dass der Wunsch in Erfüllung geht. Nicht nur in der Innenwelt, auch in der Außenwelt kann der Wunsch in Erfüllung gehen. Im vierten Körper ist der Geist so mächtig, so kristallklar, weil der vierte Körper die letzte Festung des Geistes ist. Jenseits davon beginnt das Niemandsland. Der vierte Körper ist die ursprüngliche Quelle des Geistes, daher kann man alles Mögliche erschaffen.

Man muss ständig darauf achten, keinen Wunsch, keine Vorstellung, kein Bild zu beachten, keinen Guru und keinen Gott zuzulassen. Sonst werden sie alle aus dir heraus entstehen. Du bist ihr Schöpfer. Solche Bilder machen so glückselig, dass du dich danach sehnst, sie hervorzurufen. Das ist die letzte Barriere für den *Sadhaka*, den Sucher. Das ist die letzte, die höchste Hürde, danach kommt keine mehr. Wenn du bewusst bist, nur ein Beobachter im vierten Körper bleibst, dann erkennst du das Wirkliche. Sonst träumst du weiter. Und keine Realität kann sich mit diesen Träumen vergleichen. Sie sind ekstatisch, keine Ekstase kommt ihnen gleich. Aus diesem Grund muss man auf Ekstase, Glück und Seligkeit ein Auge haben und sich ständig vor irgendeiner Art von bildhafter Vorstellung hüten. Sobald es eine bildhafte Vorstellung gibt, beginnt der Geist in den Traumkanal zu fließen. Ein Bild führt zum nächsten und du träumst weiter. Dieser vierten Art von Traum kann man sich nur dann entziehen, wenn man ein unbeteiligter Zuschauer bleibt. Es kommt ganz auf das Beobachten an, weil man sich sonst mit den Träumen identifiziert. Identifikation ist Traum, was den vierten Körper betrifft. Im vierten Körper sind Bewusstsein und Beobachtung der Weg zum Wirklichen.

Im fünften Körper werden Traum und Wirklichkeit eins. Jede Art von Dualität verschwindet. Bewußt oder unbewusst ist nicht mehr die Frage. Selbst wenn du unbewusst bist, bist du dir dessen bewusst. Jetzt ist das Träumen nur eine Spiegelung der Wirklichkeit. Es gibt einen Unterschied, aber keine Trennung. Wenn ich mich im Spiegel sehe, gibt es keinen trennenden Unterschied zwischen mir und dem

Spiegelbild, aber ich weiß, dass ich das Wirkliche bin, während das Spiegelbild unwirklich ist.

Der fünfte Körper kann, wenn man ein bestimmtes Konzept kultiviert hat, die Illusion haben, sich zu kennen, weil er sich im Spiegel erkannt hat. Er kennt sich auch, aber nicht wie er ist – sondern nur als Spiegelung. Das ist der einzige Unterschied. Aber es ist in gewisser Hinsicht gefährlich. Die Gefahr besteht, dass du mit dem Spiegelbild zufrieden bist und spiegelhafte Bilder für die Wirklichkeit hältst. Für den fünften Körper selbst ist das keine wirkliche Gefahr, aber es ist eine Gefahr, was den sechsten Körper angeht. Wenn du dich nur vom Spiegel her kennst, kannst du die Grenze vom fünften zum sechsten Körper nicht überschreiten. Du kannst im Spiegel keine Grenze überqueren. Es hat immer Menschen gegeben, die im fünften Körper stecken geblieben sind. Diejenigen, die sagen, dass es unendlich viele Seelen gibt und dass jede Seele ihre eigene Individualität hat – diese Menschen sind im fünften Körper geblieben. Sie haben sich gesehen, aber nicht unmittelbar, nicht direkt – nur durch das Medium eines Spiegels.

Wo kommt dieser Spiegel her? Er entsteht durch die Kultivierung von Konzepten: „Ich bin die Seele. Ewig, unsterblich. Jenseits von Geburt und Tod." Wer sich als eine Seele versteht, ohne sie zu kennen, schafft sich einen Spiegel. Dann kennst du dich nicht, wie du bist, sondern wie du durch deine Konzepte gespiegelt wirst. Der einzige Unterschied ist: Wenn das Wissen durch einen Spiegel kommt, ist es ein Traum, und wenn es direkt, unvermittelt, ohne Spiegel zum Vorschein kommt, ist es wirklich. Das ist der einzige Unterschied, aber es ist ein großer – nicht im Hinblick auf die Körper, durch die du schon gegangen bist, sondern im Hinblick auf die Körper, die du erst noch durchdringen musst.

Wie kann man sich darüber bewusst werden, ob man im fünften Körper träumt oder das Wirkliche erlebt? Es gibt nur einen Weg: alle Schriften und alle Philosophien über Bord zu werfen. Jetzt darf es keinen Guru mehr geben, weil sonst der Guru zum Spiegel wird. Von hier an bist du total allein – niemand kann als Wegweiser dienen, sonst wird der Wegweiser zu einem Spiegel. Von jetzt an ist das Alleinsein total und allumfassend. Nicht Einsamkeit, sondern Alleinsein; Einsamkeit sucht dauernd nach anderen, im Alleinsein hast du es mit dir selbst zu tun. Ich fühle mich einsam, wenn es keine Verbindung zwischen mir und jemand anderem gibt; aber ich fühle mich allein, wenn ich bin.

Von da an muss man in jeder Dimension allein sein: frei von Worten, Konzepten, Theorien, Philosophien, Ideologien, Gurus, Schriften; Christentum, Hinduismus, Buddha, Christus, Krishna, Mahavir. Man muss jetzt allein sein, weil sonst alles, was einem begegnet, selbst wenn es Buddha ist, zum Spiegel wird. Du magst ihn noch so sehr lieben – er ist gefährlich für dich. Wenn du absolut allein bist, gibt es nichts, was dich spiegelt. Deshalb ist „Meditation" das treffende Wort für den fünften Körper. Es bedeutet, total allein und von jeder Art geistiger Aktivität frei zu sein. Es bedeutet, ohne Verstand zu sein. Wenn es irgendeine Art von geistiger Aktivität gibt, wird sie zu einem Spiegel, sie reflektiert dich. Man muss jetzt einen leeren Kopf haben: ohne Denken, ohne Kontemplation.

Im sechsten Körper gibt es keinen Spiegel mehr. Jetzt gibt es nur das Kosmische, du hast dich darin aufgelöst. Es gibt dich nicht mehr; es gibt keinen Träumer mehr. Aber der Traum kann weiterbestehen, selbst ohne Träumer. Und wenn es einen Traum ohne Träumer gibt, sieht es wie die Realität selber aus. Es gibt keinen Verstand, niemanden, der denkt, alles „Gewusste" wird direkt gewusst. Es wird deine direkte Erkenntnis. Schöpfungsmythen dämmern herauf und ziehen vorbei. Es gibt dich nicht. Dinge ziehen einfach nur vorbei. Es gibt niemanden, der urteilt; es gibt niemanden, der träumt.

Aber ein Geist, der nicht ist, existiert noch immer. Ein Geist, der vernichtet ist, existiert noch immer – nicht als Individuum, sondern als das kosmische Ganze. Du bist nicht, aber *Brahma* ist. Deshalb heißt es, dass die ganze Welt ein Traum *Brahma*s ist. Diese ganze Welt ist ein Traum, *Maya.* Nicht der Traum irgendeines Individuums, sondern ein Traum des Totalen, des Ganzen. Nicht du, sondern das Ganze träumt. Jetzt ist die letzte Unterscheidung, ob der Traum einen Keim positiven Seins enthält oder nicht. Enthält er einen solchen Keim, dann ist es noch *Maya*, dann ist es noch Traum, weil es letzten Endes nur das Nichts gibt. Wenn alles in das Formlose eingegangen ist, zum Ursprung zurückgekehrt ist, dann ist alles und ist gleichzeitig nicht. Positives Sein ist der einzig unterscheidende Faktor, der übrig bleibt. Das ist die Hürde, über die du springen musst.

Wenn also im sechsten Körper das positive Sein verloren geht, dringst du in den siebten ein. Das Wirkliche des sechsten ist die Türe zum siebten Körper. Wenn es nichts Positives gibt, das heißt keinen Mythos, kein Bild, keinen Inhalt, dann ist der Traum vorbei. Dann gibt es nur das, was ist: So-Sein. Jetzt existiert nichts außer Existenz. Es gibt keine Dinge, sondern nur noch die Quelle. Es gibt nicht den Baum, aber immer noch seinen Samen.

Die Weisen haben diesen Zustand des Geistes *Samadhi* mit Saat, *Samadhi Sabeej*, genannt. Alles ist verschwunden, zum Ursprung der kosmischen Saat zurückgekehrt. Es gibt keinen Baum, aber das Samenkorn. Der Samen birgt jedoch immer noch eine Möglichkeit zum Träumen, deshalb muss auch er zerstört werden.

Im siebten Körper gibt es weder Traum noch Realität. Du kannst etwas Wirkliches nur bis zu dem Punkt verfolgen, wo Traum möglich ist. Wenn es keine Möglichkeit zum Träumen gibt, dann existiert weder das Wirkliche, noch das Illusionäre. Daher ist der siebte Körper das Zentrum. Jetzt sind Traum und Realität zu einem geworden. Es gibt keinen Unterschied. Entweder du träumst vom Nichts oder du kennst das Nichts, aber das Nichts bleibt dasselbe.

Wenn ich von dir träume, ist es illusionär. Wenn ich dich sehe, ist es wirklich. Aber ob ich von deiner Abwesenheit träume oder deine Abwesenheit sehe, das spielt keine Rolle. Wenn du die Abwesenheit von etwas träumst, dann ist der Traum dasselbe wie die Abwesenheit selbst. Tatsächliche Unterschiede gibt es nur hinsichtlich des positiven Seins. Daher gibt es bis zum sechsten Körper eine Unterscheidungsmöglichkeit. Im siebten Körper bleibt nur das Nichts. Es gibt nicht einmal ein Samenkorn. Das ist *Nirbeej Samadhi*, saatloses *Samadhi*. Jetzt gibt es keine Möglichkeit zu träumen.

Es gibt also sieben Traumtypen und sieben Arten von Realität. Sie durchdringen einander. Deshalb gibt es viel Verwirrung. Aber wenn du sie unterscheiden kannst, mit ihnen klar kommst, kann das sehr nützlich sein. Die Psychologie ist immer noch weit von einem tatsächlichen Einblick in die Traumwelten entfernt. Sie weiß nur etwas über den physiologischen Traum und ein klein wenig über den ätherischen. Aber selbst der ätherische wird als physiologisch interpretiert. Jung ist ein bisschen tiefer in dieses Gebiet eingedrungen als Freud, aber seine Analyse des menschlichen Geistes wird als mythologisch, als religiös eingestuft. Trotzdem, er hat den richtigen Ansatz. Wenn sich die westliche Psychologie weiterentwickeln soll, muss sie von Jung ausgehen, nicht von Freud. Freud war der Bahnbrecher, aber jede Pionierleistung wird zu einem Hindernis, wenn man wie besessen daran festhält. Obwohl Freud mittlerweile veraltet ist, klebt die westliche Psychologie immer noch an ihren Freudschen Anfängen. Freud muss jetzt zu den Akten der Geschichte gelegt werden. Die Psychologie muss sich weiterentwickeln.

In Amerika versucht man, dem Traum durch Untersuchungen auf die Spur zu kommen. Es gibt viele Traumlaboratorien, aber die Methoden, die zum Einsatz kommen, decken nur den physiologischen Anteil ab. Es wird Zeit, dass auch Yoga, Tantra und andere Methoden esoterischer Schulung eingeführt werden, wenn man die ganze Welt der Träume erforschen will. Jede Traumebene hat eine parallele Realitätsebene, und wenn die ganze *Maya*, die ganze Welt der Illusion, nicht bewusst gemacht werden kann, dann ist es unmöglich, die Wirklichkeit zu erfahren. Denn nur durch das Unwirkliche kann man das Wirkliche erkennen.

Nehmt jedoch das, was ich gesagt habe, nicht als Theorie oder als System. Macht es lediglich zu einem Ausgangspunkt und fangt an, eure Träume aufmerksamer zu beobachten. Nur wenn ihr in euren Träumen bewusst werdet, könnt ihr das Wirkliche erfahren.

Wir sind uns nicht einmal unseres physischen Körpers bewusst. Wir bleiben selbst da unbewusst. Nur wenn ein Körperteil erkrankt, nehmen wir es wahr. Man muss sich seines Körpers bewusst werden, während man gesund ist. Das Körperbewusstsein, dessen wir durch Krankheit gewahr werden, ist nur eine Notmaßnahme. Es ist ein natürlicher, eingebauter Prozess. Dein Geist muss aufwachen, wenn irgendein Teil des Körpers von Krankheit befallen wird, damit für Abhilfe gesorgt wird; aber sobald alles wieder heil ist, ist es aus mit der Wachheit und die Schläfrigkeit kommt zurück.

Du musst dir deines eigenen Körpers bewusst werden: seiner Funktionen, seiner feinen Gefühle, seiner Musik, seines Schweigens. Manchmal ist der Körper still, manchmal ist er aufgebracht, laut, manchmal entspannt. Die Gefühle sind in jedem Stadium so verschieden, dass wir viel verpassen, wenn wir sie unbeachtet lassen. Wenn du schlafen gehst, geschieht eine subtile Veränderung in deinem Körper. Wenn du am Morgen aufwachst, gibt es wieder Veränderungen. Man muss sich dessen bewusst werden.

Wenn du am Morgen aufwachst, dann öffne die Augen nicht sofort. Wenn du merkst, dass der Schlaf zu Ende ist, dann richte deine Aufmerksamkeit auf deinen Körper. Was geschieht in ihm? Eine große Veränderung findet in dir statt. Der Schlaf verlässt dich und du kommst zu Sinnen. Du hast zwar die Morgensonne aufgehen sehen, aber niemals deinen Körper. Das hat seinen eigenen Zauber. Es gibt einen Morgen und einen Abend in deinem Körper. Es wird *Sandhya* genannt. Der Moment der Transformation, der Umstellung.

Wenn du schlafen gehst, dann beobachte still, was geschieht. Der Schlaf ist nah, gleich ist er da. Sei bewusst! Nur so kannst du dir wirklich deines physischen Körpers bewusst werden. Und sobald du dir des Körpers bewusst wirst, weißt du, was physiologisches Träumen ist. Dann wirst du dich am Morgen erinnern können, was ein physiologischer Traum war und was nicht. Wenn du die inneren Gefühle kennst, die inneren Bedürfnisse, den inneren Rhythmus deines Körpers, dann kannst du ihre Sprache erkennen, wenn sie sich in deinen Träumen widerspiegeln.

Wir haben die Sprache unseres eigenen Körpers noch nicht gelernt. Der Körper hat seine eigene Weisheit, seine Erfahrung ist jahrtausendealt. Mein Körper hat die Erfahrungen meiner Eltern, der Eltern meiner Eltern und so fort über viele Jahrhunderte, während derer das Saatkorn meines Körpers sich zu seinem jetzigen Stand entwickelt hat. Er hat seine eigene Sprache. Und die muss man zuerst einmal verstehen. Wenn du sie verstehst, dann weißt du, was ein physiologischer Traum ist. Und dann kannst du am Morgen physiologische Träume von nichtphysiologischen Träumen unterscheiden. Nur dann eröffnet sich eine neue Möglichkeit: Jetzt kann der ätherische Körper bewusst werden. Nur dann, nicht vorher. Dein Gespür wird feiner. Du kannst subtilere Ebenen von Tönen, Gerüchen, Licht wahrnehmen. Dann weißt du beim Gehen, dass der physiologische Körper geht, nicht aber der ätherische Körper. Der Unterschied ist kristallklar. Du isst: Der physische Körper isst, nicht der ätherische. Es gibt einen ätherischen Durst, einen ätherischen Hunger, ätherische Sehnsucht, aber diese Dinge kann man erst sehen, wenn du dich im physischen Körper völlig auskennst. Dann werden nach und nach auch die anderen Körper erfahrbar.

Die Welt der Träume ist riesig. Sie ist immer noch unentdeckt, unbekannt und verschleiert. Sie ist immer noch Geheimwissenschaft. Aber jetzt ist die Zeit gekommen, in der alles Geheimgehaltene zugänglich gemacht werden muss. Jetzt ist der Moment gekommen, alles, was bis jetzt verborgen gehalten wurde, offen und zugänglich zu machen. Diese Geheimnisse dürfen nicht länger zurückgehalten werden, sonst kann Gefahr daraus erwachsen. In der Vergangenheit war es notwendig, dass einige Dinge geheim blieben, weil Wissen in den Händen von Ignoranten gefährlich werden kann. Genau das geschieht mit den Naturwissenschaften im Westen. Jetzt wird den Wissenschaftlern deutlich, wie sehr sich die Lage zugespitzt hat, und sie wollen geheime Wissenschaften ins Leben rufen. Man hätte den Politikern keine nuklearen Waffen überantworten dürfen. Weitere Entdeckungen müssen geheim bleiben; wir müssen erst auf die Zeit warten, in der der Mensch so reif ist, dass das Wissen frei zugänglich gemacht werden kann, ohne zur Bedrohung zu werden.

Ganz ähnlich verhielt es sich im Osten: Es gab auf spirituellem Gebiet viel Wissen; aber der Schlüssel dazu wurde versteckt, damit machthungrige Leute keinen Gebrauch davon machen konnten. Das Wissen wurde geheim, esoterisch. Es wurde unter großer Geheimhaltung nur von Person zu Person weitergegeben.

Aber jetzt, angesichts des wissenschaftlichen Fortschritts, ist der Moment gekommen, den Zugang dazu freizugeben. Die Naturwissenschaften werden sich als gefährlich erweisen, wenn spirituelle, esoterische Erkenntnisse weiterhin vorenthalten werden. Sie müssen ans Tageslicht, um den objektiven Wissenschaften die Waage zu halten.

Die Welt des Traums ist eines der größten Gebiete der Esoterik. Ich habe nur Andeutungen gemacht, damit ihr anfangen könnt, euch etwas bewusster zu werden, aber ich habe euch nicht die ganze Wissenschaft enthüllt. Das ist weder nötig noch hilfreich. Ich habe Zwischenräume gelassen. Wenn ihr weiter vordringt, schließen sich diese Lücken ganz von selbst. Was ich gesagt habe, beschreibt nur die äußere Verpackung.

Es ist gerade so wenig, dass du keine Theorie daraus schmieden kannst, aber Anstoß genug, damit du einen Anfang findest.

Natürlichkeit und Potenzial in den Chakras

Du hast gesagt, der Sucher soll sich um seine eigene Empfänglichkeit kümmern, statt bettelnd von Tür zu Tür zu gehen. Aber Suche bedeutet doch auch, dass man sich den Hindernissen auf dem spirituellen Pfad stellen muss.

Suchen und jemand anderen fragen sind zwei verschiedene Dinge. Tatsächlich fragt derjenige, der nicht suchen will. Suchen und Fragen sind nicht ein und dasselbe, sondern sie stehen im Widerspruch zueinander. Wer das Suchen vermeiden will, fragt jemand anderen. Der Vorgang des Suchens und der Vorgang des Bettelns sind ganz unterschiedlich. Wenn man fragt, ist die Aufmerksamkeit beim andern – beim Gebenden; wenn man sucht, ist die Aufmerksamkeit bei einem selbst – beim Empfangenden. Wenn man sagt, dass es auf dem Weg des spirituellen Wachstums Hindernisse gibt, bedeutet das, dass es Hindernisse im Sucher selbst gibt. Auch der Weg liegt im Innern und es ist nicht sehr schwierig, seine eigenen Hindernisse zu verstehen. Es muss ausführlich erklärt werden, worin die Hindernisse bestehen und wie sie entfernt werden können.

Gestern habe ich von den sieben Körpern gesprochen. Wir werden noch näher darauf eingehen und es wird euch klar werden. Genau wie es sieben Körper gibt, gibt es auch sieben Chakras, Energiezentren und jedes Chakra ist auf besondere Art mit seinem entsprechenden Körper verbunden. Das Chakra des physischen Körpers ist das *Muladhar*. Das ist das erste Chakra und es hat eine wesentliche Verbindung mit dem ersten Körper. Das *Muladhar*-Chakra verfügt über zwei Entwicklungsmöglichkeiten. Seine erste Entwicklungsmöglichkeit wurde uns bei der Geburt mitgegeben; seine zweite Entwicklungsmöglichkeit kann durch Meditation erlangt werden.

Die grundlegende natürliche Möglichkeit dieses Chakras ist der Sexualtrieb des physischen Körpers. Die allererste Frage, die in jedem Sucher aufsteigt, ist, was er anbetrachts dieses zentralen Prinzips tun soll. Nun gibt es aber auch noch eine andere Möglichkeit bei diesem Chakra, und das ist *Brahmacharya*, Zölibat, was durch Meditation erlangt werden kann. Sex ist die natürliche Möglichkeit und *Brahmacharya* ist die Transformation. Je mehr unser Denken und Fühlen auf sexuelle Begierden ausgerichtet und in ihrem Griff sind, desto schwieriger wird es sein, das höchste Potenzial von *Brahmacharya* zu erreichen.

Das bedeutet, dass wir diese Situation, die uns von der Natur gegeben wurde, auf zweierlei Weise nutzen können. Wir können in dem Zustand leben, in den uns die Natur versetzt hat – aber dann kann der Prozess des spirituellen Wachstums nicht beginnen –, oder wir transformieren diesen Zustand. Die einzige Gefahr auf dem Weg der Transformation besteht in der Möglichkeit, dass wir anfangen gegen unser natürliches Zentrum zu kämpfen. Was ist die wirkliche Gefahr auf dem Weg des Suchers? Das erste Hindernis ist, dass der Sucher, wenn er sich nur dem Genuss der natürlichen Ordnung der Dinge hingibt, nicht zur höchsten Möglichkeit seines physischen Körpers aufsteigt und bereits am Ausgangspunkt stagniert. Auf der einen Seite ist Verlangen, auf der anderen Seite Unterdrückung, die den Meditierer gegen seinen Sexualtrieb ankämpfen lässt. Das ist das Hindernis beim ersten Chakra. Transformation kann nicht durch Unterdrückung geschehen.

Wenn Unterdrückung also ein Hemmnis ist, worin liegt dann die Lösung? Verstehen wird das Problem lösen. Sobald du beginnst, den Sex zu verstehen, findet eine Transformation im Inneren statt. Das hat seinen Grund. Alle Naturkräfte liegen blind und unbewusst in uns. Wenn sie uns bewusst werden, beginnt die Transformation. Bewusstheit ist die Alchemie, die sie verändert, die sie transformiert. Wenn sich ein Mensch mit all seinen Gefühlen und all seinem Verständnis über sexuelle Begierden bewusst wird, dann wird *Brahmacharya* anstelle von Sex in ihm geboren. Solange ein Mensch nicht *Brahmacharya* in seinem ersten Körper verwirklicht hat, ist es schwierig, an den Entwicklungsmöglichkeiten anderer Zentren zu arbeiten.

Der zweite Körper ist der emotionale oder ätherische Körper. Der zweite Körper ist mit dem zweiten Chakra verbunden – dem *Svadhisthan*-Chakra. Auch in diesem gibt es zwei Entwicklungsmöglichkeiten. Seine grundlegenden natürlichen Anlagen sind Angst, Hass, Wut und Gewalt. Das sind alles Zustände, die das natürlichen Potenzial des *Svadhisthan*-Chakras ausmachen. Wenn ein Mensch in seinem zweiten Körper stagniert, dann sind die genau entgegengesetzten Zustände der Transformation – Liebe, Mitgefühl, Furchtlosigkeit, Freundlichkeit – nicht möglich. Das Hindernis auf dem Weg des Meditierers im zweiten Chakra sind Hass, Wut und Gewalt und es geht darum, sie zu transformieren. Auch hier wird derselbe Fehler gemacht. Der eine mag seiner Wut freien Lauf lassen, der andere mag seine Wut unterdrücken. Der eine wird einfach Angst haben, der andere wird seine Angst unterdrücken und so tun, als wäre er sehr mutig. Aber keins von beiden führt zu Transformation. Wenn Angst da ist, muss sie angenommen werden; es ist sinnlos, sie zu verleugnen oder zu unterdrücken. Wenn es Gewalt im Innern gibt, dann ist es sinnlos, sie unter dem Mantel der Gewaltlosigkeit zu verbergen. Parolen von Gewaltlosigkeit zu schreien wird den inneren Zustand der Gewalt nicht verändern. Die Gewalt bleibt. Sie ist ein Zustand, der in der Natur des zweiten Körpers liegt. Sie hat ihren Sinn, genau wie Sex einen Sinn hat. Nur durch Sex können andere physische Körper geboren werden. Bevor ein physischer Körper vergeht, hat die Natur Vorsorge getroffen, dass ein neuer geboren wird.

Angst, Gewalt, Wut, sie alle sind auf der zweiten Ebene notwendig, sonst könnte der Mensch nicht überleben, er könnte sich nicht schützen. Angst schützt ihn, Wut verwickelt ihn in Kämpfe gegen andere und Gewalt hilft ihm, sich vor der Gewalt anderer zu retten. All das sind Eigenschaften des zweiten Körpers und sie sind notwendig zum Überleben, aber normalerweise bleiben wir hier stehen und gehen nicht weiter. Wenn ein Mensch die Natur der Angst versteht, erlangt er Furchtlosigkeit, und wenn er die Natur der Gewalt versteht, erlangt er Gewaltlosigkeit. Und genauso entwickeln wir die Fähigkeit zu verzeihen, wenn wir Wut verstehen.

In der Tat ist Wut die eine Seite der Medaille, die Bereitschaft zu verzeihen die andere. Die eine verbirgt sich hinter der anderen – aber die Medaille muss herumgedreht werden. Wenn wir die eine Seite der Medaille ganz genau kennen, werden wir natürlich neugierig und wollen wissen, was auf der anderen Seite ist – und so dreht sich die Medaille herum. Wenn wir die Medaille verbergen und so tun, als gäbe es keine Angst, keine Gewalt in uns, werden wir niemals Furchtlosigkeit und Gewaltlosigkeit erfahren. Wer die Gegenwart der Angst in sich akzeptiert und wer sie vollkommen erforscht hat, wird bald herausfinden wollen, was sich hinter der Angst verbirgt. Die Neugier wird ihn ermutigen, die andere Seite der Medaille anzuschauen. In dem Moment, in dem er sie umdreht, wird er furchtlos. Genauso wird sich Gewalt in Mitgefühl verwandeln. Das sind die Möglichkeiten des zweiten Körpers. Auf diese Art und Weise muss der Meditierer eine Transformation der Eigenschaften, die ihm von der Natur gegeben wurden, hervorrufen. Um dies in Gang zu setzen, muss er niemand anderen fragen; er muss in sich selbst suchen und forschen. Wir alle wissen, dass Wut und Angst Hindernisse sind – denn wie kann ein Feigling die Wahrheit suchen? Er wird herumlaufen und um die Wahrheit betteln. Er wird sich wünschen, dass ein anderer sie ihm geben möge, ohne dass er sich auf unbekanntes Terrain wagen muss.

Der dritte ist der Astralkörper. Auch er hat zwei Dimensionen. Grundsätzlich geht es im dritten Körper um Zweifel und Denken. Wenn sie transformiert werden, wird Zweifel zu Vertrauen und Denken wird Vivek, Bewusstheit. Wenn Zweifel unterdrückt werden, dann erlangst du niemals Shraddha, Vertrauen, obwohl wir gelehrt werden, Zweifel zu unterdrücken und das zu glauben, was wir hören. Wer seine Zweifel unterdrückt, wird niemals Vertrauen können, denn der Zweifel bleibt in den unterdrückten Gedanken gegenwärtig. Er wird sich wie ein Krebs im Innern ausbreiten und deine Vitalität aufzehren. Aus Furcht vor Skepsis werden dir Glaubenssätze eingetrichtert. Wir werden die Eigenschaft des Zweifels verstehen müssen, wir werden ihn leben und mit ihm gehen müssen. Dann werden wir eines Tages einen Punkt erreichen, an dem wir beginnen, am Zweifel zu zweifeln.

In dem Moment, in dem wir anfangen, den Zweifel selbst zu bezweifeln, beginnt Vertrauen.

Wir können kein klares Unterscheidungsvermögen gewinnen, ohne durch den Prozess des Denkens zu gehen. Es gibt Menschen, die nicht denken, und es gibt Menschen, die sie darin ermutigen, nicht zu denken. Sie sagen: „Denke nicht, lass alle Gedanken hinter dir“: Wer aufhört zu denken, endet in Unwissenheit und blindem Glauben. Das ist keine Klarheit. Unterscheidungsvermögen gewinnt man nur, wenn man durch die subtilsten Denkprozesse gegangen ist. Was ist die Bedeutung von Vivek, Unterscheidungsvermögen? Zweifel ist in den Gedanken immer vorhanden. Der Verstand ist immer unentschlossen. Deshalb kommen diejenigen, die sehr viel denken, niemals zu einer Entscheidung. Erst wenn sie das Rad der Gedanken durchbrechen, können sie eine Entscheidung treffen. Entschlossenheit kommt aus einem Zustand von Klarheit, der über die Gedanken hinausgeht.

Gedanken haben keine Verbindung zur Entschlossenheit. Wer ständig in Gedanken vertieft ist, kommt zu keinem Entschluss. Deshalb ist es unvermeidlich, dass diejenigen, deren Leben weniger von Gedanken beherrscht wird, sehr resolut sind, wohingegen denjenigen, die eine Menge denken, die Bestimmtheit fehlt. In beidem liegt jedoch eine Gefahr. Diejenigen, die nicht denken, gehen einfach drauf los und tun, was sie sich gerade vorgenommen haben, denn sie haben keinen gedanklichen Prozess in sich, der Zweifel hervorruft.

Die Dogmatiker und die Fanatiker der Welt sind sehr aktive und energetische Menschen; für sie kommt zweifeln erst gar nicht in Frage – sie denken überhaupt nicht! Wenn sie das Gefühl haben, das Himmelreich zu erlangen, indem sie tausend Menschen töten, dann werden sie nicht eher ruhen, bis sie diese tausend Menschen getötet haben. Sie halten niemals ein, um zu bedenken, was sie tun; daher gibt es von ihrer Seite niemals Unentschlossenheit. Ein denkender Mensch dagegen wird immer weiterdenken, anstatt Entschlüsse zu fassen.

Wenn wir unsere Türen aus Angst vor Gedanken schließen, wird nur blinder Glaube zurückbleiben. Das ist sehr gefährlich und es ist ein großes Hindernis auf dem Weg des Meditierers. Es werden eine klare Besonnenheit und klare, entschlossene Gedanken gebraucht, die uns Entscheidungen ermöglichen. Das ist die Bedeutung von Vivek: Klarheit, Bewusstheit. Es bedeutet, dass die Kraft des Denkens vollendet ist. Es bedeutet, wir sind so sorgfältig durch die Gedanken gegangen, dass alle Zweifel ausgeräumt wurden. Jetzt bleibt nur reine Entschlossenheit in ihrer Essenz.

Das Chakra, das zum dritten Körper gehört, ist *Manipur.* Zweifel und Vertrauen sind seine beiden Formen. Wenn Zweifel transformiert wird, entsteht Vertrauen. Aber merkt euch, Vertrauen ist nicht gegen Zweifel und steht auch nicht im Widerspruch dazu. Vertrauen ist die reinste und höchstmögliche Entwicklung des Zweifels. Es ist das äußerste Extrem von Zweifel. Dort verliert sich selbst der Zweifel, denn dort beginnt er an sich selbst zu zweifeln und begeht auf diese Weise Selbstmord. Daraus wird Vertrauen geboren.

Die vierte Ebene ist der mentale Körper oder die Seele, und das vierte Chakra, das *Anahata,* ist mit dem vierten Körper verbunden. Die natürlichen Eigenschaften dieser Ebene sind Vorstellungsvermögen und Träumen. Und das ist, was der Verstand ständig macht: phantasieren und träumen. In der Nacht träumt er und während des Tages hängt er Tagträumen nach. Wenn die Imagination, die Vorstellungskraft, vollständig entwickelt ist, das heißt, wenn sie bis zum äußersten Grad entwickelt ist, dann wird sie zu Bestimmtheit, zu Willen. Wenn sich das Träumen voll entwickelt, verwandelt es sich in Vision – in seelische Vision.

Wenn sich die Fähigkeit des Menschen zu träumen voll entwickelt hat, braucht er nur die Augen zu schließen und er kann Dinge sehen. Dann kann er sogar durch eine Wand sehen. Zuerst träumt er nur davon, durch die Wand sehen zu können; später sieht er dann wirklich durch die Wand hindurch. Im Augenblick kann er nur raten, was du denkst, aber nach der Transformation weiß er, was du denkst. Vision bedeutet, Dinge ohne den Gebrauch der üblichen Sinnesorgane hören oder sehen zu können. Für einen Menschen, der eine Vision entwickelt hat, existieren Begrenzungen von Raum und Zeit nicht mehr. In Träumen kannst du sehr weit reisen. Wenn du dich in Bombay befindest, kommst du bis nach Kalkutta. In einer Vision kannst du auch große Entfernungen zurücklegen, aber es gibt einen Unterschied: In Träumen stellst du dir vor, dass du gereist bist, in einer Vision dagegen reist du tatsächlich.

Der vierte, der Seelenkörper, kann tatsächlich dort präsent sein. Da wir keine Ahnung von der höchsten Möglichkeit des vierten Körpers haben, sind in unserer heutigen Welt diese altbekannten Vorstellungen vom Träumen verloren gegangen. Nach den Erfahrungen aus alten Zeiten konnte im Traum einer der feinstofflichen Körper des Menschen aus ihm aussteigen und auf eine Reise gehen.

Jetzt stimmen auch Wissenschaftler darin überein, dass der vierte Körper über große seelische Möglichkeiten verfügt.

Nun, da sich der Mensch in den Weltraum aufgemacht hat, sind diesbezügliche Forschungen umso wichtiger geworden. Tatsache ist, dass ganz gleich wie zuverlässig die zur Verfügung stehenden Instrumente sind, man sich nie vollständig auf sie verlassen kann. Wenn die Funkverbindung zu einem Raumschiff abbricht, verlieren die Astronauten für alle Zeiten den Kontakt zur Erde. Sie werden uns nicht mitteilen können, wo sie sich befinden oder was mit ihnen passiert ist. Daher haben die Wissenschaftler besonderes Interesse daran, die telepathischen und visionären Fähigkeiten des Seelenkörpers zu entwickeln, um dieses Risiko zu verringern. Wenn die Astronauten fähig wären, durch Telepathie direkte Kommunikation aufzunehmen, ist dies Teil der Entwicklung des vierten Körpers. Dann kann die Raumfahrt sicher werden. In dieser Hinsicht wurde bereits sehr viel Arbeit geleistet.

All das sind Möglichkeiten des vierten Körpers. Träumen ist seine natürliche Qualität; die Wahrheit zu erkennen, das Wirkliche zu erkennen ist seine höchste Möglichkeit. *Anahata* ist das Chakra dieses vierten Körpers.

Das fünfte Chakra ist das *Vishuddhi*-Chakra. Es befindet sich in der Kehle. Der fünfte Körper ist der spirituelle Körper. Das Vishuddhi-Chakra ist mit dem spirituellen Körper verbunden. Die ersten vier Körper und ihre Chakras waren zweigeteilt. Mit dem fünften Körper endet diese Dualität. Wie ich schon sagte, besteht der Unterschied zwischen männlich und weiblich bis zum vierten Körper, danach hört er auf. Wenn wir dies ganz genau beobachten, erkennen wir, dass alle Dualität zum Männlichen und zum Weiblichen gehört. Wenn zwischen männlich und weiblich kein Abstand mehr existiert, endet alle Dualität genau an diesem Punkt. Der fünfte Körper ist nichtdualistisch. Er hat keine zwei Möglichkeiten, sondern nur eine.

Deshalb muss der Meditierer hier keine große Anstrengung unternehmen, denn hier gibt es nichts Entgegengesetzes zu entwickeln, hier muss er sich nur hineinbegeben. Zu dem Zeitpunkt, wenn wir den vierten Körper erreichen, entwickeln wir eine so große Fähigkeit und Stärke, dass es ganz leicht ist, in den fünften Körper zu gelangen. Wie können wir in diesem Fall den Unterschied zwischen einem Menschen erkennen, der den fünften Körper erreicht hat, und einem, der dies nicht hat? Der Unterschied besteht darin, dass jemand, der den fünften Körper erreicht hat, vollkommen frei von aller Unbewusstheit ist. Er wird nachts nicht wirklich schlafen. Das heißt, er schläft, aber nur sein Körper schläft; jemand in ihm ist immerdar wach. Wenn er sich im Schlaf umdreht, weiß er es; wenn er sich nicht umdreht, weiß er es. Wenn er sich die Bettdecke hoch gezogen hat, weiß er es; wenn er sie nicht hochgezogen hat, weiß er auch das. Seine Bewusstheit lässt im Schlaf nicht nach. Während der gesamten vierundzwanzig Stunden des Tages ist er wach.

Für denjenigen, der noch nicht in den fünften Körper eingetreten ist, gilt das genaue Gegenteil. Im Schlaf schläft er und in seinen wachen Stunden schläft eine Schicht von ihm weiter.

Die Menschen scheinen beschäftigt zu sein. Wenn du allabendlich nach Hause kommst, biegst du mit dem Auto links ab und fährst die Auffahrt hoch bis vor die Garage. Gib dich nicht der Illusion hin, dass du das alles bewusst tust. Es geschieht unbewusst, aus reiner Macht der Gewohnheit. Nur in gewissen Momenten, Momenten großer Gefahr, geraten wir in Alarmbereitschaft. Wir wachen nur auf, wenn die Gefahr so groß ist, dass wir nicht mehr ohne Bewusstheit handeln können. Wenn dir zum Beispiel jemand ein Messer an die Brust setzt, springst du in deine Bewusstheit. Die Spitze des Messers führt dich für einen Moment geradewegs hinauf in den fünften Körper. Mit Ausnahme dieser wenigen Momente in unserem Leben sind wir wie Schlafwandler.

Weder kennt die Ehefrau das Gesicht ihres Mannes genau, noch kennt der Ehemann das Gesicht seiner Frau. Wenn der Mann versucht, sich das Gesicht seiner Frau vorzustellen, wird er nicht dazu in der Lage sein. Ihre Gesichtszüge fangen an zu verschwimmen und es wird schwierig sein zu sagen, ob es sich um das gleiche Gesicht handelt, das er seit dreißig Jahren sieht. Du hast niemals wirklich gesehen, denn um wirklich zu sehen, muss ein Erwachter in dir sein.

Einer der wach ist, scheint zu sehen, aber in Wirklichkeit sieht er nicht – denn im Innern liegt er in Schlaf, er träumt, und alles geschieht in diesem Traumzustand. Wenn du wütend warst, sagst du: „Ich weiß nicht, wie ich so wütend werden konnte, ich wollte das nicht." Du sagst: „Verzeih mir! Ich wollte nicht so grob sein. Es ist mir nur so rausgerutscht". Du hast etwas Obszönes gesagt und jetzt leugnest du, dass du es mit Absicht gesagt hast.

Ein Verbrecher beteuert immer: „Ich wollte nicht töten. Es ist gegen meinen Willen passiert." Das beweist, dass wir wie Maschinen sind. Wir sagen, was wir nicht sagen wollen, wir tun, was wir nicht tun wollen.

Schlaf ist also der angeborene Zustand, bevor die spirituelle Ebene beginnt. Der Mensch ist ein Schlafwandler, bevor er in den fünften Körper eintritt, und dessen Qualität ist Wachsamkeit. Deshalb können wir einen Menschen nach dem Wachsen seines vierten Körpers einen Buddha, einen Erwachten, nennen. Jetzt ist ein solcher Mensch erwacht. Buddha ist nicht der Name von Gautam Siddhartha, sondern ein Name, der ihm nach Erlangen der fünften Ebene gegeben wurde. Gautam, der Buddha, bedeutet: Gautam, der erwacht ist. Er hieß weiterhin Gautam, aber das war der Name des Schlafenden, deshalb fiel er mit der Zeit weg und nur Buddha blieb.

Dieser Unterschied tritt mit dem Erreichen des fünften Körpers ein. Bevor wir in ihn eingetreten sind, ist alles, was wir tun, ein unbewusster Akt, dem man nicht vertrauen kann. In diesem Augenblick gelobt der Mann, seine Geliebte bis ans Ende seiner Tage zu lieben und zu behüten, und im nächsten Augenblick ist er durchaus fähig, sie zu erwürgen. Das Bündnis, das er für sein ganzes Leben einzugehen versprochen hatte, währt nicht lange. Man darf diesem armen Mann keine Vorwürfe machen. Was ist der Wert von Versprechungen, die im Schlaf gemacht wurden? Im Traum mag ich versprechen: „Dieses ist eine lebenslange Verbindung“. Welchen Wert hat dieses Versprechen? Am Morgen werde ich es verleugnen, denn es war nur ein Traum. Einem Schlafenden kann man nicht vertrauen.

Diese unsere Welt ist ganz und gar eine Welt der Schlafenden; daher all die Verwirrung, all die Konflikte, so viele Streitereien, so viel Chaos! All das sind die Machenschaften der Schlafenden.

Es gibt noch einen wichtigen Unterschied zwischen einem Schlafenden und einem Erwachten, den wir beachten sollten. Ein Schlafender weiß nicht, wer er ist, deshalb ist er immer darauf aus, anderen zu zeigen, dass er dieses oder jenes ist. Das ist sein lebenslanges Bestreben. Auf tausenderlei Arten versucht er zu beweisen, dass er jemand ist. Manchmal erklimmt er die Stufen der Politik und erklärt: „Ich bin soundso.“ Manchmal baut er ein Haus und stellt seinen Reichtum zur Schau und manchmal besteigt er einen Berg und stellt seine Stärke zur Schau. Er versucht sich auf alle nur erdenkliche Art zu beweisen. Und mit all diesen Bemühungen versucht er in der Tat, ohne es zu wissen, für sich selbst herauszubekommen, wer er ist. Er weiß nicht, wer er ist.

Bevor wir die vierte Ebene nicht überquert haben, können wir keine Antwort finden. Der fünfte Körper wird der spirituelle Körper genannt, denn dort findest du die Antwort auf die Suche nach: „Wer bin ich?" Der Ruf des „Ich" hört auf dieser Ebene ein für allemal auf, der Anspruch, jemand Besonderes zu sein, erlischt unmittelbar. Wenn du zu einem solchen Menschen sagst: „Du bist soundso", wird er lachen. Alle Ansprüche von seiner Seite werden jetzt aufhören, denn jetzt weiß er. Es besteht keinerlei Notwendigkeit mehr, sich zu beweisen, denn wer er ist, ist jetzt eine bewiesene Tatsache.

Die Konflikte und Probleme des Individuums enden auf der fünften Ebene. Aber diese Ebene hat ihre eigenen Gefahren. Du hast dich endlich selbst erkannt und dieses Wissen ist so beglückend und erfüllend, dass du deine Reise beenden möchtest. Du magst dich nicht danach fühlen weiterzugehen. Bis dahin lagen alle Gefahren in Schmerz und Pein; die Gefahren, die jetzt beginnen, sind die von Seligkeit. Die fünfte Ebene ist so beglückend, dass du es nicht übers Herz bringst, sie zurückzulassen, um fortzuschreiten. Daher muss das Individuum, das sich auf diese Ebene begibt, bezüglich der Anhaftung an die Seligkeit sehr wachsam sein, sodass es ihn nicht daran hindert, weiterzugehen. Hier herrscht äußerste Seligkeit – es ist der Gipfel ihrer Herrlichkeit; sie ist von tiefgründigster Tiefe.

Eine große Transformation vollzieht sich im Innern desjenigen, der sich selber erkannt hat. Aber das ist nicht alles, man muss auch noch weiter gehen. Wir werden mit dieser Seligkeit wach bleiben müssen. Unser Bemühen hier sollte dahin gehen, uns nicht in Seligkeit zu verlieren. Die Seligkeit zieht uns an, sie durchdringt uns, wir gehen vollkommen darin auf. Lass nicht zu, in Seligkeit zu versinken. Wisse, dass auch das nur eine Erfahrung ist. Glücklich sein war eine Erfahrung, unglücklich sein war eine Erfahrung; selig sein ist auch eine Erfahrung. Stell dich nach außen, sei ein Zeuge. Solange es eine Erfahrung gibt, gibt es ein Hindernis; das äußerste Ende ist noch nicht erreicht.

Im höchsten Zustand enden alle Erfahrungen. Freude und Leid nehmen ein Ende und die Seligkeit ebenso. Unsere Sprache reicht jedoch nicht über diesen Punkt hinaus. Deshalb haben wir Gott als *Satchitanand* – Wahrheit, Bewusstheit, Seligkeit – bezeichnet. Das ist nicht die Form des höchsten Selbst, aber das ist das Höchste, was Worte ausdrücken können. Seligkeit ist der höchste Ausdruck des Menschen.

In der Tat können Worte nicht über die fünfte Ebene hinausgehen. Aber über die fünfte Ebene können wir sagen: „Dort gibt es Seligkeit, dort ist perfektes Erwachen, dort geschieht Selbstverwirklichung." All das kann beschrieben werden. Daher wird es über diejenigen, die auf der fünften Ebene anhalten, kein Geheimnis geben. Wie sie sprechen, wird sehr wissenschaftlich klingen, denn der Bereich des Mystischen liegt jenseits dieser Ebene. Bis hinauf zur fünften Ebene sind die Dinge sehr klar. Ich glaube, dass die Wissenschaft über kurz oder lang die Religionen absorbieren wird, die bis zum fünften Körper gehen, denn die Wissenschaft wird in der Lage sein, bis hinauf zum *Atman* zu gelangen.

Wenn ein Sucher sich anfänglich auf den Weg macht, gilt seine Suche hauptsächlich der Glückseligkeit und nicht der Wahrheit. Frustriert von Leiden und Ruhelosigkeit macht er sich auf die Suche nach Glückseligkeit. Deshalb wird jemand, der Glückseligkeit sucht, mit Sicherheit auf der fünften Ebene anhalten. Aus diesem Grund muss ich euch auffordern, nicht die Glückseligkeit, sondern die Wahrheit zu suchen. Dann werdet ihr nicht lange da verweilen.

Dann erhebt sich eine Frage: „Es gibt Ananda, schön und gut. Ich kenne mich selbst, das ist auch schön und gut. Aber das sind nur die Blätter und die Blüten. Wo sind die Wurzeln? Ich kenne mich, ich bin selig – das ist gut, aber woher stamme ich? Wo sind meine Wurzeln? Woher bin ich gekommen? Wo sind die Tiefen meiner Existenz? Aus welchem Ozean ist diese Welle, die ich bin, hervorgegangen?

Wenn deine Suche der Wahrheit gilt, wirst du weiter gehen als bis zum fünften Körper. Also von Beginn an sollte deine Suche der Wahrheit und nicht der Glückseligkeit gelten. Ansonsten ist deine Reise bis zur fünften Ebene einfach, aber da wirst du haltmachen.

Wenn deine Suche der Wahrheit gilt, kommt es überhaupt nicht in Frage, dort halt zu machen. Das größte Hindernis auf der fünften Ebene ist also die unvergleichliche Freude, die wir erfahren – und das umso mehr, als wir aus einer Welt kommen, in der es nichts als Schmerz, Leiden, Angst und Spannung gibt. Wenn wir dann diesen Tempel der Glückseligkeit erreichen, entsteht ein überwältigender Wunsch, vor Ekstase zu tanzen, in dieser Glückseligkeit zu ertrinken, sich in dieser Glückseligkeit zu verlieren. Dieses ist nicht der Ort, an dem wir uns verlieren sollten. Der Ort wird kommen und dann wirst du dich nicht verlieren müssen, du wirst einfach verloren gehen.

Es gibt einen großen Unterschied dazwischen, sich zu verlieren und verloren zu gehen. Mit anderen Worten, du wirst an einen Ort gelangen, wo sogar du dir wünschst, dich nicht retten zu können. Du wirst dir dabei zuschauen, wie du verloren gehst, dagegen gibt es kein Mittel. Und doch kannst du dich hier, im fünften Körper, auch verlieren. Dein Bemühen, dein Bestreben wirkt noch – und obwohl das Ego auf der fünften Ebene im Wesentlichen tot ist, hält die Ich-bin-heit immer noch an. Daher ist es notwendig, den Unterschied zwischen dem Ego und der Ich-bin-heit zu verstehen.

Das Ego, das Gefühl von „Ich", wird sterben, aber das Gefühl von „bin" wird nicht sterben. Es gibt zwei Dinge in „Ich bin", das „Ich" ist das Ego, und das „bin" ist *Asmita* – das Gefühl des Seins. Das „Ich" wird also auf der fünften Ebene sterben, aber das Sein, das „bin" wird bleiben. Wenn der Meditierer auf dieser Ebene steht, wird er erklären: „Es gibt unendlich viele Seelen, und jede Seele ist einzeln und getrennt von den anderen." Auf dieser Ebene wird der Meditierer die Existenz unendlich vieler Seelen erfahren, denn er hat immer noch das Gefühl von „bin", das Gefühl des Seins, was ihn sich getrennt von anderen fühlen lässt. Wenn jemanden die Suche nach der Wahrheit gepackt hat, kann das Hindernis der Glückseligkeit überwunden werden, denn unaufhörliche Glückseligkeit ist ermüdend. Ständig die gleiche Melodie kann lästig werden.

Bertrand Russell sagte einmal im Scherz: „Ich bin an Erlösung nicht interessiert, denn wie ich höre, gibt es da nichts als Glückseligkeit.

Glückseligkeit allein wäre furchtbar monoton – Glückseligkeit, Glückseligkeit und nichts als Glückseligkeit. Wenn es keine Spur von Unglücklichsein gibt – keine Angst, keine Spannung – wie lange kann man so viel Glückseligkeit aushalten?“

Sich in Glückseligkeit zu verlieren ist die Gefahr der fünften Ebene. Sie ist sehr schwierig zu überwinden. Manchmal bedarf es vieler Geburten, damit das geschieht. Die ersten vier Stufen sind nicht so schwer zu überqueren, aber die fünfte ist sehr schwierig. Vielleicht bedarf es vieler Geburten, um Glückseligkeit satt zu bekommen, um das Selbst satt zu bekommen, um den *Atman* über zu haben.

Die Suche bis zum fünften Körper besteht also darin, sich von Schmerz, Hass, Gewalt und Begierden zu befreien. Nach dem fünften gilt die Suche der Befreiung vom Selbst. Es gibt also zweierlei: Das erste ist Freiheit von etwas; das ist das eine, und es ist mit der fünften Ebene vollendet. Das zweite ist Freiheit vom Selbst, und so beginnt eine vollkommen neue Welt.

Der sechste ist der *Brahma Sharira*, der kosmische Körper, und das sechste Chakra ist das *Ajna*-Chakra. Hier gibt es keine Dualität. Die Erfahrung von Seligkeit wird auf der fünften Ebene intensiv und die Erfahrung von Existenz, von Sein, auf der sechsten. *Asmita* geht jetzt verloren – ich bin. Das „Ich“ darin geht auf der fünften Ebene verloren und das „bin“ wird gehen, sobald du die fünfte transzendiert hast. Die Istheit wird gefühlt; *Tathata*, Sosein wird gefühlt. Nirgendwo gibt es das Gefühl von „Ich“ oder von „bin“; nur das, was ist, bleibt. Hier also ist die Wahrnehmung der Wirklichkeit, des Seins – die Wahrnehmung des Bewusstseins. Aber hier ist das Bewusstsein frei von „Ich“; es ist nicht mehr mein Bewusstsein. Es ist nur Bewusstsein – nicht mehr meine Existenz, sondern nur Existenz. Der *Brahman* ist also das äußerste Hindernis – die letzte Barriere auf dem höchsten Weg des Suchers. Nur das Sein ist jetzt noch übrig, aber Nichtsein muss noch verwirklicht werden. Das Sein, die Istheit ist bekannt, aber das NichtSein muss noch verwirklicht werden. Das, was nicht ist, muss noch erkannt werden.

Daher ist die siebte Ebene der *Nirvana Kaya*, der nirvanische Körper, und sein Chakra ist das *Sahasrar*. Nichts kann in Verbindung mit diesem Chakra gesagt werden. Wir können nur höchstens bis zum sechsten etwas sagen – und auch das nur mit großen Schwierigkeiten. Das meiste davon wird sich als falsch erweisen.

Bis zum fünften Körper schreitet die Suche mit einer sehr wissenschaftlichen Methode voran; alles kann erklärt werden. Auf der sechsten Ebene schwindet der Horizont dahin; alles scheint bedeutungslos. Es kann darauf hingewiesen werden, doch letztendlich reicht der in die Ferne deutende Finger nicht aus und die Hinweise verlieren ihre Bedeutung, denn das eigene Sein wird verschwinden. Daher wird *Brahman*, das absolute Sein, vom sechsten Körper und dem sechsten Chakra aus erkannt.

Deshalb meditieren diejenigen, die *Brahman* suchen, auf das *Ajna*-Chakra, dass sich zwischen den beiden Augen befindet. Dieses Chakra ist mit dem kosmischen Körper verbunden. Diejenigen, die intensiv an diesem Chakra arbeiten, werden die ungeheuer weite, unendliche Ausdehnung, die sie wahrnehmen, das Dritte Auge nennen. Durch dieses Dritte Auge können sie einen Blick auf das Kosmische, das Unendliche werfen.

Eine letzte Reise bleibt noch – die Reise zum Nicht-Sein, zur Nicht-Existenz. Die Existenz ist nur die halbe Geschichte: Es gibt auch die Nicht-Existenz. Licht existiert, aber auf der anderen Seite ist die Dunkelheit. Leben ist der eine Teil, aber es gibt auch den Tod. Aus diesem Grund ist es notwendig, auch die Nicht-Existenz zu erkennen – die Leere, denn die höchste Wahrheit kann nur erkannt werden, wenn beide erkannt wurden – die Existenz und die Nicht-Existenz.

Das Sein ist in seiner Ganzheit erkannt und Nicht-Sein ist in seiner Ganzheit erkannt, dann ist das Wissen vollkommen. Die Existenz ist in ihrer Ganzheit erkannt, die Nichtexistenz ist in ihrer Ganzheit erkannt: Dann kennen wir das Ganze; sonst ist unsere Erfahrung unvollständig. Es gibt eine Unvollständigkeit in *Brahma Gyan,* und die liegt in der Unfähigkeit, das Nicht-Sein zu erkennen.

Daher verleugnet der *Brahma* Gyan, dass es so etwas wie die Nicht-Existenz gibt und nennt sie eine Illusion. Er sagt, dass sie nicht existiert. Er sagt, Sein ist die Wahrheit und Nicht-Sein ist eine Verfälschung. So etwas gibt es einfach nicht, deshalb stellt sich auch gar nicht die Frage, sie kennenzulernen.

Nirvana Kaya bedeutet *Shunya Kaya*, die Leere, von der wir vom Sein ins Nicht-Sein springen. Im kosmischen Körper bleibt immer noch etwas unbekannt. Auch das muss verstanden werden – was es bedeutet, nicht zu sein; was es heißt, vollständig ausgelöscht zu sein. Aus diesem Grund ist die siebte Ebene auf ihre Art der letztendliche Tod. *Nirvana* bedeutet, wie ich euch schon früher sagte, das Verlöschen der Flamme. Das, was ‚Ich' war, ist ausgelöscht; das, was ‚bin' war, ist ausgelöscht. Aber jetzt sind wir wieder ins Sein getreten, indem wir mit dem Ganzen vereint sind. Jetzt sind wir der *Brahman*, und sogar das muss zurückgelassen werden. Wer bereit ist, den letzten Sprung zu wagen, erkennt Existenz und Nicht-Existenz.

Das sind die sieben Körper und die sieben Chakras, und sie verfügen im Innern über alle Möglichkeiten und beinhalten auch alle Hindernisse. Im Äußeren gibt es keine Hindernisse. Deshalb ist es nicht sehr sinnvoll, im Äußeren zu forschen. Wenn du jemanden etwas fragen willst oder verstehen willst, was er sagt, dann bettle nicht. Verstehen ist eine Sache, Betteln eine andere. Deine Suche sollte immer weitergehen. Was auch immer du gehört und verstanden hast, solltest du deiner Suche hinzufügen. Mache es nicht zu einem Glaubenssatz, sonst wäre es nämlich Betteln.

Du hast mich etwas gefragt, ich habe dir eine Antwort gegeben. Wenn du wegen Almosen gekommen bist, wirst du das Gesagte in deinen Beutel stopfen und es als deinen Schatz aufbewahren. Dann bist du kein Meditierer, sondern ein Bettler. Das, was ich zu dir gesagt habe, sollte zu deiner Suche beitragen. Es sollte deine Suche beschleunigen, es sollte deine Neugierde wecken und dich motivieren. Es sollte dich in größere Schwierigkeiten bringen, dich ruheloser machen und neue Fragen in dir hervorrufen und dir neue Dimensionen zeigen, sodass du zu einer neuen Entdeckungsreise aufbrichst. Dann hast du keine Almosen von mir genommen, dann hast du verstanden, was ich gesagt habe. Und wenn dir das hilft, dich selbst zu verstehen, dann ist es kein Betteln.

Fahre also fort zu erkennen und zu verstehen; fahre fort zu suchen. Du bist nicht der Einzige, der sucht, viele andere suchen auch. Viele haben gesucht, Viele haben sich verwirklicht. Versuche herauszufinden, was diesen Menschen widerfahren ist und was nicht; versuche, all das zu verstehen. Aber höre nicht auf, dein eigenes Selbst zu verstehen, während du versuchst, andere zu verstehen. Glaub nicht, dass die Erkenntnis anderer deine eigene Verwirklichung ist. Investiere deinen Glauben nicht in ihre Erfahrungen, glaube ihnen nicht blind. Stattdessen stelle alles in Frage. Wandle alles in Fragen und nicht in Antworten, dann wird deine Reise weitergehen. Dann ist es kein Betteln, dann ist es deine Suche. Es ist deine Suche, die dich zum Letzten bringt. Indem du in dich selbst eindringst, wirst du die beiden Seiten eines jeden Chakras finden. Wie ich schon sagte, wurde dir die eine Seite von der Natur mitgegeben und die andere musst du entdecken. Wut ist dir mitgegeben, Verzeihen musst du selbst finden. Sex ist dir mitgegeben, *Brahmacharya* musst du selbst entwickeln. Träume hast du, Vision muss sich entfalten.

Deine Suche nach dem Gegensätzlichen wird sich bis zum vierten Chakra fortsetzen. Ab dem fünften Chakra beginnt deine Suche nach dem Unteilbaren, nach dem Nichtdualen. Setzte deine Suche nach dem fort, was sich von den Errungenschaften im fünften Körper unterscheidet. Wenn du Glückseligkeit erlangt hast, dann versuche herauszufinden, was über die Glückseligkeit hinausführt. Auf der sechsten Ebene erlangst du *Brahman*, aber forsche weiter: „Was führt über *Brahman* hinaus?" Dann wirst du eines Tages in den siebten Körper eintreten, wo Sein und Nicht-Sein, Licht und Dunkelheit, Leben und Tod gemeinsam existieren. Das ist das Erreichen des Höchsten… und keine Möglichkeit, diesen Zustand zu erklären.

Deshalb hören unsere Schriften mit dem fünften Körper auf oder sie gehen höchstens bis zum sechsten Körper. Diejenigen mit einem total wissenschaftlichen Verstand sprechen nicht über das, was nach dem fünften Körper kommt. Dort beginnt die kosmische Wirklichkeit, die endlos und unbegrenzt ist. Mystiker wie die Sufis sprechen jedoch über die Ebenen jenseits der fünften. Es ist sehr schwierig, über diese Ebenen zu sprechen, denn man wird sehr widersprüchlich sein. Wenn du die gesamten Schriften betrachtest, die von einem Sufi stammen, wirst du denken, dieser Mensch ist verrückt. Manchmal sagt er das eine und dann wieder etwas völlig anderes. Er sagt: „Gott ist", er sagt aber auch: „Gott ist nicht." Er sagt: „Ich habe ihn gesehen", und im gleichen Atemzug sagt er: „Wie kann man ihn sehen? Er ist kein Objekt, das Augen sehen könnten!"

Diese Mystiker stellen ihre Fragen auf eine Weise, dass du nicht wissen wirst, ob sie andere fragen oder sich selbst. Mystik beginnt mit der sechsten Ebene. Daran erkennst du, wenn es in einer Religion keine Mystik mehr gibt, dass sie mit dem fünften Körper aufgehört hat. Aber auch Mystik ist nicht die letzte Stufe. Das Letztendliche ist die Leere – die Nichtheit. Die Religion, die bei der Mystik endet, hört beim sechsten Körper auf. Die Leere ist das Letztendliche, Nihilismus ist das Letztendliche, denn danach gibt es nichts mehr zu sagen.

Alle Suche nach *Advaita*, dem Nichtdualen, beginnt mit dem fünften Körper. Alle Suche nach dem Gegensätzlichen endet mit dem vierten Körper. Alle Hindernisse sind in uns und sie sind nützlich, denn wenn diese Hindernisse transformiert sind, werden sie zu deinen Hilfsmitteln, um dich vorwärts zu bringen.

Ein Felsbrocken liegt auf dem Weg. Solange du nicht verstehst, wird er ein Hindernis für dich bleiben. An dem Tag, an dem du verstehst, wird er eine Leiter für dich werden. Der Felsbrocken versperrt den Weg; solange du nicht verstanden hast, hast du gerufen: „Dieser Felsen liegt mir im Weg. Wie kann ich denn weitergehen?" Wenn du verstanden hast, wirst du über den Felsbrocken klettern und weitergehen und du wirst dem Felsen mit den Worten danken: „Du warst ein großer Segen, denn nachdem ich über dich geklettert bin, habe ich mich auf einer höheren Ebene wiedergefunden. Jetzt setze ich meine Reise auf einer höheren Stufe fort. Du warst ein

Hilfsmittel und ich habe dich für ein Hindernis gehalten." Genau das wirst du sagen. Die Straße ist durch diesen Felsbrocken versperrt. Was wird geschehen? Klettere darüber und du weißt es!

Überwinde auf diese Weise deine Wut; klettere darüber und erreiche Verzeihen, das sich auf einer anderen Ebene befindet. Klettere über den Sex und erreiche *Brahmacharya*, das auf einer völlig anderen Stufe liegt. Dann wirst du dem Sex und der Wut dafür dankbar sein, dass sie dein Sprungbrett waren.

Jeder Felsen auf dem Weg kann sowohl ein Hindernis als auch ein Hilfsmittel sein. Es hängt vollkommen davon ab, was du damit machst. Eines ist sicher: Kämpfe nicht mit dem Felsen, denn dann rennst du dir nur den Kopf ein und der Felsen ist keine Hilfe. Wenn du mit dem Felsen kämpfst, wird er dir nur den Weg versperren, denn überall, wo wir kämpfen, halten wir an. Wir müssen ganz nah bei der Person oder Sache anhalten, um mit ihr zu kämpfen; wir können unmöglich aus der Ferne kämpfen. Daher muss jemand, der den Sex bekämpft, genau so sehr in den Sex verwickelt sein wie jemand, der im Sex schwelgt. Tatsächlich ist er dem Sex oft näher, denn derjenige, der sich ihm hingibt, kann eines Tages darüber hinausgehen, er kann ihn transzendieren. Aber derjenige, der den Sex bekämpft, kann ihn nicht überwinden; er dreht sich im Kreis.

Wenn du Ärger bekämpfst, wirst du selbst wütend werden. Deine ganze Persönlichkeit wird von Wut erfüllt sein und jede Faser deines Körpers wird davon vibrieren. Du wirst überall um dich herum Wut verbreiten. Die Geschichten, die wir von Weisen und Asketen lesen, die – wie Durwasa – sehr wütend waren, entstanden aus ihrem Kampf mit der Wut. Sie konnten an nichts anderes als ans Verfluchen denken. Die Persönlichkeit eines solchen Menschen wird zu Feuer. Diese Menschen haben mit Felsen gekämpft und sind jetzt in Schwierigkeiten. Sie sind zu dem geworden, gegen das sie gekämpft haben.

Von anderen *Rishis* ist überliefert, dass himmlische Jungfrauen vom Himmel herabstiegen und sie augenblicklich verführten. Merkwürdig! Das ist nur möglich, wenn ein Mann gegen seinen Sex kämpft, sonst nicht. Er kämpft und kämpft und hat sich auf diese Weise geschwächt. Dann ist der Sex sich seiner Sache sicher, er wartet nur darauf, dass der Mann zusammenbricht. Dieser Sex kann nun von überall her hervorbrechen.

Die Wahrscheinlichkeit, dass tatsächlich eine *Apsara* vom Himmel herabsteigt, ist sehr gering – stehen solche Jungfrauen unter Vertrag, *Rishis* und *Munis* zu belästigen? Wenn Sex mit eiserner Hand unterdrückt wird, wird eine gewöhnliche Frau zu einem himmlischen Wesen. In der Nacht projiziert der Verstand Träume und am Tag Gedanken und er wird vollkommen von diesen Gedanken erfüllt. Und dann wird etwas, das ganz und gar nicht faszinierend ist, bezaubernd.

Der Sucher muss also auf seine Tendenz zu kämpfen achten. Er sollte sein Möglichstes versuchen, um zu verstehen; versuchen zu verstehen heißt verstehen, was ihm von Natur aus gegeben wurde. Durch das, was dir mitgegeben wurde, wirst du das erlangen, was noch erlangt werden muss. Das ist der Ausgangspunkt. Wenn du vor genau diesem Anfang wegläufst, ist es unmöglich, das Ziel zu erreichen. Wenn du voller Furcht vor dem Sex davonläufst, wie willst du dann je *Brahmacharya* erreichen? Sex war die von der Natur gegebene Öffnung und *Brahmacharya* ist die Suche, die genau durch diese Öffnung hindurch unternommen werden muss. Wenn du es aus dieser Sicht siehst, dann hast du keinen Grund, irgendwo betteln zu gehen.

Verstehen ist die einzige Voraussetzung.

Die gesamte Existenz besteht zum Zwecke des Verstehens. Lerne von allen, höre alle an und versuche letztendlich dein eigenes inneres Selbst zu verstehen.

Schlaf und Wachheit in den Chakras

Jedes Chakra hat einen Schlafanteil, außer dem letzten – dem Sahasrar. Im siebten Chakra ist die Bewusstheit total, es ist reine Bewusstheit. Deshalb sagt Krishna in der Gita: Der Yogi schläft nie. „Der Yogi" bedeutet: Jemand, der zum letzten Zentrum seines Seins gelangt ist, zum höchsten Erblühen; jemand, der ein Lotus geworden ist. Er schläft nie. Sein Körper schläft, sein Verstand schläft, er schläft nie. Sogar wenn ein Buddha schläft, bleibt tief im innersten Kern seines Seins ein Licht leuchtend hell.

Das siebte Chakra hat keinen Schlafanteil in sich; all die anderen sechs Chakras haben beides: Yin und Yang. Manchmal schlafen sie und manchmal sind sie wach: Tag, Nacht – sie haben beide Aspekte. Wenn du Hunger hast, ist das Zentrum für Hunger wach.

Wenn du jemals versucht hast zu fasten, warst du wahrscheinlich überrascht. Wenn du zu fasten versuchst, fühlst du dich am Anfang zwei, drei Tage lang hungrig und dann verschwindet der Hunger irgendwann völlig. Er kommt wieder, er verschwindet wieder, er kommt wieder … und du isst überhaupt nichts. Du kannst also nicht sagen: „Der Hunger verschwindet, weil ich gegessen habe."

Du fastest; manchmal überfällt dich der Hunger mit großer Macht, versucht, dich zu überwältigen – und wenn du dich dadurch nicht stören lässt, geht der Hunger wieder. Das Chakra ist in Schlaf gesunken – es wird eines Tages zu einer bestimmten Zeit aufwachen und es wird auch wieder in Schlaf versinken. Dasselbe geschieht mit dem Sexzentrum. Du bist hungrig nach Liebe, dann hast du Sex gehabt – und plötzlich ist jedes Verlangen nach Liebe verschwunden. Das Chakra ist eingeschlafen. Wenn du Enthaltsamkeit ohne Verdrängen ausprobierst, wirst du überrascht sein. Wenn du dein sexuelles Verlangen nicht verdrängst, beobachtest du es einfach … Probiere es drei Monate lang aus – sei einfach nur wachsam.

Wenn das Verlangen kommt, dann sitze schweigend, lass es da sein, lass es an deine Türen klopfen, höre ihm zu, sei aufmerksam – lass dich nicht davon mitreißen. Lass es da sein, unterdrücke es nicht und gib ihm nicht nach. Sei einfach Zeuge – und wieder wirst du überrascht sein. Manchmal kommt das Verlangen mit einer solchen Intensität, dass man das Gefühl hat, verrückt zu werden. Und dann verschwindet es wieder automatisch aus freien Stücken und Sex wird unwichtig. Dann kommt es wieder, dann verschwindet es wieder. Das Chakra bleibt in Bewegung: Manchmal ist es Tag, dann erhebt sich der Sex; manchmal ist es Nacht, dann geht der Sex schlafen.

Und das gilt für alle Chakras mit Ausnahme des siebten. Der Schlaf hat kein eigenes Chakra; der Schlaf hat ein Gegenstück zu jedem Chakra, außer zum *Sahasrar*. Es gibt da also noch etwas zu verstehen: Wenn du in deinen Chakras immer höher gehst, wird sich die Qualität deines Schlafes verbessern, denn ein höheres Chakra lässt dich tiefer entspannen.

Ein Mensch, der im ersten Chakra lebt – *Muladhar* –, hat keinen tiefen Schlaf. Sein Schlaf wird flach sein, denn er lebt im Körperlichen, Materiellen. Ich kann die Chakras auch auf diese Art und Weise beschreiben: Erstens das Materielle – *Muladhar*; zweitens das Vitale – *Svadhisthan*; drittens das Sexuelle – *Manipura*; viertens das Moralisch-Ätherische – *Anahata*; fünftens das Religiöse – *Visuddhi*; sechstens das Spirituelle – *Ajna*; und siebtens das Göttliche – *Sahasrar*. Wenn du höher steigst, geht dein Schlaf tiefer und und bekommt eine neue Qualität. Wenn ein Mensch esssüchtig ist und nur lebt, um zu essen und zu essen und zu essen, wird sein Schlaf gestört sein. Sein Schlaf wird keine Stille, keinen Frieden in sich haben; sein Schlaf wird keine Musik in sich haben. Sein Schlaf wird wie ein Alptraum sein. Ein Mensch, der ein wenig höher als der Esssüchtige ist, ein Mensch, der mehr Interesse an Menschen als an Dingen hat und Menschen in sich aufnehmen will, wird einen tieferen Schlaf haben, aber nicht sehr tief.

Der sexuelle Mensch wird den tiefsten Schlaf haben – in diesem niedrigeren Bereich. Deshalb wird Sex fast wie ein Beruhigungsmittel benutzt. Wenn du nicht einschlafen kannst, hab Sex – und sofort wirst du in Schlaf sinken. Die Liebe befreit dich von deinen Spannungen. Im Westen empfehlen Ärzte sehr oft denjenigen Sex, die unter Schlaflosigkeit leiden. Jetzt empfehlen sie sogar solchen Personen Sex, die herzinfarktgefährdet sind, denn Sex entspannt, er schenkt dir tiefen Schlaf.

Auf der niedrigsten Stufe gibt Sex dir den tiefsten Schlaf. Wenn du dann noch höher gehst, wird Schlaf auf der vierten – *Anahata* – ungemein friedlich, still, sehr reinigend und verfeinert. Wenn du jemanden liebst, ist deine Entspannung ungeheuer, enorm. Einfach nur die Vorstellung, dass jemand dich liebt und du jemanden liebst, entspannt dich – alle Anspannung weicht. Die Welt ist nicht mehr fremd, sie ist dein Zuhause. Mit Liebe verwandelt sich ein Haus in ein Zuhause und die fremde Welt wird zu einer Gemeinschaft und nichts ist weit entfernt. Durch die Person, die du liebst, ist Gott dir sehr viel näher gekommen.

Ein liebender Mensch kennt tiefen Schlaf. Hasse und dir wird dein Schlaf geraubt. Sei ärgerlich und dir wird dein Schlaf geraubt – du fällst ins Niedrigere. Liebe, habe Mitgefühl, und du wirst einen tiefen Schlaf haben.

Mit dem Fünften wird Schlaf beinahe zum Gebet. Daher haben alle Religionen der Welt darauf bestanden, dass ihr betet, bevor ihr schlafen geht. Lass Gebet eng mit Schlaf verbunden sein. Gehe nie schlafen, ohne vorher gebetet zu haben, sodass der Rhythmus des Gebets in deinem Schlaf weiterschwingt. Der Widerhall des Gebets wird deinen Schlaf transformieren. Das fünfte ist das Zentrum des Gebets – und wenn du beten kannst und wenn du im Gebet einschlafen kannst, wirst du am Morgen überrascht sein: Du wachst auf und du wirst betend aufwachen. Das Aufwachen an sich wird eine Art Gebet sein. Mit dem fünften Körper wird Schlaf zu Gebet. Es ist kein gewöhnlicher Schlaf mehr. Du gehst nicht nur schlafen, du gehst auf eine ganz subtile Art in Gott ein.

Schlaf ist eine Tür, wenn du dein Ego vergisst; und so ist es einfacher, sich in Gott fallen zu lassen, als wenn du wach bist, denn wenn du wach bist, ist das Ego sehr stark. Wenn du in Tiefschlaf sinkst, wirken deine Selbstheilungskräfte absolut am stärksten. Daher sagen die Ärzte, dass es für einen Kranken, der nicht schlafen kann, keine Heilungschancen gibt – denn Heilung kommt von innen heraus. Heilung geschieht, wenn das Ego absolut nicht vorhanden ist; wenn es kein Ego gibt, dann fließen die Heilkräfte im Innern – sie quellen empor.

Das Leben eines Menschen, der zum fünften Chakra gelangt ist, dem *Visuddhi*-Chakra – dem Chakra des Gebets – wird zum Segen. Du kannst es sehen: Sogar wenn er geht, wirst du die Qualität der Entspannung in seinen Gesten, in seinen Bewegungen fühlen.

Das sechste Chakra – *Ajna* – ist das letzte; dort wird der Schlaf vollkommen, jenseits davon ist Schlaf nicht mehr notwendig. Die Arbeit ist beendet. Bis hinauf zum sechsten ist Schlaf notwendig. Mit dem sechsten wird der Schlaf meditativ – nicht einmal mehr wie ein Gebet, sondern meditativ – denn in Gebet gibt es eine Dualität: Ich und Du, der Betende und die Gottheit. Mit dem sechsten schwindet sogar diese Dualität. Der Schlaf ist tief ... so tief wie der Tod. In der Tat ist der Tod nichts anderes als ein großer Schlaf und der Schlaf ist nichts anderes als ein kleiner Tod. Mit dem Sechsten dringt der Schlaf bis in deinen tiefsten Kern ... und dann ist die Arbeit beendet. Wenn du aus dem Sechsten in das Siebte kommst, ist Schlaf nicht mehr notwendig. Du bist über die Dualität hinausgegangen. Dann bist du niemals müde, daher brauchst du keinen Schlaf.

Dieser Zustand des Siebten ist der Zustand reiner absoluter Bewusstheit – nenne ihn den Zustand von Christus, Buddha oder Gott.

Spannung und Entspannung in den feinstofflichen Körpern

Der Ursprung aller Spannung ist das Werden. Der Mensch versucht immer, etwas anderes zu werden als er ist; niemand ist mit sich zufrieden, so wie er ist. Das Sein wird nicht akzeptiert, sondern verleugnet, und etwas anderes wird zum Ideal gemacht, das erreicht werden muss. Die grundlegende Spannung besteht also zwischen dem, was du bist, und dem Ziel deiner Sehnsucht.

Du sehnst dich danach, etwas zu werden. Spannung bedeutet, dass dir das, was du bist, nicht gefällt und du dich nach etwas sehnst, was du nicht bist. Zwischen diesen beiden entsteht ein Spannungsfeld. Wonach du dich sehnst, spielt keine Rolle. Ganz gleich, ob du reich, berühmt oder einflussreich werden willst oder ob du frei, erlöst, göttlich oder unsterblich sein willst, selbst wenn du dich nach Erlösung sehnst, nach *Moksha* – auch dann entsteht Spannung.

Alles, was du als zukünftiges Ziel erreichen möchtest, steht im Gegensatz zu dem, was du bist, und führt zu Verspannungen. Je unerreichbarer das Ideal ist, desto verspannter wirst du. Deshalb ist ein Materialist meistens nicht so angespannt wie ein religiöser Mensch, weil sich der religiöse Mensch nach dem Unmöglichen sehnt, nach etwas, das nicht einmal sichtbar ist. Die Entfernung ist so groß, dass nur eine Spannung den Zwischenraum überbrücken kann.

Spannung bedeutet: Es besteht eine Kluft zwischen dem, was du bist, und dem, was du sein willst. Wenn die Kluft groß ist, ist die Spannung auch groß; ist sie klein, ist die Spannung auch geringer. Und wenn es keinen Zwischenraum gibt, bedeutet das, dass du zufrieden bist mit dem, was du bist. Dann bist du geistesgegenwärtig, im Moment. Es gibt nichts, was dich verspannt; du bist mit dir selbst im Klaren; du bist gelassen und ruhig. Du bist im Tao. Für mich bist du religiös, wenn es keine innere Kluft gibt – dann bist du im

Dharma, in der natürlichen Harmonie, lebst nach dem universellen, spirituellen Gesetz. Die Kluft kann auf vielen Ebenen bestehen. Hast du ein körperliches Verlangen, ist auch die Spannung körperlich. Wenn du einen bestimmten Körper, eine bestimmte Form und Figur haben willst, dich nach etwas anderem sehnst, als du auf der körperlichen Ebene bist, dann entsteht Spannung in deinem physischen Körper. Du willst schöner sein. Jetzt verspannt sich dein Körper. Diese Spannung fängt im physischen Körper an; wenn sie aber dauernd aufrecht erhalten wird, kann sie tiefer gehen und sich auf deine anderen Seinsebenen ausbreiten.

Wenn du nach psychischen Kräften verlangst, entsteht die Spannung in der psychischen Ebene und breitet sich von dort aus. Die Spannung breitet sich aus wie Wellen, wie wenn du einen Stein in den See wirfst. Er fällt an eine bestimmte Stelle, aber die Wellen, die dadurch entstehen, breiten sich ins Unbegrenzte aus. Die Spannung kann deshalb von jedem beliebigen Körper ausgehen, aber die Ursache ist immer dieselbe: die Kluft zwischen einem bestehenden Zustand und einem ersehnten Zustand.

Wenn du den dir eigenen Intellekt verändern, transformieren willst – du möchtest klüger, intelligenter sein –, entsteht Spannung. Nur wenn man sich total akzeptiert, gibt es keine Spannung. Vollkommene Bejahung ist ein Wunder, das einzige Wunder, das es gibt. Einen Menschen zu finden, der sich selbst völlig akzeptiert, ist die einzige wirkliche Überraschung. Das Sein an sich ist entspannt. Spannung entsteht immer aus hypothetischen, noch nicht verwirklichten Möglichkeiten. In der Gegenwart gibt es keine Spannung; Spannung kommt immer aus einer Zukunftsorientierung, aus deiner Vorstellung. Du kannst dir vorstellen, dass du anders bist als du bist. Aus dieser imaginären Möglichkeit entsteht die Spannung. Es ist also wahrscheinlich, dass jemand um so angespannter ist, je stärker seine Vorstellungskraft ist. Dann wirkt sich die Vorstellungskraft zerstörerisch aus.

Phantasie kann auch aufbauend, schöpferisch sein. Wenn sich dein ganzes Vorstellungsvermögen auf die Gegenwart richtet, auf den gegenwärtigen Moment, nicht auf die Zukunft, fängst du an, dein Dasein als Poesie wahrzunehmen. Deine Phantasie geht dann nicht in Sehnsüchte, sondern wird für das Leben eingesetzt. Lebst du in der Gegenwart, bist du jenseits von Spannung.

Tiere sind nicht verspannt, Bäume sind nicht verspannt, weil sie keine Vorstellungskraft haben. Aber sie sind unterhalb, nicht oberhalb der Spannungszone. Ihre Spannung ist nur eine Möglichkeit, sie ist noch nicht verwirklicht. Sie sind auf dem Weg der Evolution. Es wird ein Moment kommen, in dem Spannung in ihnen explodiert und sie sich nach der Zukunft sehnen. Das geschieht zwangsläufig, die Phantasie erwacht. Die Vorstellungskraft richtet sich zunächst in die Zukunft. Du erzeugst Bilder, und weil es keine Wirklichkeit gibt, die damit in Verbindung steht, erzeugst du immer mehr Bilder.

In der Gegenwart kannst du normalerweise mit deiner Phantasie nichts anfangen. Wie kannst du die Gegenwart phantasievoll verändern? Das scheint nutzlos zu sein.

Diesen Punkt muss man verstehen. Wenn du bewusst in der Gegenwart sein kannst, lebst du nicht in der Vorstellung. Dann ist die Vorstellungskraft frei, im Augenblick selbst schöpferisch zu sein. Man braucht nur den richtigen Brennpunkt. Ist diese Energie aufs Wirkliche gerichtet, wird sie kreativ. Die Schöpfung kann jede Form annehmen. Wenn du ein Dichter bist, explodiert sie als Poesie. Aber diese Dichtung wird keine Zukunftssehnsucht, sondern ein Ausdruck der Gegenwart sein.

Wenn du ein Maler bist, wird die Energie als Malerei explodieren. Und das Bild wird kein Phantasiebild sein, sondern aus deinen Erfahrungen, aus deinem Leben heraus entstehen. Lebst du nicht in der Phantasie, steht dir der gegenwärtige Moment zur Verfügung. Du kannst ihn ausdrücken oder Schweigen bewahren. Aber das Schweigen ist jetzt kein totes, anerzogenes Schweigen. Dieses Schweigen ist auch ein Ausdruck des Augenblicks. Der Moment ist so tief, dass er nur durch Schweigen ausgedrückt werden kann. Nicht einmal Poesie ist angemessen; du kannst kein Bild davon malen. Kein Ausdruck ist möglich.

Schweigen ist der einzig mögliche Ausdruck. Das Schweigen ist nichts Negatives, sondern vielmehr ein positives Aufblühen. Etwas in dir ist zur Blüte gelangt, die Blüte der Stille, und durch diese Stille wird alles, was du lebst, ausgedrückt.

Man muss noch einen weiteren Punkt verstehen. Wenn die Gegenwart durch die Vorstellungskraft zum Ausdruck kommt, ist es weder eine Zukunftsvorstellung noch eine Reaktion auf die Vergangenheit. Es ist nicht Ausdruck irgendeiner Erfahrung, die man gemacht hat. Es ist die Erfahrung des Erfahrens – wie du es lebst, wie es in dir geschieht. Es ist keine gelebte Erfahrung, sondern ein lebendiger Erfahrungsprozess. Erfahrung und Erfahren sind nicht mehr zwei verschiedene Dinge. Sie sind ein und dasselbe. Es gibt keinen Maler mehr, sondern die Erfahrung selbst ist zum Bild geworden; das Erfahren selbst hat sich zum Ausdruck gebracht. Du bist kein Schöpfer; du bist die Schöpfung, bist lebendige Energie. Du bist kein Dichter; du bist Dichtung. Die Erfahrung kommt weder aus der Zukunft noch aus der Vergangenheit. Der Moment selbst ist zur Ewigkeit geworden und alles entspringt aus ihm. Es ist ein Aufblühen.

Dieses Aufblühen kann auf sieben Ebenen geschehen, genauso wie die Spannung sieben Ebenen hat. Es findet in jedem Körper statt. Geschieht es zum Beispiel auf der physiologischen Ebene, wirst du plötzlich schön, und zwar in einem ganz neuen Sinn. Diese Schönheit hat keine Form, sie ist formlos und unsichtbar. Kannst du diesen spannungslosen Augenblick mit deinem Körper empfinden, lernst du ein positives Wohlsein, ein Wonnegefühl kennen, das du noch nie zuvor erlebt hast. Wir kennen nur verschiedene Stadien von Wohlbefinden, die negativ sind: negativ, weil wir sagen, wir seien gesund und damit lediglich meinen, dass wir nicht krank sind. Diese Gesundheit ist nur eine Verneinung von Krankheit, sie hat nichts Positives an sich; sie ist nur die Abwesenheit von Krankheit. Die medizinische Definition von Gesundheit sagt, dass du gesund bist, wenn du nicht krank bist. Aber Gesundheit hat auch eine positive Dimension. Sie ist nicht nur die Abwesenheit von Krankheit, sondern die Anwesenheit von Gesundheit.

Dein Körper kann nur entspannt sein, wenn du von Moment zu Moment lebst. Isst du und wird der Moment dabei zur Ewigkeit, so gibt es weder Zukunft noch Vergangenheit. Der Vorgang des Essens ist alles, was es gibt. Du tust nichts; du bist das Tun selbst. Es gibt keine Spannung, dein Körper ist befriedigt. Oder wenn du dich in sexueller Vereinigung befindest und Sex nicht nur eine Freisetzung sexueller Spannung ist, sondern ein positiver Ausdruck von Liebe und du total darin aufgehst, dann kannst du ebenfalls ein positives Wohlbefinden in deinem Körper kennenlernen. Du kannst auch laufen, und zwar so, dass es nichts anderes mehr gibt – du bist nur noch die Empfindungen, die dich durchströmen, du bist nicht getrennt, sondern eins mit ihnen, es gibt keine Zukunft, kein Ziel zu erreichen, sondern das Rennen, das Laufen selbst ist das Ziel – auch dann erlebst du ein positives Wohlsein. Dein Körper ist unverspannt. Du hast auf der physiologischen Ebene einen Moment entspannten Daseins kennen gelernt.

Und dasselbe trifft auf jeden der sieben Körper zu. Es fällt uns leicht, einen Moment der Entspannung im ersten Körper wahrzunehmen, weil wir bereits zwei Dinge kennen, die wir körperlich empfinden können – Krankheit, das positive Unwohlsein, und ein negativ definiertes Wohlbefinden, die Abwesenheit von Krankheit. Das kennen wir bereits, deshalb können wir uns eine dritte Möglichkeit vorstellen: positives Wohlbefinden, Gesundheit.

Was Spannungslosigkeit im zweiten, dem ätherischen Körper bedeutet, ist ein bisschen schwieriger zu verstehen, weil du nichts über ihn weißt. Trotzdem kann man sich gewisse Zusammenhänge verdeutlichen. Träume spielen sich hauptsächlich im zweiten, im ätherischen Körper ab. Wenn wir also normalerweise über Träume sprechen, dann sprechen wir über ätherische Träume. Hast du in dir starke physische Spannungen angesammelt, dann führt auch das zu vielen Träumen. Zum Beispiel entsteht ein bestimmter Traum, wenn du hungrig warst oder gefastet hast. Das ist physiologisches Träumen. Es hängt nicht mit dem ätherischen Körper zusammen.

Der Ätherkörper hat seine eigenen Spannungen.

Auf der Traumebene äußern sich Spannungen des Ätherkörpers als Alpträume. Selbst in deinen Träumen bist du jetzt angespannt; die Spannung verfolgt dich. Die hauptsächliche Spannung im Ätherkörper hängt mit der Erfüllung deiner Wünsche zusammen. Wir träumen alle von Liebe. Sex ist etwas physiologisches, Liebe nicht. Liebe gehört nicht zum physischen, sondern zum ätherischen Körper; wenn sie aber nicht gelebt wird, nicht zur Erfüllung gelangt, kann selbst dein physischer Körper darunter leiden. Beide Körper haben Bedürfnisse, die erfüllt werden müssen.

Der zweite Körper hat seinen eigenen Hunger; auch er braucht Nahrung. Diese Nahrung ist Liebe. Jeder Mensch träumt von Liebe, aber keiner liebt jemals wirklich. Jeder träumt von Liebe – wie sie sein sollte und mit wem –, wird jedoch enttäuscht. Entweder träumen wir von der Zukunft oder wenn wir frustriert sind, von der Vergangenheit – liebevoll sind wir jedoch nie.

Es gibt noch andere Spannungen im Ätherkörper, aber am Beispiel der Liebe kann man sie am leichtesten verstehen. Wenn du in der Gegenwart, im Moment lieben kannst, dann entspannt sich der ätherische Körper. Aber du kannst nicht in der Gegenwart lieben, wenn du Forderungen und Bedingungen stellst, Erwartungen an deine Liebe hast, denn all das zielt auf deine Zukunft ab.

Die Gegenwart lässt sich von dir nichts vorschreiben. Sie ist, wie sie ist. Aber du kannst Zukunftserwartungen haben, wie es sein sollte. Auch Liebe ist zu einem „sollte" geworden; es geht immer darum, was „sein sollte". Du kannst nur dann im Jetzt liebevoll sein, wenn deine Liebe keine Erwartung oder Forderung ist, nur dann, wenn sie keine Bedingungen kennt. Auch wenn du nur einen Menschen liebst und sonst niemanden, kannst du niemals in der Gegenwart lieben. Ist deine Liebe auf eine Beziehung beschränkt, ist sie nicht deine ureigene Gemütsverfassung, kannst du nicht in der Gegenwart lieben, weil diese Ausschließlichkeit auf unmerkliche Weise auch eine Bedingung darstellt.

Sagte ich, dass ich nur dich liebe, hieße das, dass ich keine Liebe empfinde, wenn du nicht da bist. Dann bin ich dreiundzwanzig

Stunden lang in einem lieblosen Zustand und nur eine Stunde lang liebevoll, nur, wenn ich mit dir zusammen bin. Das ist nicht möglich. Du kannst nicht in einem Moment lieben und im nächsten nicht.

Wenn ich gesund bin, bin ich vierundzwanzig Stunden lang gesund. Es ist nicht möglich, eine Stunde gesund und dreiundzwanzig Stunden lang krank zu sein. Gesundheit ist keine Beziehung, sondern ein Seinszustand. Liebe ist keine Beziehung zwischen zwei Personen. Sie ist ein Gemütszustand. Bist du liebevoll, bist du es zu jedermann. Und nicht nur Personen, sondern sogar Dingen gegenüber. Deine Liebe strömt auch zu Gegenständen. Selbst wenn du allein bist, wenn niemand da ist, bist du liebevoll. Es ist genau wie Atmen. Schwöre ich dir, nur zu atmen, wenn ich mit dir zusammen bin, bedeutet das meinen Tod. Atmen ist keine Beziehung, es ist nicht an eine Beziehung gebunden. Und Liebe ist für den ätherischen Körper genau wie Atmen. Du bist also entweder voller Liebe oder du bist es nicht. Die Art von Liebe, die sich in dieser Welt ausgebreitet hat, ist sehr gefährlich. Selbst Krankheit hat nicht zu so viel Unsinn geführt wie diese sogenannte Liebe. Die ganze Menschheit ist angeschlagen, ist von dieser falschen Einstellung zur Liebe verseucht.

Wenn du lieben kannst, liebevoll sein kannst, egal zu wem, dann kann dein zweiter Körper einen Sinn für Wohlbefinden entwickeln, eine positive Gelöstheit, Gelassenheit. Dann gibt es keine Alpträume, sondern deine Träume werden zu Poesie. Es geschieht etwas in deinem zweiten Körper und der Duft davon erfüllt nicht nur dich, sondern auch andere. Egal, wo du bist, bist du vom Flair der Liebe umgeben. Und natürlich hat das seine eigene Antwort, sein eigenes Echo.

Wirkliche Liebe ist keine Funktion des Egos. Ego verlangt immer nach Macht, deshalb kann deine Liebe nur gewalttätig sein – sie ist keine wirkliche Liebe, sie ist ein Teil deines Egos, sie kann nur eine Art von Kampf, von Krieg sein. Vater und Sohn, Mutter und Tochter, Ehemann und Ehefrau – sie lieben einander nicht; sie sind zu Feinden geworden. Sie kämpfen ununterbrochen, und wenn sie einmal nicht kämpfen, meinen wir, das sei Liebe. Die Definition ist negativ. Zwischen zwei Gefechten ist eine Pause, ein Waffenstillstand.

Aber zwischen zwei Kriegen kann es keinen wirklichen Frieden geben. Der sogenannte Frieden ist nur eine Vorbereitung auf den kommenden Krieg. Es gibt keinen Frieden, keine Liebe zwischen Mann und Frau. Die Atempause, die wir Liebe nennen, ist nur eine Vorbereitung für das kommende Gefecht. Wir denken, wir seien gesund, wenn wir uns zwischen zwei Krankheiten befinden; und nennen die Verschnaufpause zwischen zwei Kämpfen „Liebe". Sie ist es nicht. Sie ist nur eine Pause. Du kannst nicht vierundzwanzig Stunden lang kämpfen, deshalb fängst du an irgendeinem Punkt an deinen Feind zu „lieben".

Liebe ist nie als Beziehung, sondern nur als Gemütszustand möglich. Wenn Liebe zu deiner geistigen Verfassung wird, dann kommt dein Ätherkörper zur Ruhe und entspannt sich. Es gibt noch andere Spannungsursachen im zweiten Körper, aber ich spreche erst einmal über den Grund, der am leichtesten verständlich ist. Weil wir glauben zu wissen, was Liebe ist, können wir darüber sprechen.

Der dritte Körper ist der Astralkörper. Er hat seine eigenen Spannungen. Sie hängen nicht mit diesem, sondern mit deinen vorherigen Leben zusammen. Spannung im dritten Körper ist die Summe von allem, was du warst, und von allem, dem deine Sehnsucht galt. Deine gesamten Sehnsüchte und Ambitionen, Tausende von Leben und ihre immer gleichen Sehnsüchte stecken im dritten Körper. Und du hast immer Sehnsüchte gehegt. Egal wonach: Du warst ständig mit Sehnsucht geladen, von Begierden getrieben.

Der Astralkörper ist die Vorratskammer all deiner Sehnsüchte und Begierden. Deshalb ist er der verspannteste Teil deines Wesens. Wenn du zu meditieren anfängst, werden dir diese astralen Spannungen bewusst, weil Meditation beim dritten Körper einsetzt. Viele, die durch Meditation auf diese Spannungen aufmerksam wurden, kommen zu mir und sagen: „Seit ich angefangen habe zu meditieren, haben die Spannungen zugenommen." Sie haben nicht zugenommen, du wirst jetzt erst auf sie aufmerksam. Du bemerkst jetzt etwas, was dir vorher entgangen war. Das sind die astralen Spannungen. Weil sie die Essenz so vieler Leben sind, kann man sie nicht genau beim Namen nennen. Man kann nichts Genaues über sie sagen. Man kann sie nur erleben und erkennen.

Begehren an sich ist die Spannung. Wir sind niemals ohne Verlangen nach diesem oder jenem. Es gibt sogar Leute, die Wunschlosigkeit begehren. Das ist total absurd. Im dritten Körper kannst du dich nach Wunschlosigkeit sehnen und das ist tatsächlich einer der stärksten Wünsche überhaupt. Dieser Wunsch kann eine riesige Kluft zwischen dem, was ist, und dem, was du sein willst, erzeugen.

Akzeptiere deshalb deine Wünsche, wie sie sind, und sei dir darüber klar, dass du in unzähligen Leben unglaublich viele Wünsche gehabt hast. Du hast so viele Dinge begehrt und all die Wünsche haben sich aufgestaut. Finde dich also im dritten Körper mit den gegebenen Tatsachen ab, so wie sie sind. Kämpfe nicht mit deinen Begierden; erzeuge kein Verlangen nach Wunschlosigkeit.

Akzeptiere deine Wünsche. Sei dir klar, dass du voll von Sehnsucht und Ambitionen bist, und nimm es leicht. Dann entspannt sich dein Astralkörper.

Wenn du die unendlich vielen Wünsche in dir akzeptieren kannst, ohne ein Verlangen nach Wunschlosigkeit dagegenzusetzen, wenn du in der Flut von Wünschen sein kannst – sie sind deine gesammelte Vergangenheit – und sie akzeptieren kannst, wie sie sind, wenn diese Bejahung lückenlos ist –, dann verschwindet der ganze aufgestaute Wust in einem einzigen Augenblick. Es gibt ihn nicht länger, weil Spannung nur vor dem Hintergrund des Begehrens, eines ständigen Begehrens dessen, was nicht ist, bestehen kann. Der Gegenstand der Begierde spielt keine Rolle; er ist unwichtig. Selbst wenn du Wunschlosigkeit willst, erzeugst du den notwendigen Hintergrund; die ganze Meute von Begierden tritt auf den Plan. Wenn du deine Wünsche akzeptierst, entsteht ein Moment von Wunschlosigkeit. Du findest dich mit dem Gegebenen ab. Es gibt nichts mehr zu begehren; es gibt keinen Wunsch. Du akzeptierst alles, wie es ist, selbst deine Begierden.

Die Wünsche verfliegen, obwohl du nichts gegen sie unternommen hast. Der Astralkörper kommt zur Ruhe; er entspannt sich in einen Zustand positiven Wohlbefindens. Nur dann kannst du zum vierten Körper vordringen.

Der vierte Körper ist der mentale Körper. Was sich im astralen Körper als Begierden äußert, entspricht den Gedanken im mentalen Körper: unendlich viele, gegensätzliche Gedanken und jeder einzelne Gedanke vereinnahmt dich so sehr, als ob er das Ganze wäre. Die Spannung im vierten Körper wird also von den Gedanken erzeugt. Ohne Gedanken zu sein – nicht schlafend, nicht unbewusst, sondern ein gedankenfreies Bewusstsein –, das ist die Gesundheit, das Wohlbefinden des vierten Körpers. Aber wie soll man bewusst und frei von Gedanken sein? Jeden Moment werden neue Gedanken erzeugt. Jeden Moment versucht ein Teil deiner Vergangenheit auf deine Gegenwart überzugreifen, sie mitzubestimmen – das führt zu Konflikten. Erst warst du ein Katholik, aber jetzt bist du ein Kommunist; du glaubst an etwas anderes, aber die Vergangenheit ist immer noch da. Du kannst Kommunist werden, aber du kannst deine katholische Erziehung nicht abschütteln. Sie bleibt in dir. Du kannst deine Gedanken ändern, aber die unliebsamen, ausgeschlossenen Gedanken warten immer im Hintergrund. Du kannst sie nicht aus deiner Erinnerung streichen. Sie ziehen sich in deine Tiefe zurück, bis ins Unbewusste. Sie geben sich dir nicht zu erkennen, weil du sie ausgeschlossen hast, aber sie bleiben da und warten auf ihre Chance. Und die Chance kommt irgendwann.

In einer Zeitspanne von vierundzwanzig Stunden gibt es Momente, in denen du Katholik bist und dann wieder Kommunist. Das geht so weiter hin und her, und das Endergebnis ist Verwirrung. Spannung tritt im mentalen Körper als Verwirrung in Erscheinung, gegensätzliche Gedanken, gegensätzliche Erfahrungen, gegensätzliche Erwartungen; das führt letztlich zu einem verwirrten Verstand. Und die Verwirrung nimmt nur noch mehr zu, wenn man versucht, sie abzuschütteln, weil man aus Verwirrung heraus nicht zu Klarheit kommen kann.

Du bist verwirrt. Spirituelle Suche wird eine neue Dimension für deine Verwirrung eröffnen. All deine anderen Fragezeichen sind noch da und jetzt wird noch ein neues hinzugefügt. Du triffst diesen Guru, dann den, dann den nächsten und jeder macht deine Verwirrung größer. Du bist in einem Irrenhaus. Das ist es, was im vierten, dem mentalen Körper geschieht. Dort ist Verwirrung die Spannung. Wie kommt man aus dieser Verwirrung heraus? Du wirst diesen Berg kreuz und quer schießender Gedanken nur dann los, wenn du weder Gedanken, die dir unliebsam sind, verleugnest, noch andere, dir angenehme Gedanken, bevorzugst, sondern nur wenn du überhaupt nichts verleugnest: Du verdammst Kommunismus nicht zugunsten einer Religion, du verleugnest Gott nicht zugunsten einer atheistischen Philosophie.

Wenn du alles, was du denkst, akzeptierst, gibt es keine Wahl zu treffen und Spannungen verschwinden. Wählst du weiterhin, nimmt die Spannung ständig zu. Bewusstheit muss frei von Wahl sein. Du musst dir deines gesamten Gedankenprozesses bewusst sein, den ganzen Irrgarten überblicken. Im Moment, in dem du dir dessen bewusst wirst, weißt du, dass alles nur Verwirrung ist. Du darfst dich nicht für etwas Bestimmtes entscheiden; du musst das ganze Gebäude hinter dir lassen. Erkennst du, dass es nur Verwirrung ist, kannst du das Gedankengebäude jederzeit verlassen; das ist ganz leicht.

Beginne also damit, alle deine geistigen Bewegungen, dein ganzes Denken bewusst wahrzunehmen. Wähle nicht aus, sei wahllos. Sage nicht „Ich bin Theist“ oder „Ich bin Atheist“ oder „Ich bin Christ“, „Ich bin Hindu“. Wähle nicht. Nimm einfach zur Kenntnis, dass du manchmal ein Theist und manchmal ein Atheist, ein Christ oder ein Kommunist, manchmal ein Heiliger und manchmal ein Sünder bist. Manchmal gefällt dir eine Ideologie, ein anderes Mal eine andere; aber sie kommen und gehen wie Modeerscheinungen. Mach dir dies in all seinen Auswirkungen bewusst. Sobald du den gesamten Denkprozess überblickst, verlierst du deine Identität. Dann bist du nicht mit deinem Intellekt identifiziert. Zum ersten Mal erkennst du dich als Bewusstsein und nicht als Intellekt.

Du siehst deinen Intellekt zum ersten Mal als Objekt.

Genauso, wie du andere Menschen oder die Möbel in deinem Haus sehen kannst, nimmst du deinen Intellekt, deinen geistigen Prozess bewusst wahr. Jetzt bist du selbst dieses Wahrnehmen – losgelöst von deinem Intellekt. Die Schwierigkeit im vierten, im mentalen Körper ist unsere Identifikation mit dem Intellekt. Wenn dein Körper krank ist und jemand sagt: „Du bist krank", dann fühlst du dich nicht angegriffen; aber wenn dein Geist krank ist und jemand sagt: „Du bist nicht ganz bei Verstand, du scheinst verrückt zu werden", dann bist du beleidigt und fühlst dich brüskiert. Warum?

Wenn jemand sagt: „Dein Körper sieht krank aus", legst du das als Sympathiebezeugung aus. Sagt jemand etwas über mentale Krankheit, zum Beispiel, dass du dein geistiges Gleichgewicht verloren zu haben scheinst, neurotisch bist, dann fühlst du dich angegriffen, weil die Identifikation mit dem Geist größer ist als mit dem Körper.

Du kannst dich also als vom Körper getrennt empfinden. Du kannst sagen: „Das ist meine Hand." Aber du kannst nicht sagen: „Das ist mein Verstand", weil du glaubst, dass du dein Verstand bist. Wenn ich deinen Körper operieren will, erlaubst du es; eine Operation an deinem Geist jedoch lässt du nicht zu. Du sagst: „Nein, das geht zu weit. Meine Freiheit geht dabei drauf." Der Intellekt ist die tiefere Identifikation. Er ist, was wir sind. Wir kennen nichts, was darüber hinausgeht, deshalb halten wir daran fest.

Wir kennen etwas, das über den Körper hinausgeht – den Intellekt. Deshalb besteht die Möglichkeit, nicht mit dem Körper identifiziert zu sein. Aber jenseits des Geistes kennen wir nichts. Erst wenn du dir deiner Gedanken bewusst wirst, kommst du zur Einsicht, dass Verstand nichts als ein Prozess, eine Anhäufung von Gedanken ist: ein Mechanismus, ein Speicher, ein Computer, der mit deinen vergangenen Erfahrungen gefüttert ist, mit allem, was du gelernt hast, mit deinem alten Wissen – alles kalter Kaffee. Du bist nicht der Verstand, du kommst ohne ihn aus. Auch der Geist kann operiert werden. Er kann verändert werden; du kannst dich von ihm trennen.

Und jetzt gibt es neue Möglichkeiten: Eines Tages kann auch dein

Gehirn verpflanzt werden. Genauso wie man ein Herz verpflanzen kann, kann man früher oder später den Mechanismus des Gedächtnisses verpflanzen. Dann wird jemand, der stirbt, nicht gänzlich sterben. Zumindest sein Gedächtnis kann aufbewahrt werden und auf ein Kind übertragen werden. Das Kind hat dann das gesamte Gedächtnis dieses Menschen zur Verfügung. Es kann über Erlebnisse sprechen, die es nicht selbst gehabt hat, aber es wird sagen: „Ich weiß." Alles, was der Tote wusste, weiß jetzt das Kind, weil ihm der geistige Computer des Toten eingepflanzt wurde.

Das scheint gefährlich zu sein und man wird es verbieten, weil unsere „Identität" dabei verloren geht. „Wir sind, was wir denken." Für mich birgt diese Möglichkeit jedoch große Chancen. Es kann eine neue Menschheit daraus erwachsen. Wir können uns geistiger Vorgänge bewusst sein, weil wir nicht mit ihnen identisch sind, sie sind nicht „Ich". Mein Gehirn, mein Intellekt ist genauso ein Teil meines Körpers wie meine Nieren. Genau wie ich eine neue Niere erhalten kann und nichts verändert sich, so kann ich mit einem verpflanzten Gehirn leben und bleibe derselbe Mensch. Ich kann weiterhin bleiben, wer ich bin, aber mit einem neuen Intellekt versehen. Der Intellekt ist ein Mechanismus. Aber weil wir mit ihm identifiziert sind, entstehen Spannungen.

Der vierte Körper wird also nur durch Bewusstsein gesund; Zerstreutheit und Unbewusstheit sind seine Krankheiten. Bewusstheit ist Entspannung und Unbewusstheit ist Verspannung. Weil du dich mit deinen Gedanken identifizierst, lebst du weiterhin in den Gedanken und es entsteht eine Barriere zwischen dir und deinem eigentlichen Wesen.

Wenn eine Blume in deiner Reichweite wächst, wirst du sie nie bemerken, solange du nur über sie nachdenkst. Die Blume wird sterben, aber du wirst weiter über sie nachdenken. Denken hat eine Trennschicht zwischen dir und deiner Erfahrung gebildet – durchsichtig, aber nicht sehr durchsichtig, es ist nur eine Illusion von Transparenz.

Du hörst mir zum Beispiel zu. Aber es kann sein, dass du nicht wirklich zuhörst. Wenn du über meine Worte nachdenkst, hast du aufgehört, zuzuhören. Dann bist du vorausgeeilt oder zurückgeblieben; du bist nicht wirklich bei mir. Du streifst entweder geistig durch die Vergangenheit oder du projizierst die Zukunft aus dem Gedächtnis heraus, aber du bist nicht bei dem, was ich sage. Es ist sogar möglich, dass du wortwörtlich wiederholen kannst, was ich gesagt habe. Dein Mechanismus nimmt es auf. Er kann reproduzieren, was ich gesagt habe. Dann wirst du sagen: „Wie könnte ich denn deine Worte wiederholen, wenn ich dir nicht zugehört hätte?“ Aber ein Kassettenrekorder hört mir auch nicht zu. Dein Verstand kann wie eine Maschine weiterarbeiten, ob du anwesend bist oder nicht. Du wirst dabei nicht gebraucht. Du kannst weiterdenken und trotzdem zuhören. Der Intellekt – der vierte, der mentale Körper – ist zur Barriere geworden. Zwischen ‚dir‘ und ‚dem was ist‘ gibt es ein Hindernis. Du kommst kaum auf Tuchfühlung und entfernst dich schon von der Erfahrung. Sobald du freie Sicht hast, läufst du weg. Ich nehme deine Hand in meine Hand. Das ist eine existenzielle Sache. Aber vielleicht bist du nicht da. Dann hast du es verpasst. Du hattest die Möglichkeit, sie zu spüren, zu begreifen, zu erfahren – aber du warst in deinen Gedanken. Man muss sich also im vierten Körper über die Gesamtheit seines Gedankenprozesses bewusst werden, ohne auszuwählen, ohne zu unterscheiden, ohne zu beurteilen; man muss nur bewusst wahrnehmen. Wenn du bewusst wahrnimmst, identifizierst du dich nicht mehr. Und Nicht-Identifikation mit dem Mechanismus des Intellekts bedeutet Nicht-Spannung.

Der fünfte Körper ist der spirituelle Körper. Im spirituellen Körper ist die einzige Spannung die, dass man sich selbst nicht kennt. Solange du existierst, weißt du ganz genau, dass du dich selbst nicht kennst, nicht weißt, wer du bist. Du wirst durchs Leben gehen, dies und das unternehmen und erreichen, aber ständig von dem Gefühl begleitet sein, dass du nicht weißt, wer du bist. Dieses Gefühl wird dich im Hintergrund ständig begleiten, egal, wie sehr du dich anstrengst, es zu vergessen, ihm zu entkommen. Du kannst deiner Unwissenheit nicht entkommen. Du weißt, dass du nichts weißt.

Das ist die Unzufriedenheit, die Ruhelosigkeit der fünften Ebene.

Diejenigen, die an den Tempel in Delphi „Erkenne dich selbst" schrieben, arbeiteten am fünften Körper. Sokrates wiederholte es dauernd: „Erkenne dich selbst." Es ging ihm um den fünften Körper. Für den fünften Körper ist *Atma Gyana*, Selbsterkenntnis, das einzige Wissen. Die Spannung im fünften Körper besteht also zwischen Erkennen und Unwissenheit. Aber merke dir, ich sage „Erkennen und Unwissenheit", ich sage nicht „Wissen und Unwissenheit".

Du kannst dir Wissen aus Büchern aneignen; Erkennen kannst du dir nirgendwo borgen. Es gibt so viele Leute, deren Bemühungen völlig umsonst sind, weil sie von dieser Selbsttäuschung, diesem Missverständnis zwischen Wissen und Erkennnen ausgehen.

Erkenntnis stammt immer von dir. Ich kann meine Erkenntnis nicht auf dich übertragen; ich kann dir nur mein Wissen weitergeben. Schriften übertragen Wissen, nicht Erkenntnis. Sie können dir sagen, dass du göttlich bist, dass du *Atman*, das Selbst, bist, aber das ist keine Erkenntnis, du hast es nicht in dir selbst verwirklicht. Hältst du an solchem Wissen fest, kommt es zu großen Spannungen. Unwissenheit ist die Folge, gepaart mit falschem, erworbenem Wissen und falschen Informationen – geborgten Weisheiten. Du hast immer noch keine Ahnung, glaubst aber, dass du etwas wüßtest. Das führt zu großer Spannung. Es ist besser, unwissend zu sein und sich darüber im Klaren zu sein, dass „ich nichts weiß". Das birgt zwar auch Spannung, aber sie ist nicht so groß. Lässt du dich nicht mit Wissen ködern, das von anderen stammt, dann kannst du in dir suchen und tasten und Erkenntnis wird möglich. Weil du bist, ist eines gewiss: Was auch immer du bist, du bist. Das kann man nicht abstreiten. Und noch etwas: Du bist jemand, der erkennt. Es mag sein, dass du andere kennst oder dass du nur Illusionen kennst, es mag sein, dass du nicht genau erkennst, aber du erkennst. Man kann also zwei Dinge als selbstverständlich voraussetzen: deine Existenz und dein Bewusstsein.

Aber das Dritte fehlt. Das essenzielle Wesen des Menschen umfasst drei Dimensionen: Existenz, Bewusstsein und Glückseligkeit –

Satchitanand. Wir wissen, dass wir die Existenz selbst sind, dass wir Wesen sind, die erkennen können – Bewusstsein an sich. Was fehlt, ist Glückseligkeit. Wenn du jedoch in dir suchst, wirst du auch das Dritte finden. Es ist dort. Die Glückseligkeit, die Ekstase der eigenen Existenz, ist in deinem Inneren verborgen. Und wenn du die Glückseligkeit findest, erkennst du dich selbst vollkommen: deine Existenz, dein Bewusstsein, deine innere Ekstase. Du kannst dich nicht gänzlich erkennen, bevor du nicht Glückseligkeit erlebst, weil ein Mensch, der innere Ekstase nicht kennt, weiterhin vor sich selbst davonläuft. Unser ganzes Leben ist nur eine Flucht vor uns selbst. Andere sind für uns von Bedeutung, weil sie uns helfen, uns zu vergessen. Das ist der Grund, warum wir alle am anderen orientiert sind. Selbst wenn man religiös wird, setzt man einen Gott an die Stelle des anderen.

Man orientiert sich wiederum am anderen und fällt demselben Trugschluss zum Opfer. Auf der fünften Stufe muss man also im Inneren suchen. Und das ist keine Suche, sondern ein „auf der Suche sein". Deine Mitarbeit ist bis zum fünften Körper nötig. Jenseits davon werden die Dinge einfach und spontan.

Der sechste Körper ist kosmisch. Die Spannung herrscht jetzt zwischen dir – deinem Gefühl, ein Individuum zu sein, dem Gefühl der Begrenzung – und dem unbegrenzten Kosmos. Selbst auf der fünften Stufe bist du noch verkörpert, als geistiger Körper. Du bist noch eine Person. Diese Person erzeugt die Spannung im sechsten. Deshalb musst du, um in ein entspanntes Dasein mit der kosmischen Dimension zu treten, um mit dem Kosmos im Einklang zu sein, deine Individualität preisgeben.

Jesus sagt: „Wer sich verliert, wird sich finden." Diese Aussage gilt nur für den sechsten Körper. Bis zum fünften Körper bleibt sie unverständlich, weil sie völlig anti-mathematisch ist. Aber ab dem sechsten Körper ist sie die einzige Mathematik, die einzig rationale Möglichkeit: sich selbst zu verlieren. Wir haben an uns gearbeitet und sind dadurch gereift, kristallisiert. Bis zum fünften Körper kann man Kristallisation, Selbstheit, Individualität bewahren; aber jeder,

der auf seine Individualität besteht, bleibt im fünften Körper stecken. Deshalb hören viele spirituelle Systeme beim fünften auf. Alle, die sagen, dass die Seele ihre eigene Individualität hat und dass diese Individualität selbst in einem Stadium der Befreiung weiterbesteht – dass du ein Individuum bist, in deiner Selbstheit verkörpert bist –, alle diese Systeme hören mit dem fünften auf. In einem solchen System gibt es kein Gotteskonzept. Es ist überflüssig. Die Vorstellung eines Gottes entsteht erst mit dem sechsten Körper. Dieser „Gott" bedeutet die kosmische Individualität oder, besser gesagt, die kosmische Nicht-Individualität.

Es ist nicht so, dass „ich" im Ganzen existiere, es ist das Gesamte, das Ganze in mir, das es mir ermöglicht hat, überhaupt da zu sein. Ich bin nur ein Punkt, ein Bindeglied unter unzähligen Bindegliedern der Existenz. Geht die Sonne morgen früh nicht auf, gibt es mich nicht mehr. Ich höre auf zu existieren, die Flamme erlischt. Ich bin hier, weil die Sonne da ist. Sie ist so weit weg und trotzdem ist sie mit mir verbunden. Wenn die Erde stirbt, genau wie unzählige andere Planeten sterben, kann ich nicht leben, weil mein Leben eins mit dem Leben der Erde ist. Alles ist existenziell miteinander verknüpft. Niemand ist eine Insel. Wir sind der Ozean.

Im sechsten Körper ist das Gefühl von Individualität die einzige Spannung zum ozeanischen Gefühl – ein Gefühl der Grenzenlosigkeit, ein Gefühl, das keinen Anfang und kein Ende hat, kein Gefühl von „Ich", sondern von „Wir". Und das „Wir" schließt alles ein. Nicht nur Personen, nicht nur organische Wesen, sondern alles, was besteht. „Wir" bedeutet die Existenz selbst. „Ich" bedeutet also die Spannung im sechsten. Wie kannst du das „Ich" loswerden, wie kannst du von deinem Ego loskommen? Das ist dir im Augenblick noch unverständlich, aber sobald du die fünfte Ebene verwirklicht hast, wirst du es verstehen. Es ist genau wie ein Kind, das an einem Spielzeug hängt und sich nicht vorstellen kann, es jemals wegzuwerfen. Aber sobald die Kindheit vorbei ist, ist das Spielzeug vergessen. Das Kind kümmert sich nie wieder darum. Bis zum fünften ist das Ego sehr wichtig, aber jenseits des fünften Körpers ist es wie ein

Kinderspielzeug und du wirfst es einfach weg, es ist gar nicht schwierig. Die einzige Schwierigkeit kann darin bestehen, dass du den fünften Körper durch eine langsame Entwicklung und nicht durch plötzliche, unvorhergesehene Erkenntnis erreicht hast. Dann ist es sehr schwierig, das „Ich" im sechsten völlig abzuschütteln. Nach dem fünften Körper ist alles, was plötzlich geschieht, sehr hilfreich; vor dem fünften scheinen graduelle Prozesse einfacher zu sein; aber jenseits davon werden sie zu einem Hindernis.

Im sechsten Körper gibt es also die Spannung zwischen Individualität und einem ozeanischen Bewusstsein. Der Tropfen muss sich selbst aufgeben, um zum Ozean zu werden. Es ist nicht wirklich Selbstverlust, aber es sieht aus der Sicht des Tropfens erst einmal so aus. Im Gegenteil, sobald der Tropfen seine Begrenzung verliert, erlangt er ozeanische Ausmaße. Es ist nicht wirklich so, dass der Tropfen sich verloren hat. Er ist jetzt zum Ozean geworden.

Der siebte Körper ist nirvanisch. Spannung besteht hier zwischen Existenz und Nicht-Existenz. Im sechsten Körper ist der Suchende selbst verschwunden, aber noch nicht sein Sein. Er existiert, nicht als Individuum, sondern als das kosmische Sein. Das Sein existiert noch. Es gibt Philosophien und Systeme, die beim sechsten aufhören. Sie kommen mit Gott oder mit *Moksha*, Befreiung, zu einem Schlusspunkt. Im Siebten löst sich die Existenz in Nicht-Existenz auf. Das ist kein Sich-Verlieren. Es ist nur ein Verlieren. Das Sein hört auf zu sein. Dann kommst du zum Ursprung, zur Quelle, aus der alle Existenz kommt und zu der sie zurückkehrt.

Das Sein geht daraus hervor, und das Nicht-Sein kehrt dorthin zurück. Das Sein selbst ist nur eine Phase. Sie muss sich umkehren. Genau wie der Tag kommt und die Nacht folgt, genau wie die Nacht geht und der Tag kommt, so kommt das Sein und Nicht-Sein folgt darauf. Nicht-Existenz kommt und Existenz folgt darauf. Wenn man vollständiges Erkennen erlangen will, darf man nicht vor dem Nicht-Sein zurückscheuen. Will man den ganzen Kreis erkennen, muss man ins Nicht-Sein eingehen. Selbst das Kosmische ist nicht umfassend, weil es jenseits davon Nicht-Existenz gibt. Daher ist selbst Gott nicht das Totale. Gott ist nur ein Teil des *Brahma*; Gott ist nicht *Brahman* selbst. *Brahman* bedeutet alles Licht und Dunkelheit zusammengenommen, beides zusammen, Leben und Tod, Sein und Nicht-Sein. Gott ist nicht der Tod; Gott ist nur Leben. Gott ist nicht Nicht-Sein, Gott ist nur das Sein, Gott ist nicht Dunkelheit; Gott ist nur Licht. Er ist nur Teil des großen mystischen Meeres – nicht das Ganze. Das Totale, das Gesamte zu erkennen bedeutet, zu Nichts zu werden.

Nur das Nichts kann das Ganze erkennen. Ganzheit ist Nichtsheit und Nichtsheit ist die einzige Ganzheit – im siebten Körper.

Das sind also die Spannungen in den sieben Körpern, angefangen beim physiologischen Körper. Verstehst du die Spannung deines physischen Körpers, seine Entspannung und sein Wohlbefinden, dann kannst du sehr leicht zu allen anderen Körpern vordringen. Die Verwirklichung innerer Ruhe im ersten Körper wird zur Brücke in den zweiten Körper. Und wenn du im zweiten Körper zur Verwirklichung kommst, wenn du einen entspannten Moment im Ätherkörper erlebst – dann hast du den Schritt zum dritten Körper getan. In jedem Körper öffnet sich automatisch die Türe zum nächsten Körper, vorausgesetzt, du hast das Gleichgewicht gefunden, den Mittelpunkt des Wohlbefindens dieses Körpers. Wenn du jedoch schon mit dem ersten Körper nicht zurechtkommst, wird es sehr schwer, wenn nicht unmöglich, weitere Türen zu öffnen.

Fang also beim ersten Körper an und kümmere dich erst gar nicht um die restlichen sechs. Gehe völlig im physischen Körper auf und du wirst plötzlich erkennen, dass sich eine neue Tür geöffnet hat. Geh mit dem Geschehen, bleibe dabei. Denke nie über die anderen Körper nach, das wirkt störend und verursacht nur Spannungen.

Deshalb, was auch immer ich gesagt habe – vergesst es einfach.

Die Erfahrung von Tod und Leben in den feinstofflichen Körpern

Die Seele wohnt in zwei Körpern – dem feinstofflichen und dem grobstofflichen. Zum Zeitpunkt des Todes stirbt der grobstoffliche Körper. Der Körper, der aus Erde und Wasser gemacht ist, der Körper, der aus Fleisch und Blut und Knochen besteht, fällt weg, stirbt. Danach bleibt der Körper bestehen, der sich aus feinstofflichen Gedanken, feinstofflichen Gefühlen, feinstofflichen Schwingungen, feinstofflichen Fäden zusammensetzt. Dieser Körper, der aus all diesem Feinstofflichen besteht, begibt sich zusammen mit der Seele von neuem auf die Reise und nimmt wieder einen grobstofflichen Körper an, um wiedergeboren zu werden. Wenn sich eine Seele erneut in einem Mutterleib verkörpert, bedeutet das, dass auch dieser feinstoffliche Körper dorthin geht.

Beim Eintritt des Todes löst sich nur der grobstoffliche Körper auf und nicht der feinstoffliche. Aber mit dem Eintreten des letztendlichen Todes, den wir *Moksha* nennen, löst sich auch der feinstoffliche Körper zusammen mit dem grobstofflichen auf. Dann gibt es keine weitere Geburt für die Seele. Dann wird die Seele eins mit dem Ganzen. Dies geschieht nur einmal. Es ist wie ein Tropfen, der sich in den Ozean auflöst.

Drei Dinge müssen verstanden werden. Als Erstes ist da das Element der Seele. Wenn die zwei Typen von Körpern – der grobstoffliche und der feinstoffliche – mit diesem Element der Seele in Kontakt kommen, werden beide aktiv. Mit dem grobstofflichen, dem physischen Körper sind wir vertraut. Ein Yogi ist mit dem feinstofflichen Körper vertraut. Und diejenigen, die über Yoga hinausgehen, sind mit der Seele vertraut.

Normale Augen haben die Fähigkeit, den grobstofflichen Körper zu sehen. Das Auge eines Yogi hat die Fähigkeit, den feinstofflichen

Körper zu sehen. Aber das, was über Yoga hinausgeht, das, was jenseits des feinstofflichen Körpers existiert, kann nur in *Samadhi* erfahren werden. Wer über Meditation hinausgeht, gelangt in *Samadhi*, und es geschieht im Zustand von *Samadhi*, dass man das Göttliche erfährt. Der normale Mensch hat die Erfahrung des physischen Körpers, der normale Yogi hat die Erfahrung des feinstofflichen Körpers, der erleuchtete Yogi hat die Erfahrung des Göttlichen. Gott ist eins, aber es gibt zahllose feinstoffliche Körper und es gibt zahllose grobstoffliche Körper.

Der feinstoffliche Körper ist der ursächliche Körper; dieser Körper ist es, der den neuen physischen Körper annimmt. Ihr seht hier viele Glühbirnen. Die Elektrizität ist eins, diese Energie ist eins, aber sie manifestiert sich in zwei verschiedenen Glühbirnen. Die Glühbirnen haben verschiedene Körper, aber ihre Seele ist eins. Genauso ist das Bewusstsein eins, das sich durch uns manifestiert, aber im Gestaltannehmen dieses Bewusstseins werden zwei Ausdrucksformen benutzt. Die eine ist die feinstoffliche Form, der feinstoffliche Körper, die andere ist die grobstoffliche Form, der grobstoffliche Körper.

Unsere Erfahrung beschränkt sich auf den grobstofflichen, den physischen Körper. Diese begrenzte Erfahrung ist die Ursache für alles menschliche Elend und Unwissen. Aber es gibt Menschen, die vielleicht, sogar nachdem sie über den physischen Körper hinausgegangen sind, beim feinstofflichen Körper haltmachen. Sie werden sagen: „Es gibt eine unendliche Menge von Seelen". Aber diejenigen, die sogar über den subtilen Körper hinausgehen, werden sagen: „Gott ist eins, die Seele ist eins, *Brahman* ist eins".

Es liegt kein Widerspruch in meinen Aussagen. Als ich auf das Eintreten der Seele hinwies, sprach ich von der Seele, die noch mit dem feinstofflichen Körper verbunden ist. Das bedeutet, der subtile Körper, in den die Seele eingehüllt ist, hat sich noch nicht aufgelöst. Aus diesem Grunde sagen wir, dass die Seele, die die höchste Freiheit erlangt hat, aus dem Kreis von Tod und Geburt aussteigt. Tatsächlich gibt es keinen Tod und keine Geburt für die Seele – sie wurde nie geboren noch wird sie je sterben. Der Kreislauf von Tod und Geburt schließt sich mit dem Ende des feinstofflichen Körpers, denn es ist der feinstoffliche Körper, der eine neue Geburt verursacht. Der feinstoffliche Körper ist ein integrierter Same, bestehend aus unseren Gedanken, Begierden, Lüsten, Sehnsüchten, Erfahrungen und Wissen. Dieser Körper ist das Instrument, das uns auf unsere weiterführende Reise bringt. Gibt es jedoch jemanden, der keine Gedanken mehr hat, dessen Leidenschaften alle verschwunden sind, dessen Begierden sich alle aufgelöst haben, der keinerlei Wunsch mehr in sich trägt, dann gibt es keinen Ort, an den er gehen könnte, dann hat er keinen Grund mehr, irgendwo hinzugehen. Dann besteht kein Grund mehr für ihn, noch einmal geboren zu werden.

Es gibt eine wunderbare Geschichte aus dem Leben Ramakrishnas. Diejenigen, die ihm nahestanden, die wussten, dass er ein *Paramhansa*, ein Erleuchteter war, waren deswegen tief beunruhigt. Es machte ihnen sehr viel aus, einen Erleuchteten wie Ramakrishna – einen, der *Samadhi* erlangt hatte – so süchtig nach Essen zu sehen. Ramakrishna pflegte sehr besorgt ums Essen zu sein. Oft ging er in die Küche und fragte seine Frau Sharada Devi: „Was gibt es heute zu essen? Es ist schon so spät!“ In der Mitte eines ernsthaften Gesprächs über spirituelle Angelegenheiten pflegte er plötzlich aufzustehen, in die Küche zu eilen, danach zu fragen, was gerade gekocht wurde und sich nach etwas Essbarem umzusehen.

Sharada, die sich ein wenig schämte, pflegte ihn höflich zu tadeln: „Was machst du? Was sollen die Leute denken – so plötzlich das Gespräch über *Brahman* abzubrechen und anzufangen, über Essen zu sprechen!“ Ramakrishna lachte einfach nur und schwieg. Sogar seine engsten Schüler beschwerten sich bei ihm. Sie sagten: „Du machst dir einen schlechten Namen.

Die Leute sagen: ‚Wie kann ein solcher Mensch Wissen erlangt haben, wenn seine Lust am Essen so überwältigend ist?‘“

Eines Tages regte sich seine Frau Sharada wirklich auf und machte ihm Vorwürfe. Ramakrishna sagte zu ihr: „Du kannst es nicht wissen, aber wenn ich eines Tages eine Abneigung gegen Essen zeige, wirst du wissen, dass ich nur noch drei Tage leben werde.“

Sharada fragte: „Was meinst du damit?“

Ramakrishna sagte: „All meine Begierden und Leidenschaften sind verschwunden, all meine Gedanken sind fort. Aber zum Wohle der Menschheit halte ich ganz bewusst an dieser einen Begierde nach Essen fest. Es ist wie ein Boot, das mit einem letzten Tau festgebunden ist. Wenn dieses Tau einmal losgemacht ist, wird sich das Boot auf seine endlose Reise begeben. Ich halte mich mit Anstrengung hier.“

Wahrscheinlich machten die Menschen um ihn herum sich zu dem Zeitpunkt nicht viele Gedanken darum. Aber drei Tage vor Ramakrishnas Tod, als Sharada mit einem Tablett mit Essen sein Zimmer betrat, schaute Ramakrishna es an, schloss die Augen und drehte ihr den Rücken zu. Blitzartig erinnerte sie sich an Ramakrishnas Worte über seinen Tod. Das Essen fiel ihr aus den Händen und sie begann bitterlich zu weinen.

Ramakrishna sagte: „Weine nicht, du hast dir doch immer gewünscht, ich sollte nicht so süchtig nach Essen sein – dein Wunsch ist in Erfüllung gegangen.“ Genau drei Tage nach diesem Vorfall starb Ramakrishna. Voller Anstrengung hatte er gerade noch an einem kleinen bisschen Begierde festgehalten. Diese kleine Begierde hatte das Fortsetzen seiner Lebensreise ermöglicht. Mit dem Verschwinden dieser Begierde hörte alles, was ihn am Leben gehalten hatte, zu existieren auf.

Diejenigen, die wir *Teerthankaras* nennen, diejenigen, die wir Buddhas nennen, die Söhne Gottes, die *Avataras* – sie halten nur an einem Wunsch fest. Sie behalten diesen Wunsch einzig und allein aus Mitgefühl, zum Besten und Wohlergehen der gesamten Menschheit. An dem Tag, an dem dieser Wunsch sich verliert, hören sie auf im Körper zu leben und eine endlose Reise ins Unendliche beginnt. Danach gibt es keine Wiedergeburt, keinen Tod mehr. Danach gibt es weder eins noch viele.

Was danach bleibt, kann auf keine Weise in Zahlen ausgedrückt werden. Daher sagen die, die wissen, noch nicht einmal: *„Brahman* ist eins, das Göttliche ist eins“. Es „eins“ zu nennen, ist bedeutungslos, wenn es keine Möglichkeit gibt, ihm eine „zwei" folgen zu lassen, wenn man nicht die nachfolgenden zwei und drei weiterzählen kann. „Eins" zu sagen, hat nur dann eine Bedeutung, solange es auch zwei, drei und vier gibt. „Eins" ist nur bedeutungsvoll im Zusammenhang mit anderen Zahlen.

Aus diesem Grunde sagen die, die wissen, nicht einmal: *„Brahman* ist eins".

Sie sagen: *„Brahman* ist nicht-dual. Er ist nicht zwei."

Sie stellen etwas sehr Bemerkenswertes fest. Sie sagen: „Gott ist nicht zwei. Es ist unmöglich, Gott in Begriffen von Zahlen auszudrücken." Sogar wenn wir ihn „eins" nennen, versuchen wir, ihn in Zahlenbegriffen auszudrücken, was falsch ist. Aber dieses „eins" erfahren zu können, liegt noch in weiter Ferne.

Im Moment befinden wir uns noch auf der Ebene des grobstofflichen Körpers, des Körpers, der unaufhörlich vielerlei Formen annimmt. Wenn wir in diesen Körper eintreten, finden wir einen anderen Körper – den feinstofflichen Körper. Wenn wir über diesen feinstofflichen Körper hinausgehen, erlangen wir das, was kein Körper ist, was körperlos ist – die Seele.

Aktivierung und Bewusstheit der feinstofflichen Körper

Ich habe über die sieben Körper gesprochen. In diesem Zusammenhang ist es auch möglich, die Existenz in sieben Dimensionen zu unterteilen. In der gesamten Existenz sind alle sieben Körper immerdar vorhanden. Wach oder schlafend, aktiv oder untätig, hässlich oder schön, sie sind immer präsent. Nimm ein Metallstück – ein Stück Eisen zum Beispiel; alle sieben Körper sind darin enthalten, aber alle sieben schlafen, alle sieben sind untätig, inaktiv. Deshalb sieht ein Stück Eisen tot aus. Nimm eine Pflanze; ihr erster Körper ist aktiv geworden, ihr physischer Körper; deshalb können wir bei den Pflanzen den ersten flüchtigen Blick auf Leben werfen.

Dann kommt das Tier: Sein zweiter Körper ist aktiviert worden. Bewegung, die in Pflanzen nicht existiert, beginnt bei den Tieren. Die Pflanze verankert ihre Wurzeln in der Erde und bleibt immer am selben Platz. Sie ist nicht beweglich, denn dafür muss der zweite Körper aktiviert werden – der ätherische Körper, von dem alle Bewegung ausgeht. Wenn nur der physische Körper erwacht ist, bleibt das Leben unbeweglich, an einen Ort fixiert. Eine Pflanze ist ein an einen Ort fixiertes Tier. Es gibt ein paar Pflanzen, die sich ein wenig bewegen; dies ist ein Zustand zwischen Pflanze und Tier. In vielen Sumpfgebieten Afrikas gibt es gewisse Pflanzen, die über eine Entfernung von zwanzig bis fünfundzwanzig Fuß im Jahr gleiten. Mit Hilfe ihrer Wurzeln können sie das Erdreich umklammern und dann loslassen und dadurch eine Bewegung zustande bringen. Das ist das revolutionäre Bindeglied zwischen der Pflanze und dem Tier. Der zweite Körper hat im Tier auch zu arbeiten begonnen. Das bedeutet nicht, dass der zweite Körper Bewusstheit erlangt hat; es bedeutet nur, dass er aktiviert worden ist. Das Tier weiß nicht darum. Da der zweite Körper aktiviert worden ist, erlebt es Wut, kann es

Liebe ausdrücken, schnell laufen, sich wehren, sich ängstigen; es kann angreifen oder sich verstecken und es kann sich bewegen.

Im Menschen ist der dritte Körper, der Astralkörper, aktiviert. Daher bewegt er sich nicht nur körperlich, sondern auch mit seinem Verstand; er kann mit seinem Verstand reisen. Er reist damit sowohl in die Vergangenheit als auch in die Zukunft. Für das Tier gibt es keine Zukunft und aus dem Grund macht es sich niemals Sorgen, es ist niemals angespannt, denn alle Sorgen gelten der Zukunft. Was morgen geschehen wird, ist unsere größte Besorgnis. Aber für Tiere gibt es kein Morgen; heute ist alles für sie. Sogar heute existiert auf eine Art für sie nicht, denn was bedeutet heute für jemanden, für den morgen keine Bedeutung hat? Was ist, ist. Im Menschen ist eine subtilere Bewegung geboren worden – die Bewegung des Verstandes. Sie kommt vom dritten, dem Astralkörper. Nun kann er mit Hilfe des Verstandes an die Zukunft denken. Er kann sich auch Sorgen darüber machen, was nach dem Tod geschehen wird – wohin er gehen wird, wohin er nicht gehen wird. Er macht sich auch Gedanken darüber, wo er vor der Geburt war.

Der vierte Körper ist in einigen Menschen aktiv, nicht in allen. Wenn ein Mensch stirbt, nachdem sein vierter Körper aktiviert worden ist, wird er auf der Ebene der *Devas*, der Götter, geboren, wo es viele Möglichkeiten zur Aktivierung des vierten Körpers gibt. Nur wenn der dritte Körper aktiv bleibt, bleibt der Mensch ein Mensch. Vom vierten Körper an beginnt die Geburt auf den höheren Ebenen.

Mit dem vierten wird es einen Unterschied geben, der verstanden sein will. Wenn der vierte Körper aktiviert ist, ist die Möglichkeit, noch einmal einen physischen Körper zu erwerben, geringer und die Möglichkeit eines körperlosen Wesens größer. Aber wie ich schon sagte, berücksichtigt den Unterschied zwischen Aktivierung und Bewusstheit! Wurde der vierte Körper aktiviert und man ist sich dessen nicht bewusst, dann nennen wir das die Ebene der *Pretas*, der bösen Geister; wenn er sowohl aktiviert als auch völlig bewusst ist, nennen wir das die Ebene der *Devas*, der göttlichen Geister. Das ist der einzige Unterschied zwischen *Pretas* und *Devas*.

Ein böser Geist ist sich dessen nicht bewusst, dass sein vierter Körper aktiviert ist, ein göttlicher hingegen ist es. Daher kann ein *Preta* durch die Aktivität seines vierten Körpers eine ganze Menge Schaden anrichten, sowohl sich selbst als auch anderen gegenüber, denn Unbewusstheit kann nur Schaden anrichten. *Devas* rufen viele gute Taten hervor, sowohl für sich als auch für andere, denn Bewusstheit kann nur nutzbringend sein.

Wurde der fünfte Körper eines Menschen aktiviert, so geht derjenige über die Existenz der *Devas* hinaus. Der fünfte ist der spirituelle Körper. Auf der fünften Ebene sind Aktivierung und Bewusstheit ein und dasselbe. Niemand kann die fünfte Ebene ohne Bewusstsein erreichen; daher ereignen sich Aktivierung und Bewusstheit gleichzeitig. Bis zur vierten kannst du ohne Bewusstheit gelangen. Wenn du erweckt wirst, nimmt die Reise eine andere Richtung an, wendet sie sich zur Ebene der *Devas*, zur Ebene der Götter. Bist du weiterhin unbewusst, wird dich deine Reise ins Reich der bösen Geister führen.

Ab der fünften Ebene sind Aktivierung und Bewusstheit simultan, denn dieses ist der spirituelle Körper und Unbewusstheit ist bedeutungslos, was das Selbst betrifft. *Atman* bedeutet Bewusstheit; daher ist der andere Name für *Atman* Bewusstheit. Unbewusstheit hat hier keinerlei Bedeutung.

Ab dem fünften Körper sind Aktivierung und Bewusstheit also ein und dasselbe, aber davor verlaufen diese zwei Wege getrennt. Bis zum vierten Körper besteht der Unterschied zwischen männlich und weiblich; bis zum vierten Körper besteht der Unterschied zwischen Wachen und Schlafen. Tatsächlich gibt es Dualität und Konflikt nur bis zum vierten Körper. Vom fünften an beginnt das Nichtduale – das Ungetrennte. Einheit beginnt mit dem fünften. Davor gibt es Verschiedenheit, Unterschiedlichkeit. Das Potenzial des fünften kommt weder von der Ebene der *Pretas* noch von der Ebene der *Devas*. Das sollte verstanden werden.

Der fünfte Körper ist für *Pretas* nicht möglich, denn ihre Existenz ist eine bewusste. Ihnen fehlt der Körper, der für Bewusstheit notwendig ist, und sie haben auch keinen ersten Körper, der den ersten

Schritt in Richtung Bewusstheit ermöglicht. Aus diesem Grund muss ein *Preta* in eine menschliche Form zurückkehren. Die menschliche Existenz ist in gewissem Sinn an einem Scheideweg angekommen. Die Ebene der *Devas* liegt darüber, führt aber nicht darüber hinaus, denn um darüber hinauszugehen, wird die menschliche Existenz benötigt. Der *Preta* muss zurückkehren, um seine Unbewusstheit durchbrechen zu können, und dafür ist eine menschliche Form unumgänglich. Die *Devas* müssen zurückkehren, weil es in ihrer Existenzebene überhaupt kein Leiden gibt. Es ist eigentlich eine erwachte Existenz. In dieser Existenz kann es jedoch keinen Schmerz und kein Leid geben, durch welche die Sehnsucht nach Meditation geboren werden könnte. Wo es kein Leiden gibt, gibt es keinen Gedanken an Transformation und Verwirklichung.

Der Bereich der *Devas* ist also eine statische Existenz, bei der es keinen Fortschritt gibt. Das ist das Merkwürdige am Glücklichsein: Es blockiert jeden weiteren Fortschritt. In Schmerz und Leiden verbirgt sich die Sehnsucht nach Wachstum. Leiden regt uns dazu an, Mittel und Wege zu finden, uns von Kummer und Schmerz zu befreien. Wenn wir glücklich sind, hört alles Suchen auf. Das ist also tatsächlich eine sehr merkwürdige Situation und meistens können es die Menschen nicht verstehen.

Vom Leben Buddhas und Mahaviras gibt es Berichte, wie *Devas* zu ihnen kamen, um von ihnen unterrichtet zu werden, aber das sind sehr außergewöhnliche Ereignisse. Es ist merkwürdig, dass *Devas* zu bestimmten Menschen kommen, denn ihre Existenzebene liegt über der menschlichen Existenz. Es erscheint merkwürdig, aber das ist es nicht, denn die Existenz im Himmel ist eine sehr statische Existenz, von der kein Wachstum ausgeht. Wenn du vorwärts kommen willst, musst du, wie bei der Vorbereitung auf einen Sprung, erst einen Schritt zurück machen, um Anlauf zu nehmen, bevor du springen kannst ... genauso musst du einen Schritt in die menschliche Existenz zurück machen, um einen Sprung machen zu können.

Glück ist in diesem Sinn seltsam, denn es beinhaltet keine weitere Bewegung. Noch etwas: Glück wird langweilig. Es gibt keine andere

Begebenheit, die so viel Langeweile kreiert wie Glück. Unglücklichsein ist nicht langweilig, ein unglückliches Gemüt ist niemals gelangweilt. Darum ist ein unglücklicher Mensch niemals unzufrieden, ebenso wenig wie eine Gesellschaft, wo Schmerz und Unglück vorherrschen. Es ist nur die glückliche Person oder die glückliche Gemeinschaft, die unzufrieden ist. Indien ist nicht so unzufrieden wie Amerika. Das liegt nur daran, dass sie glücklich und im Überfluss leben, während wir arm und unglücklich sind. In Amerika gibt es nichts, worauf sie sich freuen könnten, und es gibt kein Leiden, das sie zu weiterem Wachstum anspornen könnte. Außerdem ist Glück eintönig: immer wieder dieselbe Art von Spaß und Vergnügen hinterlässt einen schalen Geschmack.

Das Reich der *Devas* ist also der Gipfel der Langeweile. Es gibt keinen langweiligeren Platz im Universum, dort gibt es einfach so viel Langeweile. Aber die Langeweile braucht ihre Zeit, um sich zu entfalten. Daneben hängt es noch von der Sensibilität des Einzelnen ab: Je empfindsamer ein Mensch ist, desto eher wird er sich langweilen, je unsensibler ein Mensch ist, desto länger wird es dauern. Es ist auch möglich, dass er sich überhaupt nicht langweilen wird. Der Büffel frisst jeden Tag dasselbe Gras und bekommt es nie satt.

Sensibilität ist ganz selten. Langeweile steht in einem direkten Verhältnis zu der Sensibilität eines Menschen. Sensibilität ist immer für das Neue: Jeden Tag sucht sie nach dem Immerneuen. Sensibilität ist eine Art Ruhelosigkeit und die wiederum ist eine Art Lebendigkeit. Das Reich der *Devas* ist also eine Art leblose Existenz, genauso wie das Reich der *Pretas*. Aber das Reich der *Devas* ist noch lebloser, denn in der Welt der *Pretas* gibt es eine Menge Leiden und Mittel und Wege, wie man Leiden verursacht, ebenso wie das Vergnügen, sich selbst und andere leiden zu lassen. Man hat dort genug Vorsorge getroffen für Ruhelosigkeit, es gibt also durchaus keine Langeweile.

Das Reich der *Devas* ist sehr friedlich: Es gibt keinerlei Störungen. Letztlich kann also die Rückkehr aus dem Reich der *Devas* nur aus Langeweile geschehen. Wohlgemerkt, dieses Reich ist höher als das menschliche Leben, die Sensibilität nimmt dort zu.

Das Vergnügen, das uns im körperlichen Leben über Jahre hinweg nicht langweilt, wird schal und langweilig, sobald es einmal im Reich der *Devas* genossen wurde.

Deshalb steht in den *Puranas*, dass Gott sich danach sehnt, als Mensch geboren zu werden. Das erscheint nun sehr überraschend zu sein, denn hier auf der Erde sehnen wir uns danach, in das Reich der *Devas* einzugehen. Es gibt sogar Geschichten, wo ein *Deva* auf die Erde herabsteigt, um sich in eine Frau zu verlieben. Diese Geschichten sind Anzeichen für eine bestimmte Geisteshaltung. Sie zeigen, dass in diesem Reich Glück existiert, aber es ist langweilig, denn alles, was es gibt, ist Vergnügen und Genuss ohne eine Spur von Kummer oder Schmerz. Dann wird es langweilig. Wenn man die Wahl hat zwischen unendlichem Glück ohne einen Moment des Schmerzes und unendlichem Schmerz und Leiden, wird der Weise das Letztere wählen. Aus dem Reich der *Devas* müssen wir zurückkommen, wir müssen auch aus dem Reich der *Pretas* zurückkehren.

Die menschliche Existenz steht am Scheideweg; von hier stehen alle Wege offen. Der Mensch jedoch, der den fünften Körper erlangt hat, muss nirgendwo hingehen. Er begibt sich in einen Zustand, in dem es keine Geburt aus dem Mutterschoß mehr gibt. Er wird nicht durch den Leib einer Mutter wiedergeboren.

Wer das Selbst verwirklicht hat, hat seine Reise auf eine Art beendet. Der Zustand im fünften Körper ist ein Zustand der Befreiung. Aber wenn man sich in sich selbst zufrieden fühlt, kann man für unendliche Zeiten auf dieser Ebene verharren, denn hier gibt es weder Schmerz noch Vergnügen, weder Knechtschaft noch Leiden. Hier gibt es nur das eigene Sein – nicht das universelle Sein, das Alles.

Man kann also für unendliche Zeiten in diesem Zustand leben, bis eine Zeit gekommen ist, wenn man neugierig darauf wird, das Ganze kennen zu lernen. Wir tragen den Samen des Wissenwollens in uns; daher wächst er heran. Wenn der Meditierer von Anfang an die Wissbegierde, das Ganze kennen zu lernen, hegt und pflegt, kann er der Gefahr entgehen, im fünften Körper stecken zu bleiben.

Wenn du also die ganze Wissenschaft der sieben Körper kennst, wirst du wissen, dass die Forschung von Anfang an vollständig und entschieden sein sollte. Wenn du dich mit dem Ziel, auf der Hälfte Halt zu machen, auf den Weg machst, dann wirst du, wenn du zum fünften Körper kommst, fühlen, dass du am Ende angekommen bist, an deinem Bestimmungsort, und du wirst die Gelegenheit verpassen.

Der Mensch des fünften Körpers braucht also nicht wiedergeboren zu werden, aber er ist in sich selber gefangen: Er macht sich von allen andern los, aber er bleibt an sich selbst gefesselt. Das Ego ist er los, aber nicht das Gefühl von „Ich bin". Ego ist ein Anspruch anderen gegenüber. Verstehe das gut: Wenn ich „Ich" sage, ist das, um ein „Du" zu dominieren. Daher fühlt sich das Ego als Sieger, wenn es dem Ich gelingt, ein Du zu dominieren. Wenn es von dem Ich eines andern dominiert wird, ist es unglücklich. Das Ich ist immer eine Anstrengung, das Du zu überwältigen. Das Ego besteht immer im Gegensatz zum anderen.

Hier beim Fünften gibt es den anderen nicht mehr und es gibt keine Konkurrenz mehr damit. Dieser Zustand von Ichheit, *Asmita*, ist sich selbst genug. Das ist der einzige Unterschied zwischen Ego und *Asmita*. Jetzt habe ich nichts mehr mit dir zu tun; es gibt keinen Anspruch auf Ich, aber da ist immer noch mein Sein. Ich brauche mich nicht länger gegen den andern zu stellen, aber „Ich bin", obwohl es kein Du zum Vergleich gibt.

Aus diesem Grund sagte ich, das Ego wird „Ich" sagen und das Sein wird „bin" sagen. Das ist der Unterschied. „Ich bin" besteht aus zwei Begriffen: Das „Ich" bezeichnet das Ego und das „bin" bezeichnet das Sein.

Das Gefühl der Ich-heit richtet sich nicht gegen jemanden, es steht für sich selbst. Es ist ein Gefühl von „Ich bin" – also lass niemand anderen auf der Welt sein: Lass es einen dritten Weltkrieg geben und lass alle verderben, aber lass mich übrig bleiben. Obwohl es kein Ego in mir gibt, wird es doch noch das Gefühl von Ich-heit geben: Ich weiß, dass ich bin, auch wenn ich nicht „ich" zu andern sage, denn es ist für mich kein Du mehr übrig geblieben, zu dem ich es sagen könnte. Wenn du also absolut allein bist und es keinen andern gibt, dann bist du doch – in dem Sinne, dass du existierst.

Im fünften Körper verschwindet das Ego und dadurch fällt das stärkste Bindeglied in der Kette der Knechtschaft. Aber das Gefühl von Ich-heit bleibt – frei, unabhängig, grenzenlos und völlig ohne Bindungen. Aber die Ich-heit hat ihre eigenen Grenzen. Alle anderen Beschränkungen schwinden dahin, außer den Beschränkungen der Ich-heit. Mit dem sechsten fällt auch das weg oder wird transzendiert. Der sechste ist der kosmische Körper.

Mit dem fünften Körper wird man nicht länger in einen Mutterschoß hineingeboren, aber man muss doch noch einmal geboren werden. Der Unterschied muss richtig verstanden werden. Bei der einen Geburt wirst du vom Körper der Mutter geboren, bei der anderen gebierst du dich selbst. Deshalb nennen wir in diesem Land den *Brahman*en *Dwij* – Zweimalgeborener. Dieser Ausdruck wurde eigentlich für den *Brahma Gyan* gebraucht, für den, der *Brahman* kennt – die kosmische Wirklichkeit. Einen Unerleuchteten einen *Brahman*en zu nennen ist unnötig. Wenn sich eine zweite vollkommen andere Geburt ereignet hatte, nannte man denjenigen *Dwij* – den Zweimalgeborenen; ein Erleuchteter wurde *Brahman*e genannt.

Die eine Geburt geschieht durch den Körper eines anderen Menschen und die zweite Geburt ereignet sich in deinem eigenen Selbst. Wenn der fünfte Körper einmal erreicht ist, kann man von niemand anderem geboren werden. Jetzt wirst du durch den fünften Körper in den sechsten Körper hineingeboren werden müssen. Das ist deine Reise, deine eigene innere Schwangerschaft, deine eigene innere Geburt. Jetzt gibt es keine Verbindung mit dem Mutterschoß außerhalb von dir oder mit irgendeinem äußeren Mittel der Schöpfung. Jetzt hast du keinen Vater und keine Mutter; du bist der Vater, du bist die Mutter und du bist das Kind. Es ist eine ganz und gar individuelle Reise. Erst wenn jemand durch den fünften Körper in den sechsten eingeht, kann er Zweimalgeborener genannt werden, vorher nicht. Er wird ohne die äußeren Mittel der Erschaffung geboren, ohne die Hilfe eines äußeren Mutterschosses.

Ein *Rishi* der Upanishaden betet: „Oh Herr, lüfte die goldenen Hüllen dieses inneren Schoßes, in dem die Wirklichkeit verborgen ist." Die Hüllen sind mit Sicherheit aus Gold. Sie sind so beschaffen, dass wir sie nicht wegwerfen möchten; sie sind derartig, dass wir darauf versessen sind, sie zu behalten. Die Ich-heit ist die unbezahlbar kostbarste Hülle, die über uns liegt. Wir selbst wollen uns gar nicht davon trennen und es gibt kein äußeres Hindernis, das uns aufhält. Die Hülle selbst ist so liebenswert, dass wir sie nicht zurücklassen können. Deshalb sagt der *Rishi*: „Entferne die goldenen Hüllen und öffne den Schoß, der einen Menschen zum Zweimalgeborenen macht."

Deshalb wurden *Brahma Gyanis* Zweimalgeborene genannt, und mit *Brahma Gyani* ist derjenige gemeint, der den sechsten Körper erlangt hat. Die Reise vom fünften zum sechsten Körper ist die Reise der zweiten Geburt.

Der Schoß ist anders, die Geburtsmethode ist anders. Jetzt ist alles schoßlos: Der Schoß ist der eigene und jetzt sind wir selbstgeboren. Vom fünften zum sechsten Körper geschieht eine Geburt und vom sechsten zum siebten Körper geschieht ein Tod. Dadurch spricht man von demjenigen, der sich dem letzteren unterzogen hat, nicht als Zweimalgeborenem; das wäre bedeutungslos. Versteht ihr? Dem könnt ihr jetzt leicht folgen.

Vom fünften zum sechsten gibt es eine Geburt durch sich selbst; vom sechsten zum siebten gibt es einen Tod durch sich selbst. Wir sind durch andere geboren worden – durch den Körper anderer – und der Tod ereignet sich auch durch andere. Das werde ich erklären. Wenn deine Geburt durch jemand anderen geschieht, wie kann dann dein Tod dein eigener sein? Wie kann das sein? Die zwei Enden wären unverknüpft. Wenn ein anderer mir meine Geburt gibt, dann kann der Tod nicht mein sein. Wenn die Geburt durch jemand anderen geschieht, wird auch der Tod durch jemand anderen geschehen. Der Unterschied ist, dass ich zuerst durch den einen Schoß geboren werde und beim zweiten Mal trete ich in einen anderen Schoß ein – aber ich bin mir dessen nicht bewusst. Als ich in dieses Leben trat, war es offensichtlich, aber mein Dahinscheiden ist nicht offensichtlich. Der Tod geht dem Leben voran: Du bist irgendwo gestorben, bevor du irgendwo geboren wurdest. Die Geburt ist offensichtlich, aber des Todes sind wir uns nicht bewusst.

Nun bist du durch eine Mutter und einen Vater geboren worden; du hast einen Körper bekommen, einen Mechanismus, der siebzig bis hundert Jahre lang arbeiten wird. Nach hundert Jahren wird dieses Instrument nicht mehr funktionieren. Der Tag, an dem es zu funktionieren aufhört, ist von Geburt an festgelegt. Es ist nicht so wichtig, wann es zusammenbrechen wird; wichtig ist, dass es zusammenbrechen wird. Mit der Geburt steht schon fest, dass du sterben wirst. Der Schoß, durch den du geboren wurdest, hat dir auch deinen Tod gegeben. Du hast sie beide zusammen mitgebracht. Tatsächlich ist der Tod bereits im gebärenden Schoß enthalten; es besteht nur ein zeitlicher Abstand von rund hundert Jahren.

In diesen hundert Jahren wirst du deine Reise von einem Ende zum andern vollenden und du wirst genau an den Ort zurückkehren, von dem du gekommen bist. Den Tod deines Körpers empfängst du zur Zeit deiner Geburt durch jemand anderen. So kommt der Tod auch von jemand anderem. Du wirst also weder geboren, noch bist du es, der stirbt. Bei der Geburt gab es eine Mittelsperson und auch im Tod ist das Gleiche der Fall. Wenn du von dem fünften, dem spirituellen Körper in den sechsten, den kosmischen Körper eingehst, wirst du zum ersten Mal geboren werden. Dann bist du selbstgeboren; deine Geburt geschieht ohne Schoß. Aber dann wird gleichzeitig der Tod des Selbst auf dich warten – ein schoßloser Tod erwartet dich. Wohin auch immer diese Geburt dich bringen wird, dort wird dich nur der Tod noch weiterführen. Die Geburt bringt dich zu *Brahman* und der Tod zu *Nirvana.* Die Geburt kann sich sehr lange hinziehen; sie kann endlos währen. Solch ein Mensch kann, wenn er dabeibleibt, ein Gott werden. Ein solches Bewusstsein, wenn es diese lange Reise macht, wird von Millionen verehrt werden; Gebete werden ihm dargebracht werden. Diejenigen, die wir *Avatar, Ishvara*, Sohn Gottes, *Teerthankara* nennen, sind diejenigen, die in die sechste Ebene vorgedrungen sind. Sie können beliebig lang auf dieser Ebene bleiben und eine große Hilfe sein. Es steht außer Frage, dass irgendein Schaden von ihnen ausgehen könnte und sie können sehr richtungsweisend sein.

Solche Menschen streben und arbeiten immerzu, damit andere die vor ihnen liegende Reise zurücklegen können. Das Bewusstsein der Menschen auf der sechsten Ebene kann auch Botschaften auf verschiedenen Wegen vermitteln. Diejenigen, die auch nur das geringste Gefühl für diese Menschen haben, können sie nur *Bhagwan*, den Gesegneten nennen. Sie sind ein *Bhagwan*; nichts fehlt ihnen, um ein wirklicher *Bhagwan* zu sein, denn sie haben den sechsten, den kosmischen Körper verwirklicht.

In genau diesem Leben ist es möglich, von der fünften in die sechste Ebene vorzudringen. Immer wenn jemand in diesem Leben den sechsten Körper erreicht, nennen wir ihn einen Buddha oder einen Mahavira, einen Rama, einen Krishna oder einen Christus. Und diejenigen, die sie als solche erkennen, betrachten sie als Gott. Für diejenigen, die nicht erkennen können, stellt sich die Frage erst gar nicht.

Ein Mann im Dorf erkennt Buddha als *Ishvara*; für einen anderen ist er nichts – ganz gewöhnlich. Genau wie wir erkältet er sich, genau wie wir, wird er krank; er isst, schläft, geht und spricht genau wie wir, er stirbt sogar genau wie wir. „Worin unterscheidet er sich dann von uns?“, so argumentieren sie. Die Zahl derjenigen, die nicht sehen, ist unendlich viel größer als die derjenigen, die sehen, deshalb scheinen diejenigen, die sehen, verrückt zu sein, irregeführt, denn sie können keinerlei Beweise liefern.

Tatsächlich gibt es keine Beweise. Da ist zum Beispiel dieses Mikrofon vor mir. Wenn ihr, die ihr hier anwesend seid, das Mikrofon nicht sehen könntet, wie könnte ich euch dann beweisen, dass es existiert? Wenn ich sage, dass es da ist und ihr es nicht sehen könnt, werde ich als verrückt beurteilt. Etwas zu sehen, was andere nicht sehen können, ist ein Beweis dafür, dass man nicht ganz richtig im Kopf ist.

Auch Erleuchtung wird an Stimmenmehrheit gemessen, auch hier gilt das Abstimmungsrecht. Manche Menschen halten Buddha demnach für einen Gott und andere nicht. Diejenigen, die ihn nicht als Gott sehen können, werden sagen: „Was für ein Irrsinn ist das? Er ist der Sohn von König Shuddhodana und Soundso ist seine Mutter und Soundso ist seine Frau. Er ist dieser Gautama und niemand anders." Selbst sein Vater konnte nicht sehen, dass Buddha ein vollkommen anderer Mensch geworden war. Er betrachtete ihn als seinen Sohn und sagte: „In was für einen Wahnsinn bist du verfallen? Kehre in den Palast zurück. Was machst du nur? Das Königreich zerfällt und ich werde alt. Komm zurück und kümmere dich um alles." Der arme Vater konnte nicht erkennen, dass Buddha der Meister eines unendlichen Königreichs geworden war. Diejenigen, die Augen hatten zu sehen, betrachteten solche Menschen als *Tirthankara*, *Bhagwan* oder den Sohn Gottes. Sie werden ein solches Wort benutzen, wenn sie Menschen des sechsten Körpers ansprechen.

Der siebte Körper wird niemals in diesem Körper erlangt. In diesem Körper können wir allerhöchstens an der Grenzlinie des sechsten Körpers stehen, von der aus der siebte zu sehen ist. Dieser Sprung, diese Leere, dieser Abgrund, diese Ewigkeit ist nur dort sichtbar und dort können wir stehen. Daher wird in Buddhas Leben von zwei *Nirvanas* gesprochen. Das erste *Nirvana* ereignete sich unter dem Bodhibaum am Ufer des Flusses Niranjana: und zwar vierzig Jahre vor seinem Tod. Das wird *Nirvana* genannt. An diesem Tag stand er am Rande des sechsten Körpers – und dort blieb er vierzig lange Jahre lang. Der Tag, an dem er starb, wird *Mahaparinirvana* genannt; an dem Tag ging er in die siebte Ebene ein.

Deshalb antwortete Buddha, wenn jemand ihn fragte: „Was wird mit dem *Tathagata* nach seinem Tod geschehen?" – „Es wird keinen *Tathagata* geben."

Aber das stellt den Verstand nicht zufrieden. Immer wieder fragten sie ihn: „Was wird mit Buddha im *Mahaparinirvana* geschehen?" Darauf erwiderte Buddha: „Wo alle Tätigkeit aufhört, wo alles Geschehen aufhört, das nennt man *Mahaparinirvana*." Solange noch etwas im sechsten Körper geschieht, gehört es zur Existenz, darüber hinaus ist es Nicht-Existenz.

Wenn Buddha also nicht ist, bleibt nichts. Auf eine Art kann man sagen, dass er niemals war. Wie ein Traum wird er vergehen, wie eine Linie im Sand, wie ein Strich auf dem Wasser, der vergeht, während es entsteht. Er wird verschwunden sein und nichts wird übrigbleiben. Aber das stellt unseren Verstand nicht zufrieden. Wir sagen, dass irgendwo, auf irgendeiner Ebene, in irgendeiner Ecke, ganz gleich, wie weit entfernt, er doch noch existieren muss. Aber im Siebten wird er einfach Leere, das Formlose.

Es gibt keine Möglichkeit, über den siebten Körper hinaus neue Form zu schaffen. Es gibt Menschen, die auf der Grenzlinie stehen und den siebten bereits sehen können, und sie erkennen diesen Abgrund. Daher wurde alles, was über die siebte Ebene bekannt ist, von denjenigen berichtet, die an der Grenzlinie stehen. Es gibt keinen Bericht von Menschen, die in den siebten Körper gegangen sind, denn es gibt keine Möglichkeit, davon zu berichten. Es ist gerade so, als ob ein Mann auf der Grenzlinie nach Pakistan stünde und berichten würde, dass es dort ein Haus, ein Geschäft, eine Straße, ein paar Menschen gibt und dass er die Bäume und die aus den Wolken tretende Sonne sehen kann. Aber dieser Mann steht an der indischen Grenze.

Vom sechsten aus in den siebten Körper zu gehen bedeutet den letztendlichen Tod. Es wird euch überraschen, die überlieferte Bedeutung von *Acharya* zu erfahren. Sie lautete: „Einer, der den endgültigen Tod lehrt". Es gibt Aphorismen, in denen es heißt: „Der *Acharya* ist der Tod." Wenn also Nachiketa zum Gott des Todes kommt, kommt er zum *Acharya.* Der Gott des Todes kann nur den Tod und nichts anderes lehren. *Acharya* ist ein Amt, durch das nur Auflösung, Verfall und Verlöschen gelehrt werden kann.

Aber vor diesem Tod ist es notwendig, geboren zu werden. So wie ihr jetzt seid, existiert ihr nicht. Das, was ihr als euch selbst betrachtet, ist nur ausgeborgt, es ist nicht euer wahres Sein. Sogar wenn ihr es verliert – ihr wart nie der Besitzer. Es ist gerade so, als würde ich etwas stehlen und dann als Almosen verschenken. Wie kann es ein Geschenk sein, wenn es mir nie gehört hat? Was mir nicht gehört, kann ich nicht weggeben. Deshalb ist, wenn wir sagen, dass jemand der Welt entsagt, das gar keine Entsagung, denn er verzichtet auf etwas, das ihm gar nicht gehört. Und wie kannst du einer Sache entsagen, die gar nicht dein ist? Zu erklären, dass du das aufgegeben hast, was dir gar nicht gehört, ist Wahnsinn.

Entsagung geschieht, wenn du in den siebten Körper gelangst. Da wirfst du das ab, was du bist – denn du hast nichts anderes. Du lässt dein Sein zurück. Die einzige Entsagung, die bedeutungsvoll ist, ist der Eintritt von der sechsten Ebene in die siebte.

Davor ist alles Gerede über Entsagung kindisch. Ein Mensch, der sagt: „Das gehört mir", ist ein Dummkopf. Ein Mensch, der sagt: „Ich habe alles aufgegeben, was mir gehört hat", ist ein Dummkopf, denn er tut immer noch so, als sei er der Besitzer. Nur wir selbst gehören uns – aber dafür fehlt es uns an Verstehen.

Deshalb wirst du auf der Reise vom fünften in den sechsten Körper wissen, wer du bist, und vom sechsten zum siebten Körper wirst du fähig sein, das, was du bist, aufzugeben. Und in dem Augenblick, in dem jemand das aufgibt, was er ist, gibt es nichts mehr zu erreichen, gibt es nichts mehr aufzugeben. Dann existieren keine Fragen mehr.

Dann herrscht unendliche Stille, ewiges Schweigen. Danach kann man nicht sagen, dass es Seligkeit oder Frieden gibt, man kann nicht sagen, dass es Wahrheit oder Falschheit, Licht oder Dunkelheit gibt. Nichts kann gesagt werden. Das ist der Zustand des siebten Körpers.

Patanjalis Yogasystem und sein Verständnis der feinstofflichen Körper

Patanjalis Yogasystem ist kein philosophisches System – es ist empirisch. Es ist ein Arbeitsmittel. Und es steckt eine Philosophie darin. Aber selbst diese dient nur dazu, euch ein intellektuelles Verständnis davon zu vermitteln, wohin ihr unterwegs seid, was ihr eigentlich sucht. Die Philosophie ist beliebig, zweckdienlich, dient einfach nur dazu, euch ein umfassendes Bild von dem Gebiet zu geben, das ihr entdecken werdet. Aber diese Philosophie gilt es zu verstehen.

Das Erste über Patanjalis Philosophie: Er unterteilt die menschliche Persönlichkeit in fünf Samenhüllen, fünf Körper. Er sagt, ihr habt nicht nur einen Körper, sondern Schichten über Schichten von Körpern, genau gesagt fünf.

Den ersten Körper nennt er *Annamaya Kosha* – den Nahrungskörper, den Erdkörper, der aus Erde gemacht ist und ständig mit Essen genährt werden muss. Die Nahrung kommt von der Erde. Wenn du aufhörst, Nahrung zu dir zu nehmen, wird dein *Annamaya Kosha* verfallen. Deshalb muss man wachsam mit dem sein, was man isst, denn das macht dich aus, und es wird dich millionenfach beeinflussen, weil über kurz oder lang deine Nahrung aufhört, einfach nur Nahrung zu sein. Sie wird zu deinem Blut, deinen Knochen, deinem innersten Mark. Sie kreist in deinem Dasein und übt eine ständige Wirkung auf dich aus. Also erzeugt die Reinheit der Nahrung einen reinen *Annamaya Kosha*, den reinen Nahrungskörper.

Und wenn der erste Körper rein, leicht, schwerelos ist, dann ist es einfach, in den zweiten Körper zu gehen; sonst ist es schwierig – du bist belastet. Habt ihr es schon beobachtet? Wenn ihr zu viel und zu schweres Essen zu euch genommen habt, dann verspürt ihr sofort eine Art Schläfrigkeit oder Lethargie. Am liebsten würdet ihr euch schlafen legen; die Bewusstheit beginnt sofort nachzulassen. Wenn der erste Körper belastet ist, ist es schwierig, große Bewusstheit herzustellen. Deshalb wurde das Fasten in allen Religionen so wichtig. Aber Fasten ist eine Wissenschaft und man sollte nicht leichtsinnig damit umgehen.

Neulich abends kam eine Sannyasin und erzählte mir, dass sie gefastet habe und dass jetzt ihr ganzer Körper, ihr ganzes Dasein durcheinander geraten sei – vollkommen durcheinander. Jetzt arbeitet ihr Magen nicht mehr richtig. Und wenn der Magen nicht richtig arbeitet, ist alles geschwächt, geht die Vitalität verloren und kann man nicht lebendig sein. Man wird immer empfindungsloser und abgestorben. Aber Fasten ist wichtig. Man sollte es sehr sorgfältig angehen, aber dazu sollte man erst verstehen, wie *Annamaya Kosha* funktioniert – vorher nicht. Und es sollte unter der richtigen Anleitung geschehen – unter der Anleitung eines Menschen, der alle Phasen seines *Annamaya Kosha* durchlaufen hat. Nicht nur das – eines Menschen, der über ihn hinausgegangen ist und der den *Annamaya Kosha* als Zeuge betrachten kann. Sonst kann Fasten gefährlich sein. Bis dahin muss man üben, genau die richtige Nahrungsmenge und die richtige Nahrungsqualität zu sich zu nehmen; dann ist Fasten nicht nötig. Aber dieser Körper ist wichtig, denn es ist euer erster Körper, und die Menschen klammern sich mehr oder weniger an ihren ersten Körper, ohne zum zweiten weiterzugehen; sie begeben sich niemals zum zweiten. Millionen von Menschen sind sich nicht einmal bewusst, dass sie einen zweiten Körper, einen tieferen Körper haben – hinter der ersten Hülle versteckt. Die erste Hülle ist sehr grobstofflich.

Den zweiten Körper nennt Patanjali *Pranamaya Kosha* – Energiekörper, elektrischer Körper. Der zweite besteht aus elektrischen Feldern. Um den geht es bei der Akupunktur. Dieser zweite Körper ist subtiler als der erste; und Menschen, die anfangen, vom ersten Körper zum zweiten überzugehen, werden zu Energiefeldern, ungeheuer anziehend, magnetisch, hypnotisch. Wenn man ihnen nahe kommt, wird man sich belebt, aufgeladen fühlen. Wenn du einem Menschen nahe kommst, der nur in seinem Nahrungskörper lebt, wirst du dich ausgelaugt fühlen – er wird dich aussaugen. Oft begegnen einem Leute, von denen man das Gefühl hat, dass sie einen auslaugen. Kaum sind sie fort, fühlst du dich erschöpft, am Ende deiner Kräfte, als ob dich jemand deiner Energie beraubt hätte. Der erste Körper ist ein Auslauger, der erste Körper ist sehr grobstofflich. Wenn du also zu viel mit Leuten zusammen bist, die nur am ersten Körper interessiert sind, fühlst du dich immer beklemmt, angespannt, gelangweilt, schläfrig, energielos, immer kurz vor der untersten Stufe deiner Energie; dann wirst du keine Energie übrig haben, die für höheres Wachstum genutzt werden kann. Dieser erste Typ, der nur am *Annamaya Kosha* orientierte Mensch, lebt fürs Essen. Er isst und isst und isst, und das ist sein ganzes Leben. Auf eine Art bleibt er kindisch. Das Erste, was ein Kind auf dieser Welt tut, ist Luft einsaugen und dann Milch einsaugen.

Das Erste, was ein Kind auf dieser Welt tun muss, ist, dem Nahrungskörper zu helfen, und wenn ein Mensch esssüchtig bleibt, bleibt er kindisch, leidet sein Wachstum.

Der zweite Körper, *Pranamaya Kosha*, gibt dir eine neue Freiheit, gibt dir mehr Raum. Der zweite Körper ist größer als der erste; er ist nicht auf deinen physischen Körper beschränkt. Er ist in deinem physischen Körper und er ist außerhalb deines physischen Körpers. Er umfängt dich wie ein subtiles Klima, eine Aura von Energie. In der Sowjetunion hat man jetzt entdeckt, dass man den Energiekörper fotografieren kann. Sie nennen es zwar Bioplasma, aber das ist ganz genau dasselbe wie *Prana*. Diese Energie, dieser élan vital, oder das, was die Taoisten *Chi* nennen, kann jetzt also fotografiert werden. Jetzt ist es praktisch wissenschaftlich geworden.

Und jetzt hat man in Russland eine ganz große Entdeckung gemacht und zwar: Bevor dein physischer Körper eine Krankheit erleidet, erleidet sie schon dein Energiekörper – sechs Monate vorher. Danach erst befällt sie den physischen Körper. Wenn du an Tuberkulose oder Krebs oder irgend etwas anderem erkranken wirst, beginnt dein Energiekörper sechs Monate vorher, erste Anzeichen davon zu zeigen. Keine Untersuchung, keine Tests des physischen

Körpers zeigen etwas davon, aber im elektrischen Körper beginnt es sich abzuzeichnen. Zuerst erscheint es im *Pranamaya Kosha*, dann geht es in den *Annamaya Kosha*.

Jetzt heißt es also, dass es möglich geworden ist, jemanden zu behandeln, bevor er krank geworden ist. Wenn wir erst einmal soweit sind, braucht die Menschheit nicht mehr krank zu werden. Bevor du überhaupt wahrgenommen hast, dass du krank bist, werden deine mit den Kirlian-Methoden aufgenommenen Fotos zeigen, dass eine bestimmte Krankheit deinen physischen Körper befallen wird. Man kann ihr schon im *Pranamaya Kosha* vorbeugen. Deshalb besteht Yoga so sehr auf der Reinheit des Atmens, denn der *Pranamaya Kosha* besteht aus feinstofflicher Energie, die durch die Atmung in dich gelangt. Wenn du richtig atmest, bleibt dein *Pranamaya Kosha* gesund und heil und lebendig. So ein Mensch fühlt sich nie müde, so ein Mensch ist immer bereit, alles zu tun, so ein Mensch geht auf alles ein, ist immer bereit, die Herausforderung des Augenblicks anzunehmen. Er ist immer auf alles gefasst. Man wird ihn niemals unvorbereitet finden. Nicht etwa, dass er die Zukunft plant, nein! Aber er ist so voller Energie, dass er bereit ist, sich allem, was geschieht, zu stellen. Er fließt über vor Energie. Tai Chi arbeitet mit dem *Pranamaya Kosha.* Die *Prana*yam-Methode arbeitet mit dem *Pranamaya Kosha.* Und wenn du erst einmal weißt, was es heißt, natürlich zu atmen, wirst du in deinen zweiten Körper hineinwachsen. Und der zweite Körper ist stärker als der erste. Und der zweite Körper lebt länger als der erste.

Wenn jemand gestorben ist, kann man fast drei Tage lang sein Bioplasma sehen. Manchmal hält man es irrtümlich für seinen Geist. Der physische Körper stirbt, aber der Energiekörper lebt weiter. Und Leute, die tief mit dem Tod experimentiert haben, sagen, dass es für den Menschen, der gestorben ist, drei Tage lang sehr schwierig sei zu glauben, dass er gestorben ist, denn dieselbe Form – und vitaler als je zuvor, gesünder als je zuvor, schöner als je zuvor – umgibt ihn. Es kommt darauf an, wie groß dein Bioplasma ist; dann kann es dreizehn Tage lang weiterbestehen oder sogar mehr.

Die *Samadhi*s der Yogis … In Indien werden alle Toten verbrannt, außer wenn der Verstorbene das *Samadhi*, die Erleuchtung, erlangt hat. Und seinen Leichnam verbrennen wir aus einem bestimmten Grund nicht. Sobald man den Körper verbrennt, beginnt das Bioplasma sich von der Erde zu entfernen. Ein paar Tage lang kann man es noch spüren, aber dann verschwindet es im Kosmos. Aber wenn der physische Leichnam dableibt, kann das Bioplasma sich an ihm festhalten. Und wenn das Bioplasma eines Menschen, der *Samadhi* erlangt hat, der erleuchtet ist, um sein sogenanntes *Samadhi*, sein Grabmal herum erhalten bleiben kann, wird das für viele Menschen ein Segen sein. So kommt es, dass viele Menschen die Form ihres Gurus sehen.

Im Aurobindo-Ashram befindet sich Aurobindos Leichnam in einem solchen *Samadhi*, er wurde nicht verbrannt, nicht zerstört. Viele Menschen hatten das Gefühl, Aurobindo dort in der Nähe gesehen zu haben. Oder manchmal haben sie genau die gleichen Schritte gehört, wie Aurobindo sie immer machte. Und manchmal ist er da und steht direkt vor ihnen. Das ist nicht Aurobindo, sondern sein Bioplasma. Aurobindo ist fort, aber das Bioplasma, der *Pranamaya Kosha*, kann jahrhundertelang weiterbestehen. Wenn der Betreffende wirklich auf sein *Pranamaya Kosha* eingestimmt war, kann es bestehen bleiben, kann es eine eigene Existenz führen.

Man muss verstehen, natürlich zu atmen. Beobachtet kleine Kinder: Sie atmen natürlich. Deshalb sind kleine Kinder so voller Energie. Die Eltern sind müde, sie aber sind nicht müde.

Ein Kind sagt zu einem andern Kind: „Ich hab so viel Energie, dass ich meine Schuhe in sieben Tagen verschleiße." Das zweite sagt: „Das ist gar nichts! Ich hab so viel Energie, dass ich meine Kleider in drei Tagen verschleiße." Das sagt das dritte: „Das ist noch lange nichts! Ich hab so viel Energie, dass ich meine Eltern in einer Stunde verschleiße."

In Amerika hat man einmal ein Experiment gemacht: Ein sehr kräftiger Mann mit einem athletischen Körper und ungeheurer Energie musste dabei einem kleinen Kind folgen und es nachahmen.

Alles, was das Kind tat, musste der Athlet tun, musste er imitieren: acht Stunden lang. Nach vier Stunden war der Athlet fertig, platt auf dem Boden, denn dem Kind machte das eine Menge Spaß, und es fing an, alles mögliche zu tun – springen, laufen, rufen, schreien. Und der Athlet musste es einfach nur nachmachen. Nach vier Stunden war das Kind absolut energiegeladen. Der Athlet war fertig; er sagte: „Dieses Kind bringt mich um! Acht Stunden! Ich bin völlig fertig! Ich kann nicht mehr!" Er war ein großer Boxer; aber Boxen ist das eine; mit einem Kind kannst du deswegen noch lange nicht mithalten.

Wo nimmt es die Energie her? Sie kommt aus dem *Pranayama Kosha*. Ein Kind atmet auf natürliche Art und Weise und atmet so natürlich mehr *Prana* ein, mehr *Chi* ein und sammelt es in seinem Bauch an. Der Bauch ist die Sammelstelle, der Vorrat. Beobachtet einmal ein Kind: Das ist die richtige Art zu atmen. Wenn ein Kind atmet, ist seine Brust völlig unbeteiligt. Sein Bauch hebt und senkt sich. Es ist, als würde es vom Bauch aus atmen. Und Kinder haben alle ein kleines Bäuchlein; dieses Bäuchlein haben sie aufgrund ihres Atmens und Energievorrats.

Das ist die richtige Art zu atmen; achtet darauf, nicht zu sehr die Brust zu benutzen. Manchmal könnt ihr sie benutzen – zu Notzeiten. Du rennst um dein Leben, dann kann die Brust benutzt werden. Sie ist eine Notvorrichtung. Dann kann man ein flaches, schnelles Atmen benutzen und rennen. Aber normalerweise sollte die Brust nicht benutzt werden. Und ihr solltet euch noch etwas merken: Die Brustatmung ist nur für Notsituationen gedacht, denn in einer Notsituation ist es schwierig, natürlich zu atmen; denn würde man da natürlich atmen, bliebe man so ruhig und gelassen, dass man nicht laufen könnte, dass man nicht kämpfen könnte. Dazu ist man zu ruhig und gelassen, ist man zu buddhagleich. Wer in einer Notsituation – das Haus steht in Flammen! – natürlich atmet, der wird nicht in der Lage sein, irgend etwas zu retten. Oder ein Tiger springt einen im Wald an – und wenn man da weiter natürlich atmet, kümmert man sich nicht weiter darum.

Man sagt sich: „Okay, lass ihn tun, was er will.“ Man wird nicht fähig sein, sich zu verteidigen. Die Natur hat also eine Notvorrichtung geschaffen, die Brustatmung ist eine Notmaßnahme. Wenn dich ein Tiger angreift, musst du das natürliche Atmen vergessen und musst du von der Brust her atmen. Dann wächst deine Fähigkeit zu laufen, zu kämpfen, schnell Energie zu verbrennen. Und in einer Notsituation gibt es nur zwei Möglichkeiten – Kampf oder Flucht. Beides erfordert eine ganz flache, aber intensive Energie – flach, aber ein sehr verstörter, angespannter Zustand.

Wenn man also unaufhörlich von der Brust her atmet, wird man in einer sehr angespannten Verfassung sein. Wenn man unaufhörlich von der Brust her atmet, wird man immer in Angst sein, denn die Brustatmung ist nur für Angstsituationen bestimmt. Wer sie zu seiner Gewohnheit gemacht hat, wird unaufhörlich Angst haben, unter Spannung stehen, ständig auf der Flucht sein. Es gibt zwar keinen Feind, aber man wird sich einbilden, dass da ein Feind ist. Auf diese Art entsteht Paranoia.

Auch im Westen sind ein paar Leute auf dieses Phänomen gestoßen – Alexander Lowen und andere Bioenergetiker –, die die Bioenergie erforschen. Sie ist dasselbe, ist *Prana*. Sie haben herausgefunden, dass Leute, die Angst haben, eine angespannte Brust haben und dass diese Menschen sehr flach atmen. Wenn man ihnen helfen kann, ihre Atmung zu vertiefen, sodass sie in den Bauch gelangen, hinunter ins Harazentrum, dann verschwinden ihre Ängste. Wenn ihre Muskulatur dazu gebracht werden kann, sich zu entspannen, wie es z.B. im Rolfing geschieht … Ida Rolf hat eine der schönsten Methoden erfunden, um die innere Struktur des Körpers zu verändern. Denn wenn man viele Jahre lang falsch geatmet hat, hat man eine entsprechende Muskulatur entwickelt, und diese Muskulatur ist nun im Weg und wird einem nicht erlauben, richtig zu atmen oder tief zu atmen. Und selbst dann, wenn man ein paar Sekunden lang daran denkt, dass man tief atmen soll, wird man doch wieder flach in die Brust atmen, wenn man mit seiner Arbeit beschäftigt ist. Also muss die Muskulatur verändert werden. Wenn die

Muskulatur einmal verändert ist, verschwindet die Angst und verschwindet die Spannung. Rolfing ist sehr hilfreich, aber es bearbeitet den *Pranayama Kosha*, den zweiten, den Bioplasma-Körper, den Bioenergiekörper, den *Chi*-Körper oder wie auch immer man ihn nennen will.

Beobachtet ein Kind – das ist die natürliche Atmung – und atmet auch so. Lasst den Bauch sich heben, wenn ihr einatmet, lasst den Bauch sich senken, wenn ihr ausatmet. Und lasst es in einem solchen Rhythmus geschehen, dass daraus fast ein Gesang, ein Tanz eurer Energie wird – voller Rhythmus, voller Harmonie – und ihr werdet euch so entspannt fühlen, so lebendig, so vital, dass ihr eine solche Vitalität kaum für möglich halten werdet.

Und dann ist da der dritte Körper, *Manumaya Kosha* – der mentale Körper. Der dritte ist größer als der zweite, feinstofflicher als der zweite, höher als der zweite. Tiere haben den zweiten, aber nicht den dritten Körper. Tiere sind so vital: Seht, wie ein Löwe schreitet! Was für eine Schönheit, was für eine Anmut, was für eine Großartigkeit! Der Mensch ist schon immer neidisch darauf gewesen. Seht ein Reh laufen: Welche Schwerelosigkeit, welche Energie, welch großes Energiephänomen! Der Mensch ist schon immer neidisch darauf gewesen.

Aber die Energie des Menschen steigt noch höher. Der dritte Körper ist der *Manumaya Kosha,* der mentale oder Geistkörper. Er ist größer, geräumiger als der zweite. Aber wenn du ihn nicht in dir heranwachsen lässt, bleibst du praktisch nur der Anlage nach ein Mensch, ohne wirklich ein Mensch zu sein. Das Wort „Mensch" kommt von *man, Manumaya.* Das englische Wort kommt auch von der Sanskritwurzel *man.* Das Hindiwort für Mensch ist *Manushya,* ebenfalls aus derselben Wurzel man hergeleitet. Es ist der Geist, der dich zum Menschen macht. Aber du hast ihn mehr oder weniger gar nicht. Was du an seiner Stelle hast, ist ein anerzogener Mechanismus. Ihr lebt durch Nachahmung: Dann habt ihr keinen Geist. Wenn ihr anfangt, aus euch selbst heraus spontan zu leben, wenn ihr anfangt, eine eigene Antwort auf eure Lebensprobleme zu finden, wenn ihr verantwortlich werdet, fangt ihr an, in den *Manumaya Kosha* hineinzuwachsen. Dann wächst der Geistkörper.

Normalerweise, wenn du Hindu, Moslem oder Christ bist, hast du einen geborgten Geist; es ist nicht dein Geist. Mag sein, dass Christus eine große Explosion des *Manumaya Kosha* erfuhr; aber dann haben ihn die Leute einfach nachgemacht. Diese Art der Nachahmung bringt euch kein inneres Wachstum. Diese Nachahmung wird zum Hindernis. Ahmt nicht nach; versucht lieber zu verstehen! Werdet immer lebendiger, authentischer, verantwortlicher. Und wenn das vielleicht heißen könnte, in die Irre zu gehen, dann geht in die Irre! Denn für den, der zu große Angst hat, Fehler zu machen, gibt es keine Wachstumschancen. Fehler sind gut. Irrtümer müssen begangen werden. Nur begeht den gleichen Fehler nicht zweimal. Aber habt keine Angst davor, Fehler zu begehen.

Menschen, die eine zu große Angst davor bekommen haben, Fehler zu machen, wachsen niemals. Sie bleiben da stecken, wo sie sind und haben Angst, sich vom Fleck zu rühren. Sie sind nicht lebendig.

Der Geist wächst in Situationen, wo du auf dich selbst gestellt bist, wenn du ihnen allein gegenüberstehst. Du bringst deine eigene Energie ein, um sie zu lösen. Fragt nicht bis an euer Lebensende um Rat. Nehmt die Zügel eures Lebens in die eigenen Hände; das ist es, was ich meine, wenn ich sage: „Mach dein eigenes Ding!“ Du wirst in Schwierigkeiten geraten … Es ist zwar sicherer, andern zu folgen, es ist bequem, dich der Gesellschaft anzuschließen, dich den Gewohnheiten, der Tradition, den Schriften zu fügen. Das ist sehr einfach, denn jeder fügt sich – du brauchst nur ein toter Mitläufer der Herde zu werden, du brauchst dich nur der Masse anzuschließen und auch da hinzugehen, wo sie gerade hingehen mag; es fällt nicht in deine Verantwortung. Aber dann wird dein mentaler Körper, dein Manumaya Kosha, sehr stark leiden, schrecklich leiden; denn er wird nicht wachsen. Du wirst nicht deinen eigenen Geist entwickeln und du wirst etwas sehr, sehr Schönes verpassen – etwas, das als Brücke zum höheren Wachstum dient.

Behaltet es also immer im Sinn – alles, was ich zu euch sage, könnt ihr auf zweierlei Weise aufnehmen. Ihr könnt es aufgrund meiner Autorität übernehmen: „Das ist es, was Osho sagt, deshalb muss es wahr sein" – aber dann werdet ihr leiden, dann werdet ihr nicht wachsen. Hört dem, was ich sage, zu, versucht es zu verstehen, führt es in euer Leben ein, probiert aus, wie es wirkt, und zieht dann eure eigenen Schlüsse. Vielleicht kommt ihr zu denselben Schlüssen, vielleicht auch nicht. Es können nie genau dieselben sein, denn ihr habt eine andere Persönlichkeit, ein einzigartiges Wesen. Alles, was ich sage, ist auf meinem eigenen Sein gewachsen. Es ist zwangsläufig und auf eine tiefe Art und Weise in mir verwurzelt.

Ihr mögt zu ähnlichen Schlussfolgerungen kommen, aber sie können nicht ganz genau gleich sein. Ihr solltet also meine Ergebnisse nicht einfach zu den euren machen. Ihr solltet versuchen, mich zu verstehen, ihr solltet versuchen zu lernen, aber ihr solltet nicht mein Wissen einsammeln, solltet nicht meine Ergebnisse einsammeln. Dann wird euer Geistkörper wachsen.

Aber die Leute sind auf Abkürzungen erpicht. Sie sagen: „Wenn du es weißt, reicht das. Wozu sollen wir es ausprobieren und experimentieren? Wir glauben an dich." Ein gläubiger Mensch hat keinen *Manumaya Kosha.* Er hat einen unechten *Manumaya Kosha,* der nicht aus seinem eigenen Sein erwachsen ist, sondern ihm von außen aufgezwungen wurde.

Höher als der *Manumaya Kosh*a, größer als der *Manumaya Kosha* ist dann der *Vigyanamaya Kosha* – das ist der intuitive Körper. Er ist sehr, sehr geräumig. Darin gibt es jetzt nichts Rationales mehr, er geht über die Vernunft hinaus; er ist sehr, sehr subtil, er ist ein intuitives Erfassen. Er ist ein direktes Sehen in die Natur der Dinge hinein. Er ist kein Darüber-Nachdenken. Die Zypresse im Hof: Du siehst sie einfach. Du denkst nicht über sie nach; Intuition kennt kein „über". Du wirst einfach offen, empfangsbereit und die Wirklichkeit enthüllt dir ihre Natur. Du projizierst nicht. Du suchst nicht nach Vernunftsgründen, nach Schlussfolgerungen, du suchst nach überhaupt nichts. Du suchst nicht einmal, du wartest einfach nur und die Wirklichkeit offenbart sich dir – es ist eine Offenbarung.

Der intuitive Körper führt euch zu sehr weit entfernten Horizonten, aber es gibt noch einen weiteren Körper. Und zwar den fünften Körper, *Anandamaya Kosha* – den Seligkeitskörper. Der ist wirklich weit draußen. Er besteht aus reiner Seligkeit. Er lässt sogar die Intuition hinter sich.

Vergesst nicht: diese fünf Saatkörner sind nur Hüllen. Jenseits dieser fünf ist eure Wirklichkeit. Es sind nur Saathüllen, die euch einschließen. Die erste ist sehr grobstofflich; du bist praktisch nur auf ein-Meter-achtzig beschränkt. Die zweite ist größer, die dritte noch größer, die vierte noch größer, die fünfte sehr groß; aber dennoch sind es nur Saatkörner. Alle sind sie beschränkt. Wenn all die Saathüllen fallen und du nackt in deiner Wirklichkeit dastehst, dann bist du unendlich. Das ist es, was Yoga sagt: Du bist Gott – *Aham Brahmasmi.* Du selbst bist das *Brahman.* Jetzt bist du die höchste Wirklichkeit an sich; jetzt sind alle Grenzen gefallen.

Versucht das zu verstehen. Die Grenzen sind da, sie ziehen Kreise um euch herum. Die erste Grenze ist sehr, sehr hart. Sie zu überwinden ist sehr schwierig. Die Menschen bleiben auf ihren physischen Körper beschränkt und glauben, dass ihr körperliches Leben alles sei, was das Leben zu bieten habe. Lasst euch da nicht nieder. Der physische Körper ist nur die Stufe, die zum Energiekörper führt. Der Energiekörper ist wiederum die Stufe, die zum Geistkörper führt. Der ist wiederum die Stufe zum intuitiven Körper. Der ist auch eine Stufe – zum Seligkeitskörper. Und vom Seligkeitskörper aus machst du den Sprung – jetzt gibt es keine Stufen mehr: Du wagst den Sprung in den Abgrund deines Seins, das Unendlichkeit, das Ewigkeit ist.

Dies also sind die fünf Samenkörner. In Entsprechung zu diesen fünf Samenkörnern hat Yoga noch ein anderes System: die fünf *Bhutas* – die fünf großen Elemente. Euer Körper besteht aus Nahrung, Erde; Erde ist das erste Element. Das hat nichts mit dieser Erde zu tun. Als Element bedeutet es nur: Überall dort, wo Materie ist, ist Erde. Das Materielle ist Erde, das Grobstoffliche ist Erde. In dir ist es der Körper; außerhalb von dir ist es der Körper von allem.

Die Sterne bestehen aus Erde. Alles, was existiert, besteht aus ‚Erde'. Die erste Hülle besteht aus Erde. Die fünf *Bhutas* heißt die fünf Elemente: Erde, Feuer, Wasser, Luft, Äther.

Erde entspricht eurem ersten Körper, dem *Annamaya Kosha*, eurem Nahrungskörper. Feuer entspricht eurem zweiten Körper, dem Energiekörper oder Bioplasma oder Chi oder *Pranamaya Kosha*; er hat die Qualität von Feuer. Das dritte ist Wasser, es entspricht dem dritten, dem *Manumaya Kosha,* dem mentalen Körper. Er hat die Qualität von Wasser. Beobachtet den Geist, wie er ständig im Fluss ist, ständig in Bewegung, strömend wie ein Fluss. Das Vierte ist Luft, praktisch unsichtbar. Man kann sie nicht sehen, aber sie ist da, man kann sie fühlen. Das entspricht dem intuitiven Körper, *Vigyanamaya Kosha.* Und dann ist da *Akash*, Äther; man kann ihn nicht einmal fühlen – es ist sogar noch subtiler geworden als Luft. Man kann einfach nur glauben, nur darauf vertrauen, dass es ihn gibt. Er ist reiner Raum – das ist Seligkeit. Aber du bist reiner als reiner Raum, subtiler als reiner Raum. Deine Wirklichkeit ist fast, als wäre sie nicht. Deshalb sagt Buddha: *„Anahata* – Nicht-Selbst; dein Sein ist fast wie Nicht-Sein." Warum Nicht-Sein? Weil es sich so weit von allen grobstofflichen Elementen entfernt hat. Es ist reine Istheit. Nichts kann darüber gesagt werden, keine Beschreibung ist adäquat. Das sind die fünf Bhutas, die fünf großen Elemente, die den fünf *Koshas*, den fünf Körpern in euch entsprechen.

Dann die dritte Lehre; ich möchte, dass ihr sie alle versteht, denn es wird euch dabei helfen, die Sutras zu verstehen, die wir besprechen werden. Demzufolge gibt es sieben Chakras. Das Wort Chakra bedeutet nicht wirklich Zentrum. Das Wort Zentrum kann es nicht richtig erklären oder beschreiben oder übersetzen, denn wenn wir „das Zentrum" sagen, scheint es etwas Statisches zu sein. Und Chakra bedeutet etwas Dynamisches.

Das Wort Chakra bedeutet „das Rad", das sich drehende Rad. Ein Chakra ist also ein dynamisches Zentrum in deinem Sein, fast wie ein Strudel, ein Wirbelwind, das Auge eines Zyklons. Es ist dynamisch, es schafft ein Energiefeld um sich.

Sieben Chakras also – das erste ist eine Brücke, und das letzte ist auch eine Brücke. Die übrigen fünf entsprechen den fünf *Mahabhutas*, den großen Elementen oder den fünf Samenkörnern. Sex ist eine Brücke, eine Brücke zwischen dir und dem Grobstofflichsten, dem *Prakriti*, der Natur. *Sahasrar*, das siebte Chakra, ist auch eine Brücke, eine Brücke zwischen dir und dem Abgrund, dem Letztendlichen. Diese zwei sind Brücken. Die übrigen fünf Zentren entsprechen den fünf Elementen und den fünf Körpern.

Dies ist der Rahmen von Patanjalis System. Vergesst nicht, es ist willkürlich. Es muss als Hilfsmittel benutzt und darf nicht als Dogma diskutiert werden. Es ist keine Doktrin in irgendeiner Theologie. Es ist nur eine nützliche Landkarte. Du begibst dich in fremdes Gebiet in einem fremden unbekannten Land und nimmst eine Landkarte mit. Die Landkarte stellt nicht wirklich das Gebiet dar. Wie kann eine Landkarte ein Stück Land darstellen? Die Karte ist so klein, das Land ist so groß. Auf der Landkarte sind Städte nur Punkte. Wie könnten solche Punkte große Städten wiedergeben? Auf der Karte sind Straßen nur Linien. Wie können Straßen nur Linien sein? Berge sind nur vermerkt, Flüsse sind nur vermerkt – und die kleinen werden weggelassen. Nur die großen werden eingezeichnet. Dies hier ist eine Landkarte, nicht eine Doktrin.

Es gibt nicht nur fünf Körper, es gibt viele Körper, denn zwischen den zwei Körpern gibt es einen anderen, der sie miteinander verbindet, und so weiter und so fort. Du bist wie eine Zwiebel, Schicht auf Schicht. Aber diese fünf reichen … Es sind die hauptsächlichen Körper, es sind die wichtigsten Körper. Zerbrecht euch also nicht zu sehr den Kopf darüber, hmm? Die Buddhisten sagen nämlich, dass es sieben Körper gibt, und die Jains sagen, dass es neun Körper gibt. Das ist nicht falsch und es ist auch kein Widerspruch, denn es handelt sich einfach nur um Landkarten.

Wenn man die Karte der ganzen Welt betrachtet, verschwinden darauf sogar große Städte, verschwinden sogar große Flüsse. Wenn man die Karte einer Nation betrachtet, dann erscheint viel Neues, was nicht auf der Weltkarte war. Und wenn man die Karte einer

Provinz betrachtet, dann erscheint noch viel mehr. Und wenn man die Karte eines Landkreises betrachtet, natürlich noch mehr. Und wenn es ein Stadtplan ist, noch viel mehr. Und wenn es der Plan eines Hauses ist, dann natürlich … Es erscheint immer mehr, es kommt darauf an.

Die Jains sagen neun, Buddha sagt sieben, Patanjali sagt fünf. Es gibt Schulen, die sagen nur drei. Und sie alle haben recht, denn sie führen kein Streitgespräch. Sie geben euch nur ein paar Werkzeuge an die Hand, mit denen ihr arbeiten könnt.

Und ich denke, fünf ist geradezu die perfekte Zahl. Denn mehr als fünf ist zu viel, und weniger als fünf ist zu wenig. Fünf klingt fast perfekt. Und Patanjali ist ein sehr ausgewogener Denker.

Nun ein paar Dinge zu den Chakras. Das erste Chakra, das erste dynamische Zentrum, ist der Sex – *Muladhar*. Es verbindet dich mit der Natur, es verbindet dich mit der Vergangenheit, es verbindet dich mit der Zukunft. Du bist aus dem sexuellen Spiel zweier Menschen geboren worden. Das sexuelle Spiel deiner Eltern wurde zur Ursache deiner Geburt. Durch das Sexzentrum bist du mit deinen Eltern verbunden und mit den Eltern deiner Eltern, und so weiter und so fort. Du bist durch das Sexzentrum mit der ganzen Vergangenheit verbunden, der rote Faden läuft durch das Sexzentrum. Und wenn dir ein Kind geboren wird, wirst du so mit der Zukunft verbunden.

Jesus machte das gern auf eine ziemlich grobe Weise klar: „Wenn du deine Mutter und deinen Vater nicht hasst, kannst du mir nicht nachfolgen." Es klingt fast hart, fast unglaublich, von einem Menschen wie Jesus … warum gebraucht er nur so harte Worte? Und er ist das Mitgefühl in Person! Und er ist die Liebe. Warum also sagt er: „Hasse deine Mutter, hasse deinen Vater, wenn du mir nachfolgen willst"? Die Bedeutung ist: Löse dich aus der sexuellen Verkettung. Damit sagt er symbolisch: Geh über das Sexzentrum hinaus. Dann bist du sofort nicht mehr mit der Vergangenheit verbunden und nicht mehr mit der Zukunft verbunden.

Es ist der Sex, der dich zu einem Teil der Zeit macht. Wenn du einmal über den Sex hinausgegangen bist, wirst du zu einem Teil der Ewigkeit, nicht mehr der Zeit. Dann gibt es plötzlich nur noch die Gegenwart, bist du die Gegenwart. Aber wenn du dich durch das Sexzentrum siehst, bist du auch die Vergangenheit, denn deine Augen haben die gleiche Farbe wie die Augen deiner Mutter oder deines Vaters und dein Körper hat Atome und Zellen von Millionen von Generationen. Deine ganze Struktur, Biostruktur, ist Teil eines langen Kontinuums. Du bist ein Glied in einer langen Kette.

In Indien sagt man, dass du deine Schulden gegenüber deinen Eltern nur dadurch abzahlen kannst, dass du selber Kinder bekommst. Wenn du willst, dass deine Schulden aus der Vergangenheit getilgt werden sollen, musst du Zukunft schaffen. Wenn du sie wirklich abzahlen willst, gibt es kein anderes Mittel. Deine Mutter liebte dich, dein Vater liebte dich – was kannst du nun tun, jetzt, da sie dahin sind? Du kannst eine Mutter oder ein Vater für deine Kinder werden und es bei der Natur abbezahlen, bei der gleichen Quelle, aus der deine Eltern kamen, aus der du gekommen bist, aus der deine Kinder kommen werden.

Sex ist die große Kette. Er ist die Kette für die ganze Welt – *Samsar;* und er ist das Bindeglied zu den anderen. Habt ihr es beobachtet? In dem Augenblick, wo du dich sexuell fühlst, beginnst du an den anderen zu denken. Wenn du dich nicht sexuell fühlst, denkst du nie an den anderen. Ein Mensch, der über den Sex hinaus ist, ist über die anderen hinaus. Er mag zwar noch in der Gesellschaft leben, aber er ist nicht in der Gesellschaft. Er mag sich mitten in der Menge befinden, aber er ist allein. Ein Mensch, der sexuell ist, mag auf dem Gipfel des Himalaya sitzen, mutterseelenallein, aber er denkt an den anderen. Er mag zum Mond geschickt worden sein, um zu meditieren, aber er wird über den anderen meditieren.

Sex ist die Brücke zum anderen. Wenn der Sex einmal verschwindet, zerbricht die Kette. Dann wirst du zum ersten Mal ein Individuum. Daher kommt es, dass jemand nur allzu besessen vom Sex sein mag und dennoch dabei niemals glücklich ist – weil Sex ein zweischneidiges Schwert ist. Er verbindet dich mit dem anderen, aber er erlaubt dir nicht deine Individualität. Er erlaubt dir nicht, du selbst zu sein. Er zwingt dich in ein Verhaltensmuster, in Sklaverei, in Fesseln. Aber wenn du nicht weißt, wie du ihn transzendieren kannst, ist er das einzige Mittel, wie du deine Energie einsetzen kannst. Er wird zum Sicherheitsventil.

Menschen, die auf der ersten Ebene des ersten Zentrums, des *Muladhar*, leben, leben nur für etwas ganz Läppisches. Sie erzeugen immerfort Energie und dann wird sie ihnen zu viel und sie werfen sie immer wieder hinaus. Sie essen, sie arbeiten, sie schlafen, sie machen viel, um Energie zu erzeugen. Dann sagen sie: „Was sollen wir damit anfangen? Sie wird uns zu viel", und dann werfen sie sie hinaus. Das scheint ein Teufelskreis zu sein. Wenn sie sie hinausgeworfen haben, fühlen sie sich wieder leer. Sie füllen sich mit neuem Brennstoff, mit neuem Essen, mit neuer Arbeit auf, und wenn die Energie wieder da ist, fühlen sie sich „zu voll", wie sie sagen. Irgendwie muss sie abgelassen werden. So wird Sex zur reinen Abreaktion: ein Teufelskreis von Energie aufstauen, Energie ablassen, Energie aufstauen, Energie ablassen. Es sieht fast schon absurd aus. Solange du nicht weißt, dass es in dir höhere Zentren gibt, die diese Energie absorbieren können, sie auf eine kreative Art nutzen können, wirst du im sexuellen Teufelskreis eingespannt bleiben. Deshalb bestehen alle Religionen auf irgendeiner Form sexueller Kontrolle. Das kann dann zur Unterdrückung führen, das kann gefährlich werden. Wenn sich keine neuen Zentren öffnen und du deine Energie ständig verurteilst und verdammst, sie bezwingst, sie unterdrückst, dann sitzt du auf einem Vulkan. Du kannst jeden Moment explodieren; du wirst neurotisch. Du wirst wahnsinnig. Dann ist es besser, dich zu erleichtern. Aber es gibt Zentren, die diese Energie absorbieren und dir ein größeres Sein, größere Möglichkeiten offenbaren können.

Wenn ihr euch erinnert – wir haben in den letzten Tagen darüber gesprochen, dass das zweite Zentrum, neben dem Sexzentrum, das *Hara* ist, das Todeszentrum. Seinetwegen haben die Menschen Angst über den Sex hinauszugehen, denn in dem Moment, in dem die Energie über den Sex hinausgeht, berührt sie das Harazentrum und man bekommt Angst. Daher haben die Menschen sogar Angst, sich tief auf die Liebe einzulassen, denn wenn man in der Liebe tief geht, schlägt das Sexzentrum solche Wellen, dass die Wellen das Harazentrum erreichen und dann steigt Angst auf.

So viele Menschen kommen zu mir und sagen: „Warum haben wir eine so große Angst vor dem anderen Geschlecht?“ – vor Männern oder Frauen – „Warum haben wir so eine Angst?“ Es ist nicht die Angst vor dem andern Geschlecht. Es ist die Angst vor dem Sex an sich, denn wenn du im Sex tief gehst, wird das Zentrum dynamisiert, schafft es größere Energiefelder, und diese Energiefelder fangen an, sich mit dem Harazentrum zu überschneiden. Habt ihr es beobachtet? Im sexuellen Orgasmus beginnt sich etwas gleich unterhalb des Nabels zu regen – es pulsiert. Dieses Pulsieren ist das Überlappen des Sexzentrums mit dem *Hara*. Deshalb haben die Menschen auch Angst vor Sex. Ganz besonders haben die Menschen Angst vor tiefer Intimität, vor dem Orgasmus selbst.

Aber man muss in dies zweite Zentrum hineingehen, in es eindringen, es muss geöffnet werden. Das ist, was Jesus meint, wenn er sagt: Man kann nur wiedergeboren werden, wenn man bereit ist zu sterben. Vor zwei, drei Tagen, an Ostern, stellte jemand die Frage: „Heute ist Ostern, hast du etwas dazu zu sagen?“ Ich habe nur eins zu sagen, und zwar dass es jeden Tag Ostern ist; denn Ostern ist der Tag der Wiederauferstehung von Jesus – seiner Kreuzigung und Wiederauferstehung, seines Todes und seiner Wiedergeburt. Jeder Tag ist ein Ostern, wenn du bereit bist, in dein Harazentrum zu gehen. Zuerst wirst du gekreuzigt werden – das Kreuz befindet sich in deinem Harazentrum. Du trägst es bereits in dir; du musst dich nur dort hinbegeben und du musst durch es sterben, und dann geschieht die Wiederauferstehung. Wenn du erst einmal im Harazentrum stirbst, verschwindet der Tod; dann wirst du zum ersten Mal einer neuen Welt, einer neuen Dimension gewahr werden. Dann kannst du das Zentrum sehen, das höher liegt als das *Hara*, nämlich das Nabelzentrum. Und das Nabelzentrum wird zur Auferstehung, denn das Nabelzentrum ist das Zentrum, das die Energie am stärksten erhält. Es ist das Energiereservoir an sich.

Und wenn du einmal weißt, dass du vom Sexzentrum aus zum *Hara* gelangt bist, weißt du auch, dass es eine Möglichkeit gibt, dich nach innen zu begeben. Eine Tür hast du geöffnet. Jetzt kannst du keine Ruhe finden, bevor du nicht alle Türen geöffnet hast. Jetzt kannst du nicht mehr im Vorraum bleiben, du bist in den Palast eingetreten. Jetzt kannst du eine Tür nach der anderen öffnen.

Genau in der Mitte liegt das Herzzentrum. Das Herzzentrum liegt zwischen dem Niederen und dem Höheren. Zuerst kommt das Sexzentrum, dann das *Hara*, dann der Nabel, und dann kommt das Herzzentrum. Drei Zentren sind darunter und drei Zentren sind darüber. Das Herz ist genau in der Mitte.

Ihr müßt schon einmal das „Siegel Salomons" gesehen haben. Im Judaismus, besonders im kabbalistischen Denken, ist das Siegel Salomons eines der wichtigsten Symbole. Dieses Siegel Salomons ist das Symbol des Herzzentrums. Der Sex fließt nach unten; der Sex wird durch ein Dreieck dargestellt, das mit der Spitze nach unten zeigt. Das *Sahasrar* fließt nach oben, das *Sahasrar* wird also durch ein Dreieck dargestellt, das mit der Spitze nach oben zeigt. Und das Herz ist genau in der Mitte, dort, wo das Sex-Dreieck sich mit dem *Sahasrar*-Dreieck schneidet. Die zwei Dreiecke überschneiden sich, verschmelzen miteinander, und werden so zu einem Stern mit sechs Spitzen – das ist das Siegel Salomons. Das Herz ist das Siegel Salomons. Hast du dein Herz einmal geöffnet, bist du für die höchsten Möglichkeiten bereit. Unterhalb des Herzens bleibst du ein Mensch, über das Herz hinaus bist du zum Übermenschen geworden.

Nach dem Herzzentrum kommt das Kehlzentrum, dann kommt das Dritte Auge und dann das *Sahasrar*. Herz heißt, Liebe zu fühlen. Herz heißt, Liebe zu absorbieren, zu Liebe zu werden. Kehle heißt, sich auszudrücken, zu kommunizieren, zu teilen, sie anderen zu geben. Und wenn du anderen Liebe gibst, tritt das Dritte Auge in Funktion. Wenn du einmal zu geben anfängst, steigst du höher und höher.

Ein Mensch, der immer nur nimmt und nimmt, sinkt immer tiefer und tiefer. Ein Mensch, der immerzu gibt, steigt höher und höher und höher. Ein Geizhals zu sein ist die schlimmste Möglichkeit, in die ein Mensch fallen kann, und ein Gebender zu sein, ist die höchste Möglichkeit, für die ein Mensch sich öffnen kann.

Fünf Körper, fünf *Mahabhutas* und fünf Zentren plus zwei Brücken, das ist der Rahmen, die Landkarte. Hinter diesem Rahmen stehen all die Bemühungen der Yogis, Samyama in jede Ecke und jeden Winkel zu tragen, sodass man erleuchtet, von Licht erfüllt wird.

Jetzt die Sutras:

Die Kraft, den Bewusstseinszustand zu erreichen,
der sich außerhalb des Geistkörpers
(Manumaya Sharir) befindet
und deshalb unvorstellbar ist,
wird Mahavideha genannt.
Durch diese Kraft wird alles zerstört,
was das Licht verhüllt.

Sobald du über den Geistkörper hinaus bist, wird dir zum ersten Mal bewusst, dass du nicht der Verstand, sondern der Zeuge bist. Unterhalb des Verstandes bleibst du mit ihm identifiziert. Sobald du erkennst, dass Gedanken, geistige Bilder, Vorstellungen einfach nur Objekte sind, dahin treibende Wolken in deinem Bewusstsein, bist du von ihnen getrennt, und zwar augenblicklich.

Die Kraft, *den Bewusstseinszustand zu erreichen,*
der sich außerhalb des Geistkörpers
(Manumaya Sharir) befindet
und deshalb unvorstellbar ist,
wird Mahavideha genannt.

Du erreichst einen Zustand jenseits vom Körper. *Mahavideha* heißt jemand, der über den Körper hinaus ist, jemand, der nicht mehr auf einen Körper beschränkt ist, jemand, der weiß, dass er nicht der

Körper ist, ob feinstofflich oder grobstofflich, jemand, der weiß, dass er unendlich ist, ohne Begrenzungen. *Mahavideha* heißt einer, der die Erfahrung gemacht hat, dass er keine Grenzen hat, dass alle Grenzen Beschränkungen, Einkerkerungen sind und dass er aus ihnen ausbrechen, sie aufgeben und eins werden kann mit dem unendlichen Himmel.

Dieser Augenblick, in dem man sich selbst als das Unendliche erkennt, ist der entscheidende Augenblick: „Durch diese Kraft wird alles zerstört, was das Licht verhüllt." Dann fallen die Hüllen, die dein Licht verdeckt hielten. Du bist wie ein Licht, das unter vielen, vielen Hüllen versteckt liegt. Langsam aber sicher muss eine Hülle nach der andern entfernt werden, wird immer mehr Licht nach außen dringen. Hast du den *Manumaya Kosha,* den Geistkörper, erst einmal abgelegt, wirst du zu Meditation, wirst du zu einem Nicht-Denkenden. Alle unsere Bemühungen hier zielen darauf ab, über den *Manumaya Kosha* hinauszugehen – wie man sich bewusst werden kann, dass „ich nicht der Denkprozess bin".

Das Anwenden von Samyama
auf ihren grobstofflichen, konstanten, feinstofflichen,
alles durchdringenden und funktionellen Zustand
bringt die Meisterschaft über die Panchabhutas –
die fünf Elemente.

Dieses ist eines der sinnträchtigsten Sutras von Patanjali, mit einem enormen Potenzial und sehr bedeutsam für die Wissenschaft der Zukunft. Früher oder später wird die Wissenschaft die Bedeutung dieses Sutras entdecken. Die Wissenschaft ist bereits auf dem Wege dahin. Dies Sutra besagt, dass alle Elemente der Welt – die *Pancha Mahabhuta* – also Erde, Luft, Feuer und so weiter –, aus dem Nichts kommen und wieder in das Nichts eingehen, um zu ruhen. Alles kommt aus dem Nichts und kehrt, wenn es müde ist, dahin zurück und ruht im Nichts aus.

Heute sind die Wissenschaftler, besonders die Physiker, ebenfalls der Meinung, dass die Materie aus dem Nichts entstanden ist. Je tiefer sie in die Materie eingedrungen sind, desto mehr haben sie erkannt, dass es so etwas wie „das Materielle“ nicht gibt. Je tiefer sie gehen, desto flüchtiger wird die Materie und schlüpft ihnen am Ende durch die Finger. Nichts bleibt, nur Leere, nur reiner Raum. Aus reinem Raum wird alles geboren. Klingt sehr unlogisch, aber das Leben ist unlogisch. Die gesamte moderne Wissenschaft ist unlogisch geworden, denn wenn man auf Logik beharrt, kann man nicht in die Realität hineinkommen. Wer in die Realität hinein will, muss die Logik beiseite lassen. Und wie könnte man sich, wenn es um die Wahl zwischen Logik und Realität geht, für die Logik entscheiden? Man muss die Logik fallen lassen.

Vor nur fünfzig Jahren fanden die Wissenschaftler heraus, dass sich die Quanten, winzige elektrische Teilchen, auf eine äußerst lachhafte Art und Weise verhalten – wie Zenmeister, unglaublich, absurd. Manchmal sehen sie aus wie Wellen und manchmal sehen sie aus wie Teilchen. Nun hatte sich bis dahin stillschweigend von selbst verstanden, dass eine Sache entweder nur ein Teilchen oder eine Welle sein kann. Ein und dieselbe Sache kann nicht beides gleichzeitig sein. Ein Teilchen und eine Welle? Das bedeutet ja, etwas kann ein Punkt und eine Linie sein – beides zusammen, zur gleichen Zeit. Unmöglich! Euklid würde niemals zustimmen. Aristoteles würde es einfach leugnen und sagen: „Ihr seid verrückt geworden. Ein Punkt ist ein Punkt und eine Linie ist viele Punkte nacheinander; wie kann also ein Punkt eine Linie sein und gleichzeitig ein Punkt bleiben? Es sieht absurd aus.“ Und Euklid und Aristoteles beherrschten die Szene. Vor nur fünfzig Jahren brach ihr ganzes Gebäude zusammen, weil die Wissenschaftler entdeckten, dass das Quantum, das elektrische Teilchen, sich sowohl so als auch so verhält – gleichzeitig.

Die Logiker machten sich stark und sagten: „Das ist nicht möglich.“ Die Physiker sagten: „Was können wir machen? Es geht nicht um möglich oder unmöglich, es ist einfach so! Da können wir nichts machen. Was können wir dafür, wenn das Quantum nicht auf Aristoteles hört? Und wenn das Quantum sich uneuklidisch verhält und die Geometrie von Euklid nicht befolgt, was können wir machen? Es verhält sich nun einmal so und wir müssen uns nach dem Verhalten des Realen und der Realität richten." Hier stehen wir an einem der ganz entscheidenden Wendepunkte in der Geschichte des menschlichen Bewusstseins.

Erst hat man auch geglaubt, dass etwas nur aus etwas anderem hervorgehen kann. Einfach und natürlich, ganz offensichtlich! Wie kann etwas aus nichts kommen? Dann verschwand die Materie und die Wissenschaftler müssen daraus schließen, dass alles aus nichts geboren wird und dass sich alles wieder in nichts auflöst. Heute sprechen sie von „Schwarzen Löchern". Schwarze Löcher sind Löcher von ungeheurer Nichtsheit. Ich muss es eine „ungeheure" Nichtsheit nennen, denn diese Nichtsheit ist nicht einfach nur eine Abwesenheit. Sie steckt voller Energie, aber es ist eine Energie der Nichtsheit. Man kann dort nichts finden, aber es gibt Energie dort.

Heute heißt es, es existieren schwarze Löcher in der Existenz. Und zwar parallel zu den Sternen. Sterne sind positiv, und parallel zu jedem Stern gibt es ein schwarzes Loch. Der Stern ist, das schwarze Loch ist nicht. Und jeder Stern wird, wenn er ausgebrannt, erloschen ist, ein schwarzes Loch. Und jedes schwarze Loch wird, wenn es geruht hat, ein Stern. Materie, Nichtmaterie stehen in ständigem Wechsel. Materie wird Nichtmaterie; Nichtmaterie wird Materie. Leben wird Tod, Tod wird Leben. Liebe wird Hass, Hass wird Liebe. Die Gegensätze stehen in ständigem Wechsel.

Dieses Sutra lautet:

Das Anwenden von Samyama
auf ihren grobstofflichen, konstanten, feinstofflichen,
alles durchdringenden und funktionellen Zustand
bringt die Meisterschaft über die Panchabhutas –
die fünf Elemente.

Patanjali sagt hier, dass man, wenn man die wahre Natur des Zeugeseins in sich erkannt hat und sich dann konzentriert, *Samyama* auf jede Sache richten kann, sie erscheinen oder verschwinden lassen kann. Man kann bewirken, dass sich Dinge materialisieren – denn sie kommen aus dem Nichts. Und man kann bewirken, dass sich Dinge entmaterialisieren.

Nun, das müssen die Physiker erst noch zeigen – ob es möglich ist oder nicht. Es kommt vor, dass Materie sich verwandelt und Nichtmaterie wird, dass Nichtmaterie sich verwandelt und Materie wird. In den letzten fünfzig Jahren haben sie viele Absurditäten schlucken müssen.

Wir leben in einem Zeitalter mit dem größten Potenzial, das es jemals gegeben hat, wo so viele Dinge explodiert sind, dass es fast unmöglich geworden ist, sie in ein System zu bringen. Wie soll man da ein System entwerfen? Noch vor fünfzig Jahren war es sehr einfach, ein in sich geschlossenes System aufzustellen. Und jetzt? Unmöglich! Die Realität hat ihre Nase von allen Seiten hereingesteckt und alle Lehrsätze, Systeme, Dogmen über den Haufen geworfen. Es hat sich herausgestellt, dass der Wirklichkeit einfach nicht beizukommen ist. Die Wissenschaftler sagen, dass es tatsächlich geschieht. Patanjali sagt, es kann dazu gebracht werden, zu geschehen. Wenn es ohnehin geschieht, warum kann es dann nicht dazu gebracht werden, zu geschehen? Beobachtet es einfach mal! Du erhitzt Wasser, bei hundert Grad wird es Dampf. Das ist schon immer so gewesen, auch schon ehe das Feuer entdeckt wurde. Die Sonnenstrahlen verdunsteten das Wasser der Meere und Flüsse und es bildeten sich Wolken und das Wasser kam wieder zurück in die Flüsse, verdunstete wieder. Dann entdeckte der Mensch das Feuer, und dann begann er, Wasser zu erhitzen und dadurch zu verdunsten.

Es mag geschehen, was will, es können immer Mittel und Wege gefunden werden, um es geschehen zu machen. Wenn es bereits geschieht, dann ist es nicht gegen die Realität. Dann muss man nur wissen, wie man es geschehen machen kann. Wenn Materie zu Nichtmaterie wird, wenn Nichtmaterie zu Materie wird, wenn sich Dinge ineinander verwandeln, wenn Dinge im Nichts verschwinden und Dinge aus dem Nichts auftauchen – wenn das bereits so ist –

dann, sagt Patanjali, können auch Mittel und Wege gefunden werden, durch die man sie auslösen kann. Und das hier, sagt er, ist der Weg: Wenn es euch gelungen ist, euer Sein jenseits von den fünf Samenhüllen zu erkennen, werdet ihr fähig werden, Dinge zu materialisieren oder zu entmaterialisieren. Es bleibt den wissenschaftlichen Praktikern immer noch überlassen herauszufinden, ob es möglich ist oder nicht, aber es scheint plausibel. Es scheint da kein logisches Problem zu geben.

Daraus folgt das Erlangen der Anima …,
Vervollkommnung des Körpers und
das Entfernen der Macht der Elemente,
den Körper zu blockieren.

Und dann kommen die acht *Siddhis*, die acht Kräfte der Yogis. Die erste ist *Anima* und dann kommen *Laghima* und *Garima* und so weiter. Die acht Kräfte der Yogis sind, dass sie ihren Körper verschwinden lassen können oder dass sie ihren Körper so klein machen können, dass er fast unsichtbar wird, oder dass sie ihren Körper so groß machen können, wie sie nur wollen. Es steht in ihrer Gewalt, ihren Körper klein oder groß zu machen oder ihn ganz verschwinden zu lassen oder an mehreren Plätzen gleichzeitig zu erscheinen. Klingt unmöglich, aber Dinge, die unmöglich klingen, werden heute nach und nach möglich.

Es war dem Menschen unmöglich zu fliegen; niemand hat es je für möglich gehalten. Die Gebrüder Wright wurden für verrückt, für wahnsinnig gehalten. Anfangs, als sie ihr erstes Flugzeug erfanden, hatten sie große Angst, anderen Leuten etwas davon zu erzählen – dass sie festgenommen und in eine Anstalt gesteckt würden, wenn andere es erführen. Der erste Flug fand statt, ohne dass irgendjemand davon wusste – nur die zwei Brüder. Und sie konstruierten ihr erstes Flugzeug in einem Keller versteckt, sodass niemand merkte, was sie da machten. Alle waren davon überzeugt gewesen, dass sie vollkommen verrückt geworden wären – wer ist je geflogen? Ihr erster Flug in der Luft dauerte nur sechzig Sekunden – nur sechzig Sekunden – aber er stellte eine gewaltige Veränderung für die gesamte Geschichte, die gesamte Menschheit dar. Es wurde möglich! Niemand hatte je geglaubt, dass das Atom gespalten werden könnte. Es wurde gespalten und jetzt kann der Mensch nie wieder der sein, der er vorher war.

Viele Dinge sind geschehen, von denen man immer gedacht hatte, sie seien unmöglich. Wir sind auf dem Mond gelandet. Das war einmal das Symbol für das Unmögliche schlechthin. In allen Sprachen der Welt gibt es Redewendungen wie „Greife nicht nach dem Mond". Mit anderen Worten „Greife nicht nach dem Unmöglichen". Jetzt müssen wir uns andere Redewendungen einfallen lassen. Und in der Tat – da wir nunmehr den Mond erreicht haben, versperrt uns nichts mehr den Weg. Jetzt steht uns alles offen; es ist nur eine Frage der Zeit.

Einstein hat gesagt, wenn man ein Fahrzeug erfinden könnte, dass sich mit Lichtgeschwindigkeit bewegt, dann könnte man unentwegt reisen und man würde niemals alt werden. Wer dieses sich mit Lichtgeschwindigkeit bewegende Raumfahrzeug beträte, wenn er dreißig Jahre alt ist, und nach fünfzig Jahren zurückkäme, der wäre immer noch dreißig Jahre alt. Seine Freunde und Brüder wären fünfzig Jahre älter, einige von ihnen schon gestorben, aber der Betreffende wäre immer noch dreißig Jahre alt. Was redet er da für einen Unsinn? Einstein sagt, die Zeit mitsamt ihrer Wirkung verschwände, wenn man sich mit Lichtgeschwindigkeit bewege. Ein Mensch könnte sich dann auf eine unbegrenzte Weltraumreise begeben und nach fünfhundert Jahren wiederkommen. Alle Menschen hier wären bis dahin verschwunden, niemand würde ihn kennen und er würde niemanden kennen, aber er wäre immer noch gleich alt. Man altert aufgrund der Erdgeschwindigkeit. Wenn die Erdgeschwindigkeit so groß wäre wie die Lichtgeschwindigkeit, die wirklich ungeheuer ist, dann würdet ihr überhaupt nicht altern.

Patanjali sagt, dass man über alle fünf Elemente hinausgegangen ist, wenn man über alle fünf Körper hinausgegangen ist. Dann bist du auf einem Stand, von dem aus du alles kontrollieren kannst, was du willst. Es genügt die Vorstellung, dass du klein werden möchtest und du wirst klein. Wenn du groß werden möchtest, wirst du groß werden. Wenn du verschwinden möchtest, kannst du verschwinden.

Es ist nicht unbedingt notwendig, dass die Yogis das auch tun. Man weiß von keinem Buddha, der es getan hätte. Auch von Patanjali selbst ist nicht bekannt, dass er so etwas getan hätte. Mit dem, was Patanjali sagt, verweist er nur auf alle Möglichkeiten.

In der Tat, wozu sollte ein Mensch, der sein höchstes Sein erlangt hat, daran denken, klein zu werden? Wozu? So dumm kann er doch nicht sein, wozu? Wozu sollte er wie ein Elefant werden wollen? Was macht das für einen Sinn? Und warum sollte er verschwinden wollen? Er kann kein Interesse daran haben, Leute zu amüsieren, ihre Neugier zu befriedigen. Er ist kein Zauberkünstler. Er hat kein Interesse daran, dass die Leute ihm zujubeln. Wozu?

Tatsächlich verschwinden alle Wünsche und Begierden in dem Moment, in dem ein Mensch den höchsten Gipfel seines Seins erreicht hat. *Siddhis*, spirituelle Kräfte, tauchen erst dann auf, wenn Wünsche und Begierden verschwinden. Das ist das Dilemma: Die Kräfte kommen, wenn du sie nicht mehr anwenden willst. Tatsächlich kommen sie erst, wenn derjenige, der sie immer haben wollte, verschwunden ist. Dieser Teil von Patanjalis Yoga Sutras soll euch nur darauf aufmerksam machen, dass diese Dinge möglich werden, aber sie werden nie in die Wirklichkeit umgesetzt, denn die Person, die es gewollt hätte, die immer gerne durch diese Kräfte auf einen Egotrip gegangen wäre, ist nicht mehr da. Wunderkräfte stehen dir erst dann zur Verfügung, wenn du nicht mehr an ihnen interessiert bist.

So ist der Kräftehaushalt der Existenz. Solange du sie begehrst, bleibst du machtlos, und sobald du sie nicht mehr begehrst, stehen dir unendliche Kräfte zur Verfügung. Das nenne ich das Gesetz der Banken: Wenn du kein Geld hast, wird keine Bank dir etwas geben; wenn du Geld hast, ist jede Bank bereit, dir welches zu geben. Wenn du nichts brauchst, steht dir alles zur Verfügung; wenn du bedürftig bist, ist nichts verfügbar.

Schönheit, Anmut, Stärke
und die Härte eines Diamanten,
daraus besteht der perfekte Körper.

Patanjali spricht nicht von diesem Körper. Dieser Körper kann schön sein, aber er kann niemals perfekt schön sein. Der zweite Körper kann schöner sein als dieser, der dritte sogar noch schöner, denn sie kommen dem Zentrum näher. Hier ist die Rede von der Schönheit des Zentrums. Je weiter sie sich vom Zentrum entfernen muss, desto begrenzter wird sie. Der vierte Körper ist sogar noch schöner. Der fünfte ist fast fünfundneunzig Prozent perfekt.

Aber dein Sein, dein wirkliches Du ist Schönheit, Anmut, Stärke und diamantene Härte. Es hat die Härte eines Diamanten und zugleich die Weichheit eines Lotus. Es ist voller Schönheit, aber nicht zerbrechlich – stark. Es ist stark, aber nicht einfach nur hart.

Alle Gegensätze vereinigen sich darin … als ob eine Lotusblüte aus Diamanten gemacht wäre oder ein Diamant aus Lotusblüten gemacht wäre. Denn dort treffen sich Mann und Frau und transzendieren. Denn darin treffen sich Sonne und Mond und transzendieren. Der alte Begriff für Yoga ist *Hatha*. Das Wort *Hatha* ist sehr, sehr bedeutsam. *Ha* bedeutet Sonne, *Tha* bedeutet Mond, und *Hatha* bedeutet das Zusammentreffen von Sonne und Mond. Die Vereinigung von Sonne und Mond ist Yoga – *Unio Mystica*.

Im menschlichen Körper gibt es den *Hatha Yogis* zufolge drei Energiekanäle. Der eine ist unter dem Namen *Pingala* bekannt; das ist der Kanal rechts, der mit der linken Gehirnhälfte verbunden ist – der Sonnenkanal. Dann gibt es einen anderen Kanal, *Ida*, den linken Kanal, der mit der rechten Gehirnhälfte verbunden ist – der Mondkanal. Und dann ist da der dritte Kanal, der Mittelkanal, *Sushumna*, der zentrale, der ausgeglichene – er besteht aus Sonne und Mond zusammen. Normalerweise fließt eure Energie entweder durch *Pingala* oder durch *Ida*. Die Energie der Yogis beginnt durch *Sushumna* zu fließen. Das nennt man *Kundalini*, wenn die Energie genau zwischen diesen zweien, dem rechten und dem linken, fließt. Diese

Kanäle verlaufen entlang der Wirbelsäule. Sobald die Energie durch den mittleren Kanal fließt, wird man ausgeglichen. Dann ist der Mensch weder Mann noch Frau, weder hart noch weich; oder beides – Mann und Frau, hart und weich. Alle Gegensätze lösen sich in *Sushumna* auf, und *Sahasrar* ist der Gipfel von *Sushumna.*

Wenn du am niedrigsten Punkt deines Seins lebst, nämlich am *Muladhar*, dem Sexzentrum, dann fließt du entweder entlang *Ida* oder entlang *Pingala*, dem Sonnenkanal oder dem Mondkanal, und du bleibst zwiegespalten. Und immer wieder suchst du den anderen, immer wieder verlangst du nach dem anderen. Du fühlst dich unvollständig in dir selbst, du bist vom andern abhängig.

Wenn sich deine eigenen Energien erst einmal in dir vereinigen und es zu einem großen Orgasmus, einem kosmischen Orgasmus kommt, wenn *Ida* und *Pingala* sich im *Sushumna* auflösen, dann ist man hingerissen, auf ewig hingerissen. Dann ist man ekstatisch, unaufhörlich ekstatisch. Dann kennt diese Ekstase kein Ende. Dann sinkt man nie wieder zurück, dann sinkt man nie wieder ab. Man bleibt oben. Dieser Höhepunkt wird zu deinem innersten Kern, deinem Sein an sich.

Ruft euch noch einmal in Erinnerung, dass ich euch damit sagen möchte: Dies ist der Rahmen. Wir sprechen hier nicht von tatsächlichen Gegebenheiten. Es gibt Narren, die sogar versucht haben, den menschlichen Körper zu sezieren, um festzustellen, wo *Ida* und *Pingala* und *Sushumna* sind, und sie haben sie nirgendwo gefunden. Das hier sind nur Hinweise, symbolische Hinweise. Es gibt Narren, die versucht haben, den Körper zu sezieren, um die Zentren zu finden, wo sie sich befinden. Es gibt sogar einen Arzt, der ein Buch geschrieben hat, um nachzuweisen, welches Zentrum genau mit welchem Komplex im Körper übereinstimmt, physiologisch gesehen. All das sind dumme Versuche.

Yoga ist nicht in diesem Sinne wissenschaftlich. Es ist allegorisch, es ist eine großartige Allegorie. Es zeigt etwas auf, und wenn ihr nach innen geht, werdet ihr es finden; aber es ist unmöglich, es dadurch zu finden, dass man den Körper seziert. Durch Autopsie wird man diese Dinge nicht finden. Es sind lebendige Phänomene. Und diese Worte sind einfach nur Fingerzeige – beschränkt euch nicht auf sie und seid nicht auf sie fixiert oder besessen von ihnen, macht sie nicht zu einer Doktrin. Bleibt fließend. Lasst sie euch gesagt sein und geht auf die Reise.

Noch ein Wort mehr – und zwar *Urdhwaretas.* Es bedeutet „die nach oben führende Reise der Energie". Im Moment existiert ihr im Sexzentrum und von diesem Zentrum aus führt die Energie immer abwärts, nach unten. *Urdhwaretas* bedeutet, deine Energie beginnt aufwärts, nach oben zu gehen. Ein zartes, ein ganz zartes Phänomen, und man muss hellwach sein, um damit zu arbeiten. Wenn du nicht wach bist, besteht jede Möglichkeit, dass du ein perverses Wesen wirst. Es ist gefährlich, deshalb reden die Yogis von „Schlangenkraft". Es ist gefährlich! Es ist wie eine Schlange, du spielst mit einer Schlange. Wenn du nicht mit ihr umzugehen weißt, besteht Gefahr. Du spielst mit Gift. Und viele Menschen sind pervers geworden, weil sie versucht haben, ihre Sexenergie zu unterdrücken, um *Urdhwaretas* zu werden, um aufwärts zu steigen. Sie sind nie aufwärts gestiegen. Sie wurden sogar noch perverser als normale Menschen.

Daher ist ein Meister notwendig – einer, der weiß, wo du stehst, wohin du gehst und was als Nächstes geschehen wird; einer, der deine Zukunft sehen kann, und einer, der sehen kann, ob die Energie in die richtigen Kanäle fließt oder nicht. Sonst gerät die ganze Welt in einen Schlamassel sexueller Perversionen.

Unterdrücke niemals! Es ist besser, normal und natürlich zu sein, als pervertiert zu sein. Aber einfach nur normal zu sein ist nicht genug. Viel mehr ist möglich. Transformiere dich! Unterdrückung ist nicht der Weg des *Urdhwaretas* – Transformation ist der Weg. Und das kann nur geschehen, wenn du deinen Körper reinigst, wenn du deinen Geist reinigst, all den Unrat hinauswirfst, den du in deinem Körper und deinem Geist angesammelt hast. Nur mit Reinheit, Licht, Schwerelosigkeit wirst du in der Lage sein, der Energie zu helfen, sich nach oben zu kehren.

Normalerweise ist sie wie eine eingerollte Schlange; daher nennen wir sie Kundalini oder Kundali. Kundali bedeutet „aufgerollt". Wenn sie den Kopf erhebt und sich aufwärts bewegt, ist das eine ungeheure Erfahrung. Jedesmal, wenn sie durch ein höheres Zentrum hindurchgeht, wirst du immer höhere Erfahrungen haben. Auf jeder „Station" werden dir viele Dinge offenbart; du bist ein großes Buch. Aber dafür muss die Energie durch die Zentren hindurchgehen, erst dann können diese Zentren ihre Schönheit, ihre Visionen, ihre Gedichte, ihre Lieder, ihren Tanz offenbaren. Und jedes Zentrum birgt einen höheren Orgasmus als das unter ihm.

Der sexuelle Orgasmus ist der niedrigste. Höher ist der Orgasmus des *Hara*. Höher als der ist der Orgasmus des *Nabhi*, des Nabels. Höher als der ist der der Liebe, des Herzens. Höher als der ist dann der der Kehle – Kreativität, Teilen. Höher als der ist dann der des Dritten Auges, – wo du das Leben so siehst, wie es wirklich ist, ohne Projektionen – die Klarheit, unverschleiert zu sehen. Und der höchste ist der des *Sahasrar*, des siebten Zentrums.

Dies also ist die Landkarte. Wenn ihr wollt, könnt ihr aufwärts steigen, *Urdhwaretas* werden. Aber versucht niemals *Urdhwaretas* um der *Siddhis*, der Kräfte willen; das sind lauter Narreteien. Versucht *Urdhwaretas* zu werden, um zu erfahren, wer ihr seid. Nicht um der Macht, sondern des Friedens willen. Nehmt den Frieden zu eurem Ziel, niemals die Macht.

Dieses Sutra-Kapitel heißt *Vibhuti Pada*. Vibhuti bedeutet „Macht". Patanjali hat dieses Kapitel mit hineingenommen, um seine Schüler und alle, die ihm je folgen werden, davor zu warnen, dass ihnen auf dem Weg viele Mächte begegnen werden, aber dass ihr euch nicht in sie verstricken sollt. Wenn man sich erst einmal in Macht verstrickt hat, wenn man erst einmal auf einem Powertrip ist, steckt man in der Klemme. Dann bist du auf dem Fleck festgenagelt – und dein Flug hat aufgehört. Und du musst immer weiter fliegen und immer weiter bis zum Ende, wo sich der Abgrund auftut und du wieder in die kosmische Seele aufgenommen wirst.

Lass Frieden dein Ziel sein.

Die Auswirkung von Fasten und Essen auf die feinstofflichen Körper

Ihr kennt nicht das eigentliche Geheimnis des Körpers. Er ist nicht nur Haut, er ist nicht nur Knochen, er ist nicht nur Blut. Er ist eine große organische Einheit, ein großer dynamischer Vorgang. Jahrhundertelang glaubte der Mensch, dass Blut den Körper füllt wie Wasser einen Behälter. Erst vor dreihundert Jahren erfuhren wir, dass das Blut nicht den Körper füllt, dass es nichts Stagnierendes ist – dass es ein Kreislauf ist. Es ist erst drei Jahrhunderte her, dass wir erkannten, dass das Blut zirkuliert; dass es eine dynamische Kraft ist. Es füllt nicht den Körper, sondern es zirkuliert – so still und so konstant und die Bewegung ist so anmutig, ohne jegliches Geräusch, dass wir Millionen von Jahren mit Körpern gelebt haben und dabei niemals auf die Wirklichkeit des Blutes gestoßen sind, dass es nämlich zirkuliert.

Es gibt noch viele verborgene Geheimnisse. Dieser Körper ist nur die erste Schicht von vielen weiteren Körpern; alles in allem sieben Körper. Wenn man tief in diesen Körper geht, begegnet man neuen Phänomenen. Hinter dem grobstofflichen Körper versteckt sich der feinstoffliche Körper. Wenn dieser feinstoffliche Körper einmal erwacht, wirst du sehr kraftvoll, denn du erlangst gewisse neudimensionale Kräfte. Dieser Körper kann in deinem Bett liegen und dein feinstofflicher Körper kann sich umherbewegen. Für ihn gibt es keine Hindernisse. Er unterliegt nicht der Erdanziehungskraft, er hat weder zeitliche noch räumliche Begrenzungen. Er kann sich umherbewegen … er kann sich überall hinbewegen. Die ganze Welt steht ihm offen. Für den grobstofflichen Körper ist das nicht möglich.

In einigen deiner Träume verlässt der feinstoffliche Körper tatsächlich den physischen Körper. In einigen deiner tiefen Meditationen verlässt dein feinstofflicher Körper deinen physischen Körper. Viele von euch haben manchmal in tiefer Meditation wahrgenommen, dass es sich anfühlt, als würdet ihr über dem Boden schweben, einige Zentimeter, einen Meter. Wenn du die Augen öffnest, sitzt du auf dem Boden. Du glaubst, du hättest es dir nur eingebildet. Das ist nicht der Fall. Der feinstoffliche Körper kann in tiefer Meditation ein wenig höher steigen als dein grobstofflicher Körper. Und manchmal geschieht es sogar, dass der grobstoffliche Körper dem subtilen Körper folgt.

Es gibt in Europa eine Frau, die mit verschiedenen wissenschaftlichen Methoden untersucht worden ist. In tiefer Meditation steigt sie mehr als einen Meter vom Boden auf, nicht nur mit dem feinstofflichen Körper, sondern auch mit dem grobstofflichen Körper. Man hat herausgefunden, dass dies eine Tatsache ist. Schon in den ältesten Abhandlungen über Yoga heißt es, dass es in tiefer Meditation passieren kann, dass sich mit dem feinstofflichen Körper auch der grobstoffliche Körper über die Erde erhebt und sie sagen, dass er sich nahezu einen Meter erheben kann. Der grobstoffliche Körper ist nur der Körper an der Oberfläche, die Haut der anderen Körper. Hinter dem subtilen sind dann noch subtilere Körper – alles in allem sieben Körper. Sie alle gehören zu sieben verschiedenen Seinsebenen. Je mehr du dich in dein eigenes Sein begibst, desto mehr nimmst du wahr, dass dieser Körper nicht alles ist. Aber du wirst dem zweiten Körper nur begegnen, wenn dieser Körper rein geworden ist.

Yoga hält nichts davon, den Körper zu quälen, es ist nicht masochistisch – aber es hält viel davon, ihn zu reinigen. Und manchmal kann den Körper zu reinigen und den Körper zu quälen gleich aussehen. Man muss da unterscheiden. Ein Mensch mag fasten, und vielleicht quält er sich nur. Vielleicht ist er nur gegen seinen eigenen Körper, selbstmörderisch, masochistisch. Aber dann mag wieder ein anderer fasten und vielleicht quält er sich nicht, ist er kein Masochist und vielleicht versucht er ganz und gar nicht, seinen Körper zu zerstören. Stattdessen versucht er vielleicht, ihn zu reinigen, denn in tiefem Fasten erlangt der Körper eine gewisse Reinheit.

Ihr esst immerfort jeden Tag; ihr gebt dem Körper niemals Urlaub. Der Körper sammelt ständig viele tote Zellen an – sie werden zu einer Last. Sie sind nicht nur eine Last und eine Bürde, sie sind auch Toxine, sie sind giftig. Sie verunreinigen den Körper. Wenn der Körper unrein ist, könnt ihr den dahinter verborgenen Körper nicht sehen. Dieser Körper muss sauber, transparent, rein sein; dann werdet ihr euch plötzlich der zweiten Schicht bewusst, des feinstofflichen Körpers. Wenn der feinstoffliche Körper rein ist, wird euch der dritte Körper bewusst und der vierte und so weiter. Fasten hilft ganz ungeheuer, aber man muss dabei sehr aufpassen, dass man den Körper nicht zerstört. Man sollte keine verdammenden Urteile im Kopf haben; und darin liegt das Problem, denn fast alle Religionen haben den Körper verdammt.

Die ursprünglichen Religionsstifter waren keine Verdammer, sie waren keine Vergifter. Sie liebten ihren Körper. Sie liebten ihren Körper so sehr, dass sie immer versuchten, ihn zu reinigen. Ihr Fasten war eine Reinigung. Dann kamen blinde Anhänger, denen die tief gehende Wissenschaft des Fastens nicht bekannt war. Sie begannen blind zu fasten. Das gefiel ihnen, denn der Verstand ist gewalttätig. Es gefällt ihm, mit andern gewalttätig zu sein, es gefällt ihm, Macht zu haben, denn immer wenn ihr gewalttätig mit andern seid, fühlt ihr euch mächtig. Aber mit andern gewalttätig zu sein, ist gefährlich, denn der andere wird sich revanchieren. Dann gibt es eine einfache Lösung: Tue deinem eigenen Körper Gewalt an. Darin liegt kein Risiko. Der Körper kann sich nicht revanchieren. Der Körper kann dich nicht verletzen. Ständig schadest du deinem eigenen Körper und es gibt niemanden, der reagiert. Es ist ganz einfach. Du kannst ihn foltern und deine Macht genießen, den Körper völlig unter Kontrolle zu haben. Der Körper kann dich nicht kontrollieren.

Wenn dieses Fasten aggressiv, gewalttätig ist, wenn Wut und Destruktivität damit einhergehen, verfehlst du das Wesentliche. Du reinigst den Körper nicht, in Wirklichkeit zerstörst du ihn. Einen Spiegel zu reinigen ist eine Sache und einen Spiegel zu zerbrechen ist eine völlig andere. Einen Spiegel zu reinigen ist etwas ganz anderes, denn wenn der Spiegel staubfrei ist, wenn er sauber ist, kannst du in ihn hineinschauen – du wirst dich darin sehen können. Aber wenn du den Spiegel zerbrichst, besteht keine Möglichkeit in ihn hineinzuschauen. Wenn du den grobstofflichen Körper zerstörst, verlierst du jede Kontaktmöglichkeit mit dem zweiten, dem feinstofflichen Körper. Reinige ihn, aber sei nicht destruktiv.

Und auf welche Art reinigt das Fasten? Immer wenn du eine Fastenkur machst, muss der Körper keine Verdauungsarbeit leisten. In der Zeit kann der Körper die toten Zellen, die Giftstoffe hinaustransportieren. Es ist so, als würdest du an einem Tag, sonntags oder samstags, wenn du frei hast, den ganzen Tag dein Haus putzen. Die ganze Woche über hattest du viel Arbeit, warst so beschäftigt, dass du das Haus nicht putzen konntest. Wenn der Körper keine Nahrung verdauen muss – du hast nichts gegessen –, beginnt er eine Selbstreinigung. Dieser Prozess setzt ganz spontan ein und der Körper scheidet alles aus, was er nicht mehr brauchen kann oder was ihn belastet. Fasten ist ein Reinigungsprozess. Von Zeit zu Zeit ist eine Fastenkur sehr wirksam – nichts tun, nichts essen, nur ruhen. Trinke so viel Flüssigkeit wie möglich und ruhe dich aus, und der Körper reinigt sich. Wenn du manchmal fühlst, dass ein längeres Fasten nötig ist, kannst du auch länger fasten – aber sei voll tiefer Liebe für den Körper. Und hör sofort auf, wenn du fühlst, dass das Fasten dem Körper auf irgendeine Weise schadet. Wenn das Fasten dem Körper hilft, wirst du mehr Energie haben, wirst du dich lebendiger fühlen, du wirst dich verjüngt fühlen, neu belebt.

Das sollte das Kriterium sein: Wenn du anfängst zu fühlen, dass du schwächer wirst, wenn du anfängst zu fühlen, dass ein leichtes Zittern über den Körper kommt, dann sei sehr wachsam, dann ist das Ganze keine Reinigung mehr. Es ist destruktiv geworden. Aber man sollte die ganze Wissenschaft des Fastens lernen. In der Tat sollte man in der Nähe einer Person fasten, die schon lange gefastet hat und die den Weg gut kennt, die all die Symptome kennt, die weiß, was geschieht, wenn es destruktiv wird, und was geschieht, wenn es nicht destruktiv ist. Nach einem wirklichen, reinigenden Fasten fühlst du dich wie neu, jünger, sauberer, schwerelos, glücklicher; und der Körper wird besser funktionieren, denn jetzt ist er entlastet.

Aber Fasten wird erst erforderlich, wenn du dich falsch ernährt hast. Wenn du dich nicht falsch ernährt hast, besteht keine Notwendigkeit zum Fasten. Man braucht nur zu fasten, wenn man seinem Körper bereits etwas Falsches angetan hat – und wir alle haben uns falsch ernährt. Der Mensch ist vom Weg abgekommen. Kein Tier ernährt sich wie der Mensch; jedes Tier hat seine bestimmte Nahrung. Wenn ihr Büffel in einen Garten bringt und sie dort lasst, werden sie nur ganz bestimmtes Gras fressen. Sie werden nicht alles und jedes fressen – sie wählen genau aus. Sie haben ein sicheres Gefühl für ihre Nahrung. Der Mensch hat sich total verirrt, er hat kein Gefühl für das, was er isst. Er isst ständig alles und jedes. In der Tat kann man nichts finden, das nicht irgendwo von irgend jemandem gegessen wird. In einigen Gegenden werden Ameisen gegessen, in anderen Gegenden werden Schlangen gegessen, in anderen Gegenden werden Hunde gegessen. Der Mensch isst alles. Der Mensch ist einfach wahnsinnig. Er weiß nicht, was mit seinem Körper in Einklang ist und was nicht. Er ist total verwirrt.

Der Mensch sollte naturgemäß Vegetarier sein, denn sein ganzer Körper ist für vegetarische Ernährung geschaffen. Sogar Wissenschaftler stimmen darin überein, dass die ganze Struktur des menschlichen Körpers zeigt, dass der Mensch kein Fleischesser sein sollte. Der Mensch stammt von den Affen ab. Affen sind Vegetarier, absolute Vegetarier. Wenn Darwin Recht hat, dann sollte der Mensch Vegetarier sein. Nun gibt es Wege, wie man beurteilen kann, ob eine bestimmte Tiergattung vegetarisch oder fleischfressend ist: Es hängt von den Eingeweiden ab, von der Länge der Gedärme. Fleischfressende Tiere haben sehr kurze Därme. Tiger, Löwen haben kurze Därme, denn Fleisch ist bereits verdaute Nahrung. Zu seiner Verdauung sind keine langen Därme nötig. Die Arbeit der Verdauung ist schon von dem Tier erledigt worden. Und jetzt esst ihr das Fleisch des Tieres. Es ist schon verdaut – lange Därme werden dazu nicht gebraucht. Der Mensch hat einen der längsten Därme; das bedeutet, der Mensch ist Vegetarier. Lange Verdauung ist notwendig und es gibt viel Ballast, der hinausbefördert werden muss.

Wenn der Mensch kein Fleischesser ist und ständig Fleisch isst, wird der Körper belastet. Im Osten haben alle großen Meditierer – Buddha, Mahavira – dies betont. Nicht aufgrund eines Konzepts der Gewaltlosigkeit – das ist sekundär –, sondern weil der Körper schwerelos, natürlich, fließend sein muss, wenn man sich wirklich tief in Meditation begeben will. Dein Körper muss unbelastet sein; und der Körper eines Nichtvegetariers ist sehr stark belastet.

Beobachte einfach, was geschieht, wenn du Fleisch isst. Wenn ihr ein Tier tötet, was geschieht dann in dem Tier, während es getötet wird? Natürlich will niemand getötet werden. Leben will sich fortsetzen, das Tier stirbt nicht freiwillig. Wenn jemand dich tötet, wirst du nicht freiwillig sterben. Wenn ein Löwe dich anspringt und dich tötet, was geht dann in dir vor? Das gleiche geht in dem Löwen vor, wenn du ihn tötest. Qual, Angst, Tod, Pein, Furcht, Wut, Gewalt, Trauer – all das geht in dem Tier vor. In seinem gesamten Körper breitet sich Gewalt, Qual, Todesangst aus. Der ganze Körper wird voll von Toxinen, Giftstoffen, alle Körperdrüsen scheiden Gifte aus, denn das Tier stirbt total widerwillig. Und dann isst du das Fleisch – dieses Fleisch trägt all die Gifte in sich, die das Tier freigesetzt hatte. Die ganze Energie ist giftig. Dann werden diese Gifte in deinen Körper übertragen. Und das Fleisch, das du isst, gehörte zu einem Tierkörper. Da hatte es seine Funktion. Eine bestimmte Art von Bewusstsein existierte in dem Tierkörper.

Du befindest dich auf einer höheren Ebene als das Bewusstsein des Tieres, und wenn du das Fleisch des Tieres isst, geht dein Körper auf die niedrigste Ebene, auf die niedrigere Ebene des Tieres. Dann entsteht eine Kluft zwischen deinem Bewusstsein und deinem Körper, Spannung steigt auf und Furchtsamkeit steigt auf.

Man sollte Dinge essen, die natürlich sind – natürlich für dich. Früchte, Nüsse, Gemüse – iss, so viel du kannst. Und das Schöne daran ist, dass du nicht mehr davon essen kannst, als du brauchst. Alles, was natürlich ist, gibt dir immer Befriedigung, denn es stillt die Bedürfnisse des Körpers, es sättigt dich. Du fühlst dich erfüllt. Wenn etwas unnatürlich ist, gibt es dir niemals ein Gefühl der

Erfüllung. Iss eine Menge Eiskrem, wie viel du auch isst, du fühlst niemals, dass der Sättigungspunkt erreicht ist. Je mehr du isst, desto mehr verlangt es dich, mehr zu essen. Es ist keine Nahrung. Dein Verstand wird ausgetrickst. Jetzt isst du nicht deinen Körperbedürfnissen entsprechend; du isst nur wegen des Geschmacks. Die Zunge hat die Kontrolle übernommen. Die Zunge sollte nicht der Kontrolleur sein. Sie weiß nichts über den Magen. Sie weiß nichts über den Körper. Die Zunge hat eine bestimmte Aufgabe zu erfüllen: die Nahrung zu schmecken. Natürlich muss die Zunge beurteilen – und das ist das Einzige –, was Nahrung für den Körper ist, für meinen Körper, und was keine Nahrung für meinen Körper ist. Sie ist nur ein Aufpasser an der Tür; sie ist nicht der Meister. Und wenn der Aufpasser an der Tür der Meister wird, gerät alles in Konfusion.

Die Reklameleute wissen nur zu gut, dass die Zunge ausgetrickst werden kann, dass die Nase ausgetrickst werden kann. Aber sie sind nicht der Meister. Du magst dir dessen nicht bewusst sein: Viel Ernährungsforschung geht in der Welt vor sich, und man sagt, wenn deine Nase vollkommen zu ist und wenn man dir bei geschlossenen Augen eine Zwiebel zu essen gibt, weißt du nicht, was du isst. Du kannst die Zwiebel nicht von einem Apfel unterscheiden, wenn die Nase vollkommen zu ist, denn die Hälfte des Geschmacks kommt durch den Geruch, wird von der Nase entschieden, und die andere Hälfte wird von der Zunge entschieden – und diese zwei sind die Kontrolleure geworden. Jetzt weiß man: Ob Eiskrem nahrhaft ist oder nicht, ist unwesentlich. Sie kann einen Geschmack an sich haben, sie kann ein paar Chemikalien in sich haben, die die Zunge befriedigen, die der Körper jedoch nicht benötigt.

Der Mensch ist verwirrt – viel verwirrter als ein Büffel. Du kannst keinen Büffel dazu bringen, Eis zu essen. Versuch es! Natürliche Ernährung … und wenn ich „natürlich" sage, meine ich das, was dein Körper braucht. Der Körper eines Tigers zum Beispiel braucht eine andere Nahrung; er muss aggressiv sein. Wenn du das Fleisch eines Tigers isst, wirst du gewalttätig werden, aber wo wird sich deine Gewalttätigkeit ausdrücken? Du musst in der menschlichen Gesellschaft leben, nicht im Dschungel. Dann wirst du deine Gewalttätigkeit unterdrücken müssen. Damit hat ein Teufelskreis begonnen.

Was geschieht, wenn du Gewalt unterdrückst? Wenn du wütend und aggressiv bist, wird eine bestimmte giftige Energie freigesetzt und dieses Gift lässt dich wirklich gewalttätig werden und du könntest sogar jemanden töten. Die Energie geht in deine Hände, die Energie geht in deine Zähne – das sind die beiden Stellen, mit denen Tiere angreifen. Der Mensch ist Teil des Tierreichs.

Wenn du wütend wirst, setzt dies Energie frei – sie fließt in die Hände und in die Zähne, in den Kiefer – aber du lebst in einer menschlichen Gesellschaft und es ist nicht immer gewinnbringend, wütend zu werden. Du lebst in einer zivilisierten Welt und du kannst dich nicht wie ein Tier verhalten. Wenn du dich wie ein Tier verhältst, kostet es dich zu viel, und du bist nicht bereit, so viel zu zahlen. Was also tust du? Du unterdrückst die Wut in deinen Händen, du unterdrückst die Wut in deinen Zähnen – du lächelst dein falsches Lächeln und deine Wut sammelt sich in deinen Zähne. Ich habe nur ganz selten Menschen mir natürlichen Kiefern gesehen. Sie sind nicht natürlich – sie sind blockiert, steif – weil sich zu viel Wut darin verbirgt. Wenn du jemandem auf den Kiefer drückst, wird diese Wut freigesetzt. Hände werden hässlich, sie verlieren ihre Anmut und ihre Beweglichkeit, weil so viel Wut in ihnen gehalten ist.

Menschen, die mit Tiefenmassage arbeiten, haben herausgefunden, dass jemand anfängt wütend zu werden, wenn man seine Hände tief massiert. Es besteht gar kein Grund dazu. Du massierst jemanden und plötzlich fängt er an, wütend zu werden. Wenn du auf den Kiefer drückst, wird er auch wieder wütend. Er trägt aufgestaute Wut in sich. Das sind die Unreinheiten im Körper; sie müssen losgelassen werden. Wenn du sie nicht loslässt, bleibt dein Körper schwerfällig. Es gibt Yogaübungen, die alle möglichen aufgestauten Gifte aus dem Körper lösen. Die Yogabewegungen setzen sie frei und der Körper eines Yogi hat seine eigene Geschmeidigkeit. Yogaübungen unterscheiden sich von anderen Übungen. Sie machen deinen Körper nicht stärker, sie machen ihn gelenkiger. Und wenn dein Körper gelenkiger ist, bist du in einem anderen Sinne gestärkt: Du bist jünger. Sie machen deinen Körper fließender, geschmeidiger – im Körper sind keine Blockierungen mehr. Der ganze Körper fügt sich zu einer organischen Einheit zusammen, er folgt seinem eigenen tiefen Rhythmus. Er ist nicht wie Lärm auf dem Marktplatz, er ist wie ein Orchester. Ein tiefer Rhythmus in seinem Innern ohne Blockierungen, dass ist ein reiner Körper. Yogaübungen können enorm hilfreich sein.

Jeder trägt eine Menge Unrat in seinem Magen, denn das ist die einzige Stelle im Körper, wo du Dinge unterdrücken kannst. Es gibt keine andere Stelle. Wenn du etwas unterdrücken willst, muss es im Magen unterdrückt werden. Wenn du weinen willst – deine Frau ist gestorben, ein geliebter Mensch ist gestorben, ein Freund ist gestorben –, aber es sieht nicht gut aus, du siehst wie ein Schwächling aus, wenn du um eine Frau weinst, du unterdrückst es. Wo wirst du das Weinen hintun? Du musst es natürlich im Magen unterdrücken. Das ist die einzig verfügbare Stelle im Körper, die einzig hohle Stelle, wo du es hinzwingen kannst. Wenn du es im Magen unterdrückst … Und jeder hat viele Arten von Gefühlen unterdrückt: Liebe, Sexualität, Wut, Traurigkeit, Weinen – sogar Lachen. Du kannst nicht tief aus dem Bauch heraus lachen. Das sieht roh, vulgär aus – dann bist du nicht gebildet. Ihr habt alles unterdrückt. Deswegen kannst du nicht tief atmen, deswegen musst du flach atmen. Denn wenn du tief atmen würdest, dann würden diese Wunden der Unterdrückung ihre Energie verlieren. Davor hast du Angst. Jeder hat Angst davor, in seinen Magen zu gehen.

Jedes Kind atmet, wenn es geboren wird, aus dem Bauch heraus. Betrachte ein schlafendes Kind, der Bauch hebt und senkt sich – nicht die Brust. Kein Kind atmet durch die Brust, Kinder atmen durch den Bauch. Sie sind noch völlig frei, nichts wird unterdrückt. Ihr Magen ist leer und diese Leere ist die Schönheit im Körper.

Wenn der Magen einmal zu viel Unterdrückung erfahren hat, wird der Körper in zwei Teile gespalten, das Niedrigere und das Höhere. Dann bist du nicht mehr eins, du bist zwei. Der niedrigere

Teil wird zum abgelehnten Teil. Die Einheit ist verloren gegangen. Dualität ist in dein Leben eingezogen. Jetzt kannst du nicht mehr schön sein, jetzt kannst du nicht mehr anmutig sein.

Du trägst zwei Körper statt einem – und es wird immer eine Lücke zwischen beiden sein. Du kannst nicht mehr auf eine schöne Weise gehen. Irgendwie musst du deine Beine dahinschleppen. Wenn dein Körper eins ist, werden deine Beine dich tragen. Wenn der Körper in zwei gespalten ist, musst du deine Beine tragen.

Du schleppst deinen Körper mit dir herum. Er ist wie eine Bürde. Du kannst dich nicht an ihm erfreuen. Du kannst keinen guten Spaziergang genießen, du kannst kein gutes Schwimmen genießen, du kannst kein schnelles Laufen genießen – weil der Körper nicht eins ist. Für all diese Bewegung, und um sie zu genießen, muss der Körper wiedervereinigt sein. Es muss wieder Einklang geschaffen werden: Der Magen muss vollständig gereinigt werden. Um den Magen zu reinigen, musst du tief atmen, denn wenn du tief einatmest und tief ausatmest, wirft der Magen all seinen Ballast ab. Mit dem Ausatmen lässt der Bauch los, daher ist *Prana*yam so wichtig, tiefes rhythmisches Atmen. Das Augenmerk sollte auf dem Ausatmen liegen, sodass alles, was der Bauch unnötigerweise in sich trägt, losgelassen wird. Und wenn der Bauch keine Emotionen mehr in sich trägt, dann wird, falls du an Verstopfung leidest, diese plötzlich verschwinden. Wenn du Gefühle in deinem Bauch unterdrückst, wirst du unter Verstopfung leiden, denn der Bauch ist nicht frei, seine Bewegungen durchzuführen. Du hältst ihn tief unter Kontrolle, du erlaubst ihm keine Freiheit.

Wenn also Gefühle unterdrückt werden, gibt es Verstopfung. Verstopfung ist mehr eine mentale als eine körperliche Krankheit. Sie gehört mehr zum Verstand als zum Körper. Aber merke dir, dass ich den Körper und den Verstand nicht voneinander abspalte. Sie sind zwei Aspekte derselben Erscheinung. Körper und Verstand sind nicht zweierlei. Tatsächlich ist es nicht gut, „Körper und Verstand“ zu sagen: „Körper-Verstand“ ist der richtige Ausdruck. Dein Körper ist ein psychosomatisches Phänomen.

Der Verstand ist der subtilste Teil des Körpers und der Körper ist der gröbste Teil des Verstandes. Und sie beeinflussen sich gegenseitig, sie laufen parallel. Wenn du etwas in deinem Verstand unterdrückst, wird auch der Körper etwas unterdrücken. Wenn der Verstand loslässt, lässt auch der Körper los. Deshalb lege ich soviel Wert auf Katharsis. Eine Katharsis ist ein Reinigungsprozess.

All das ist Enthaltsamkeit: Fasten, natürliche Ernährung, tiefes rhythmisches Atmen, Yogaübungen, ein immer natürlicheres, flexibleres, geschmeidigeres Leben führen, immer weniger unterdrückte Haltungen schaffen, den Körper bestimmen lassen, der Weisheit des Körpers folgen. Enthaltsamkeit bedeutet nicht, den Körper zu quälen, es bedeutet ein lebendiges Feuer im Körper zu entfachen, sodass der Körper gereinigt wird. Als würdest du Gold ins Feuer werfen – alles, was nicht Gold ist, wird verbrannt. Nur pures Gold bleibt übrig.

Wenn der Körper rein ist, wird enorm viel neue Energie in dir aufsteigen, neue Dimensionen eröffnen sich dir, plötzlich öffnen sich neue Türen, neue Möglichkeiten zeigen sich. Der Körper verfügt über eine Menge verborgene Energien. Wenn sie einmal freigesetzt sind, wirst du es kaum fassen können, wie viel der Körper in sich trug und wie greifbar nahe sie waren.

Und hinter jedem der fünf Sinne liegt ein verborgener Sinn. Hinter den Augen ist eine verborgene Sichtweise, ein Einblick. Wenn die Augen rein, sauber sind, dann seht ihr die Dinge nicht nur so, wie sie an der Oberfläche sind. Du fängst an, in die Tiefe zu sehen. Eine neue Dimension öffnet sich. Wenn du jetzt im Moment jemanden siehst, siehst du seine Aura nicht, du siehst nur seinen physischen Körper. Der physische Körper ist von einer ganz subtilen Aura umgeben. Ein diffuses Licht umgibt den Körper. Und jedermanns Körper ist von einer andersfarbigen Aura umgeben.

In dem Moment, in dem deine Augen rein sind, kannst du die Aura sehen; und wenn du die Aura siehst, weißt du vieles über diesen Menschen, was du auf eine andere Art nie wissen könntest. Und der Mensch kann dich nicht täuschen, es ist unmöglich, denn seine Aura enthüllt sein Sein. Jemand kommt mit einer Aura von Unehrlichkeit und versucht dich davon zu überzeugen, dass er ein sehr ehrlicher Mensch ist. Die Aura kann nicht täuschen, denn der Mensch kann seine Aura nicht kontrollieren, es ist unmöglich. Die Aura eines unehrlichen Menschen hat eine bestimmte Farbe. Die Aura eines ehrlichen Menschen hat eine andere Farbe. Die Aura eines reinen Menschen ist rein weiß. Je unreiner der Mensch, desto mehr geht das Weiß ins Grau hinein. Je unreiner, desto mehr geht die Farbe ins Schwarz hinein. Die Aura eines Menschen, der absolut unehrlich ist, ist absolut schwarz. Die Aura eines verwirrten Menschen verändert sich ständig, sie bleibt nicht gleich. Selbst wenn man nur ein paar Minuten hinschaut, wird man sehen, wie die Aura sich verändert. Der Mensch ist verwirrt, er selber ist in dem, was er ist, nicht zu Hause. Seine Aura verändert sich zusehends.

Die Aura eines meditativen Menschen hat eine sehr stille Qualität. Dieser Mensch strahlt eine Ruhe aus, er hat eine Kühle um sich herum. Wenn ein Mensch in großer Angst lebt, wenn er aufgewühlt ist und unter Spannung steht, sind auch diese Eigenschaften in seiner Aura zu sehen. Ein Mensch voller Spannungen wird vielleicht versuchen zu lächeln, er wird sich verstellen, vielleicht eine Maske tragen, aber wenn er zu dir kommt, wird seine Aura seine Realität widerspiegeln. Und das Gleiche gilt für die Ohren. Genau wie die Augen einen tiefen Einblick bekommen, haben die Ohren eine tiefe Fähigkeit zu hören. Dann hört man nicht, was der Mensch sagt, sondern man hört vielmehr auf seine Melodie. Man kümmert sich nicht um die Worte, die er sagt, sondern um den Ton, den Rhythmus seiner Stimme … eine innere Qualität der Stimme, die vieles ausdrückt, worüber Worte nicht hinwegtäuschen, was sie nicht verändern können. Der Mensch mag versuchen, sehr höflich zu sein, aber seine Grobheit wird im Klang seiner Stimme sein. Der Mensch kann versuchen, sehr aufrichtig zu wirken, aber der Klang seiner Stimme wird seine Unaufrichtigkeit verraten.

Der Mensch kann versuchen, Selbstsicherheit zu demonstrieren, aber der Klang seiner Stimme wird seine Zögerlichkeit verraten. Und wenn man den Klang an sich hören kann und wenn man die

Aura sehen kann und wenn man die Qualität des Wesens, dem man nahe ist, fühlen kann, wird man zu vielem fähig. Und das alles ist sehr einfach. Es ereignet sich, wenn man mit der Enthaltsamkeit begonnen hat. Dann entwickeln sich tiefere Kräfte, die im Yoga *Siddhis* genannt werden – magische Kräfte, geheimnisvolle Kräfte. Sie gleichen Wundern, weil wir ihre Mechanismen nicht verstehen, nicht wissen, wie sie funktionieren. Wenn du den Mechanismus einmal kennst, sind es keine Wunder mehr. Tatsächlich sind Wunder überhaupt nicht möglich. Alles, was geschieht, unterliegt einer bestimmten Gesetzmäßigkeit. Vielleicht ist das Gesetz nicht bekannt; dann nennt man es ein Wunder. Wenn das Gesetz bekannt wird, verschwindet das Wunder.

Alle Wunder geschehen nach verborgenen Gesetzmäßigkeiten. Yoga sagt, es gibt kein Wunder auf dieser Welt, denn Wunder sind gegen die Gesetzmäßigkeiten und daher unmöglich. Wie kann es irgendeine Möglichkeit geben, gegen die universellen Gesetzmäßigkeiten zu verstoßen? Es gibt keine Möglichkeit. Es kann sein, dass die Menschen diese Gesetzmäßigkeiten nicht kennen. *Siddhis* werden möglich, wenn du tiefer in Reinheit und Vervollkommnung gehst. Wenn du zum Beispiel mit deinem Astralkörper aus deinem grobstofflichen Körper heraustreten kannst, wirst du vieles tun können, das wie ein Wunder aussieht. Du kannst reisen und Menschen besuchen. Sie können dich sehen, aber sie können dich nicht berühren. Du kannst sogar durch deine Astralprojektion mit ihnen sprechen und du kannst Menschen heilen.

Wenn du wirklich rein bist, reicht einfach nur deine Berührung, die Hand aufzulegen aus, und ein Wunder geschieht. Die Heilkraft ist einfach bei dir – wo auch immer du hingehst, geschehen Heilungen. Nicht, dass du selbst heilen würdest. Die Reinheit selbst wird die Heilung ermöglichen … du bist zu einem Instrument der unendlichen Kräfte geworden. Aber man muss sich nach Innen wenden, man muss sich auf die Suche nach seinem eigenen innersten Kern begeben.

Die Erscheinungsformen des Prana in den sieben Körpern

Was ist Prana und wie zeigt es sich in jedem der sieben Körper?

Prana ist Energie – unsere Lebensenergie, das Leben in uns. Dieses Leben manifestiert sich, was den physischen Körper betrifft, als Einatmen und Ausatmen. Das sind zwei entgegengesetzte Bewegungen. Wir betrachten sie als eine, wir sagen „Atmen"; aber das Atmen hat zwei Pole: den einströmenden und den ausströmenden Atem. Jede Energie ist polarisiert, jede Energie hat zwei entgegengesetzte Pole, ohne Pole kann sie nicht existieren. Die entgegengesetzten Pole mit ihrer Spannung und Harmonie erzeugen Energie, genau wie magnetische Pole.

Einatmen steht im Gegensatz zum Ausatmen und Ausatmen steht im Gegensatz zum Einatmen. In einem einzigen Moment gleicht Einatmen einer Geburt und Ausatmen einem Tod. In einem einzigen Augenblick geschieht beides: wenn du einatmest, wirst du geboren, wenn du ausatmest, stirbst du – Leben und Tod in einem einzigen Moment. Diese Polarität ist die Lebensenergie, die aufsteigt und absteigt. Im physischen Körper nimmt die Lebensenergie diese Form an; sie wird geboren und stirbt nach siebzig Jahren. Auch dies ist nur eine größere Erscheinungsform ein und desselben Phänomens: Einatmen und Ausatmen ... Tag und Nacht.

In allen sieben Körpern, dem physischen, ätherischen, astralen, mentalen, spirituellen, kosmischen und nirvanischen gibt es entsprechende einströmende und ausströmende Erscheinungen. Im mentalen Körper sind es die Gedanken, die einströmen und ausströmen, genau wie der Atem einströmt und ausströmt. Jeden Moment kommt dir ein Gedanke in den Sinn und ein anderer Gedanke geht dir aus dem Sinn. Gedanken an sich sind Energie. Im mentalen Körper tritt die Energie als das Kommen und Gehen von Gedanken in Erscheinung, im physischen Körper als Einatmen und Ausatmen. Deshalb kannst du dein Denken durch Atmen beeinflussen. Es besteht eine direkte Verbindung zwischen beidem.

Wenn du den Atem anhältst, keinen Atem hereinlässt, werden die Gedanken angehalten, sie kommen nicht herein. Halte den Atem im physischen Körper an und du hältst die Gedanken im mentalen Körper an. Und wie dein physischer Körper anfängt sich unwohl zu fühlen, so fängt dein mentaler Körper an sich unwohl zu fühlen. Der physische Körper will einatmen, der mentale Körper will Gedanken aufnehmen.

Genau wie der Atem von außen nach innen genommen wird und die Luft außerhalb von dir existiert, so gibt es außerhalb von dir einen Ozean von Gedanken. Gedanken strömen ein, Gedanken strömen aus. Dein Atem kann im nächsten Moment mein Atem werden und dein Gedanke kann mein Gedanke werden. Jedes Mal wenn du den Atem ausströmen lässt, lässt du genauso Gedanken ausströmen. Genau wie Luft existiert, so existieren Gedanken. Genau wie die Luft verschmutzt werden kann, so können Gedanken verschmutzt werden. Du kannst sie verunreinigen. Genau wie Luft unrein sein kann, so können Gedanken unrein sein.

Der Atem selbst ist nicht *Prana*. *Prana* bedeutet die Lebensenergie, die in dieser Polarität des Ein- und Ausströmens in Erscheinung tritt. Die Energie, die Atem holt, ist *Prana*, nicht der Atem selbst; die Energie, die Atem holt, den Atem in Gang hält, die ein- und ausatmet, ist *Prana*.

Die Energie, die Gedanken anzieht und wieder loslässt, diese Energie ist auch *Prana*. Diesen Prozess gibt es in allen sieben Körpern. Ich spreche jetzt nur vom physischen und mentalen Körper, weil wir diese zwei kennen; wir können sie leicht verstehen. Aber in jeder Schicht deines Wesens spielt sich derselbe Prozess ab.

Dein zweiter Körper, der ätherische, hat sein eigenes Ein- und Ausströmen. Du wirst diesen Prozess in jedem der sieben Körper fühlen, aber du wirst fühlen, dass es genau wie das Ein- und Ausatmen ist, weil du nur mit deinem physischen Körper und seinem *Prana* vertraut bist.

Immer, wenn du ein Gefühl von einem anderen Körper und seinem *Prana* wahrnimmst, hältst du es zunächst einmal für Einatmen und Ausatmen, denn das ist die einzige Erfahrung, die du kennst. Du kennst nur diese Erscheinungsform des *Prana*, die Vitalenergie. Aber auf der ätherischen Ebene gibt es weder Atem noch Gedanken, sondern Einfluss – einfach nur Einfluss –, der ein- und ausströmt.

Du begegnest jemandem, ohne ihn vorher zu kennen. Dieser Mensch hat noch nicht einmal mit dir gesprochen, aber etwas von ihm kommt herein. Du nimmst ihn entweder hinein oder wirfst ihn hinaus. Da ist ein subtiler Einfluss, du kannst ihn Liebe nennen, du kannst ihn Hass nennen, das Anziehende oder das Abstoßende. Wenn du dich abgestoßen oder angezogen fühlst, ist das dein zweiter Körper. Und dieser Prozess läuft ununterbrochen ab, jeden Moment, er hält nie an. Du nimmst ständig Einflüsse auf und stößt sie wieder aus. Der andere Pol ist immer da. Wenn du jemanden geliebt hast, dann wirst du dich in einem bestimmten Moment von ihm abgestoßen fühlen. Wenn du jemanden geliebt hast, hast du eingeatmet. Jetzt atmest du aus, du bist abgestoßen.

Deshalb folgt auf jeden Augenblick der Liebe ein Moment des Abgestoßenseins. Die Lebensenergie existiert in Polarität. Aus nur einem Pol kann sie nicht existieren, unmöglich! Und immer, wenn du sie an einem Pol festhalten willst, versuchst du das Unmögliche.

Du kannst niemanden lieben, ohne ihn irgendwann zu hassen. Hass kommt zwangsläufig, weil die Lebenskraft nicht an einem einzigen Pol existieren kann. Sie geht zwischen den Polen hin und her, deshalb muss ein Freund auch ein Feind sein … und das geht immer so weiter. Dieses Hereinkommen und Hinausgehen gibt es in allen Körpern, bis hinauf zum siebten. Kein Körper kann ohne diesen Prozess existieren – ohne dieses Ein- und Ausströmen. Es ist unmöglich, genau wie der physische Körper nicht ohne Einatmen und Ausatmen existieren kann.

Soweit es den physischen Körper betrifft, nehmen wir diese zwei Erscheinungen nicht als Gegensatz, deshalb stört es uns nicht. Das Leben macht keinen Unterschied zwischen dem Einatmen und dem Ausatmen. Es gibt keine moralische Verschiedenheit. Man braucht nicht das eine dem anderen vorzuziehen; sie sind gleich. Es ist eine natürliche Erscheinung. Aber was den zweiten Körper betrifft, da haben wir uns auf Liebe festgelegt, Hass darf es nicht geben. Damit hast du angefangen auszuwählen. Du hast eine Wahl getroffen und diese Wahl ruft eine Störung hervor.

Deshalb ist der physische Körper oft gesünder als der zweite, der ätherische Körper. Der ätherische Körper ist immer in Konflikt, weil moralisches Auswählen ihn zur Hölle gemacht hat. Liebe gibt dir ein Wohlgefühl, aber wenn Hass hochkommt, fühlst du dich krank. Aber er muss kommen ... deshalb ist ein Mensch, der diese Polarität kennt, nicht enttäuscht, wenn Hass hochkommt. Ein Mensch, der diese Polarität kennt, bleibt ruhig, bleibt im Gleichgewicht. Er weiß, dass es so kommen muss; deshalb versucht er, weder zu lieben, wenn er keine Liebe spürt, noch klammert er sich an den Hass. Die Dinge kommen und gehen: er fühlt sich weder vom Einströmen angezogen, noch vom Ausströmen abgestoßen. Er ist nur ein Zeuge; er sagt sich: „Es ist genau wie Einatmen und Ausatmen."

Die buddhistische Meditationsmethode des *Anapana-Sati-Yoga* befasst sich hiermit. Die Methode ist, einfach nur Zeuge deines Atems zu sein, sei Zeuge beim Einatmen und Ausatmen und fange beim physischen Körper an. Über die anderen sechs Körper wird im *Anapana-Sati* nicht gesprochen, weil sie nach und nach von selber kommen. Je mehr du mit dieser Polarität vertraut wirst – gleichzeitig geboren zu werden und zu sterben, gleichzeitig Geburt und Tod –, desto mehr wirst du auf den zweiten Körper aufmerksam. Wenn Hass hochkommt, sagt Buddha, habe Upeksha, sei indifferent. Ob Hass oder Liebe, sei indifferent. Hänge dich an keines von beiden, denn was wird sonst aus dem anderen Pol? Dann gerätst du aus dem Gleichgewicht, du bist unausgeglichen, es macht dich krank. Buddha sagt: „Das Kommen des geliebten Menschen wird freudig begrüßt, aber das Weggehen des geliebten Menschen wird beweint. Das Treffen eines abstoßenden Menschen ist ein Elend und das Scheiden des abstoßenden Menschen ist Glück. Wenn du dich jedoch weiterhin in dieser Polarität aufspaltest, machst du dir das Leben zur Hölle, du lebst in der Hölle."

Wenn du einfach nur Zeuge dieser Polarität bist und dir sagst: „Es ist vollkommen natürlich, es ist die natürliche Erscheinungsform des betreffenden Körpers – also eines der sieben Körper. Das ist es, was diesen Körper erhält, sonst kann er nicht existieren." In dem Moment, in dem dir das bewusst wird, gehst du über den Körper hinaus. Wenn du über die Grenzen des ersten Körpers hinausgehst, wirst du dir des zweiten bewusst, wenn du über die Grenzen des zweiten Körpers hinausgehst, wirst du dir des dritten bewusst …

Zeuge sein ist immer jenseits von Leben und Tod. Einatmen und Ausatmen ist zweierlei, und wenn du ein Zeuge wirst, dann bist du keines von beiden. Dann ist eine dritte Kraft entstanden. Jetzt bist du nicht die Erscheinungsform von *Prana* im physischen Körper. Jetzt bist du *Prana*, der Zeuge. Jetzt siehst du, dass wegen dieser Polarität das Leben auf der physischen Ebene in Erscheinung tritt; und wenn diese Polarität aufhört, hört der physische Körper auf, da zu sein, dann kann er nicht existieren. Er braucht Spannung, um zu existieren, diese ständige Spannung von Kommen und Gehen, diese ständige Spannung von Geburt und Tod.

Das ist die Voraussetzung für seine Existenz. Jeden Moment ist er in Bewegung zwischen den beiden Polen, sonst würde er nicht existieren. Im zweiten Körper ist „Liebe und Hass" die grundlegende Polarität. Sie manifestiert sich auf vielerlei Weise. Die grundlegende Polarität ist dieses „Mögen und Nicht-Mögen" und jeden Moment wird dein Mögen zu Nicht-Mögen und dein Nicht-Mögen zu Mögen. Jeden Moment! Aber du merkst es nie. Wenn deine Vorliebe zu Abneigung wird und du die Abneigung unterdrückst und dir vormachst, dieselben Dinge auf Dauer zu mögen, dann machst du dir zweifach was vor. Und umgekehrt: Wenn du etwas nicht leiden kannst, dann bestehst du auf deiner Abneigung, gestattest du dir nie, die Momente wahrzuhaben, in denen du es gern hast. Wir unterdrücken die Liebe für unsere Feinde und wir unterdrücken den Hass auf unsere Freunde. Wir unterdrücken! Wir lassen nur eine Bewegung, nur einen Pol zu, aber da er immer wiederkommt, sind wir beruhigt. Irgendwann schwingt es zurück und wir sind beruhigt. Aber es ist immer ein Pol ausgespart, es ist keine ununterbrochene Bewegung, das können wir nicht zulassen.

Die Vitalkraft nimmt im zweiten Körper die Form von Vorliebe und Abneigung an. Aber es ist genau wie mit dem Atem: Es gibt keinen Unterschied. Einfluss ist hier das Mittel; Luft ist das Mittel im physischen Körper. Der zweite Körper lebt in einer Atmosphäre von Einflüssen. Es ist nicht einfach so, dass jemand mit dir in Kontakt kommt und du magst ihn oder nicht. Sogar, wenn niemand kommt und du allein im Zimmer bist, geht das Mögen/Nicht-Mögen, Mögen/Nicht-Mögen weiter. Ganz gleich, ob jemand da ist oder nicht, das Mögen/Nicht-Mögen geht in ununterbrochenem Wechsel weiter.

Durch diese Polarität lebt der ätherische Körper; sie ist sein Atem. Wenn du dabei zum Zeugen wirst, dann kannst du nur lachen. Dann gibt es weder Freund noch Feind. Dann weißt du, dass es eine ganz natürliche Erscheinung ist. Wenn du bewusst und Zeuge des zweiten Körpers, des Mögens und Nichtmögens, geworden bist, kannst du den dritten Körper kennenlernen. Der dritte ist der Astralkörper. Was Einflüsse im ätherischen Körper sind, sind magnetische Kräfte im Astralleib – Magnetismus ist sein Atem. In einem Moment bist du stark, im nächsten Moment bist du schwach; in einem Moment bist du voller Hoffnung, im nächsten Moment bist du hoffnungslos, in einem Moment bist du voller Zuversicht, im nächsten Moment verlierst du alle Zuversicht.

Das ist der Magnetismus, der in dich einströmt und aus dir herausweicht. Es gibt Momente, in denen du dich stark genug fühlst, selbst Gott herauszufordern, und es gibt Momente, in denen du dich selbst vor einem Schatten fürchtest.

Wenn die magnetische Kraft in dir ist, wenn sie in dich einströmt, bist du groß; wenn sie aus dir herausgewichen ist, bist du ein Nichts. Und es kommt und geht, wie Tag und Nacht. Das Rad dreht sich, es dreht sich im Kreis. Daher hatte selbst ein Mensch wie Napoleon Momente der Machtlosigkeit und selbst ein Feigling hat Momente von Kühnheit.

Im Judo gibt es eine Methode, um herauszufinden, wann den Gegner die Kraft verlässt. Das ist der Moment, ihn anzugreifen. Wenn er in seiner Kraft ist, kann er dich besiegen. Deshalb musst du den Moment erkennen, wenn ihn seine magnetische Kraft verlässt und ihn dann angreifen. Und du musst ihn zum Angriff reizen, wenn deine magnetische Kraft hereinströmt. Dieses Hereinströmen und Hinausströmen der magnetischen Kraft hängt mit deinem Atem zusammen. Deshalb hältst du den Atem an, wenn du etwas Schwieriges tun musst. Wenn du zum Beispiel einen schweren Stein hochheben willst, kannst du ihn nicht aufheben, wenn du ausatmest, das geht nicht. Aber wenn du einatmest oder den Atem anhältst, dann gelingt es dir! Dein Atem hängt damit zusammen, was im dritten Körper geschieht. Deshalb verliert der Gegner im Moment des Ausatmens seine magnetische Kraft, es sei denn, er hat Tricks gelernt, dich zu täuschen. Das ist der Moment, um anzugreifen. Das ist das Geheimnis von Judo. Du kannst sogar einen Gegner, der stärker ist als du, besiegen, wenn du das Geheimnis kennst, wann er furchtsam und kraftlos ist.

Der dritte Körper lebt in einer magnetischen Sphäre, genau wie Luft. Überall um uns herum gibt es magnetische Kräfte: Du atmest sie ein, du atmest sie aus. Wenn du aber das Kommen und Gehen dieser magnetischen Kraft bewusst wahrnimmst, dann bist du weder kraftvoll noch kraftlos. Dann gehst du über beides hinaus.

Dann gibt es den vierten Körper, den mentalen Körper: Gedanken strömen hier ein und Gedanken strömen aus. Dieses Ein und Aus der Gedanken hat auch Parallelen. Nur wenn die Gedanken zu dir kommen, während du einatmest, ist eigenständiges Denken möglich. Die Momente, in denen du ausatmest, sind Momente von Unfähigkeit; kein eigenständiger Gedanke kann in diesen Momenten geboren werden. In den Momenten, in denen eine Idee, ein origineller Gedanke geboren wird, hält der Atem sogar an. Wenn ein besonderer Gedanke geboren wird, stoppt der Atem. Atmen und Denken sind korrespondierende Vorgänge. Mit dem ausströmenden Gedanken wird nichts geboren. Er ist einfach tot. Wenn dir aber bewusst wird, wie die Gedanken kommen und gehen, dann kannst du den fünften Körper erkennen.

Bis zum vierten Körper sind die Dinge nicht schwierig zu verstehen, denn wir haben einige Erfahrungen, auf denen unser Verständnis basiert. Nach dem Vierten werden die Dinge sehr seltsam. Aber trotzdem kann einiges verständlich werden. Und wenn du über den vierten Körper hinausgegangen bist, wirst du es besser verstehen.

Im fünften Körper – wie soll man es sagen? Die Atmosphäre des fünften Körpers ist Leben – genau wie Gedanken, Atem, magnetische Kraft, Liebe und Hass die Atmosphäre für die niedrigeren Körper sind. Für den fünften Körper ist das Leben selbst die Atmosphäre. Deshalb ist im Fünften das Hereinströmen ein Moment des Lebens und das Hinausströmen ein Moment des Todes.

Im fünften wird dir bewusst, dass Leben nicht etwas ist, was in dir ist. Es strömt in dich ein und es strömt aus dir heraus. Du bist nicht Leben an sich. Es strömt einfach herein und strömt wieder hinaus, genau wie der Atem. Am fünften Körper liegt es, dass Atem mit *Prana* gleichgesetzt wurde. Im fünften Körper wird das Wort *Prana* erst bedeutungsvoll. Es ist Leben, was kommt und Leben, was geht. Deshalb sitzt uns ständig die Angst vor dem Tod im Nacken. Du weißt immer, dass der Tod nicht fern ist, an der nächsten Ecke wartet er, er ist immer da und wartet. Dieses Gefühl, dass der Tod immer auf dich wartet, dieses Gefühl der Unsicherheit, des Todes, der Dunkelheit, hängt mit dem fünften Körper zusammen. Es ist ein sehr dunkles Gefühl, sehr vage, weil du dir dessen nicht voll bewusst bist.

Wenn du zum fünften Körper kommst und dir seiner bewusst wirst, dann erkennst du, dass beides, Leben und Tod, nur ein- und ausströmende Atemzüge des fünften Körpers sind. Und wenn dir das bewusst wird, dann weißt du, dass du nicht sterben kannst, weil weder der Tod ein dir innewohnendes Phänomen ist, noch das Leben. Beides, Leben und Tod, sind von außen kommende Phänomene. Du hast niemals gelebt, du bist niemals gestorben. Du bist etwas, das gänzlich über beides hinausgeht. Aber dieses Gefühl der Transzendenz kann nur kommen, wenn dir die Lebenskraft und die Todeskraft im fünften Körper bewusst werden.

Freud sagt irgendwo, dass er irgendwie eine Ahnung davon hatte. Er kannte sich nicht mit Yoga aus, sonst hätte er es verstanden. Er nannte es den „Todestrieb" und sagte, dass sich jeder Mensch manchmal nach dem Leben und manchmal nach dem Tod sehnt. Es gibt zwei entgegengesetzte Triebkräfte im Menschen: Den Trieb zum Leben und den Trieb zum Tod. Für den westlichen Geist klang das absolut absurd: Wie können so gegensätzliche Willenskräfte in einer Person existieren? Aber Freud sagte, weil Selbstmord möglich sei, müsse es einen Willen zum Tod geben. Kein Tier kann Selbstmord begehen, weil kein Tier sich des fünften Körpers bewusst werden kann. Tiere können keinen Selbstmord begehen, weil sie nicht bewusst werden können, weil sie gar nicht wissen können, dass sie leben. Um Selbstmord zu begehen, ist es notwendig, sich seines Lebens bewusst zu sein – und sie sind sich ihres Lebens nicht bewusst. Aber noch etwas ist notwendig: Um Selbstmord zu begehen, darf man sich des Todes nicht bewusst sein.

Tiere können keinen Selbstmord begehen, weil sie sich ihres Lebens nicht bewusst sind, aber wir können Selbstmord begehen, weil wir uns zwar unseres Lebens bewusst sind, aber nicht unseres Todes. Wenn man sich des Todes bewusst wird, kann man keinen Selbstmord begehen. Ein Buddha kann keinen Selbstmord begehen, weil es unnötig ist; es ist Unsinn. Er weiß, dass sich niemand wirklich töten kann, man kann es nur vortäuschen. Selbstmord ist nur eine Pose, weil man in Wirklichkeit weder tot noch lebendig ist.

Tod ist auf der fünften Ebene, im fünften Körper. Es ist das Kommen und Gehen einer bestimmten Energie. Der, in dem sich dieses Kommen und Gehen abspielt, bist du. Wenn du dich mit dem Kommen, dem Leben, identifizierst, kannst du „gehen", Selbstmord begehen. Wenn du dich mit Leben identifizierst und das Leben unerträglich wird, kannst du sagen: „Ich töte mich." Das ist dann der andere Aspekt deines fünften Körpers, der sich geltend macht. Es gibt niemanden, der nicht schon einmal mit dem Gedanken an Selbstmord gespielt hätte, weil der Tod die andere Seite des Lebens ist. Diese andere Seite kann entweder Selbstmord oder Mord werden, sie kann beides werden. Wenn du vom Leben besessen bist, wenn du dich so sehr daran festklammerst, dass du den Tod völlig verdrängen willst, kann dich das dazu treiben, einen anderen zu töten. Indem du einen anderen tötest, befriedigst du deinen Todeswunsch, den Todestrieb. Durch diesen Trick befriedigst du ihn und glaubst, dass du jetzt nicht sterben musst, weil ein anderer gestorben ist.

Alle großen Mörder, Hitler, Mussolini, hatten ungeheure Angst vor dem Tod. Diese Mörder leben immer in Angst vor dem Tod, deshalb projizieren sie diesen Tod auf andere. Ein Mensch, der einen anderen töten kann, fühlt, dass er mächtiger ist als der Tod, er kann andere töten. Auf magische Weise, mit einer magischen Formel glaubt er, weil er töten kann, den Tod zu transzendieren. Er glaubt, dass das, was er anderen antut, ihm nicht angetan werden kann. Das ist eine Projektion des Todes. Aber sie kann auf ihn zurückfallen. Wenn er so viele Menschen umbringt, dass er am Ende Selbstmord begeht, ist es die Projektion, die auf ihn zurückfällt.

Im fünften Körper – mit dem Kommen von Leben und Tod, mit dem Kommen und Gehen von Leben, kann man an keinem von beiden festhalten. Wenn du festhältst, dann akzeptierst du die Polarität nicht in ihrer Ganzheit, und du wirst krank. Bis zum vierten Körper war es nicht so schwierig, aber den Tod zu begreifen und ihn als einen anderen Aspekt des Lebens zu akzeptieren, ist der schwierigste Schritt. Leben und Tod als parallel zu begreifen, als dasselbe, als zwei Aspekte ein und desselben, ist der schwierigste Schritt. Im fünften Körper jedoch ist das die Polarität. Das ist die pranische Existenz im fünften Körper.

Im sechsten Körper werden die Dinge sogar noch schwieriger, denn der sechste ist nicht mehr Leben. Für den sechsten Körper –

was soll man sagen? Nach dem fünften fällt das „Ich“ weg, das Ego fällt weg. Dann gibt es kein Ego; du wirst eins mit dem All. Jetzt ist es nicht dein „irgendetwas“, das hereinkommt und hinausgeht, denn es gibt kein Ego. Alles wird kosmisch, und weil alles kosmisch wird, nimmt die Polarität die Form von Schöpfung und Vernichtung an, *Srishti* und *Pralaya*. Deshalb wird es schwieriger im Sechsten: Seine Atmosphäre ist „die kreative und die destruktive Kraft“. In der Hindu-Mythologie nennt man diese Kräfte *Brahma* und *Shiva*.

Brahma ist die Gottheit der Schöpfung, *Vishnu* die Gottheit der Aufrechterhaltung und *Shiva* ist die Gottheit des großen Todes, der Vernichtung oder Auflösung, wo alles zum Anfang, zum Ursprung zurückkehrt. Der sechste Körper ist in jener weiten Sphäre von Schöpfung und Zerstörung: der Kraft *Brahmas* und der Kraft *Shivas*.

Jeden Moment kommt die Schöpfung zu dir und jeden Moment löst sich alles auf. Wenn ein Yogi deshalb sagt: „Ich habe die Schöpfung gesehen und ich habe das *Pralaya*, das Ende gesehen … Ich habe das Entstehen der Welt gesehen und ich habe das Vergehen der Welt gesehen“, dann spricht er über den sechsten Körper. Es gibt kein Ego: Alles, was hereinkommt und hinausgeht, bist du. Du wirst eins damit.

Ein Stern wird geboren: Es ist deine Geburt, die da geschieht. Und der Stern erlischt: Du erlischst. Daher heißt es in der Hindu-Mythologie, dass eine Schöpfung ein Atemzug *Brahma*s ist – nur ein einziger Atemzug! Es ist die kosmische Kraft, die atmet. Wenn *Brahma* einatmet, tritt die Schöpfung ins Dasein: Ein Stern wird geboren, Sterne kommen aus dem Chaos, alles tritt ins Dasein. Und wenn er ausatmet, hört alles auf, erlischt alles: Ein Stern stirbt … Existenz wird zu Nicht-Existenz.

Deshalb sage ich, dass es im sechsten Körper sehr schwierig ist. Es gibt kein Ego, kein Zentrum; alles wird kosmisch. Und im sechsten Körper wird alles über die Schöpfung erkannt – alles, wovon alle Religionen der Welt sprechen. Wenn jemand über die Schöpfung spricht, spricht er über den sechsten Körper und das Wissen, das den sechsten Körper betrifft. Und wenn jemand über die große Flut, das

Ende, spricht, spricht er über den sechsten Körper. Mit der großen Flut, von der die jüdisch-christliche oder die babylonische und die syrische Mythologie spricht oder mit dem *Pralaya* der Hindus, gibt es ein Ausatmen – das des sechsten Körpers. Dies ist eine kosmische Erfahrung, keine individuelle. Dies ist eine kosmische Erfahrung, dich gibt es nicht!

Ein Mensch, der im sechsten Körper ist, der den sechsten Körper erreicht hat, sieht alles Sterben als seinen eigenen Tod. Ein Mahavir kann keine Ameise töten, nicht, weil er sich an irgendein Prinzip der Gewaltlosigkeit hält, sondern weil es sein eigener Tod ist. Alles, was stirbt, ist sein Tod.

Wenn das Teil deiner Bewusstheit wird, die Schöpfung und die Vernichtung, das Entstehen der Dinge in jedem Augenblick und das Vergehen der Dinge in jedem Augenblick, dann ist es die Bewusstheit des sechsten Körpers. Immer, wenn etwas aus der Existenz verschwindet, wird etwas anderes geboren: Eine Sonne stirbt, woanders wird eine andere Sonne geboren; diese Erde wird sterben, eine andere Erde wird entstehen. Sogar im sechsten Körper halten wir noch fest – „Die Menschheit darf nicht sterben!".

Aber alles, was geboren wird, muss sterben, sogar die Menschheit muss sterben. Wasserstoffbomben werden hergestellt, um sie zu zerstören! Und mit der Herstellung von Wasserstoffbomben entsteht die Sehnsucht, auf einen anderen Planeten zu gehen, weil die Bombe bedeutet, dass die Erde kurz vor ihrem Tod steht. Bevor diese Erde stirbt, wird sich irgendwo anders neues Leben entwickeln.

Der sechste Körper ist das Fühlen von kosmischer Schöpfung und Vernichtung: Schöpfung, Vernichtung … der Atem kommt herein, der Atem geht hinaus. Daher der Begriff „*Brahmas* Atem". *Brahma* ist eine Gestalt des sechsten Körpers; im sechsten Körper wirst du *Brahma*. Vielmehr wird dir beides bewusst: *Brahma* und *Shiva*, die Polarität. Und *Vishnu* ist jenseits der Polarität, sie bilden das *Trimurti*, die Trinität, die drei Gesichter Gottes: *Brahma, Vishnu* und *Mahesh* oder *Shiva*. Das ist die Trinität des Zeugeseins. Wenn dir *Brahma* und *Shiva*, der Schöpfer und Vernichter, bewusst werden, wenn diese zwei in dein Bewusstsein treten, dann erkennst du das Dritte, *Vishnu*. *Vishnu* ist deine Realität im sechsten Körper. Deshalb wurde *Vishnu* der Bedeutendste dieser drei. *Brahma* wird verehrt, aber, obwohl er der Gott der Schöpfung ist, wird er nur in vielleicht ein oder zwei Tempeln verehrt. Es ist Pflicht, ihn zu verehren, aber er wird nicht wirklich verehrt.

Shiva wird sogar noch mehr als *Vishnu* verehrt, weil wir den Tod fürchten. Die Verehrung für ihn stammt aus unserer Angst vor dem Tod. Aber kaum jemand verehrt *Brahma*, den Gott der Schöpfung, weil er nichts Furchteinflößendes an sich hat. Du bist ja schon erschaffen, deshalb kümmerst du dich nicht um *Brahma*. Daher kommt es, dass ihm kein einziger großer Tempel geweiht ist. Er ist der Schöpfer, jeder Tempel sollte ihm geweiht sein, ist es aber nicht.

Shiva hat die meisten Anbeter. Er ist überall, denn so viele Tempel werden ihm geweiht. Schon ein Stein reicht aus, ihn darzustellen, sonst wäre es unmöglich gewesen, so viele *Shiva*-Symbole aufzustellen. Also nur ein Stein genügt. Stell einfach irgendwo einen Stein auf und *Shiva* ist da. Weil wir den Tod so fürchten, können wir *Shiva* nicht entrinnen. Er muss verehrt werden und er wird verehrt.

Aber *Vishnu* ist die wesentlichere Gottheit. Deshalb ist Ram eine Inkarnation von *Vishnu*, Krishna ist eine Inkarnation von *Vishnu*, alle Avatare sind göttliche Inkarnationen von *Vishnu*. Und selbst *Brahma* und *Shiva* verehren *Vishnu*. *Brahma* mag der Schöpfer sein, aber seine Schöpfung ist für *Vishnu*; *Shiva* mag der Zerstörer sein, aber er zerstört für *Vishnu*. Das sind die zwei Atemzüge *Vishnus*: *Brahma* ist das Einatmen, *Shiva* ist das Ausatmen. Und *Vishnu* ist die Realität des sechsten Körpers.

Im siebten Körper werden die Dinge sogar noch schwieriger. Buddha nannte den siebten Körper *Nirvana* Kaya, den Körper der Erleuchtung, weil die Wahrheit, das Absolute, im siebten Körper ist. Der siebte Körper ist der letzte Körper, daher gibt es nicht einmal Schöpfung und Vernichtung, sondern nur noch Sein und Nicht-Sein. Im siebten Körper ist Schöpfung immer von etwas anderem, es ist nicht von dir. Schöpfung ist von etwas anderem, Vernichtung ist von etwas anderem, nicht von dir, nur Sein ist von dir und Nicht-Sein ist von dir.

Im siebten Körper sind Sein und Nicht-Sein, Existenz und Nicht-Existenz, die zwei Atemzüge. Man sollte mit beiden nicht identifiziert sein. Alle Religionen wurden von denen gegründet, die den siebten Körper erreicht hatten. Und am Ende kann man es sprachlich höchstens noch durch zwei Worte ausdrücken: Sein und Nicht-Sein. Buddha spricht die Sprache des Nicht-Seins, des Ausatmens, deshalb sagt er: „Nichtsheit ist die Realität", im Gegensatz zu Shankara, der die Sprache des Seins spricht und sagt, dass *Brahman* die höchste Wirklichkeit ist.

Shankara gebraucht positive Begriffe, weil er das Einatmen wählt, und Buddha gebraucht negative Begriffe, weil er das Ausatmen wählt. Aber das ist die einzige Wahl, die bleibt, was die Sprache betrifft.

Es gibt noch eine andere Wahl, und das ist die Realität, die nicht gesagt werden kann. Das meiste, was wir sagen können, ist „absolutes Sein" oder „absolutes Nicht-Sein". So viel kann gesagt werden, denn der siebte Körper geht darüber hinaus. Transzendenz ist immer noch möglich. Ich kann etwas über diesen Raum sagen, wenn ich hinausgehe. Wenn ich über diesen Raum hinausgehe und einen anderen erreiche, kann ich mich an diesen erinnern, ich kann etwas darüber sagen. Aber wenn ich aus diesem Raum hinausgehe und in einen Abgrund falle, dann kann ich nichts über diesen Raum sagen.

Bis hierher konnte bei jedem Körper ein dritter Punkt in Worten, in Symbolen ausgedrückt werden, denn der darüber hinausgehende Körper war da. Du konntest dahingehen und zurückschauen. Aber nur bis zum Siebten ist das möglich. Über den siebten Körper hinaus kann nichts gesagt werden, denn der siebte ist der letzte Körper; darüber hinaus ist Körperlosigkeit.

Im Siebten hat man die Wahl zwischen Sein oder Nicht-Sein, die Sprache der Negation oder die Sprache der Positivität. Und es gibt nur die Wahl zwischen diesen beiden. Das eine ist Buddhas Wahl, er sagt: „Nichts bleibt", das andere ist Shankaras Wahl, er sagt: „Alles bleibt." In den sieben Dimensionen, in den sieben Körpern, nimmt die Lebensenergie, was den Menschen und die Welt angeht, Erscheinungsformen in multidimensionalen Bereichen an. Überall, wo man Leben findet, findet man den Vorgang des einströmenden und des ausströmenden Atems.

Überall, wo Leben besteht, gibt es diesen Vorgang. Leben kann ohne diese Polarität nicht bestehen. *Prana* ist also Energie, kosmische Energie und unsere erste Bekanntschaft damit findet im physischen Körper statt. Sie tritt zuerst als Atem in Erscheinung und manifestiert sich dann als Atem in anderen Formen, in Einflüssen, Magnetismus, Gedanken, Leben, Schöpfung, Sein.

Es geht immer weiter, und wenn man sich dessen bewusst wird, geht man jedesmal darüber hinaus und erreicht einen dritten Punkt. Sobald du diesen dritten Punkt erreichst hast, transzendierst du den Körper und bist im nächsten Körper, zum zweiten kommst du vom ersten und so weiter.

Wenn du weiter über die nächsten Körper hinausgehst, gibt es bis zum siebten noch immer einen Körper, aber nach dem siebten herrscht Körperlosigkeit. Dann wirst du pur. Dann bist du nicht mehr geteilt, dann gibt es keine Polaritäten mehr.

Dann ist alles *Advait* – „nicht zwei", alles ist eins.

Tantra und die Welt der Chakras

Tantra bedeutet Freiheit: Freiheit von allen geistigen Konstruktionen, Freiheit von allen Spielereien des Verstandes, Freiheit von allen Strukturen; Freiheit vom anderen. Tantra ist ein Freiraum, in dem du sein kannst, so wie du bist. Tantra ist Befreiung. Tantra ist keine Religion im üblichen Sinn – denn auch Religion ist eine Spielerei des Verstandes; Religion drängt dir ein Muster auf. Ein Christ hat ein bestimmtes Muster, der Hindu hat eins und auch der Moslem. Religion drängt dir einen bestimmten Stil auf, eine Disziplin. Tantra befreit dich von allen Disziplinen.

Wenn es keine Disziplin gibt, keine aufgezwungene Ordnung, dann entsteht in dir eine völlig andere Ordnung. Es ist eine Ordnung, die Laotse Tao nennt und Buddha *Dharma*. Diese Ordnung hast du nicht kreiert, sie widerfährt dir. Tantra schafft in dir nur den Raum, in dem sie sich ereignen kann. Tantra lädt diese Ordnung nicht ein, es wartet nicht einmal auf sie. Tantra bereitet den Boden vor, das ist alles. Und wenn der Freiraum geschaffen ist, dann ergießt sich das All in ihn.

Ich habe eine sehr schöne, eine uralte Geschichte gehört...

Auf dem Land hatte es seit langer Zeit nicht geregnet. Alles war ausgedörrt. Schließlich beschlossen die Leute, den Regenmacher zu holen. Eine Abordnung machte sich auf den Weg in die weit entfernte Stadt, wo der Regenmacher lebte, und die Abgesandten baten ihn dringend darum, so schnell wie möglich zu kommen und Regen für ihre ausgedörrten Felder zu machen. Der Regenmacher, ein weiser alter Mann, sagte zu, allerdings unter der Bedingung, dass man ihm eine kleine Hütte irgendwo draußen auf dem Lande gäbe. Dort wollte er sich für drei Tage zurückziehen. Essen und Trinken brauche er nicht. Nach drei Tagen wolle er sehen, was er machen könne. Seine Bedingungen wurden erfüllt. Am Abend des dritten

Tages goss es in Strömen und eine begeisterte Menschenmenge pilgerte zur Hütte des Regenmachers. „Wie hast du das bloß gemacht?“, wollten die Leute wissen. „Sag es uns.“

„Es war ganz einfach“, antwortete der Regenmacher. „Drei Tage lang habe ich nur mich selbst in Ordnung gebracht. Denn ich weiß: Wenn in mir alles in Ordnung ist, dann ist auch die ganze Welt in Ordnung und die Dürre muss dem Regen weichen.“

Tantra sagt: Wenn du in Ordnung bist, dann ist die ganze Welt für dich in Ordnung. Wenn du ausgeglichen bist, dann ist die ganze Existenz in Harmonie für dich. Und wenn in dir keine Ordnung ist, dann ist auch die ganze Welt in Unordnung. Und die Ordnung darf nicht falsch sein, sie darf nicht erzwungen sein. Wenn du dir eine Ordnung aufzwingst, spaltest du nur dein Wesen, und tief in deinem Inneren existiert die Unordnung weiter.

Tantra ist eine Rebellion. Ich nenne Tantra nicht revolutionär, denn es ist nicht politisch. Und ich nenne es nicht revolutionär, weil es die Welt nicht verändern will; es ist keine Strategie zur Veränderung von Staat und Gesellschaft. Tantra ist rebellisch, es ist eine Rebellion des Individuums. Ein einzelner Mensch löst sich von den Strukturen und entkommt der Sklaverei. Aber in dem Moment, wo du der Sklaverei entkommst, erlebst du eine völlig andere Art der Existenz, eine Existenz, die du noch nie gespürt hast – es ist so, als ob du mit einer Binde vor den Augen gelebt hättest und plötzlich fällt die Binde ab, du öffnest die Augen und du kannst eine total andere Welt sehen. Diese Augenbinde ist das, was ihr euren Verstand nennt; eure Gedanken, eure Vorurteile, eure Kenntnisse, eure heiligen Schriften. All das fügt sich zusammen zu einer dicken Augenbinde. Sie halten euch im Dunkeln, sie machen euch dumpf, sie hindern euch daran, lebendig zu sein.

Tantra möchte, dass du lebendig bist – so lebendig wie die Bäume, so lebendig wie die Flüsse, so lebendig wie die Sonne und der Mond. Das ist dein Geburtsrecht. Wenn du deine Lebendigkeit verlierst, gewinnst du nichts; du verlierst alles. Und wenn du alles opferst, damit du lebendig sein kannst, verlierst du in Wahrheit nichts.

Ein einziger Moment der Freiheit ist ein ganzes Leben wert und ein langes Leben von hundert Jahren unter dem Sklavenjoch ist ein vergeudetes Leben.

Wer in der Welt des Tantra leben will, braucht Mut, denn Tantra ist abenteuerlich. Bis jetzt ist es nur einigen wenigen Menschen gelungen, diesen Pfad einzuschlagen. Aber die Zukunft ist hoffnungsvoll. Tantra wird immer wichtiger werden. Die Menschen beginnen zu begreifen, was Sklaverei bedeutet. Und die Menschen verstehen allmählich auch, dass keine politische Revolution sich je als revolutionär erwiesen hat.

Alle politischen Revolutionen verwandeln sich am Ende in Anti-Revolutionen. Sobald die Revolutionäre an der Macht sind, werden sie Anti-Revolutionäre. Macht ist anti-revolutionär – das ist der innere Mechanismus der Macht. Gib irgendjemandem die Macht, und schon wird er anti-revolutionär. Macht schafft sich ihre eigene Welt. Es hat viele Revolutionen in der Welt gegeben und alle sind gescheitert, kläglich gescheitert – keine einzige Revolution hat irgendetwas erreicht. Aber jetzt endlich wird das den Menschen bewusst.

Tantra bietet eine andere Perspektive. Es ist nicht revolutionär, es ist rebellisch. Rebellion ist individuell. Du kannst allein rebellieren, du brauchst dafür keine Partei zu gründen. Du kannst allein rebellieren, ganz für dich allein. Merkt euch, Rebellion bedeutet nicht Kampf gegen die Gesellschaft, sie geht einfach über die Gesellschaft hinaus. Rebellion ist nicht anti-sozial, sie ist asozial. Sie hat mit der Gesellschaft nichts zu tun. Sie ist nicht gegen Sklaverei, sie ist für die Freiheit, für die Freiheit, so zu sein, wie du bist.

Schau dir dein Leben einmal an. Bist du ein freier Mensch? Du bist es nicht: tTausend Fesseln halten dich gefangen. Du willst sie nicht sehen – sie sind dir sehr peinlich, du magst sie nicht wahrhaben, denn das tut weh, aber es ändert die Situation nicht: Du bist ein Sklave. Wenn du in die Welt des Tantra eintreten willst, musst du die Tatsache deiner Unfreiheit anerkennen. Sie sitzt sehr tief. Sie muss überwunden werden, und wenn du sehen kannst, dass du unfrei bist, dann fällt es dir leichter, deine Unfreiheit abzuschütteln.

Höre auf damit, dir etwas vorzumachen, höre auf, dich zu trösten, höre auf damit, dir ständig einzureden: „Es ist doch alles okay!" Es ist nicht so; nichts ist okay, dein ganzes Leben ist nichts weiter als ein Alptraum. Schaue es dir doch mal genau an! Es gibt keine Poesie und keinen Gesang und keinen Tanz und keine Liebe und kein Gebet. Es gibt keine Ekstase. Freude? – ist nur ein Wort im Wörterbuch. Seligkeit? – ja, du hast davon gehört, aber du hast keinen Schimmer davon. Gott? – in den Tempeln, in der Kirche.

Ja, die Leute reden von ihm, aber wer von Gott redet, weiß nicht, wovon er redet. Und diejenigen, die von ihm hören, wissen ebensowenig. Alles Schöne erscheint bedeutungslos und alles, was keine Bedeutung hat, erscheint als sehr, sehr wichtig. Der Mensch ist ständig damit beschäftigt, Geld zu scheffeln, und er bildet sich ein, dass er etwas äußerst Wichtiges tut. Die Dummheit der Menschen kennt keine Grenzen. Hüte dich vor ihr. Sie kann dein Leben zerstören. Sie zerstört seit ewigen Zeiten das Leben von Millionen von Menschen. Sei wachsam – das ist die einzige Möglichkeit, der Dummheit zu entkommen.

Bevor wir uns den heutigen Sutras zuwenden, müssen wir etwas von der tantrischen Landkarte des inneren Bewusstseins verstehen. Ich habe euch schon Einiges davon berichtet, aber ihr müßt noch etwas mehr darüber wissen.

Erstens: Tantra sagt, dass kein Mann nur Mann ist und keine Frau nur Frau. Jeder Mann ist beides – Mann und Frau. Und mit der Frau ist es genauso – sie ist Frau und Mann. Eva ist in Adam und Adam ist in Eva.

Tatsächlich ist niemand nur Adam und niemand ist nur Eva: Wir sind alle Adam-Evas. Das ist eine der größten Einsichten, die es je gegeben hat. Die moderne Tiefenpsychologie kam auch zu dieser Erkenntnis. Sie hat den Begriff Bisexualität geprägt. Aber Tantra weiß es schon seit mindestens fünftausend Jahren und hat es seither gepredigt. Es ist eine der größten Entdeckungen der Welt, denn mit diesem Verständnis kannst du nach innen gehen, ohne dieses Verständnis kannst du nicht nach innen gehen. Warum verliebt sich ein

Mann in eine Frau? Weil er eine Frau in sich trägt. Wäre das nicht so, würde er sich nicht verlieben. Und warum verliebst du dich in eine ganz bestimmte Frau? Es gibt Tausende von Frauen. Warum wird eine bestimmte Frau plötzlich so überaus wichtig für dich? Es ist so, als wären mit einem Mal alle anderen Frauen aus der Welt verschwunden und nur diese eine existierte noch. Warum? Warum zieht dich nur dieser eine ganz bestimmte Mann an? Warum diese Liebe auf den ersten Blick?

Tantra sagt: Du trägst das Bild einer Frau in dir, du trägst das Bild eines Mannes in dir. Jeder Mann hat eine Frau in sich und jede Frau hat einen Mann in sich. Sobald jemand deinem inneren Bild entspricht, verliebst du dich – das nennt man Liebe. Ihr versteht es nicht. Ihr zieht ratlos die Schultern hoch und sagt: „Es ist eben einfach passiert." Aber es gibt da einen ganz subtilen Mechanismus. Warum geschah es gerade mit dieser Frau? Warum nicht mit einer anderen? Weil das Bild in dir nur auf diese eine Frau passte, deshalb. Die äußere Frau entspricht irgendwie dem Bild deiner inneren Frau. Irgendetwas passt da zusammen, und du fühlst, „das ist meine Frau" oder „das ist mein Mann". Dieses Gefühl ist das, was man unter Liebe versteht. Aber die äußere Frau wird dich nicht erfüllen, denn keine äußere Frau entspricht letztlich vollkommen deiner inneren Frau.

Die Realität ist einfach nicht so. Vielleicht passt sie ein bisschen – es gibt eine gewisse Faszination, eine Anziehungskraft, aber das wird früher oder später nachlassen. Schon bald wirst du feststellen, dass es tausend Dinge gibt, die dir an der Frau nicht gefallen. Es ist nur eine Frage der Zeit, bis du das herausfindest.

Am Anfang bist du ganz vernarrt. Die Ähnlichkeit mit dem Bild, das du in dir trägst, überwältigt dich. Aber ganz allmählich wirst du tausend Dinge entdecken – Kleinigkeiten im Alltag, die nicht passen, und du wirst erkennen, dass ihr einander fremd seid. Ja, du liebst sie immer noch, aber die Liebe ist keine Leidenschaft mehr; diese romantische Vorstellung verschwindet. Und auch die Frau wird sehen, dass du zwar immer noch anziehend bist, aber dass deine Totalität nachgelassen hat. So kommt es, dass jeder Ehemann seine

Frau verändern und dass jede Ehefrau ihren Mann ummodeln will. Was wollen sie eigentlich damit erreichen? Warum? Warum will die Ehefrau ständig ihren Mann umkrempeln? Wozu eigentlich? Kaum hat sie sich in ihn verliebt, schon fängt sie an, ihn zu ändern. Kaum sind ihr die Unterschiede bewusst geworden, will sie sie auch schon beseitigen. Sie möchte einfach ein paar störende Brocken von dem Mann absäbeln, damit er dann vollkommen ihrer Idealvorstellung entspricht. Und der Mann versucht das Gleiche – nicht so heftig, nicht so stur wie die Frau, denn gewöhnlich gibt der Ehemann schneller auf – die Frau gibt die Hoffnung nicht so schnell auf.

Die Frau denkt: „Heute oder morgen oder übermorgen – irgendwann – werde ich ihn verändern…" Es dauert fast zwanzig, fünfundzwanzig Jahre, bis du endlich die Tatsache begreifst, dass du den anderen nicht ändern kannst. Mit fünfzig, wenn die Frau ihre Wechseljahre schon hinter sich hat und der Mann auch, wenn sie beide wirklich alt werden, erst dann geht ihnen langsam auf, dass sich nichts verändert hat. Sie haben sich die größte Mühe gegeben, sie haben alles versucht… aber die Frau ist so, wie sie immer war, und der Mann ist auch unverändert. Keiner kann den anderen ändern. Das ist eine der wichtigsten Erfahrungen im Leben und eine große Einsicht.

Aus diesem Grund werden die Leute im Alter toleranter: Sie wissen, dass nichts getan werden kann. Deshalb werden alte Leute liebenswürdiger: Sie wissen, dass die Dinge sind, wie sie sind. Deshalb werden alte Leute verständnisvoller. Junge Leute sind wütend und uneinsichtig. Sie wollen alles umkrempeln. Sie wollen die Welt verändern, damit sie ihren Idealen entspricht. Sie kämpfen tapfer dafür, aber vergebens. Veränderung hat es nie gegeben. Es kann sie nicht geben – es liegt nicht in der Natur der Dinge. Der äußere Mann kann niemals deinem inneren Mann entsprechen und die äußere Frau kann niemals haargenau so sein wie deine innere Frau. Deshalb bringt Liebe nicht nur Vergnügen, sondern auch Schmerz. Liebe bringt Freude und Traurigkeit und die Traurigkeit ist viel größer als die Freude.

Was schlägt Tantra vor? Was soll man also tun? Tantra sagt: Es ist unmöglich, das Glück draußen zu finden; du musst nach innen gehen. Du musst deine innere Frau oder deinen inneren Mann finden und die sexuelle Verschmelzung in deinem Inneren suchen. Diese Erkenntnis ist eine wichtige Errungenschaft. Wie kann sie umgesetzt werden? Versuche, die innere Landkarte des Tantra zu verstehen.

Ich sprach von den sieben Chakras der Tantra-Yoga-Physiologie. Im Mann ist das *Muladhar* männlich und *Svadhisthan* weiblich. In der Frau ist das *Muladhar* weiblich und *Svadhisthan* männlich, und so weiter und so fort. In den sieben Chakras ist die Dualität bis hinauf ins sechste Chakra vorhanden; das siebte Chakra ist nicht-dual. Die Vereinigungen finden in dir statt: *Muladhar* und *Svadhisthan* vermählen sich. *Manipura-Anahata* müssen sich vermählen. *Visuddhi-Ajna* müssen sich vermählen.

Wenn deine Energie nach außen geht, brauchst du außen eine Frau, eine äußere Frau. Für einen Augenblick wird dir eine Ahnung, ein Einblick gewährt, nur für einen Moment, denn der Koitus mit der äußeren Frau kann nicht von Dauer sein – er kann nur momentan sein. Für einen einzigen Augenblick nur kannst du dich in dem anderen verlieren. Dann wirst du wieder auf dich zurückgeworfen, mit Macht auf dich zurückgeworfen. So kommt es, dass nach jedem Liebesakt eine gewisse Frustration einsetzt: Du hast wieder versagt, es war nicht so, wie du es dir gewünscht hattest. Ja, du hast einen Höhepunkt erreicht, aber bevor es dir überhaupt bewusst wurde, hatte der Niedergang, der Absturz schon begonnen. Bevor du den Gipfel erreicht hattest … das Tal. Bevor du dem Mann oder der Frau begegnet bist … und schon die Trennung.

Die Scheidung kommt schon mit der Hochzeit – so schnell, dass es frustrierend ist. Alle Liebenden sind frustrierte Leute. Sie erwarten viel, sie hoffen trotz aller Erfahrung. Sie hoffen und hoffen, aber nichts hilft – du kannst die Gesetze der Realität nicht abschaffen. Du musst ihre Gesetzmäßigkeiten besser verstehen lernen. Die äußere Vereinigung kann nur momentan sein, aber die innere Vereinigung kann eine Ewigkeit dauern. Und je höher du steigst, desto ewiger kann die Vereinigung werden.

Das erste, *Muladhar*, ist im Mann männlich. Tantra rät dir: Erinnere dich an deine innere Frau sogar dann, wenn du dich mit der äußeren Frau vereinigst. Mache Liebe mit der äußeren Frau und denke dabei an die innere. Richte deine Bewusstheit nach innen und vergiss die äußere Frau vollkommen. Im Augenblick des Orgasmus vergiss den Mann oder die Frau vollkommen. Schließe deine Augen, sei innen und mache eine Meditation daraus. Verpasse die günstige Gelegenheit nicht, wenn die Energie erwacht. Das ist der Augenblick für die Begegnung – für eine Reise nach innen. Gewöhnlich ist es schwer, nach innen zu schauen. Aber im Moment der Liebe öffnet sich in dir ein Raum, es entsteht eine Lücke und du bist nicht mehr so, wie du sonst bist. In einem Moment der Liebe erfährst du dich in deinem ganzen Ausmaß. Wenn der Orgasmus kommt, pulsiert deine ganze körperliche Kraft in einem Tanz; jede Zelle, jede Faser deines Körpers tanzt in einem Rhythmus, in einer Harmonie, die du im normalen Leben nicht kennst.

Das ist der Augenblick: dieser Augenblick der Harmonie. Nutze ihn als ein Tor nach innen. Wenn du Liebe machst, werde meditativ, schaue nach innen. In diesem Augenblick öffnet sich eine Tür. Das ist die Tantra-Erfahrung. Eine Tür öffnet sich in diesem Augenblick, und Tantra sagt, dass du nur deshalb glücklich bist, weil sich diese Tür geöffnet hat und dir deine innere Glückseligkeit zuströmt.

Das Glück kommt nicht von der äußeren Frau. Es kommt nicht von dem äußeren Mann; es kommt aus deinem innersten Kern. Das Außen ist nur ein Vorwand.

Tantra sagt nicht, dass man sündigt, wenn man mit der äußeren Frau oder dem äußeren Mann schläft, es sagt nur, dass dieser Akt nicht sehr weit führt. Es verurteilt ihn nicht, es akzeptiert seine Natürlichkeit. Aber es sagt auch, dass du dich von dieser Liebeswelle tief nach innen tragen lassen kannst. In diesem Augenblick höchster Erregung scheint die Schwerkraft aufgehoben: Du kannst fliegen. Der Pfeil kann den Bogen zum Ziel führen. Du kannst ein Saraha werden. Wenn du beim Liebesakt meditativ wirst, wenn du still wirst, wenn du deine Augen schließt und nach innen schaust, wenn du die äußere Frau oder den äußeren Mann vergisst – dann geschieht es. Das *Muladhar*, dein männliches inneres Zentrum, bewegt sich auf das weibliche Zentrum zu (*Svadhisthan*) – und dann kommt es zu einem inneren Liebesakt.

Manchmal ereignet es sich und du merkst es gar nicht. Viele Sannyasins haben mir Briefe geschrieben … Ich habe sie nie beantwortet, weil es nicht möglich war, zu antworten, aber jetzt kann ich antworten, denn jetzt werdet ihr mich verstehen können. Ein Sannyasin schreibt mir immer wieder und er wundert sich wahrscheinlich, warum ich nicht antworte … Bisher wusstest ihr nichts von der inneren Tantra-Landkarte. Jetzt werde ich sie an euch weitergeben. Der Sannyasin schreibt, dass er ständig das Gefühl hat, sich in einem Orgasmus aufzulösen, wenn er mir zuhört. Sein ganzer Körper fängt an zu pulsieren und es fühlt sich für ihn so an, als ob er mit einer Frau schlafe. Natürlich ist er ganz verwirrt. Er sitzt im Diskurs und dann hört er nicht mehr so recht zu und verliert den Faden, vergisst, was ich gerade gesagt habe … die Erregung, das Glück ist so überwältigend, dass ihm angst und bange wird: Was ist los? Was geschieht da in ihm? Ganz einfach: *Muladhar* vereinigt sich mit *Svadhisthan*, dein männliches Zentrum vereinigt sich mit deinem weiblichen Zentrum. Du erfährst das Glück, das sich einstellt, wenn du in Meditation gehst, wenn du betest. Dies ist der Mechanismus deiner inneren Lebensfreude. Und in dem Augenblick, da sich *Muladhar* und *Svadhisthan* vereinigen, wird die Energie freigesetzt. Wenn du deine Frau liebst, wird Energie freigesetzt, und so ist es auch, wenn sich *Muladhar* und *Svadhisthan* vereinigen: Energie wird freigesetzt, und diese Energie trifft auf das nächsthöhere Zentrum, *Manipura.*

Manipura ist männlich, *Anahata* ist weiblich. Wenn du dich auf die erste Vereinigung zwischen deiner inneren Frau und deinem inneren Mann eingestimmt hast, wird sich eines Tages, ganz plötzlich die zweite Vereinigung ereignen. Du brauchst gar nichts dafür zu tun – es ist einfach so, dass die Energie, die bei der ersten Begegnung freigesetzt wurde, nun die Voraussetzung für die zweite Vereinigung schafft. Und die Energie, die bei der zweiten Vereinigung erwacht, löst die dritte aus.

Die dritte Vereinigung ist die zwischen *Visuddhi* und *Ajna*. Und wenn sich die dritte Begegnung ereignet, wird die Energie für die vierte geschaffen, die keine Begegnung ist, keine Vereinigung, sondern Einheit. *Sahasrar* ist allein. Es gibt kein Männlich-Weiblich mehr. Adam und Eva sind ineinander aufgegangen und verschwunden – vollständig, total. Der Mann ist zur Frau geworden, die Frau zum Mann, alles Trennende ist verschwunden. Das ist die absolute, die ewige Vereinigung. Die Hindus nennen es *Satchitananda*. Und Jesus nennt es „das Reich Gottes".

Tatsächlich hat die Zahl sieben in allen Religionen Bedeutung. Sieben Tage sind symbolisch und der siebte Tag ist der Feiertag, der holiday, der heilige Tag. Sechs Tage lang hat Gott gearbeitet, am siebten ruhte er sich aus. An sechs Chakras musst du arbeiten, das siebte Chakra ist der Zustand großer Ruhe, äußerster Ruhe, absoluter Entspannung– du bist „nach Hause gekommen". Mit dem siebten Chakra verschwindest du als Teil der Dualität.

Alle Polaritäten verschwinden, alle Unterscheidungen verschwinden. Die Nacht ist nicht mehr die Nacht, und der Tag ist nicht mehr der Tag. Sommer ist nicht mehr Sommer, und Winter ist nicht mehr Winter. Materie ist nicht mehr Materie und Geist ist nicht mehr Geist – du bist darüber hinausgegangen. Das ist der transzendentale Bereich, den Buddha *Nirvana* nennt. Diese drei inneren Begegnungen und die Errungenschaft der vierten haben auch eine andere Dimension.

Ich habe oft zu euch von den vier Zuständen gesprochen: Schlaf, Traum, Aufwachen, *Turiya*. *Turiya* bedeutet „das Vierte, das Jenseitige". Diese sieben Chakras und unsere Arbeit mit ihnen korrespondieren auch mit diesen vier Zuständen.

Die erste Vereinigung, diejenige zwischen *Muladhar* und *Svadhisthan* ist wie im Schlaf. Die Vereinigung geschieht, aber du bist dir dessen gar nicht so richtig bewusst. Du genießt sie, du fühlst, wie eine wunderbare Frische in dir aufsteigt. Du fühlst dich sehr ausgeruht, wie nach einem tiefen Schlaf. Aber du kannst nichts Genaues wahrnehmen, es ist sehr dunkel.

Der Mann und die Frau in dir sind sich begegnet, aber es war eine Vereinigung im Unbewussten. Die Vereinigung hat nicht am hellichten Tag stattgefunden, sondern in dunkler Nacht. Ja, du spürst ihre Auswirkungen, du nimmst plötzlich eine neue Energie in dir wahr, eine Strahlkraft, ein Glühen. Du hast eine Aura. Und es mag sogar sein, dass die Menschen in deiner Umgebung eine gewisse Präsenz an dir wahrnehmen, eine „vibe", eine Schwingung. Aber du selbst weißt nicht genau, was los ist. Deshalb ist die erste Vereinigung wie im Schlaf.

Die zweite Vereinigung ist wie ein Traum – wenn *Manipura* und *Anahata* sich begegnen, ist deine Vereinigung mit der inneren Frau so, als wäret ihr euch im Traum begegnet. Ja, du kannst dich ein bisschen daran erinnern, etwa so, wie du dich am Morgen an den Traum erinnern kannst, den du in der Nacht hattest – hier ein bisschen, da ein bisschen, einige Lichtblicke; vielleicht hast du etwas vergessen, vielleicht hast du alles vergessen – dennoch kannst du dich irgendwie erinnern. Die zweite Vereinigung ist wie ein Traum. Es ist dir bewusst, dass sie stattfand. Langsam dämmert dir, dass irgendetwas passiert, langsam wird dir bewusst, dass du dich veränderst, dass eine Transformation im Gange ist, dass du nicht mehr derselbe Mensch bist, der du vorher warst. Und bei der zweiten Vereinigung wird dir langsam bewusst werden, dass dein Interesse an der äußeren Frau nachlässt. Dein Interesse am äußeren Mann ist nicht mehr so hitzig, wie es vorher war.

Veränderung gibt es auch bei der ersten Vereinigung, aber sie wird dir nicht bewusst. Bei der ersten Vereinigung mag dir auffallen, dass du nicht mehr an deiner Frau interessiert bist, aber du kannst nicht verstehen, dass du an überhaupt keiner Frau mehr interessiert bist. Du denkst vielleicht, dass deine Frau dich langweilt und dass du mit einer anderen Frau glücklicher sein könntest; ein bisschen Veränderung täte gut, ein anderes Klima, eine andere Frau mit anderen

Qualitäten. Es ist nur eine Vermutung. Bei der zweiten Vereinigung fühlst du, dass du nicht mehr an der Frau oder dem Mann interessiert bist, dass dein Interesse sich nach innen richtet. Mit der dritten Vereinigung wirst du vollkommen bewusst. Es ist so, als erwachtest du. *Visuddhi* begegnet *Ajna* … du wirst absolut bewusst, die Vereinigung ereignet sich bei Tageslicht. Oder du kannst es auch so sagen: Die erste Vereinigung ereignet sich in dunkler Mitternacht; die zweite Vereinigung findet im Morgengrauen statt, wenn die Nacht dem Tag weicht.

Die dritte Vereinigung findet mittags statt – du bist hellwach, alles ist klar. Jetzt weißt du, dass du mit der äußeren Frau durch bist. Das bedeutet nicht, dass du deine Frau oder deinen Ehemann verlässt, es bedeutet lediglich, dass die Faszination nicht mehr da ist; du hast Mitgefühl. Natürlich ist die Frau, die dir bis hierher geholfen hat, ein guter Freund, der Mann, der dich bis hierher begleitet hat, ist ein Freund; du bist dankbar. Jetzt seid ihr einander dankbar und mitfühlend. So ist es immer, wenn das Verstehen geschieht – es führt zum Mitgefühl. Wenn du aber deine Frau verlässt und im Busch verschwindest, dann zeigt das einfach nur, dass du grausam bist und kein Mitgefühl empfinden kannst. Deine Flucht entspringt dem Nicht-Verstehen, sie kann nicht aus dem Verständnis erwachen. Wenn du verstehst, bist du auch mitfühlend.

Das Erste, was Buddha zu seinen Jüngern sagte, als er erleuchtet wurde, war: „Ich möchte zu Yashodhara gehen und mit ihr sprechen"… seiner Frau. Ananda war ganz verwirrt. Er sagte: „Was soll denn das? Warum willst du zum Palast zurückkehren und mit deiner Frau sprechen? Du hast sie verlassen, und zwölf Jahre sind seither vergangen." Natürlich war Ananda auch deshalb verwirrt, weil er sich nicht erklären konnte, warum ein Buddha an seine Frau denken sollte. Für Buddhas gehört sich sowas nicht. Als die anderen Jünger gegangen waren, sagte Ananda zu Buddha: „Das ist nicht gut. Was sollen denn die Leute denken?"

Buddha sagte: „Was die Leute denken werden? Ich muss Yashodhara sagen, dass ich ihr dankbar bin. Ich muss ihr für all die Hilfe danken, die sie mir gegeben hat. Und ich muss ihr ein wenig von dem vermitteln, was mir widerfahren ist – das ist das Mindeste, was ich ihr schulde. Ich muss sie sehen."

Er ging zum Palast. Er traf seine Frau. Und Yashodhara war außer sich vor Wut. Dieser Mann war eines Nachts einfach verschwunden, ohne ihr auch nur ein einziges Wort zu sagen. Jetzt sagte sie zu Buddha: „Warum hast du mir nicht vertraut? Du hättest mir sagen können, dass du fortgehen wolltest. Ich wäre die letzte gewesen, die dich daran gehindert hätte. Hättest du mir nicht wenigstens so viel vertrauen können?" Und sie weinte. Zwölf Jahre aufgestauter Zorn! Und dieser Mann hatte mitten in der Nacht die Flucht ergriffen, wie ein Dieb. Ganz plötzlich, ohne sie auch nur zu warnen.

Buddha entschuldigte sich und sagte: „Ich habe aus Unwissenheit gehandelt. Ich war ignorant. Ich war nicht bewusst. Aber jetzt bin ich bewusst und ich verstehe – deshalb bin ich zurückgekommen. Du hast mir so entscheidend geholfen. Bitte vergiss die alten Geschichten. Es hat doch keinen Zweck, über vergossene Milch zu jammern. Schau mich an. Etwas Großes ist mir widerfahren. Ich bin nach Hause gekommen. Und als es geschehen war, fühlte ich mich in deiner Schuld und deshalb wollte ich zu dir kommen und dich Anteil nehmen lassen an dem, was mit mir geschehen ist."

Wut und Empörung verschwanden, Yashodhara schaute Buddha mit Tränen in den Augen an.

„Ja, dieser Mann hat sich wirklich vollkommen verändert." Das war nicht mehr der Mann, den sie gekannt hatte. Er war nicht der, der er früher gewesen war, überhaupt nicht; er sah aus wie eine Lichtgestalt … Sie konnte die Aura fast sehen, das Licht um ihn. Und er war so friedlich und still; es schien ihr, als sei er kaum noch existent. Seine Gegenwart war beinahe wie eine Abwesenheit. Und plötzlich, ganz gegen ihre Absicht, vergaß sie sich, fiel ihm zu Füßen und bat ihn darum, sie als seine Jüngerin einzuweihen. Mit der Erkenntnis kommt immer das Mitgefühl. Deshalb sage ich meinen Sannyasins auch nicht, dass sie ihre Familien verlassen sollen. Bleibt bei ihnen.

Rabindranath hat ein Gedicht über diese Begebenheit geschrieben, als Buddha zu seiner Frau kam. Danach hat Yashodhara zu Buddha gesagt: „Was immer dir auch widerfahren sein mag – und ich sehe, dass etwas mit dir geschehen ist, ich weiß nur nicht was – sage mir nur das eine: Konntest du es nicht hier zu Hause erfahren?“ Und Buddha konnte nicht mit Nein antworten. Es war möglich, hier in diesem Haus zur Erleuchtung zu gelangen. Jetzt wusste er es.

Erleuchtung hängt nicht vom Ort ab, sie hat nichts zu tun mit Wald oder mit Stadt, mit Familie oder mit Ashram, sie hat etwas mit deinem innersten Kern zu tun. Erleuchtung ist überall möglich. Zuerst bemerkst du, dass dein Interesse am anderen nachlässt. Dieser Eindruck ist noch verschwommen, düster – so, als ob du durch ein dunkel getöntes Glas oder durch einen dichten Morgennebel schaust. Dann, bei der zweiten Vereinigung, werden die Dinge ein bisschen klarer, so wie im Traum. Der Nebel hat etwas nachgelassen.

Bei der dritten Vereinigung wirst du hellwach. Es ist geschehen: Die innere Frau hat sich mit dem inneren Mann vereinigt. Die Bio-Polarität ist nicht mehr da, du bist plötzlich eine Einheit. Die Schizophrenie ist verschwunden, du bist nicht mehr gespalten. Mit dieser Integration wirst du zum Individuum. Vorher warst du kein Individuum, du warst eine Menschenmenge: Du warst ein Mob, du warst viele Menschen, du warst multi-psychisch. Plötzlich fügt sich alles in dir zu einer Ordnung. Das ist es, was uns diese alte Geschichte sagen will.

Der Regenmacher bat um drei Tage …

Wenn ihr euch gelegentlich in diese kleinen Geschichten vertieft, werdet ihr verwundert sein; ihre Symbole sind großartig. Der Mann hatte darum gebeten, drei Tage in Stille zu meditieren. Warum drei Tage? Das sind die drei Phasen: im Schlaf, im Traum, im Wachzustand, er wollte sich in Ordnung bringen. Zuerst ereignet es sich im Schlaf, dann ereignet es sich im Traum, dann ereignet es sich im Wachzustand. Und wenn du in Ordnung bist, dann ist die ganze Existenz in Ordnung. Wenn du ein Individuum geworden bist – wenn deine innere Spaltung verschwunden ist und du eine Einheit geworden bist – dann hat sich alles zusammengefügt. Es mag paradox erscheinen, aber es muss gesagt werden: Das Individuelle ist das Allumfassende. Wenn du individuell geworden bist, erkennst du plötzlich, dass du universal bist. Bisher hast du geglaubt, du seist von der Existenz getrennt. Jetzt kannst du das nicht mehr denken. Adam und Eva sind ineinander aufgegangen. Das ist das Ziel, das jeder Mensch auf die eine oder andere Weise erreichen will. Die Wissenschaft des Tantra ist der sicherste Weg dorthin. Das ist das Ziel.

Noch ein paar weitere Dinge: Ich habe eben gesagt, dass *Muladhar* entspannt werden muss, nur dann kann die Energie innerlich nach oben gehen. Und „innen" und „nach oben" sind hier ein- und dasselbe; auch „außen" und „nach unten" bedeuten dasselbe. Energie kann nur nach innen und nach oben fließen, wenn *Muladhar* entspannt ist. Zunächst musst du also *Muladhar* entspannen.

Euer Sexzentrum ist ständig stark verspannt. Die Gesellschaft sorgt dafür, dass ihr nie eure Sexualität vergesst. Sie hat dafür gesorgt, dass ihr von eurer Sexualität besessen seid, und deshalb verkrampft sich euer Sexzentrum. Das könnt ihr ohne weiteres beobachten. Ständig verspannt ihr euer Geschlechtsorgan, so als ob ihr Angst davor hättet, dass irgendetwas schief gehen könnte, wenn ihr euch entspannt. Eure ganze Erziehung hat euch verklemmt gemacht. Entspannt euer Geschlechtsorgan. Lasst es in Ruhe. Habt keine Angst: Angst erzeugt Spannung. Lasst eure Angst los. Sex ist schön; er ist keine Sünde; er ist eine Tugend.

Wenn ihr euch erst einmal vorstellen könnt, dass Sex eine Tugend ist, dann werdet ihr auch entspannen können. Ich habe schon früher darüber gesprochen, wie *Muladhar* entspannt werden kann. Und ich habe darüber gesprochen, wie *Svadhisthan* entspannt wird; es ist das Todeszentrum. Fürchtet euch nicht vor dem Tod. Das sind die beiden Ängste, die die Menschheit beherrschen: die Angst vor dem Sex und die Angst vor dem Tod. Beide Ängste sind gefährlich; sie haben euer inneres Wachstum verhindert. Lasst diese beiden Ängste los.

Das dritte Chakra ist *Manipura*; es ist mit negativen Gefühlen aufgeladen. Deshalb bekommst du Magenbeschwerden – wenn du aufgeregt bist, wird das *Manipura* sofort in Mitleidenschaft gezogen. In allen Sprachen der Welt gibt es sinngemäß einen Ausspruch wie: „Ich finde das zum Kotzen." Das ist tatsächlich so. Wenn dir etwas auf den Magen schlägt, wird dir übel; du möchtest dich übergeben. Manchmal passiert es wirklich – ein psychologisches Erbrechen. Irgendjemand hat etwas zu dir gesagt, und es schlägt dir auf den Magen; und plötzlich wird dir schlecht, du übergibst dich und danach fühlst du dich sehr entspannt. Im Yoga gibt es dafür Methoden. Der Yogi trinkt am Morgen eine Menge Wasser – einen ganzen Eimer voll Wasser mit Salz, und lauwarm muss es sein – und dann kotzt er es wieder aus. Das ist gut für die Entspannung des *Manipura*. Es ist eine wunderbare Methode, ein fabelhafter Reinigungsprozess.

Ihr werdet überrascht sein: Viele moderne Therapien haben jetzt auch entdeckt, dass Erbrechen gut ist. Die Aktionsanalyse hat erkannt, dass Erbrechen hilft. Die Primärtherapie hat erkannt, dass Erbrechen hilft. Es entspannt das *Manipura*. Tantra und Yoga wussten das schon immer.

Negative Gefühle: Wut, Hass, Eifersucht und so weiter und so fort – alles wurde unterdrückt; dein *Manipura* ist zu stark belastet. Diese unterdrückten Gefühle hindern die Energie daran, nach oben zu fließen; diese unterdrückten Gefühle sind wie ein Felsbrocken: dein Fluss ist blockiert. Encounter, Gestalt und ähnliche Therapien wirken alle, ohne es zu wissen, auf *Manipura* ein. Sie wollen deine Wut provozieren, sie versuchen, deine Eifersucht zu provozieren, deine Gier; sie provozieren deine Aggression, deine Gewalttätigkeit, sodass sie hervorsprudeln, hochkommen. Die Gesellschaft hat vor allem eines mit dir gemacht: Sie hat dich dazu erzogen, alles Negative zu unterdrücken und auf alles Positive Anspruch zu erheben. Beides ist gefährlich. Nur das Positive zu beanspruchen ist verlogen, ist Heuchelei; und das Negative zu unterdrücken ist gefährlich; es ist Gift, es vergiftet dein ganzes System.

Tantra sagt: Bringe das Negative zum Ausdruck und lass das Positive gewähren. Wenn Zorn aufsteigt, unterdrücke ihn nicht; wenn sich Aggressionen zeigen, unterdrücke sie nicht. Tantra sagt nicht: Geh los und töte jemanden. Aber Tantra sagt, dass es tausend verschiedene Möglichkeiten gibt, unterdrückte Gefühle auszudrücken. Du kannst in den Garten gehen und Holz hacken. Habt ihr mal Holzfäller beobachtet? Sie wirken ausgeglichener als andere Menschen. Habt ihr Jäger beobachtet? Jäger sind sehr brave Leute. Sie haben einen schmutzigen Beruf, aber sie sind gute Leute. Irgendetwas passiert mit ihnen, wenn sie jagen. Wenn sie Tiere töten, verflüchtigt sich ihre Wut, ihre Aggressionen verschwinden. Die sogenannten „Gewaltlosen" sind die hässlichsten Leute auf der Welt. Sie sind keine guten Menschen, denn sie hocken auf einem Vulkan. Du kannst dich mit ihnen nicht wohl fühlen. Irgendwas Gefährliches geht von ihnen aus. Du kannst es fühlen, es ist greifbar; es dringt ihnen aus den Poren.

Man kann auch in den Wald gehen und schreien und brüllen – Primärtherapie ist weiter nichts als Schrei-Therapie, Wutanfall-Therapie. Und Encounter, Gestalt und Primärtherapie sind enorm hilfreich für die Entspannung von *Manipura*. Wenn *Manipura* entspannt ist, kommt es zu einem Ausgleich zwischen dem Negativen und dem Positiven. Und wenn das Negative und das Positive ausgeglichen sind, ist das Tor offen – die Energie kann höher steigen. *Manipura* ist männlich. Wenn *Manipura* blockiert ist, kann die Energie nicht nach oben steigen. *Manipura* muss entspannt werden.

Polarity Balancing kann sehr hilfreich sein, wenn es darum geht, ein Gleichgewicht zwischen dem Negativen und dem Positiven herzustellen. Deshalb lasse ich hier in diesem Ashram alle möglichen Methoden aus der ganzen Welt zu. Alles, was nützlich ist, muss genutzt werden, denn die Menschen sind so stark geschädigt, dass alle Hilfsquellen genutzt werden sollten. Vielleicht versteht ihr gar nicht, warum ich euch alle möglichen Methoden zur Verfügung stelle: Yoga, Tantra, Tao, Sufi, jainistische, buddhistische, hinduistische Methoden; Gestalt, Psychodrama, Encounter, Primärtherapie, Polarity Balancing, Rolfing, Structural Integration – warum ich euch all das verfügbar mache. Das hat es noch nie gegeben, dass all diese

Dinge in einem Ashram des Ostens praktiziert werden. Aber es gibt einen einfachen Grund dafür. Der Mensch ist so sehr verunstaltet worden, dass alle Hilfsquellen eingesetzt werden sollten. Wenn der Mensch nicht untergehen soll, muss Hilfe aus allen möglichen Quellen geschöpft werden.

Das vierte Chakra ist *Anahata* ... Zweifel ist das Problem des vierten Chakras. Wenn du ein misstrauischer Mensch bist, kann sich dein viertes Chakra nicht öffnen. Vertrauen öffnet es. Alles, was Zweifel weckt, zerstört dein Herz. Das ist das Herz-Chakra: *Anahata.*

Logik, Haarspalterei, Diskutierfreude, zu viel Rationalität, zu viel Aristoteles in dir zerstören *Anahata.* Philosophien und Skepsis zerstören *Anahata.* Wenn du *Anahata* öffnen willst, musst du vertrauensvoller werden. Poesie ist dabei hilfreicher als Philosophie, und Intuition ist besser als Argumentation, und Fühlen ist besser als Denken. Du musst vom Zweifel zum Vertrauen gehen, nur dann kann sich *Anahata* öffnen, nur dann kann dein *Anahata* die männliche Energie vom *Manipura* empfangen. *Anahata* ist weiblich. Durch Zweifel trocknet es aus, kann es die männliche Energie nicht empfangen. Im Vertrauen öffnet es sich, mit Vertrauen ergießt sich Feuchtigkeit in das Chakra, und es kann die Penetration der männlichen Energie zulassen.

Dann das fünfte: *Visuddhi* ... Mangel an Kreativität; Nachahmung, Nachplappern und Nachäffen – all dies ist schädlich. *Visuddhi* wird durch Nachäffen zerstört. Sei kein Nachäffer, sei keine Kopie. Versuche nicht, ein Buddha zu sein und versuche nicht, ein Jesus zu sein. Hüte dich vor Büchern wie Thomas à Kempis „Nachahmung Christi". Nimm dich in Acht! Nachahmung bringt dich nicht weiter. *Visuddhi* wird durch Mangel an Kreativität und durch Beschränktheit zerstört. Und *Visuddhi* wird gefördert durch Kreativität, Ausdruck, durch einen eigenen Lebensstil, durch den Mut, sein „eigenes Ding zu machen".

Kunst, Gesang, Musik, Tanz, Erfindungsreichtum – all das ist nützlich. Sei einfallsreich – was immer du auch tust, sei originell. Versuche, einzigartig zu sein, schreibe deine eigene Handschrift.

Auch wenn du nur den Fußboden schrubbst, kannst du originell sein. Und wenn du kochst, kannst du auf deine dir eigene Art kochen. Du kannst Kreativität in alles einbringen, was du tust. Das sollte immer so sein. Je kreativer, desto besser – *Visuddhi* öffnet sich. Und nur wenn *Visuddhi* sich öffnet, kann die Energie ins *Ajna* fließen, das Dritte Auge, das sechste Zentrum.

Das ist der Prozess. Zuerst reinigst du jedes Zentrum. Hüte dich vor allem, was dem Zentrum schadet, und unterstütze es, sodass es natürlich funktionieren kann.

Blockaden werden beseitigt … die Energie strömt. Jenseits des sechsten Körpers ist *Sahasrar*, *Turiya*, der Lotus mit den tausend Blütenblättern. Du blühst. Ja, genau das passiert mit dir. Der Mensch ist wie ein Baum: *Muladhar* ist die Wurzel, und *Sahasrar* ist die Blüte.

Die Blume blüht auf. Dein Duft verströmt sich in alle Winde. Das ist das einzige Gebet; das ist die einzige Opfergabe zu Füßen des Göttlichen. Geborgte Blumen taugen nichts, gestohlene Blumen von den Bäumen taugen nichts; du selbst musst aufblühen und deine Blüten darbringen.

Verirrungen auf dem tantrischen Weg

Der Mensch hat die Sprache der Unschuld vergessen. Der Mensch hat vergessen, wie er mit der Schöpfung in Kontakt sein kann. Mit sich selbst in Kontakt zu sein, heißt meditieren. Mit der Schöpfung in Kontakt zu sein, heißt beten.

Aber der Mensch hat die Sprache, die er dazu braucht, vergessen. Darum laufen wir herum wie Fremde, Fremde in unserer eigenen Heimat, Fremde uns selbst gegenüber. Wir wissen nicht, wer wir sind, und wissen nicht, warum wir sind, und wissen nicht, warum wir weiterleben. Es scheint ein endloses Warten zu sein …

Warten auf Godot. Kein Mensch weiß, ob Godot je kommt. Und wer ist dieser Godot überhaupt? Nicht einmal das weiß man, aber auf irgendetwas müssen wir schließlich warten, also machen wir uns irgendeine Vorstellung und warten darauf, dass sie sich erfüllt. Gott ist so eine Vorstellung; das Paradies ist so eine Vorstellung; *Nirvana* ist so eine Vorstellung. Man muss warten, weil man irgendwie sein Inneres füllen muss, sonst würde es sich leer anfühlen. Das Warten gibt ein Gefühl von Zweck und Ziel. Man kann sich gut fühlen: wenigstens wartet man. Zwar ist es noch nicht passiert, aber eines Tages wird's schon passieren. Aber was genau soll da eigentlich passieren? Wir haben noch nicht einmal die richtige Frage gestellt, wo soll da also die richtige Antwort herkommen? Wir haben noch nicht einmal die richtige Frage gestellt! Und merkt euch: Habt ihr erst mal die richtige Frage gestellt, dann ist die richtige Antwort nicht mehr weit. Sie ist gleich um die Ecke. Nein, genauer noch: Sie steckt schon in der Frage selbst. Wenn du immer wieder die richtige Frage stellst, stößt du durch das Fragen selbst auf die richtige Antwort.

Das Erste, was ich euch also sagen möchte, ist Folgendes: dass wir uns deshalb verlaufen, dass wir deshalb ständig an der Existenz vorbeigehen, weil wir das Denken für das richtige Medium halten, um mit ihr in Kontakt zu kommen. Dabei ist es das Denken, was uns von der Existenz trennt. Es ist ein Medium, das euch vom Dasein abhält, nicht eines, das euch zu ihm hinführt. Das Denken ist die Schranke. Gedanken umringen euch wie chinesische Mauern und blind tappt ihr im Dunkel eurer Gedanken umher. Ihr könnt an das Wirkliche nicht rühren. Nicht, dass das Wirkliche weit weg wäre – Gott ist ganz nahe, nur ein Gebet weit weg, mehr nicht!

Aber wenn ihr Dinge tut wie Denken, Brüten, Analysieren, Interpretieren, Philosophieren, dann kommt ihr vom Weg ab, ihr geht immer mehr in die Irre; dann fallt ihr immer weiter von der Wirklichkeit ab, denn je mehr Gedanken ihr habt, desto schwieriger wird es, einen klaren Blick zu bewahren. Sie erzeugen dichten Nebel. Sie machen euch blind.

Das ist einer der Grundpfeiler des Tantra: dass ein denkender Geist ein irrender Geist ist, dass Denken nicht die Sprache ist, um mit der Wirklichkeit zu kommunizieren. Was ist dann aber die richtige Sprache? Nicht-Denken! Worte sind für die Wirklichkeit sinnlos. Schweigen ist sinnvoll. Schweigen ist schwanger. Worte sind tot. Man muss die Sprache des Schweigens lernen.

Und dann geschieht etwas, das genau dem Zustand gleicht, den du im Mutterleib erlebt hast: Du hast es zwar völlig vergessen, aber neun Monate habt ihr, du und deine Mutter, kein einziges Wort miteinander gesprochen … aber ihr wart vereint, in tiefem Schweigen. Du warst eins mit ihr; es gab keine Schranken zwischen dir und deiner Mutter. Dich gab es nicht als losgelöstes Selbst. In diesem tiefen Schweigen warst du eins mit deiner Mutter. Es herrschte eine ungeheure Einheit. Es war keine Vereinigung, es war eine Einheit. Ihr wart nicht zwei; also war es keine Vereinigung. Es war einfach eine Einheit. Ihr wart nicht zwei.

An dem Tag, an dem du wieder zu schweigen lernst, geschieht genau das: Du sinkst in den Mutterleib der Existenz zurück und bist auf eine völlig neue Weise wieder mit ihr verbunden; das heißt, so völlig neu nun auch wieder nicht, denn du kennst es schon vom Mutterleib her, nur hast du es vergessen.

Das meine ich, wenn ich sage, dass der Mensch die Sprache vergessen hat, die ihn mit der Schöpfung verbindet. So also ist es: So, wie du mit deiner Mutter im Mutterleib verbunden warst – jede deiner Schwingungen übertrug sich auf die Mutter, jede Schwingung der Mutter übertrug sich auf dich. Es herrschte inniges Einvernehmen. Es gab keine Missverständnisse zwischen dir und deiner Mutter. Zu Missverständnissen kommt es nur, wenn das Denken einsetzt.

Wie kannst du, wenn du nicht denkst, jemanden missverstehen? Oder geht das? Kannst du mich missverstehen, wenn du nicht über mich nachdenkst? Wie könntest du mich da missverstehen? Und wie könntest du mich verstehen, wenn du denkst? Unmöglich. Im Augenblick, wo du denkst, interpretierst du schon. Im Augenblick, wo du denkst, blickst du nicht auf mich, sondern vermeidest mich. Du versteckst dich hinter deinen Gedanken. Deine Gedanken kommen aus der Vergangenheit. Ich bin hier gegenwärtig. Ich bin ein Fakt hier und jetzt und du kommst mit deiner Vergangenheit.

Ihr wisst sicherlich, was ein Oktopus ist – ein Tintenfisch. Wenn sich der Tintenfisch verstecken will, hüllt er sich in schwarze Tinte ein, in eine Wolke schwarzer Tinte. Nun kann ihn niemand mehr sehen, er macht sich einfach unsichtbar in seiner eigenen Wolke von schwarzer Tinte. Es ist eine Sicherheitsmaßnahme. Genau dasselbe macht ihr auch, wenn ihr eine Gedankenwolke loslasst; ihr versteckt euch in ihr. Dann könnt ihr mit niemandem in Kontakt treten und niemand kann mit euch Kontakt aufnehmen. Es ist nicht möglich, mit einem denkenden Kopf zu kommunizieren. Man kann nur mit einem Bewusstsein kommunizieren.

Ein Bewusstsein hat keine Vergangenheit. Ein Kopf ist Vergangenheit und sonst nichts. Das Erste, was dir Tantra sagen will, ist: Lerne die Sprache des Orgasmus! Es sagt dir nicht, was mit einer Frau oder einem Mann geschieht, wenn sie miteinander schlafen. Für ein paar Sekunden, selbst das ist selten und wird umso seltener, je zivilisierter der Mensch ist – für ein paar Sekunden bist du nicht mehr im Kopf. Mit einem Schock wirst du vom Denken abgeschnitten. Mit einem

Ruck bist du außerhalb des Verstandes. Für diese paar Sekunden, die du nicht im Verstand bist, hast du wieder mit dem Ganzen Kontakt. Jetzt bist du wieder im Mutterschoß … im Schoß deines Mannes oder im Schoß deiner Frau. Ihr seid nicht mehr getrennt. Wieder herrscht Einheit, nicht Vereinigung.

Wenn ihr euch liebt, ist es anfangs eine Vereinigung. Aber wenn der Orgasmus kommt, hört die Vereinigung auf, und es kommt zur Einheit. Die Dualität ist fort.

Was geschieht in diesem tiefen Gipfelmoment? Tantra erinnert euch immer wieder daran, dass das, was da in diesem höchsten Moment passiert, genau die Sprache ist, die euch mit dem Dasein verbindet. Es ist die Sprache der Substanz; es ist die Sprache des wirklichen Seins. Stellt es euch entweder so vor, wie es im Schoß eurer Mutter war, oder so, wie es ist, wenn ihr euch wieder im Schoß des geliebten Menschen verliert und der Verstand für ein paar Sekunden einfach aussetzt. Diese Momente des Nicht-Denkens sind das Aufblitzen des *Samadhi*, das Aufblitzen des *Satori*, das Aufblitzen Gottes. Wir haben diese Sprache vergessen und müssen sie von neuem lernen. Diese Sprache ist die Liebe.

Die Sprache der Liebe ist wortlos. Wenn zwei Liebende wirklich in tiefer Harmonie sind, in dem Zustand, den Carl Gustav Jung „Gleichzeitigkeit“ nennt, wo sich alle Schwingungen einfach synchronisieren, wo beide auf der gleichen Wellenlänge sind, dann tritt Schweigen ein, dann ist den Liebenden nicht nach Sprechen zumute. Nur Eheleute reden miteinander. Liebende schweigen.

Genau genommen können Eheleute deshalb nicht den Mund halten, weil Sprache das Mittel ist, sich gegenseitig aus dem Weg zu gehen. Wenn du dem anderen nicht aus dem Weg gehst, wenn du nicht redest, wird die Gegenwart des anderen sehr peinlich. Eheleute hüllen sich augenblicklich in ihre schwarzen Tintenwolken. Was sie reden ist egal; Hauptsache, sie haben ihre Tintenwolke um sich; unsichtbar in ihre Tinte gehüllt, fühlen sie sich sicher.

Sprache ist kein Mittel, einander nahe zu kommen. Sie ist mehr oder weniger das Mittel, sich gegenseitig aus dem Weg zu gehen.

Wenn du wirklich liebst, hältst du vielleicht die Hand des geliebten Menschen, aber du schweigst: Äußerstes Schweigen, nicht die kleinste Welle. Auf dem reglosen See deiner Bewusstheit überträgt sich etwas, übermittelt sich die Botschaft. Es ist eine wortlose Botschaft. Tantra sagt, dass man die Sprache der Liebe lernen muss, die Sprache des Schweigens, die Sprache der gemeinsamen Gegenwart, die Sprache des Herzens, die Sprache der Substanz.

Wir haben eine Sprache gelernt, die nicht existenziell ist. Wir haben eine Fremdsprache gelernt; ganz gewiss ist sie nützlich. Sie erfüllt einen bestimmten Zweck, ganz gewiss. Aber sobald es um die Erforschung der höheren Bewusstseinsebenen geht, ist sie nur hinderlich. Auf der niederen Ebene ist sie in Ordnung, für den Marktplatz braucht man natürlich eine gewisse Sprache. Mit Schweigen ist da nichts zu machen. Aber je tiefer oder höher du gehst, desto weniger kann Sprache ausrichten.

Erst gestern sprach ich von den Chakras; ich sprach von zwei Chakras, dem *Muladhar*-Chakra und dem *Svadhisthan*-Chakra. *Muladhar* bedeutet die Basis, die Wurzel. Es ist das Sexzentrum oder man kann es auch das Lebenszentrum, das Geburtszentrum nennen.

Jeder wird durch das *Muladhar* geboren. Durch das *Muladhar* deiner Mutter und das deines Vaters bist du zu deinem Körper gekommen. Das nächste Zentrum war *Svadhisthan*: das ist der Sitz des Selbst, es ist das Todeschakra. Ein merkwürdiger Name für den Sitz des Selbst! *Svadhisthan* heißt: „Der Ort, wo du wirklich existierst". Im Tod etwa? Ja.

Wenn du stirbst, gehst du ein in dein reines Sein, denn nur das, was du nicht wirklich bist, stirbt. Der Körper stirbt. Der Körper wird aus dem *Muladhar* geboren. Wenn du stirbst, verschwindet der Körper. Aber du? Du nicht. Was immer dir vom *Muladhar* gegeben wird, nimmt dir das *Svadhisthan* wieder weg. Von Mutter und Vater hast du einen gewissen Mechanismus mitbekommen, der dir vom Tod wieder genommen wird. Aber du? Du warst schon da, bevor dein Vater und deine Mutter sich kannten …

Dich gab es schon ewig.

Jesus sagt … jemand hat ihn über Abraham befragt, was er über Abraham denke, den Propheten, und Jesus antwortete: „Abraham? Ich bin, bevor Abraham war."

Abraham hatte etwa zwei-, dreitausend Jahre vor Jesus gelebt, und er sagte: „Ich bin, bevor Abraham war."

Was redet er da? Was seinen Körper betrifft, wie kann er vor Abraham gewesen sein? Aber Jesus spricht nicht vom Körper; er spricht vom „Ich-Bin", von seinem reinen Sein … und das ist ewig.

Dieser Name – *Svadhisthan* ist sehr schön. Es ist genau dasselbe Zentrum, das man in Japan *Hara* nennt. Dieses Wort steckt im japanischen Wort für Selbstmord – *Harakiri* – im *Hara* sterben oder getötet werden. Das *Svadhisthan* nimmt nur das, was dir das *Muladhar* gegeben hat; aber das, was aus der Ewigkeit kommt, dein Bewusstsein, wird dir nicht genommen.

Die Hindus sind große Bewusstseinsforscher. Sie nannten es *Svadhisthan*, denn erst, wenn du stirbst, weißt du, wer du bist. Stirb in die Liebe hinein und du weißt, wer du bist. Stirb in die Meditation hinein und du weißt, wer du bist. Lass die Vergangenheit sterben und du weißt, wer du bist. Stirb dem Verstand und du weißt, wer du bist. Der Tod ist der Weg der Erkenntnis.

In alten Zeiten wurde in Indien der Meister „der Tod" genannt, denn du musst im Meister sterben; der Jünger muss im Meister sterben … nur so wird er erfahren, wer er ist. Diese beiden Zentren sind von der Gesellschaft gründlich vergiftet worden, denn zu diesen beiden Zentren hat sie leichten Zugang. Das dritte Zentrum, *Manipura*, ist das Zentrum aller Gefühle, aller Emotionen.

Wir unterdrücken unsere Gefühle im *Manipura*. Es bedeutet „der Diamant". Das Leben wird wertvoll durch unsere Gefühle: Lachen, Weinen, Tränen, Lächeln. Das Leben ist aufgrund all dieser Dinge so wertvoll für uns. Sie machen den Glanz des Lebens aus, und so heißt dieses Chakra *Manipura*, das Diamanten-Chakra. Nur der Mensch kann diesen kostbaren Diamanten besitzen. Tiere können nicht lachen; natürlich können sie auch nicht weinen. Tränen kommen aus einer Dimension, die nur dem Menschen offen steht.

Die Schönheit der Tränen, die Schönheit des Lachens, die Poesie der Tränen und die Poesie des Lächelns ist nur dem Menschen möglich. Alle anderen Lebewesen werden geboren und dann sterben sie. Zwischen diesen beiden passiert sonst nicht viel.

Wenn sich auch dein Leben nur darum dreht, geboren zu werden und dann zu sterben, bist du ein Tier. Dann bist du noch kein Mensch. Und viele Millionen Menschen leben nur in diesen beiden Chakras; sie gehen nie über sie hinaus.

Wir haben gelernt Gefühle zu unterdrücken. Wir haben gelernt, nicht gefühlvoll zu sein. Wir haben gelernt, dass sich Gefühle nicht auszahlen. Sei praktisch, sei hart! Du darfst nicht weich sein, du darfst nicht verletzlich sein! Sonst wirst du ausgenutzt: „Sei hart! Tu wenigstens so, als ob du hart wärst, tu gefährlich, zeig, dass du kein Weichei bist. Jage anderen Angst ein. Lache nicht, denn wenn du lachst, hat kein Mensch Angst vor dir. Weine nicht, denn wenn du weinst, zeigst du nur, dass du selbst Angst hast. Zeig deine menschlichen Schwächen nicht. Tu so, als wärst du perfekt. Unterdrücke dein drittes Zentrum; so wird ein Soldat aus dir, nicht ein Mensch, sondern ein Soldat, ein uniformierter Mann, ein Pseudo-Mann."

Im Tantra wird viel mit diesem dritten Chakra gearbeitet, damit es sich entspannt. Die Gefühle müssen befreit, entkrampft werden. Wenn dir nach Weinen zumute ist, dann weine. Wenn dir nach Lachen zumute ist, dann lache. Du musst mit diesem Unsinn der Verdrängung aufhören.

Unterdrücke dich nicht, sondern bringe dich zum Ausdruck! Denn nur durch deine Gefühle, durch deine Empfindungen, durch deine Empfänglichkeit, gelangst du in die Frequenz, in der Kommunikation möglich wird. Hast du es noch nie beobachtet? Du kannst reden, so viel du willst, und nichts ist damit gesagt; aber lass eine einzige Träne über dein Gesicht rollen und du hast alles ausgedrückt. Eine Träne kann mehr sagen als alle Worte. Stundenlang kannst du vergeblich reden und eine Träne kann alles sagen. Du kannst noch so oft sagen: „Ich bin ja so glücklich", dies und das … aber dein Gesicht zeigt genau das Gegenteil.

Ein bisschen Lachen, ein kleines bisschen ehrliches Lachen, und du brauchst nichts weiter zu sagen, das Lachen sagt alles. Du siehst deinen Freund und dein Gesicht strahlt, es leuchtet vor Freude.

Das dritte Zentrum muss immer offener werden. Das ist gegen das Denken; je mehr du also das dritte Zentrum zulässt, desto leichter wird sich dein verkrampftes Denken lösen. Sei aufrichtig, sei sensibel. Berühre mehr, spüre mehr, lache mehr, weine mehr. Und vergiss nicht, du kannst nichts hinzufügen, du kannst nicht übertreiben. Du kannst nicht eine Träne zu viel weinen. Du kannst kein bisschen zu viel lachen. Hab also keine Angst und sei nicht geizig.

Tantra erlaubt dem Leben all seine Gefühle. Das sind also die drei unteren Chakras, „untere“ nicht im Sinne irgendeiner Wertung, dies sind die unteren Zentren, die ersten Sprossen der Leiter.

Dann kommt das vierte Zentrum, das Herzzentrum, *Anahata* genannt. Das Wort ist sehr schön. *Anahata* heißt: „der tonlose Ton“. Gemeint ist dasselbe, was die Zen-Leute meinen, wenn sie sagen: „Horch! Das Klatschen der einen Hand!“ Das ist der Ton, der nicht angeschlagen wird. Das Herz liegt genau in der Mitte: drei Zentren unter ihm, drei Zentren über ihm. Und das Herz ist das Tor vom Niedrigeren zum Höheren oder vom Höheren zum Niedrigeren. Im Herzen kreuzen sich die Wege. Und das Herz ist völlig übergangen worden. Man hat euch nicht gelehrt „herzlich“ zu sein. Man hat euch jeden Zutritt in das Reich des Herzens verwehrt, denn es ist gefährliches Terrain. Es ist das Zentrum des tonlosen Tons; es ist das außersprachliche Zentrum – der Ton, der nicht angeschlagen wird. Sprache ist der Ton, der angeschlagen wird; wir müssen sie mit unseren Stimmbändern erzeugen; sie muss angeschlagen werden, sie ist wie das Klatschen zweier Hände.

Das Herz ist das Klatschen der einen Hand. Im Herzen gibt es kein Wort. Es ist wortlos. Wir haben das Herz völlig links liegen lassen, wir sind an ihm vorbeigegangen. Wir führen unser Leben so, als gäbe es das Herz gar nicht. Oder wir lassen es allenfalls als eine Pumpe gelten, die der Sauerstoffversorgung dient, das ist alles. Das ist aber nicht alles. Die Lungen sind nicht das Herz. Das Herz liegt tief hinter den Lungen verborgen. Und es ist auch nicht physisch. Es ist der Ort, von dem die Liebe aufsteigt. Darum ist Liebe auch kein Gefühl. Alle gefühlvolle Liebe gehört dem dritten Zentrum an, nicht dem vierten.

Liebe ist mehr als nur ein Gefühl. Liebe geht tiefer als Gefühl. Liebe hat einen größeren Wert als Gefühl. Gefühle sind vergänglich. Im Allgemeinen wird aber das Gefühl der Liebe mit der Erfahrung der Liebe verwechselt. Eines Tages verliebt man sich in eine Frau oder in einen Mann, und am nächsten Tag ist es vorbei damit, und das nennt sich dann Liebe. Es hat nichts mit Liebe zu tun. Es ist ein Gefühl: Die Frau hatte dir gefallen. Wohlgemerkt, gefallen; nenn es nicht Liebe. Es war ein Mögen, so wie man Eiskrem mag. Du mochtest sie. Mögen kommt und geht. Mögen ist etwas Momentanes. Es hält nie lange an, von Natur aus nicht. Du magst eine Frau, du schläfst mit ihr, und das war's: Das Mögen mag nicht mehr.

Genau wie mit einer Portion Eis: Du hast es aufgegessen, jetzt kann dich Eis nicht mehr reizen. Wenn dir jemand jetzt noch mehr Eis aufdrängen will, sagst du: „Mir wird gleich übel! Schluss! Mehr kann ich nicht vertragen!" Mögen ist nicht Liebe. Verwechselt das nie, sonst ist euer ganzes Leben ohne Wurzeln … sonst treibt ihr von einer Person zur anderen, und es kommt nie zur Vertrautheit.

Das vierte Zentrum, *Anahata*, ist von großer Bedeutung; denn durch das Herz warst du ganz am Anfang mit deiner Mutter verbunden. Durch das Herz warst du mit deiner Mutter verbunden, nicht durch den Kopf. Wenn ihr in tiefer Liebe, in tiefem Orgasmus seid, ist es wieder das Herz, nicht mehr der Kopf, was euch verbindet.

Und in Meditation, in tiefer Andacht, geschieht das Gleiche: Du bist mit der Schöpfung durch das Herz verbunden, von Herz zu Herz. Ja, es ist die Zwiesprache von Herz zu Herz, nicht von Kopf zu Kopf. Es hat mit Sprache nichts zu tun. Und das Herzzentrum ist das Chakra, aus dem der nicht-angeschlagene Ton emporsteigt. Wenn du dich in deinem Herzzentrum entspannst, kannst du ihn hören: Omkar „Aum". Das wird eine große Entdeckung sein.

Alle, die in das Reich des Herzens eingetreten sind, hören einen kontinuierlichen, rhythmischen Summton, der wie Aum klingt. Könnt ihr euch eine rhythmische Melodie vorstellen, die aus sich selbst kommt? Denn machen kann man sie nicht. Das ist auch der Grund, warum ich nichts von Mantras halte. Man kann noch so lange Aum, Aum, Aum vor sich hinsingen, es kommt doch nichts anderes als ein künstlicher Ersatz für das Herz heraus. Es führt nicht weiter. Es ist eine Täuschung. Man kann das jahrelang tun und in sich einen künstlichen Ton erzeugen, den man dann für seinen Herzton hält; aber er ist es nicht. Um in dein Herz zu kommen, brauchst du nicht Aum, Aum, Aum zu singen. Dazu musst du nur still sein. Eines Tages kommt das Mantra von selbst. Eines Tages, wenn du in tiefem Schweigen bist, hörst du plötzlich von nirgendwoher diesen Ton.

Er steigt aus dir auf, aus deinem innersten Kern. Er ist der Klang deiner inneren Stille. Genau so, wie in stiller Nacht ein gewisser Ton zu hören ist – der Klang der Stille –, genauso hörst du in dir – aus sehr, sehr viel tieferen Tiefen – einen Ton aufsteigen. Er kommt. Lasst es mich noch einmal betonen: ihr braucht ihn nicht zu erzeugen, indem ihr *Aum, Aum, Aum* wiederholt. Nein, kein einziges Wort ist nötig. Ihr seid einfach still. Ihr verharrt einfach in Schweigen, und er bricht hervor wie ein Bergquell … plötzlich sprudelt er hoch, ist er da. Ihr hört ihn … Ihr sprecht ihn nicht aus, ihr hört ihn.

Genau das meinen die Muslime, wenn sie sagen, Mohammed habe den Koran „gehört". Darum geht es. Genau das ist es, was im innersten Kern deines Herzens geschieht: Du brauchst es nicht auszusprechen, du hörst es. Mohammed hörte den Koran – er lauschte in sich hinein, dorthin, wo sich der Ton entfaltete. Er war total verwirrt; nie hatte er so etwas je gehört. Es war so fremd, so völlig unvertraut! Die Überlieferung sagt, dass er davon krank wurde. Es war so unheimlich! Wenn du eines Tages in deinem Zimmer sitzt und plötzlich hörst du in dir *Aum, Aum, Aum* oder so etwas, dann hast du ein komisches Gefühl … wirst du verrückt? Du hast nichts gesagt und sonst ist auch niemand da, verlierst du den Verstand?

Mohammed saß gerade auf einem Hügel, als es passierte. Er kam zitternd und schwitzend nach Hause gerannt; er hatte hohes Fieber. Er war wirklich verstört und sagte zu seiner Frau: „Bitte, bring alle Decken und decke mich zu. Ich hab' noch nie so gezittert, ein schweres Fieber hat mich befallen." Aber seine Frau konnte den Glanz auf seinem Gesicht sehen. Was sollte das für ein Fieber sein? Seine Augen sprühten Feuer und glänzten von etwas unbeschreiblich Schönem. Eine große Gnade war mit ihm ins Haus gekommen. Ein tiefes Schweigen hatte sich über das Haus gesenkt. Selbst seine Frau konnte etwas hören. Sie sagte zu Mohammed: „Ich glaube nicht, dass das Fieber ist. Ich glaube, Gott hat dich gesegnet. Mach dir keine Sorgen. Was ist geschehen? Erzähle es mir."

Seine Frau war die erste Muslimin, Khadija war ihr Name. Sie war seine erste Schülerin. Sie sagte: „Ich sehe es doch, dir ist Gott begegnet. Etwas ist dir geschehen, etwas strömt aus deinem Herzen und breitet sich um dich herum aus. Du bist leuchtend geworden. So bist du noch nie gewesen, dir ist etwas Außergewöhnliches geschehen. Sag mir, warum du so besorgt bist, warum du so zitterst. Auch wenn es völlig neu für dich ist, erzähle es mir."

Und Mohammed erzählte es ihr, hatte aber große Angst, was sie wohl von ihm denken würde. Aber sie bekannte sich zu ihm, sie wurde zur ersten Muslimin. Und so ist es immer gewesen: Die Hindus sagen, dass die Veden von Gott selbst gesprochen wurden, was nur heißen kann, dass sie „gehört" wurden.

In Indien haben wir für unsere Heiligen Schriften das Wort *Shruti*. *Shruti* bedeutet: „was vernommen wurde". In diesem Herzzentrum – im *Anahata*-Chakra – „hörst" du. Aber ihr habt noch nichts in euch gehört, keinen Ton, kein *Omkar*, kein Mantra. Das heißt aber nur, dass ihr dem Herzen aus dem Weg gegangen seid. Der Wasserfall ist vorhanden, das Rauschen strömenden Wassers ist vorhanden, aber ihr seid ihm aus dem Weg gegangen, ihr seid ihm nicht nahegekommen, ihr habt eine andere Route gewählt, ihr habt eine Abkürzung genommen. Die Abkürzung führt gleich vom dritten zum fünften Zentrum und umgeht das vierte.

Das vierte Zentrum ist das gefährlichste Zentrum, weil es das Zentrum ist, aus dem Vertrauen geboren wird. Denn hier entsteht die innere Gewissheit. Und das muss der Verstand verhindern. Wenn er es nämlich nicht tut, geht alle Fähigkeit zu zweifeln verloren. Und der Verstand lebt vom Zweifel.

Das ist das vierte Zentrum. Und Tantra sagt, dass du das vierte Zentrum durch Liebe kennenlernen wirst.

Das fünfte Zentrum heißt *Visuddhi. Visuddhi* bedeutet Reinheit. Ganz gewiss, erst nachdem die Liebe eingetreten ist, entstehen Reinheit und Unschuld, eher nicht. Nur die Liebe läutert, und nur die Liebe. Nichts anderes kann dich rein machen. Selbst der hässlichste Mensch wird schön in der Liebe. Liebe ist Nektar. Sie reinigt von allen Giften. So heißt also das fünfte Chakra *Visuddhi* – Reinheit, absolute Reinheit. Es ist das Zentrum der Kehle. Und Tantra sagt: Sprich erst, wenn du zum fünften Zentrum gelangt bist. Sprich nur aus Liebe; andernfalls schweige. Sprich aus dem Mitgefühl heraus, andernfalls sei still. Was soll das Reden sonst? Wenn du vom Herzen kommst, nachdem du dort Gottes Stimme vernommen hast oder Gott wie das Rauschen des Wasserfalls vernommen hast, wenn du den Klang Gottes gehört hast, das Klatschen der einen Hand, dann darfst du sprechen, dann darf dein Kehlkopfzentrum die Botschaft aussprechen, dann darf sogar etwas in Worte gefasst werden. Wenn du es hast, dann darf es sogar in Worte gefasst werden.

Nur sehr wenige gelangen zum fünften Zentrum, sehr selten. Denn wenn sie nicht einmal zum vierten kommen, wie können sie da das fünfte Zentrum erreichen? Das kommt nur sehr selten vor. Ab und zu erreicht ein Christus, ein Buddha, ein Saraha das fünfte. Und die Schönheit ihrer Worte ist ungeheuer; was soll man da erst von ihrem Schweigen sagen? Sie sprechen, und doch sprechen sie nicht. Sie sagen etwas und sagen das Unsagbare, das Unaussprechliche, das Unbeschreibliche.

Auch ihr gebraucht die Kehle, aber das hat nichts mit *Visuddhi* zu tun. Dieses Chakra ist völlig tot. Wenn dieses Chakra erweckt wird, sind eure Worte voller Honig, dann geht von euren Worten ein Duft aus, dann schwingt in ihnen Musik und Tanz. Dann ist alles, was ihr sagt, Poesie und reiner Jubel.

Und das sechste Chakra ist *Ajna. Ajna* bedeutet Ordnung. Im sechsten Chakra kommst du in Ordnung, eher nicht. Im sechsten Chakra wirst du zum Meister, nicht vorher. Zuvor warst du Sklave. Mit dem sechsten Chakra wird alles so geschehen, wie du es sagst, und alles, was du wünschst, geht in Erfüllung. Mit dem sechsten Chakra besitzt du Willen; vorher nicht. Vorher existiert der Wille nicht. Aber darin liegt ein Paradox.

Im vierten Chakra verschwindet das Ego. Im fünften verschwinden alle Unreinheiten und danach bekommst du Willen. So kannst du durch deinen Willen keinen Schaden anrichten. Denn es ist in Wirklichkeit nicht mehr dein Wille: es ist Gottes Wille; denn das Ego starb mit dem vierten und alle Unreinheiten mit dem fünften Chakra. Nun bist du das reinste Wesen, einfach nur noch ein Vehikel, ein Instrument, ein Bote. Jetzt hast du Willen, weil du nicht bist – jetzt ist Gottes Wille auch dein Wille. Nur selten erreicht ein Mensch dieses sechste Chakra, denn es ist gewissermaßen das letzte. Im weltlichen Sinn ist es das letzte Chakra. Darüber ist zwar noch das siebte, aber mit ihm trittst du in eine völlig andere Welt ein – eine andere Wirklichkeit. Das sechste Chakra ist die letzte Grenzstation, der Kontrollposten.

Das siebte Chakra ist *Sahasrar. Sahasrar* bedeutet „tausendblättriger Lotus". Wenn deine Energie bis zum siebten – zum *Sahasrar* – aufsteigt, wirst du zum Lotus. Jetzt brauchst du zu keiner anderen Blume mehr zu gehen, um dir Honig zu suchen, jetzt kommen die Bienen zu dir. Jetzt ziehst du Bienen aus der ganzen Welt an und manchmal kommen sogar Bienen von anderen Planeten zu dir. Dein *Sahasrar* hat sich geöffnet, dein Lotus hat sich vollständig entfaltet.

Dieser Lotus ist *Nirvana.* Ganz unten ist das *Muladhar.*

Aus dem ersten Chakra wird das Leben geboren – das Leben des physischen Körpers und der Sinne. Un auch aus dem siebten Chakra wird Leben geboren – ewiges Leben, nicht körperliches, nicht sinnliches Leben.

Das ist die tantrische Physiologie, nicht die Physiologie medizinischer Fachbücher. Sucht die Chakras bitte nicht in medizinischen Büchern, dort sind sie nicht zu finden. Sie sind Symbole; sie sind nur ein Versuch, es ungefähr zu beschreiben. Eine Orientierungshilfe, um die Dinge verständlich zu machen. Wenn du dich daran hältst, verirrst du dich nie in die Nebelschwaden der Gedanken. Wenn du versuchst, das vierte Chakra zu umgehen, kommst du in den Kopf.

Aber im Kopf sein heißt, ohne Liebe zu sein. In Gedanken sein heißt, kein Vertrauen zu haben. Denken heißt, nicht zu sein.

Die Schwierigkeit des Ausdrucks in der inneren Welt des Bewusstseins

Im Sexzentrum, dem ersten Zentrum, dem primitivsten, aber auch dem natürlichsten, in demjenigen Zentrum, das jedem zur Verfügung steht, geschieht die Integration zwischen dem Außen und dem Innen. Natürlich ist sie vorübergehend. Die Frau, die dem Mann begegnet, der Mann, der der Frau begegnet, erreichen einen einzigen Augenblick, den Bruchteil eines Augenblicks, in dem sich das Außen und das Innen treffen, sich vermischen und miteinander verschmelzen.

Das ist das Schöne am Sex, der Orgasmus: dass zwei Energien, sich ergänzende Energien, zusammenkommen und ein Ganzes werden. Aber es ist nur vorübergehend, denn das Zusammentreffen geschieht über das allergrobstofflichste Element, den Körper. Der Körper kann die Oberfläche berühren, aber er kann nicht wirklich in den anderen eindringen. Es ist wie bei Eiswürfeln. Wenn man zwei Eiswürfel zusammengibt, können sie sich berühren, aber wenn sie schmelzen und zu Wasser werden, dann vermischen und vereinigen sie sich. Dann gehen sie wirklich bis zum Innersten. Und wenn das Wasser verdampft, dann wird die Vereinigung sehr, sehr tief. Dann gibt es kein Ich, kein Du, kein Innen, kein Außen.

Das erste Zentrum, das Sexzentrum, gibt dir eine gewisse Integration. Deshalb sind alle so wild auf Sex. Es ist natürlich, er ist für sich genommen nützlich und gut; aber wenn du da haltmachst, dann hast du im Vorhof eines Palastes haltgemacht. Der Vorhof ist gut, er führt zum Palast, aber er ist nicht der Ort, den man zu seiner Wohnstätte machen sollte, er ist nicht der Ort, an dem man sich für immer aufhalten sollte ... sonst verpasst man die Seligkeiten, die einen bei einer höheren Integration anderer Zentren erwarten. Und im Vergleich zu dieser Seligkeit und dem Glück und der Freude ist die Schönheit des Sex gar nichts, ist das Vergnügen des Sex gar nichts. Er lässt dich nur einen flüchtigen Blick erhaschen.

Das zweite Chakra ist das *Hara.* Im *Hara* treffen sich Leben und Tod. Wenn du zum zweiten Zentrum gelangst, erreichst du einen höheren Orgasmus der Integration. Das Leben trifft den Tod, die Sonne trifft den Mond. Und das Treffen ist jetzt im Innern, deshalb kann das Treffen dauerhafter, stabiler sein, denn du bist von niemand anderem mehr abhängig. Jetzt triffst du auf deine eigene innere Frau oder auf deinen eigenen inneren Mann.

Das dritte Zentrum ist der Nabel. Dort treffen das Positive und das Negative aufeinander – die positive Elektrizität und die negative Elektrizität. Ihr Aufeinandertreffen ist sogar höher als das von Leben und Tod, denn die elektrische Energie, das *Prana*, das Bioplasma oder die Bioenergie, ist tiefer als Leben und Tod. Sie besteht vor dem Leben, sie besteht nach dem Tod. Aufgrund der Bioenergie gibt es Leben und Tod. Dieses Aufeinandertreffen der Bioenergie am Nabel, *Nabhi*, ermöglicht euch sogar eine noch höhere Erfahrung, die Erfahrung eins zu sein, integriert, eine Einheit…

Dann kommt das Herz. Im Herzzentrum treffen sich das Niedrigere und das Höhere, im Herzzentrum treffen sich *Prakriti* und *Purusha*, das Sexuelle und das Spirituelle, das Weltliche und das Überweltliche – oder man kann es die Begegnung von Himmel und Erde nennen. Es ist noch höher, denn zum ersten Mal blitzt etwas vom Jenseitigen auf – du kannst die Sonne am Horizont aufgehen sehen. Du bist immer noch in der Erde verwurzelt, aber deine Äste recken sich dem Himmel entgegen. Du bist zu einer Begegnung geworden. Deshalb ermöglicht das Herzzentrum die höchste und die verfeinertste Erfahrung, die man normalerweise machen kann – die Erfahrung der Liebe. Die Erfahrung der Liebe ist die Begegnung von Himmel und Erde; deshalb ist die Liebe in einer Hinsicht irdisch und in anderer Hinsicht himmlisch.

Wenn Jesus Gott als die Liebe definiert hat, dann ist dies der Grund dafür, denn im menschlichen Bewusstsein scheint die Liebe der Schimmer des Höchsten zu sein.

Normalerweise gehen die Menschen nicht über das Herzzentrum hinaus. Sogar das Herzzentrum zu erreichen scheint schwierig, fast unmöglich zu sein. Die Menschen bleiben im Sexzentrum. Wenn sie ein tiefgehendes Training in Yoga, Karate, Aikido, Tai Chi haben, dann erreichen sie das zweite Zentrum, das *Hara.* Wenn sie in dem Mechanismus der Tiefenatmung, *Prana*, geschult sind, dann erreichen sie das Nabelzentrum. Und wenn sie darin geschult sind, wie man über die Erde hinausblickt und wie man über den Körper hinausblickt, wie man so tief und sensitiv schaut, dass man nicht länger auf das Grobstoffliche beschränkt ist ... wenn die ersten Strahlen des Feinstofflichen dich durchdringen können – erst dann kommt das Herzzentrum.

Alle Wege der Hingabe, des *Bhakti*-Yoga, arbeiten mit dem Herzzentrum. Tantra beginnt vom Sexzentrum. Tao beginnt mit dem Harazentrum. Yoga beginnt mit dem Nabelzentrum. *Bhakti*-Yoga, die Wege der Hingabe und Liebe, Sufis und andere, beginnen mit dem Herzzentrum. Höher als das Herz ist das Kehlzentrum. Dort geschieht wieder eine andere Integration, sogar noch höher, noch subtiler. Dieses Zentrum ist das Zentrum des Empfangens und Gebens. Wenn das Kind geboren ist, empfängt es vom Kehlzentrum. Als Erstes dringt das Leben durch das Kehlzentrum in das Kind – es saugt die Luft ein, atmet; und dann saugt es Milch an der Brust der Mutter ein. Das Kind funktioniert vom Kehlzentrum aus, aber es funktioniert nur halb, und bald vergisst das Kind es. Es empfängt nur. Es kann noch nicht geben. Seine Liebe ist passiv. Und immer wenn du um Liebe bittest, bleibst du unmündig und kindisch. Solange du nicht heranreifst, sodass du Liebe geben kannst, bist du nicht erwachsen geworden. Alle bitten um Liebe, fordern Liebe und fast niemand gibt sie.

Das ist die Ursache für das Unglück auf der ganzen Welt. Und jeder, der fordert, glaubt zu geben und ist überzeugt, dass er gibt. Ich habe in Tausende von Menschen hineingesehen – alle hungern nach Liebe, dürsten nach Liebe, aber niemand versucht auf irgendeine Art zu geben. Und sie alle sind überzeugt, dass sie geben und dass sie nicht empfangen. Wenn du erst einmal gibst, empfängst du auch, das ist natürlich. Es war niemals anders. In dem Moment, in dem du gibst, stürzt die Liebe auf dich ein. Es hat nichts mit Personen und Menschen zu tun. Es hat etwas mit Gottes kosmischer Energie zu tun. Das Kehlzentrum ist der Punkt des Aufeinandertreffens von Empfangen und Geben. Du empfängst von dort und du gibst von dort.

Das ist es, was Christus meint, wenn er sagt, dass du wieder wie ein Kind werden musst. Wenn du das in die Terminologie des Yoga übersetzt, bedeutet es: Du musst wieder zum Kehlzentrum zurückkehren. Das Kind vergisst es allmählich.

Wenn du in die Freudsche Psychologie schaust, findest du eine Parallele. Freud sagt, das erste Stadium des Kindes ist oral, das zweite ist anal, und das dritte Stadium ist genital. Die ganze Freudsche Psychologie endet mit dem dritten. Natürlich ist es eine ganz dürftige Psychologie, ganz rudimentär, bruchstückhaft und nur mit den allerniedrigsten Funktionen der Menschen beschäftigt. Oral – ja, das Kind benutzt das Kehlzentrum nur, um zu empfangen. Und wenn es einmal angefangen hat zu empfangen, geht seine Entwicklung weiter zum Analen.

Habt ihr beobachtet, dass einige Leute am Oralen festhalten, sogar bis zum Tod? Das sind die Leute, die ihr rauchen seht, das sind Orale. Sie machen immer noch weiter… Der Rauch, die Zigarette, die Zigarre gibt ihnen das Gefühl, als ob etwas Warmes wie Muttermilch durch ihr Kehlzentrum rinnt. Und sie bleiben auf das Orale beschränkt und sie können nicht geben. Ein Kettenraucher, jemand der viel raucht, ist fast immer ein Mensch, der keine Liebe gibt. Er ist fordernd, aber er gibt nicht.

Männer, die zu viel rauchen, haben immer ein zu großes Interesse an weiblichen Brüsten. Gezwungenermaßen, denn eine Zigarette ist ein Ersatz für die Brustwarze. Damit sage ich nicht, dass Nichtraucher nicht an weiblichen Brüsten interessiert sind. Diejenigen, die rauchen, interessieren sich dafür; diejenigen, die nicht rauchen, interessieren sich auch dafür.

Vielleicht kauen sie Pan oder Kaugummi oder sonst etwas, oder vielleicht sind sie einfach nur an Pornografie interessiert – oder vielleicht sind sie einfach nur ununterbrochen von Brüsten besessen. In ihrem Kopf, in ihren Träumen, in ihrer Vorstellung, Phantasie: die Brust – Brüste über Brüste schweben ihnen die ganze Zeit vor. Das sind Orale, Steckengebliebene.

Wenn Jesus sagt, du musst wieder wie ein Kind werden, meint er, dass du zum Kehlzentrum zurückkehren musst, aber mit einer neuen Energie, mit der Energie zu geben. Alle kreativen Menschen sind Gebende. Vielleicht singen sie ein Lied für dich oder tanzen oder schreiben ein Gedicht oder malen ein Bild oder erzählen dir eine Geschichte. Für all das wird wieder das Kehlzentrum als Zentrum zum Geben benutzt. Es geschieht in der Kehle, dass Empfangen und Geben aufeinandertreffen. Die Fähigkeit zu empfangen und zu geben ist eine der größten Integrationen.

Es gibt Menschen, die sind nur fähig zu empfangen. Sie werden immer unglücklich bleiben, denn durch Empfangen wird man niemals reich. Man wird reich durch Geben. In der Tat ist nur das dein Besitz, was du hergeben kannst. Wenn du es nicht hergeben kannst, dann glaubst du nur, es zu besitzen. Du besitzt es nicht, du bist nicht der Herr. Wenn du dein Geld nicht hergeben kannst, dann bist du nicht Herr darüber. Dann beherrscht das Geld dich. Wenn du es geben kannst, dann bist du freilich der Herr. Das sieht nach einem Paradox aus, aber ich möchte es noch einmal wiederholen: Du bist nur der Besitzer dessen, was du geben kannst. In dem Moment, in dem du es hergibst, in eben dem Moment, bist du ein Besitzer geworden, bereichert. Geben bereichert dich.

Geizige Menschen sind die armseligsten und ärmsten Menschen auf der Welt – ärmer als die Armen. Sie können nicht geben, sie stecken fest. Sie sammeln immer nur an. Ihr Horten wird zu einer Last auf ihrem Sein, es befreit sie nicht. Tatsächlich wirst du freier, wenn du etwas hast. Aber schaut euch die Geizhälse an. Sie haben viel, aber sie sind belastet; sie sind nicht frei. Sogar Bettler sind freier als sie. Was ist mit ihnen geschehen? Sie haben ihr Kehlzentrum nur zum Nehmen benutzt. Nicht nur, dass sie ihr Kehlzentrum nicht zum Geben benutzt haben, sie haben sich nicht einmal zum zweiten Freudschen Zentrum begeben, dem analen Zentrum. Diese Menschen leiden immer an Verstopfung. Menschen, die horten, die geizig sind, leiden immer an Verstopfung. Merkt wohl, ich sage nicht, dass alle, die an Verstopfung leiden, geizig sind, es mag andere Gründe geben. Aber Geizhälse sind mit Sicherheit verstopft.

Freud sagt, dass Gold und Exkremente etwas gemeinsam haben. Beide sehen gelb aus. Und Menschen, die ständig verstopft sind, werden nur allzu sehr vom Gold angezogen. Ansonsten hat Gold keinen existenziellen Wert – einen psychologischen Wert ja, aber keinen existenziellen Wert. Man kann es nicht essen, man kann es nicht trinken. Was kann man damit machen? Sogar ein Glas Wasser hat einen höheren existenziellen Wert. Aber warum ist Gold so wertvoll geworden? Warum sind die Menschen vom Gold besessen? Sie haben sich nicht vom Oralen zum Analen begeben. Sie leiden an der Verstopfung ihres inneren Seins. Jetzt ist ihr ganzes Leben ein Abbild dieser Verstopfung; sie werden zu Goldsammel-Besessenen. Gold ist symbolisch. Die gelbe Farbe des Goldes vermittelt ihnen gewisse Vorstellungen.

Habt ihr mal kleine Kinder beobachtet? Es ist geradezu schwierig, sie dazu zu überreden, zur Toilette zu gehen; fast muss man sie zwingen, zur Toilette zu gehen. Und sogar dann bestehen sie noch darauf: „Ich kann nicht. Kann ich wieder runterkommen?“ Das ist ihre erste Lektion in Geiz – wie man an sich hält, wie man nicht einmal das hergibt, was nutzlos ist, sogar das, was schädlich ist, wenn man es bei sich behält. Es ist sogar schwierig für sie, das Giftige loszulassen, darauf zu verzichten.

Ich habe von zwei buddhistischen *Bhikkhus* gehört. Der eine war ein Geizhals und hortete alles, er häufte Geld an und hielt es fest; und der andere lachte nur über dieses alberne Verhalten. Alles, was ihm über den Weg lief, das gebrauchte er, doch er hielt niemals daran fest. Eines Abends kamen sie an einen Fluss. Der Abend dämmerte herauf, die Sonne ging unter, und es war gefährlich, dort zu bleiben.

Sie mussten ans andere Ufer, dort war eine Stadt. Auf dieser Seite war nur Wildnis. Der Horter sagte: „So, jetzt hast du kein Geld, wir können also den Fährmann nicht zahlen. Was sagst du jetzt dazu? Du bist gegen das Horten. Wenn ich jetzt kein Geld hätte, müssten wir beide sterben. Verstehst du es jetzt?" Er sagte: „Wir brauchen Geld." Der Mann, der dafür war, auf Geld zu verzichten, lachte, aber er sagte nichts. Da zahlte der Horter und sie fuhren über den Fluss; sie kamen am anderen Ufer an. Wieder sagte der Horter: „Also merke dir, fang beim nächsten Mal nicht wieder an, mit mir zu streiten. Du siehst, Geld hilft! Ohne Geld wären wir jetzt schon tot. Die ganze Nacht am anderen Ufer, es wäre gefährlich gewesen, es zu überleben – wilde Tiere!"

Der andere Bhikkhu lachte und er sagte: „Aber wir konnten den Fluss nur überqueren, weil du das Geld loslassen konntest. Es ist nicht aufgrund deines Hortens, dass wir überlebt haben. Hättest du darauf bestanden es zu behalten und hättest du den Fährmann nicht bezahlt, wären wir gestorben. Weil du es loslassen konntest, weil du es zurücklassen konntest, weil du es weggeben konntest, nur deshalb haben wir überlebt."

Die Auseinandersetzung geht wohl immer noch weiter. Aber ihr wisst ja, ich bin nicht gegen Geld. Ich bin sehr dafür, aber gebt es aus! Besitzt es, macht es zu eurem Eigentum; aber ihr werdet erst dann zum Eigentümer, wenn ihr dazu in der Lage seid, es zu geben. Im Kehlzentrum entsteht diese neue Synthese. Ihr könnt annehmen und ihr könnt geben. Es gibt Menschen, die von einem Extrem ins andere fallen. Zuerst waren sie unfähig zu geben, sie konnten nur nehmen.

Dann verändern sie sich, sie fallen ins andere Extrem – jetzt können sie geben, aber sie können nicht nehmen. Auch das ist Einseitigkeit. Ein wahrer Mensch ist fähig, Geschenke anzunehmen und Geschenke zu geben. In Indien findet ihr viele Sannyasins, viele sogenannte Mahatmas, die kein Geld anfassen. Wenn ihr ihnen welches gebt, dann schrecken sie davor zurück, als hättet ihr ihnen eine Schlange oder etwas Giftiges hingehalten. Ihr Zurückschrecken zeigt, dass sie jetzt ins andere Extrem gefallen sind, jetzt sind sie unfähig geworden zu empfangen. Wieder funktioniert ihr Kehlzentrum nur halb – und ein Zentrum arbeitet niemals richtig, bevor es nicht voll funktioniert, bevor sich das Rad nicht ganz herumdreht, und weiterdreht und ein Energiefeld schafft.

Dann gibt es das Zentrum des Dritten Auges. In diesem Zentrum treffen sich rechts und links, treffen sich *Pingala* und *Ida* und werden zu *Sushumna*. Die zwei Gehirnhälften treffen sich im Dritten Auge, das genau zwischen den beiden Augen liegt. Das eine Auge steht für Rechts, das andere Auge steht für Links, und dies ist genau in der Mitte. Dass die linke und die rechte Gehirnhälfte genau in der Mitte zusammentreffen, ist eine sehr hohe Synthese. Bis zu diesem Punkt waren Menschen fähig, Beschreibungen abzugeben. Daher konnte Ramakrishna es bis zum Dritten Auge beschreiben. Und als er begann, über das Letztendliche zu sprechen, die höchste Synthese, die im *Sahasrar* geschieht, verfiel er immer wieder in Schweigen, in *Samadhi*. Er ging darin unter; es war zu stark. Es war wie eine Flut, die ihn dem Ozean übergab. Er konnte sich nicht bewusst halten, wach halten.

Die höchste Synthese geschieht im *Sahasrar*, dem Kronenchakra. Wegen dieses *Sahasrar* tragen Kaiser, Monarchen und Königinnen auf der ganzen Welt eine Krone. Es ist zu einer Formalität geworden, aber im Grunde wurde es akzeptiert, weil niemand ein wirklicher Monarch oder König sein kann, wenn sein *Sahasrar* nicht funktioniert. Wie kann jemand Menschen beherrschen, wenn er nicht Herrscher seiner selbst ist? Im Symbol der Krone ist ein Geheimnis versteckt. Das Geheimnis ist, dass nur eine Person, die zum Kronenzentrum gelangt ist, zur höchsten Synthese seines Seins, dass nur ein solcher Mensch König oder Königin sein sollte und niemand anders. Nur er ist fähig, über andere zu herrschen, denn ihm ist es gelungen, sich selbst zu beherrschen. Er ist Meister seiner selbst geworden, jetzt kann er auch andern gegenüber hilfreich sein.

Wirklich, wenn du das *Sahasrar* erlangst, erblüht eine Krone in dir, ein tausendblättriger Lotus geht auf.

Keine Krone ist dem vergleichbar. Aber dann wurde es nur noch zum Symbol. Und dieses Symbol gibt es überall auf der Welt. Das zeigt einfach nur, dass überall Menschen auf die eine oder andere Art für die höchste Synthese im *Sahasrar* wach und bewusst wurden. Juden benutzen das Schädelkäppchen; es sitzt genau auf dem *Sahasrar*. Hindus lassen ein Bündel Haare, sie nennen es *Choti*, den Gipfel, genau an der Stelle wachsen, wo das *Sahasrar* ist oder sein sollte. Es gibt einige christliche Gruppen, die genau diesen Teil des Kopfes rasieren. Wenn ein Meister einen Schüler segnet, legt er die Hand auf dessen *Sahasrar*. Und wenn der Schüler wirklich empfänglich ist, sich hingibt, wird er plötzlich eine Energieaufwallung verspüren, die vom Sexzentrum bis zum *Sahasrar* geht.

Wenn ich manchmal euren Kopf berühre und ihr dann plötzlich sexuell werdet, dann habt keine Angst, weicht nicht zurück, denn genau so soll es sein. Die Energie ist im Sexzentrum. Sie beginnt sich zu entwickeln. Ihr bekommt Angst, ihr zieht euch zusammen, ihr unterdrückt sie – was ist los? Und dem Meister zu Füßen sexuell zu werden macht euch verlegen, scheint ein wenig peinlich. Das ist es nicht. Erlaubt es, lasst es so sein und schon bald stellt ihr fest, dass die Energie durch das erste Zentrum und das zweite hindurchgezogen ist, und wenn ihr euch hingebt, bewegt sie sich innerhalb einer Sekunde im *Sahasrar* und ihr werdet das Gefühl haben, dass sich etwas Neues in euch öffnet. Deshalb erwartet man von einem Schüler, dass er seinen Kopf beugt, damit der Meister seinen Kopf berühren kann.

Die letzte Synthese ist von Subjekt und Objekt, wieder vom Außen und Innen. Bei einem sexuellen Orgasmus treffen sich das Außen und das Innen, aber nur vorübergehend. Im *Sahasrar* treffen sie sich auf Dauer. Aus diesem Grund sage ich, man muss sich vom Sex zum *Samadhi* begeben. Im Sex ist neunundneunzig Prozent Sex, ein Prozent ist *Sahasrar*; im *Sahasrar* ist neunundneunzig Prozent *Sahasrar* und ein Prozent ist Sex.

Beide hängen zusammen, sind verbunden, durch tiefe Energieströme. Wenn du Sex also genossen hast, dann richte dort nicht deinen Wohnsitz ein. Sex ist nur ein Abglanz vom *Sahasrar*. Das *Sahasrar* wird dich tausendfach, millionenfach beschenken, mit Seligkeit, mit Segnungen.

Das Äußere und das Innere treffen sich, Ich und Du treffen sich, Mann und Frau treffen sich, Yin und Yang treffen sich; und dieses Aufeinandertreffen ist absolut. Dann gibt es keine Trennung, dann gibt es keine Scheidung.

Das nennt man Yoga.

Yoga bedeutet: die Begegnung der Zwei in Eins. Im Christentum haben die Mystiker es *Unio Mystica* genannt; das ist die genaue Übersetzung von Yoga. *Unio Mystica*: die mystische Vereinigung. Im *Sahasrar* vereinen sich das Alpha und das Omega, der Anfang und das Ende.

Der Anfang ist im Sexzentrum, Sex ist euer Alpha, *Sahasrar* ist euer Omega. Und solange Alpha und Omega sich nicht vereinen, solange ihr diese höchste Vereinigung nicht erlangt habt, bleibt ihr unglücklich, denn das ist eure Bestimmung. Ihr werdet unerfüllt bleiben.

Erst an diesem höchsten Gipfel der Synthese könnt ihr Erfüllung finden.

Die Grenzen westlicher Terminologie bei der Reise durch die feinstofflichen Körper

Du hast über die sieben feinstofflichen Körper gesprochen und manchmal ist es schwierig, die indische Terminologie in die westliche Sprache zu übertragen. Im Westen haben wir kein theoretisches Wissen über die feinstofflichen Körper und deren Bedeutung. Was kann man da tun?

Die Worte können übersetzt werden, aber aus Quellen, in denen du noch nicht gesucht hast. Jung hat sich in tiefere Tiefen des Bewusstseins begeben als Freud, aber auch er ist nur ein Anfang. Eine bessere Vorstellung von der Bedeutung dieser Dinge kann man aus Steiners Anthroposophie oder aus den theosophischen Schriften gewinnen: Madame Blavatskys „Geheimlehre", „Entschleierte Isis" und andere Werke, oder aus den Schriften Annie Besants, Leadbeaters, Oberst Olcotts. Du kannst in den Lehren der Rosenkreuzer nachschlagen. Es gibt eine lange Tradition der Geheimgesellschaften im Westen; oder schau in die Geheimschriften der Essener, der hermetischen Bruderschaft, in die Jesus eingeweiht wurde. Aus jüngerer Vergangenheit können Gurdjieff und Ouspensky Fingerzeige geben. Man kann also Bruchstücke finden und sie zusammensetzen.

Und was ich gesagt habe, habe ich in eurer Terminologie gesagt. Ich habe nur ein Wort benutzt, das nicht zur westlichen Terminologie gehört: nirvanisch. Die anderen sechs Bezeichnungen – physisch, ätherisch, astral, mental, spirituell und kosmisch – gehören nicht zur indischen Sprache. Sie gehören genauso zum Westen. Im Westen hat man nie über das siebte Zentrum gesprochen, nicht, weil es niemand gekannt hat, sondern weil man darüber nichts mitteilen kann.

Wenn du diese Begriffe schwierig findest, dann sage einfach „das erste Zentrum, das zweite Zentrum" usw. Benutze keine Fachausdrücke, sondern beschreibe sie einfach nur. Beschreibung reicht aus, welche Namen du gibst, spielt keine Rolle. Man kann aus vielen Richtungen zu diesen Sieben kommen. Soweit es um das Träumen geht, kann man die Begriffe Freuds, Jungs und Adlers verwenden. Was sie das „Bewusste" nennen, ist der erste Körper. Das „Unbewusste" ist der zweite – nicht genau dasselbe, aber sehr ähnlich. Was sie das „kollektive Unbewusste" nennen, ist der dritte – wiederum nicht genau, aber annähernd dasselbe.

Und wenn es keine allgemein gebräuchlichen Begriffe gibt, können neue Begriffe geprägt werden. Das ist sowieso immer besser, weil sie keine alten Assoziationen hervorrufen. Wenn ein neuer Begriff benutzt wird, bringt er mehr zum Ausdruck und wird tiefer verstanden, weil du nichts Vertrautes damit assoziierst. Man kann also neue Begriffe prägen. Das Ätherische bedeutet das, was mit dem Himmel und mit Raum zu tun hat. Das Astrale ist das Winzigste, Sukshma, das Letzte, das Atomare; jenseits davon gibt es keine Materie mehr. Das Mentale ist kein Problem, ebenso wenig das Spirituelle. Auch was mit „kosmisch" gemeint ist, ist verständlich.

Dann kommst du zum siebten, dem nirvanischen Körper. Nirvanisch bedeutet: „völliges Verlöschen, das absolut Leere". Es gibt nicht einmal den Ansatz von irgendetwas; alles ist verschwunden. Wörtlich bedeutet es: „Das Verlöschen der Flamme". Die Flamme ist erloschen, das Licht ist ausgeschaltet. Man kann nicht mehr fragen, wohin es gegangen ist. Es hat einfach aufgehört zu existieren.

Nirvana bedeutet, dass die Flamme erloschen ist. Jetzt ist sie überall und nirgendwo. Sie hat keine festgelegten Koordinaten und keine bestimmte Zeit, keinen Impuls zu existieren. Jetzt ist sie der Raum selbst, die Zeit selbst. Sie ist Existenz oder Nicht-Existenz, es macht keinen Unterschied. Weil sie überall ist, kannst du beides sagen ... Den siebten Körper muss man nirvanisch nennen, weil es kein andres Wort dafür gibt. Worte an sich haben überhaupt keine Bedeutung. Nur Erfahrungen zählen. Nur, wenn du etwas von diesen sieben Körpern erfahren hast, haben sie Bedeutung für dich. Um dir dazu zu verhelfen, gibt es verschiedene Methoden, die auf der jeweiligen Ebene angewandt werden.

Fange beim physischen Körper an. Dann fällt dir jeder weitere Schritt leicht. Wenn du am ersten Körper arbeitest, gewinnst du Einblick in den zweiten Körper. Beginne also beim physischen Körper. Nimm deinen Körper von Moment zu Moment bewusst wahr; und nicht nur von außen, du kannst deinen Körper auch von innen kennenlernen. Ich kann mir meiner Hand bewusst werden, so wie ich sie von außen sehe, aber es gibt auch ein inneres Gefühl dazu. Wenn ich meine Augen schließe, sehe ich die Hand nicht, aber es gibt immer noch ein inneres Gefühl, dass da etwas ist. Sei dir deines Körpers also nicht von außen her bewusst. Das führt dich nicht nach innen. Das innere Gefühl ist etwas ganz anderes. Wenn du den Körper von innen fühlst, wird dir zum ersten Mal klar, was das heißt, in einem Körper zu sein. Wenn du ihn nur von außen betrachtest, kannst du seine Geheimnisse nicht erforschen. Du kennst nur die Oberfläche, weißt nur, wie er anderen erscheint.

Wenn ich meinen Körper von außen betrachte, weiß ich zwar, wie andere ihn sehen, aber nicht, wie er für mich ist. Ich kann meine Hand von außen anschauen. Sie ist ein Objekt. Du kannst die gleichen Beobachtungen anstellen wie ich. Aber auf diese Weise betrachtet, bleibt meine Hand im Inneren unbekannt. Sie ist öffentliches Eigentum geworden. Du weißt genauso gut Bescheid über sie wie ich.

Nur wenn ich sie von innen erfahre, gehört sie auf unteilbare Weise zu mir. Du kannst sie nicht kennen; du kannst nicht wissen, wie ich sie von innen fühle. Das kann nur ich wissen. Der Körper, den wir kennen, ist nicht unser Körper. Es ist der Körper, den alle als Objekt kennen, der Körper, den ein Arzt im Laboratorium analysieren kann. Es ist nicht der Körper, der ist. Nur deine eigene, persönliche Erfahrung kann dich nach innen führen, kein allgemeines Wissen. Aus diesem Grunde haben Physiologie und Psychologie, die von außen beobachten, nicht zu Wissen über unseren inneren

Körper geführt. Sie haben nur Daten über den physischen Körper angesammelt. Das hat zu vielen Schwierigkeiten geführt. Jemand mag sich innerlich als schön empfinden, aber wir können solange auf ihn einreden, bis er selbst glaubt, dass er hässlich ist. Wenn wir uns als Kollektiv darauf geeinigt haben, dass er hässlich ist, kann er seine Zustimmung kaum verweigern. Aber niemand fühlt sich im Inneren hässlich. Das innere Empfinden ist immer ein Gefühl von Schönheit.

Dieses äußere Gefühl ist überhaupt kein wirkliches Empfinden. Es ist nur eine Mode, ein von außen auferlegter Maßstab. Wer in einer Gesellschaft als schön gilt, kann in einer anderen Gesellschaft als hässlich gelten. Aber das Gefühl im Innersten ist immer ein Schönheitsgefühl; Hässlichkeit gibt es nur, wenn von außen Kriterien angelegt werden. Wir haben alle eine festgefahrene Vorstellung von Schönheit – und nur deshalb gibt es Hässlichkeit und Schönheit überhaupt. Würden alle blind, wäre niemand mehr hässlich, dann wäre jeder schön. Das innere Körperempfinden ist also der erste Schritt. In verschiedenen Situationen fühlt sich der Körper von innen verschieden an. Wenn du verliebt bist, hast du eine bestimmte innere Körpererfahrung, wenn du hasst dagegen eine ganz andere. Wenn du Buddha fragst, wird er sagen: „Liebe ist Schönheit", weil er von seinem inneren Empfinden weiß, dass ihn seine Liebe schön macht. Hass, Wut, Eifersucht rufen im Inneren das Gefühl von Hässlichkeit hervor. Verschiedene Situationen und Momente, verschiedene Gemütsverfassungen führen zu verschiedenen Körpererfahrungen. Wenn du dich träge fühlst, dann fühlt sich das anders an, als wenn du aktiv bist. Wenn du schläfrig bist, ist es wieder anders. Diese Unterschiede muss man genau kennenlernen, nur dann wird dir das innere Leben deines Körpers vertraut. Dann kennst du die innere Geschichte, die innere Geografie deiner Kindheit, deiner Jugend und deines Alters.

Sobald man seinen physischen Körper durch und durch kennt, tritt automatisch der zweite Körper in Erscheinung. Diesen zweiten Körper lernt man jetzt von außen kennen.

Wenn du den ersten Körper von innen kennst, kommst du mit dem zweiten von außen in Berührung. Wenn du noch nicht einmal in deinem ersten Körper bist, kannst du den zweiten nie kennenlernen, aber von innen her kannst du die Außenseite des zweiten erkennen. Jeder Körper hat zwei Dimensionen – die äußere und die innere Dimension. Genau wie eine Wand zwei Seiten hat – die Außen- und die Innenwand –, hat jeder Körper eine Begrenzung, eine Wand. Und daher lernst du die äußere Begrenzung des zweiten kennen, sobald du den ersten von innen kennst.

Du bist jetzt in einem Zwischenstadium: innerhalb des ersten Körpers, aber noch außerhalb des zweiten Körpers. Dieser zweite, der ätherische Körper, ist wie ein dichter Rauch. Du kannst ihn ohne Schwierigkeiten durchdringen, aber er ist nicht transparent, du kannst ihn von außen betrachten. Der erste Körper ist fest. Der zweite Körper hat genau dieselbe Form wie der erste, aber er ist nicht fest. Wenn der erste Körper stirbt, lebt der zweite dreizehn Tage lang weiter. Er begleitet dich. Dann, nach dreizehn Tagen stirbt auch er. Er verflüchtigt sich, verdunstet. Wenn du den zweiten Körper kennen lernst, während der erste noch lebt, kannst du diesen Vorgang bewusst verfolgen.

Der zweite Körper kann deinen ersten Körper verlassen. In Meditation löst er sich manchmal vom ersten Körper und steigt in die Höhe, auf und ab, und du hast das Gefühl, als ob die Erdanziehungskraft keine Macht mehr über dich hat; du hast die Erde verlassen. Aber wenn du deine Augen öffnest, sitzt du auf dem Boden und weißt, dass du die ganze Zeit dort warst. Dieses Gefühl, dass du nach oben geschwebt bist, kommt vom zweiten, nicht vom ersten Körper. Für den zweiten Körper gibt es keine Schwerkraft, deshalb fühlst du, sobald du den zweiten kennst, eine gewisse Freiheit, die es für den physischen Körper nicht gibt. Jetzt kannst du aus deinem Körper aussteigen und wieder zurückkommen.

Das ist der zweite Schritt, wenn du den Erfahrungsbereich deines zweiten Körpers kennenlernen willst. Und die Methode ist nicht schwierig. Wünsch dir einfach, außerhalb deines Körpers zu sein, und du bist draußen. Der Wunsch selbst ist die Erfüllung. Für den zweiten Körper ist keine Anstrengung notwendig, weil es für ihn keine Schwerkraft gibt. Wenn ich zu deinem Haus gehen will, muss ich mich mit der Schwerkraft abmühen. Aber ohne die Schwerkraft reicht der einfache Wunsch schon aus. Es geschieht von selbst. Der ätherische Körper ist der Körper, der in Hypnose aktiviert wird. Hypnose arbeitet nicht mit dem ersten Körper, sondern mit dem zweiten. Darum kann jemand mit perfekter Sehkraft erblinden, nur weil er es glaubt, wenn ihm der Hypnotiseur suggeriert, er sei blind. Sein Ätherkörper wird beeinflusst, die Suggestion geht direkt zum zweiten Körper. In tiefer Trance kann dein zweiter Körper beeinflusst werden. Jemand, dem es ausgezeichnet geht, kann gelähmt werden, wenn man ihm einfach suggeriert: „Du bist gelähmt."

Ein Hypnotiseur darf keine Formulierungen verwenden, die Zweifel erzeugen. Wenn er sagt: „Es könnte sein, dass du blind bist", funktioniert es nicht. Er muss sich mit absoluter Gewissheit ausdrücken; nur dann hat die Suggestion Erfolg.

Du sagst deshalb also im zweiten Körper einfach nur: „Ich bin nicht mehr im Körper." Wünsch dir einfach, draußen zu sein, und du bist es. Gewöhnlicher Schlaf gehört zum ersten Körper. Es ist der erste Körper, der sich ausruht – erschöpft von der Arbeit des Tages, von der Mühe und Anspannung. In Hypnose wird der zweite Körper zum Schlafen gebracht. Wenn er schläft, kannst du mit ihm arbeiten. Krankheiten kommen zu fünfundsiebzig Prozent aus dem zweiten Körper und greifen auf den ersten über.

Der zweite Körper ist so beeinflussbar, dass Medizinstudenten im ersten Jahr oft genau die Krankheit bekommen, mit der sie sich gerade theoretisch beschäftigen. Sie entwickeln dieselben Symptome. Wenn sie Kopfschmerzen studieren, fragt sich jeder unwillkürlich: „Habe ich Kopfschmerzen? Habe ich diese Symptome?" Weil das Nachforschen in sich selbst auf den zweiten Körper einwirkt, wird die Suggestion aufgefangen, und Kopfweh wird projiziert, erzeugt. Die Geburtswehen gehören zum zweiten Körper. Deshalb kann Geburt durch Hypnose absolut schmerzlos geschehen – einfach durch

Suggestion. Es gibt primitive Gesellschaften, in denen die Frauen keine Wehen kennen, weil ihnen diese Möglichkeit noch nie in den Sinn gekommen ist. Aber jede Zivilisation erzeugt ein Klima von Suggestionen; und jeder hat die entsprechenden Erwartungen oder Befürchtungen.

In Hypnose gibt es keinen Schmerz. Selbst Operationen können schmerzfrei durchgeführt werden, wenn es dem zweiten Körper entsprechend suggeriert wird. Von meiner Warte aus gesehen, geht jede Art von Schmerz und Vergnügen vom zweiten Körper aus und greift auf den ersten über. Deshalb kann sich etwas Schmerzvolles durch eine entsprechende Suggestion in etwas Angenehmes verwandeln oder umgekehrt.

Ändere die Suggestion, ändere den ätherischen Geist und alles ändert sich. Wünsch dir etwas aus ganzem Herzen und es geschieht. Totalität ist der einzige Unterschied zwischen Wunsch und Willen. Wenn du total wünschst, restlos, mit jeder Faser deines Wesens, dann wird daraus Willenskraft. Wenn du aus ganzem Herzen wünschst, aus deinem physiologischen Körper auszusteigen, wird es möglich. Dann gibt es eine Möglichkeit, den zweiten Körper von innen her zu kennen, sonst nicht. Wenn du aus deinem physischen Körper aussteigst, bist du nicht länger zwischen dem ersten und dem zweiten. Jetzt bist du im zweiten. Es gibt den ersten Körper nicht mehr. Jetzt kannst du dir den zweiten Körper von innen her bewusst machen, genauso wie du den ersten von innen her erforscht hast. Beobachte seine innere Arbeitsweise, seinen inneren Mechanismus, sein inneres Leben. Wenn du es das erste Mal versuchst, ist es schwierig; aber bald wirst du ständig in zwei Körpern sein: dem ersten und dem zweiten.

Dein Augenmerk gilt jetzt zwei Bereichen, zwei Dimensionen. In dem Moment, wo du in den zweiten Körper gelangst, bist du außerhalb des dritten, des Astralkörpers. Für den Astralkörper brauchst du nicht einmal einen Willen. Es genügt der Wunsch, in ihm zu sein, Totalität ist keine Bedingung mehr. Wenn du hineingehen willst, kannst du es. Der Astralkörper ist ein Dunst, ein Nebel wie der zweite, aber er ist durchsichtig. Du brauchst dir nur zu wünschen, in ihm zu sein. Du wirst nicht einmal merken, ob du außerhalb oder innerhalb des dritten Körpers bist, weil die Grenze durchsichtig ist. Der Astralkörper hat dieselbe Größe wie die ersten beiden Körper. Bis zum fünften Körper hat er denselben Umfang. Die Inhalte verändern sich, aber die Größe bleibt bis zum fünften Körper gleich. Mit dem sechsten Körper wird die Dimension kosmisch. Und im siebten Körper gibt es überhaupt keine Größe – nicht einmal die kosmische.

Der vierte Körper ist frei von jeder Begrenzung. Vom dritten Körper aus gesehen gibt es nicht einmal eine durchsichtige Wand. Es ist nur eine Grenzlinie, und deshalb gibt es keine Schwierigkeiten hineinzugelangen, man braucht keine Methode dazu. Deshalb kann jemand, der zum dritten gelangt ist, sehr leicht in den vierten eindringen.

Aber über den vierten Körper hinauszugehen, ist genauso schwierig, wie es beim ersten war, weil jetzt der mentale Bereich aufhört. Der fünfte ist der spirituelle Körper. Bevor man ihn erreicht, stößt man wieder auf eine Wand, aber nicht wie zwischen dem ersten und dem zweiten. Jetzt symbolisiert die Wand den Übergang in eine andere Dimension. Sie befindet sich auf einer ganz anderen Ebene. Die vier ersten Körper liegen alle auf einer Ebene. Die Trennung ist horizontal. Jetzt ist sie vertikal. Daher ist die Wand zwischen dem vierten und fünften größer als zwischen allen niedrigeren Körpern – weil wir gewöhnlich horizontal orientiert sind, nicht vertikal. Wir schauen von einer Seite zur anderen, nicht auf und nieder. Aber die Abgrenzung vom vierten zum fünften Körper ist von einer niedrigeren zu einer höheren Ebene. Der Unterschied liegt nicht zwischen außen und innen, sondern zwischen oben und unten. Du kannst nicht in den fünften Körper gelangen, bevor du nicht nach oben schaust.

Der Intellekt schaut immer nach unten. Deshalb ist Yoga gegen den Intellekt. Er fließt nach unten, wie Wasser. Wasser war nie das Symbol eines spirituellen Systems, weil es seiner inneren Natur gemäß nach unten fließt. Feuer war das Symbol vieler Systeme. Feuer steigt nach oben; es geht niemals nach unten. Daher ist Feuer das Symbol für die Bewegung vom vierten zum fünften Körper. Man muss nach oben blicken, man darf nicht mehr nach unten schauen.

Wie soll man nach oben schauen, wie geht das? Ihr habt sicher gehört, dass in der Meditation die Augen nach oben zum *Ajna*-Chakra schauen. Die Augen müssen nach oben gerichtet sein; als ob du in deinen Schädel schauen willst.

Die Augen sind hier symbolisch. In Wirklichkeit geht es um Einsicht, innere Schau. Unsere Fähigkeit zu sehen wird mit den Augen assoziiert, und so werden hier die Augen zum Mittel, durch das die innere Schau selbst geschieht. Wenn du deine Augen nach oben richtest, wendet sich auch deine innere Schau nach oben. *Raja*-Yoga beginnt mit dem vierten Körper. Nur *Hatha*-Yoga beginnt beim ersten Körper, andere Yogas beginnen jeweils an einem anderen Punkt. Die Theosophie geht vom zweiten Körper aus und andere Systeme beginnen mit dem dritten. In dem Maße, in dem sich die Zivilisation auf den vierten Körper zubewegt, können viele Leute von dort aus anfangen, aber nur, wenn sie sich in vergangenen Leben durch die drei niedrigeren Körper gearbeitet haben. Wer *Raja*-Yoga aus den Büchern von Swamis und Gurus lernt, ohne zu wissen, ob er sich die drei unteren Körper schon erarbeitet hat, wird eine Enttäuschung erleben, weil man nicht beim vierten Körper beginnen kann. Die drei ersten Körper müssen zuerst durchquert werden. Nur dann kommt der vierte Bereich.

Der vierte ist der letzte Körper, von dem aus man beginnen kann. Es gibt vier Yoga-Richtungen: *Hatha*-Yoga für den ersten Körper; *Mantra*-Yoga für den zweiten Körper; *Bhakti*-Yoga für den dritten Körper und *Raja*-Yoga für den vierten Körper. Von alters her musste jeder beim ersten Körper beginnen, aber jetzt gibt es so viele verschiedene Typen von Menschen: Einer ist in einem vorherigen Leben bis zum zweiten Körper gelangt, einer zum dritten Körper usw. Was allerdings das Träumen betrifft, muss man beim ersten

Körper anfangen; nur dann kann man die ganze Reichweite, das ganze Spektrum kennenlernen. Im vierten Körper muss dein Bewusstsein also wie Feuer sein – es muss nach oben steigen. Es gibt viele Wege, das zu überprüfen. Wenn der Geist beispielsweise zum Sex fließt, ist er wie Wasser, das nach unten fließt, weil das Sexzentrum unten liegt. Im vierten Körper muss man die Augen nach oben richten, nicht nach unten.

Wenn Bewusstsein nach oben steigen soll, muss es von einem Zentrum ausgehen, das oberhalb der Augen liegt, nicht darunter. Es gibt nur ein Zentrum oberhalb der Augen, von dem dies möglich ist: das *Ajna*-Chakra. Die Augen müssen sich nach oben zum Dritten Auge richten. Auf vielerlei Art wurde immer wieder die Aufmerksamkeit auf das Dritte Auge gelenkt. In Indien wird die Unterscheidung zwischen einer Jungfrau und einer verheirateten Frau durch eine farbige Markierung auf dem Dritten Auge der Ehefrau zum Ausdruck gebracht. Eine Jungfrau schaut natürlicherweise nach unten, zum Sexzentrum, aber sobald sie verheiratet ist, muss sie nach oben blicken.

Der Sex muss sich verwandeln, sie muss zu einer Mutter werden. Jetzt beginnt ihre Reise zur Nicht-Sexualität oder über die Sexualität hinaus. Ein *Tika*, ein farbiger Punkt auf dem Dritten Auge, soll ihr dabei helfen, sich zu erinnern, nach oben zu schauen. Alle Arten von Menschen haben *Tika*-Markierungen benutzt. Sannyasins und Anhänger verschiedenster Glaubensrichtungen haben Farbmarkierungen für das Dritte Auge oder auch *Chandan*, Sandelholzpaste, verwendet. Sobald deine Augen zum Dritten Auge hinaufschauen, wird in diesem Zentrum ein großes Feuer entfacht; es fühlt sich wie Brennen an.

Das Dritte Auge beginnt sich zu öffnen und muss kühl gehalten werden. In Indien verwendet man Sandelholzpaste. Sie ist nicht nur kühl, sondern hat auch einen bestimmten Geruch, der mit dem dritten Körper und seiner Überwindung zusammenhängt. Die Kühle des Riechstoffes und der Punkt, wo er aufgetragen wird, lenken deine Aufmerksamkeit nach oben, zum Dritten Auge.

Wenn du deine Augen schließt und ich dann meinen Finger auf die Stelle deines Dritten Auges lege, berühre ich nicht wirklich dein Drittes Auge, aber du wirst es trotzdem fühlen; selbst ein schwacher Druck, eine ganz sanfte Berührung reichen dafür aus. Deshalb reicht Riechstoff aus, seine leichte Berührung und seine Kühle – das genügt, damit sich deine Aufmerksamkeit von deinen Augen zum Dritten Auge richtet.

Deshalb gibt es nur eine Methode, den vierten Körper zu durchqueren, und die ist, nach oben zu schauen. *Shirshasan*, Kopfstand, die umgekehrte Position des Körpers wurde dafür als Hilfsmittel benützt, weil unsere Augen gewöhnlich nach unten schauen. Wenn du auf dem Kopf stehst, schaust du immer nach unten, nur dass unten jetzt oben ist. Deine Energie fließt in die entgegengesetzte Richtung. Leute nehmen in der Meditation, ohne es zu wissen, die Kopfstand-Haltung ein, weil sich der Energiefluss verändert hat. Ihr Bewusstsein ist so sehr an das Abwärtsfließen gewöhnt, dass sie sich unwohl fühlen, wenn die Energie die Richtung wechselt. Wenn sie Kopfstehen, fühlen sie sich wieder beruhigt, weil die Energie wieder nach unten fließt. Das stimmt natürlich nicht, denn die Energie steigt, was deine Zentren betrifft, immer noch nach oben.

Deshalb wurde *Shirshasan* als Methode benutzt, dich vom vierten zum fünften Körper zu bringen. Die Hauptsache dabei ist, nach oben zu schauen. Das kann durch *Tratak*, das Anstarren fester Gegenstände, praktiziert werden – durch Konzentration etwa auf die Sonne oder auf andere Zielobjekte. Aber es ist besser, es innerlich zu tun. Schließe einfach deine Augen.

Zuerst jedoch müssen die vier Körper durchquert werden. Nur dann hat es Zweck, sonst nicht. Sonst kann diese Methode zu Störungen führen und geistige Verwirrungen hervorrufen, weil das gesamte Gleichgewicht des Systems erschüttert wird: Die Energie der ersten vier Körper ist noch nach unten gerichtet, aber mit deinem Bewusstsein schaust du nach oben. Dann besteht die große Gefahr, dass Schizophrenie dabei entsteht. Für mich ist Schizophrenie das Resultat einer solchen Situation. Die gewöhnliche Psychologie hat keinen tiefen Einblick in das Wesen der Schizophrenie. Der schizophrene Geist arbeitet in zwei verschiedenen Richtungen gleichzeitig: Er steht draußen und schaut nach innen, und er steht draußen und schaut nach oben. Dein ganzes System muss in Harmonie sein. Wenn du deinen physischen Körper nicht von innen kennst, muss sich dein Bewusstsein nach unten richten. Das ist dann gesund; die Anpassung, die Ausrichtung ist entsprechend. Du darfst niemals versuchen, den Geist, der nach außen strömt, nach oben zu richten, oder es kommt Schizophrenie, Spaltung dabei heraus.

Unsere Zivilisation, unsere Religionen sind der Hauptgrund für die menschliche Persönlichkeitsspaltung. Es ging ihnen nicht um die totale Harmonie. Es gibt Yoga-Lehrer, die Leuten, die nicht einmal in ihrem ersten Körper sind, Methoden beibringen, die die Energie nach oben wenden. Die Methoden beginnen zu wirken, und ein Teil der Person bleibt außerhalb des Körpers, während sich ein zweiter Teil nach oben bewegt. Damit kommt es zur Spaltung zwischen beiden. Es entstehen zwei Personen: Mal so und mal so – Jekyll und Hyde.

Es ist nicht ausgeschlossen, dass jemand sieben Personen zugleich sein kann. Dann ist die Spaltung vollkommen. Es haben sich sieben verschiedene Energien gebildet. Ein Teil geht nach unten, wo er sich mit dem ersten Körper identifiziert, ein anderer hält am zweiten fest, wieder ein anderer am dritten. Ein Teil steigt nach oben; ein anderer woandershin. Ein solcher Mensch hat überhaupt kein Zentrum.

Gurdjieff pflegte zu sagen, dass ein solcher Mensch genau wie ein Haus sei, in dem der Hausherr fehlt, und jeder Diener behauptet, der Hausherr zu sein. Und niemand kann das abstreiten, weil der Hausherr selbst nicht da ist. Wenn ein Besucher an die Türe klopft, wird der nächstbeste Diener zum Herrn. Am nächsten Tag ist ein anderer Diener an der Türe und behauptet, der Herr zu sein. Ein Schizophrener hat kein Zentrum. Und so sind wir alle. Wir haben uns der Gesellschaft angeglichen, das ist alles. Der eine mehr, der andere weniger. Der Herr jedenfalls ist nicht da oder schläft, und jeder unserer Bestandteile erhebt Besitzansprüche.

Wenn der Sexdrang vorherrscht, wird der Sex zum Meister. Moral, Familie, Religion – alles wird im Stich gelassen, Sex wird zum alleinigen Besitzer des Hauses. Und wenn der Sex vorbei ist, folgt die Frustration. Deine Vernunft gewinnt die Oberhand und sagt: „Ich bin der Herr im Haus." Jetzt erhebt die Vernunft ihren Anspruch auf das ganze Haus und verweigert dem Sex den Zutritt.

Jeder beansprucht das Haus für sich. Wenn Wut aufkommt, ergreift sie die Macht. Jetzt ist alle Vernunft, alles Bewusstsein vom Tisch gewischt. Die Wut diktiert. Das ist der Grund, warum wir andere nicht verstehen können. Jemand, der eben noch liebevoll war, wird wütend, und plötzlich ist alle Liebe verschwunden. Wir verlieren jetzt das Gefühl dafür, ob dieser Mensch liebt oder nicht. Die Liebe war nur ein Diener, und Wut oder Ärger sind jetzt auch nur Diener. Der Hausherr ist nicht da. Deshalb kann man sich gewöhnlich auf niemanden verlassen. Niemand ist sein eigener Herr, jeder beliebige Diener kann das Steuer an sich reißen. Es herrscht keine Einheit.

Was ich damit sagen will, ist dies: Man sollte nicht mit diesen Techniken experimentieren, bevor man die ersten vier Körper durchschritten hat. Sonst erzeugt man eine Spaltung, die unmöglich überbrückt werden kann, und man muss auf ein neues Leben warten, um wieder von vorne anzufangen. Es ist besser, Techniken zu praktizieren, die vom Anfang ausgehen. Wenn du schon in früheren Leben die ersten drei Körper verwirklicht hast, kannst du sie in einem einzigen Moment wieder durchqueren. Es macht keine Schwierigkeit. Du kennst das Gelände; du kennst den Weg. In einem einzigen Moment erscheinen sie dir; du erkennst sie wieder – und lässt sie hinter dir! Dann kannst du weitergehen. Ich bestehe also immer darauf, beim ersten Körper zu beginnen; für jeden.

Von dem vierten Körper aus weiterzugehen ist das Allerschwerste. Bis zum vierten Körper bist du menschlich. Jetzt wirst du übermenschlich. Im ersten Körper bist du nur ein Tier. Das Menschsein wird erst ab dem zweiten Körper verwirklicht und reift erst im vierten Körper zu seiner vollkommenen Blüte.

Keine Zivilisation ist je über den vierten hinausgekommen. Jenseits des vierten Körpers beginnt das Übermenschliche. Wir können einen Christus, Buddha, Mahavir oder Krishna nicht als Menschen einordnen. Sie sind jenseits davon. Sie sind übermenschlich. Der Blick nach oben ist ein Sprung aus dem vierten Körper. Wenn ich meinen ersten Körper von außen betrachte, bin ich nur ein Tier mit der Möglichkeit zum Menschsein. Der einzige Unterschied ist, dass ich ein Mensch werden kann, aber das Tier nicht. Im gegebenen Augenblick sind wir, das Tier und ich, beide auf einer Vorstufe zum Menschsein. Aber ich habe die Möglichkeit weiterzugehen.

Und vom zweiten Körper an blüht das eigentliche menschliche Wesen auf. Selbst einer, der im vierten Körper ist, kommt uns übermenschlich vor. Er ist es nicht. Ein Einstein oder ein Voltaire erscheinen als Übermenschen, aber sie sind keine. Sie stellen die Blüte des Menschenmöglichen dar, und da wir uns unterhalb des Menschlichen befinden, sind sie uns überlegen. Aber sie stehen nicht über dem Menschlichen an sich.

Nur ein Buddha, ein Christus oder ein Zarathustra ist mehr als ein Mensch. Indem sie den Blick nach oben richteten, ihr Bewusstsein vom vierten Körper aufwärts richteten, gingen sie über die Grenze des Geistes hinaus und ließen den mentalen Körper hinter sich.

Es gibt Geheimnisse, die es wert sind, dass wir sie verstehen. Mohammed fand, als er den Blick nach oben richtete, dass sich etwas von oben auf ihn herabsenkte. Wir interpretieren das örtlich, daher wird für uns der Himmel zum Reich der Götter. Für uns bedeutet „aufwärts" der Himmel; „abwärts" meint die Erde. Wenn wir es jedoch auf diese Weise interpretieren, wird das Symbol nicht verstanden. Wenn Mohammed nach oben schaut, schaut er nicht in den Himmel; er schaut zum *Ajna*-Chakra. Wenn er sagt, dass etwas von oben zu ihm gekommen ist, ist sein Gefühl richtig. „Oben" hat jedoch für uns eine andere Bedeutung.

Zarathustra wird immer nach oben blickend dargestellt. Seine Augen schauen nie nach unten. Er schaute nach oben, als er das Göttliche zum ersten Mal sah. Das Göttliche kam als Feuer zu ihm;

daher wurden die Parsen Feueranbeter. Dieses Gefühl des Feuers kommt vom *Ajna*-Chakra. Wenn du nach oben blickst, fühlt sich diese Stelle feurig an, als ob sie brennt. Dieses Brennen verwandelt sich. Das niedere Wesen wird verbrannt, es verschwindet aus dem Dasein, und das höhere Wesen wird geboren. Das ist die Bedeutung des alchemistischen Symbols der „Feuertaufe".

Nach dem fünften Körper gelangst du in einen wiederum anderen Bereich, eine andere Dimension. Vom ersten zum vierten Körper geht die Bewegung von außen nach innen; vom vierten zum fünften geht sie von unten nach oben; vom fünften geht sie vom Ego zum Nicht-Ego. Das ist eine völlig neue Dimension. Es gibt weder Außen noch Innen, weder Hoch noch Tief. Es geht um „Ich" oder „Nicht-Ich". Es geht jetzt darum, ob es ein Zentrum gibt oder nicht.

Bis zum fünften ist man ohne Zentrum, in verschiedene Teile gespalten. Nur für den fünften Körper gibt es ein Zentrum: eine Einheit, ein Eins-Sein. Aber dieses Zentrum wird zum Ego. Das wird jetzt zum Hindernis für ein weiteres Fortschreiten. Jeder Schritt, der vorher eine Hilfe war, wird jetzt zu einem Hindernis für deine weitere Entwicklung. Du musst auch die letzte Brücke hinter dir zerstören. Sie hat nur den Übergang ermöglicht, aber sie hält dich fest, wenn du an ihr hängst. Bis zum fünften Körper geht es darum, ein Zentrum zu errichten.

Gurdjieff sagt, dass es Kristallisation bedeutet, dieses Zentrum zu erreichen. Jetzt gibt es keine Diener mehr; der Meister ist für alles zuständig. Jetzt ist der Meister der Meister. Er ist erwacht; er ist zurückgekommen. Wenn der Meister da ist, ordnen sich die Diener unter, sie werden still. Wenn du also in den fünften Körper eintrittst, kommt es zur Kristallisation des Egos. Aber jetzt musst du diese kristallisierte Form wieder auflösen, wenn du weiter vorankommen willst. Sie löst sich ins Kosmische auf, verliert sich in Leere.

Nur jemand, der hat, kann verlieren, deshalb ist es unsinnig und absurd, vor dem fünften Körper von Egolosigkeit zu sprechen. Du hast gar kein Ego, wie sollst du es dann verlieren? Oder, anders ausgedrückt, du hast viele Egos, jeder deiner Diener hat sein Ego.

Du bist multi-egoistisch, eine Multi-Persönlichkeit, multi-psychisch, aber kein vereinigtes Ego.

Du kannst das Ego nicht verlieren, weil du es nicht hast. Ein reicher Mann kann seinen Reichtum aufgeben, aber ein armer Mann kann das nicht. Er hat nichts aufzugeben, nichts zu verlieren. Aber es gibt arme Leute, die von der Weltabkehr träumen. Ein Reicher hat Angst davor, weil er etwas zu verlieren hat, aber ein Armer ist immer dazu bereit. Er ist bereit, aber er hat nichts aufzugeben.

Der fünfte Körper ist der vielfältigste, der reichste. Er ist der Höhepunkt des Menschenmöglichen, der Gipfel der Individualität, der Gipfel der Liebe, des Mitgefühls, all dessen, was zählt. Die Dornen sind schon abgefallen. Jetzt muss auch die Blume vergehen. Dann bleibt nur noch ihr Duft. Die Blume selbst ist dahin.

Der sechste Körper ist der Bereich des Wohlgeruchs, des kosmischen Duftes. Keine Blume, kein Zentrum. Ein Umkreis ohne Zentrum. Du kannst entweder sagen, dass alles zum Zentrum geworden ist oder dass es kein Zentrum gibt. Es gibt nur ein vages Gefühl davon. Es gibt keine Spaltung, keine Teilung – nicht einmal die Spaltung des Individuums in das „Ich“ und das „Nicht–Ich“, das „Ich“ und das „andere“. Es gibt keinerlei Spaltung mehr. Das Individuum kann sich also auf zwei Weisen auflösen: die eine Möglichkeit ist, schizophren zu werden, sich in viele Unterpersönlichkeiten aufzuspalten, und die andere Möglichkeit ist, kosmisch zu werden – sich ins Höchste zu verlieren. Dort, wo es keine Blume mehr, sondern nur noch ihren Duft gibt.

Die Blume stellt immer noch eine Störung dar, aber wenn es nur noch den Duft gibt, ist alles vollkommen. Jetzt gibt es keinen Ursprung mehr dafür, deshalb auch keinen Tod. Alles, was einen Anfang hat, wird vergehen, aber jetzt gibt es keine Blume mehr, daher gibt es auch keine Ursache für den Duft. Er ist einfach da, unverursacht, und somit gibt es weder Tod noch Grenzen. Eine Blume hat noch Begrenzungen; ihr Duft aber ist unbegrenzt. Er breitet sich unbeschränkt aus – immer weiter, ins Jenseits.

Im fünften Körper gibt es weder auf und ab, noch seitwärts, innen oder außen. Die Frage ist jetzt: Ich oder Nicht-Ich. Aber das Ego aufzugeben, ist das Schwierigste. Bis zum fünften Körper macht das Ego keine Probleme, weil das Ego zunehmend erfüllt wird, wenn du in Neuland vorstößt. Niemand will schizophren sein; jeder hätte gerne eine kristallisierte Persönlichkeit. Deshalb kann jeder Wahrheitssucher, jeder Sadhaka, bis zum fünften Körper vordringen.

Es gibt keine Methode, den fünften Körper hinter sich zu lassen, weil jede Methode an das Ego anknüpft. Sobald du eine Methode verwendest, wird das Ego gestärkt. Deshalb sprechen diejenigen, die über den fünften hinausgehen wollen, von der Nicht-Methode, von Nicht-Technik. Jetzt gibt es kein „Wie" mehr. Vom fünften Körper an ist keine Methode notwendig.

Du kannst eine Methode bis zum fünften benutzen, aber nicht danach, weil es dann niemanden mehr gibt, der sie benutzen könnte. Wenn etwas benutzt wird, wird der Benutzer gestärkt. Sein Ego kristallisiert sich noch mehr, es wird ein Kristallisationskern. Deshalb sagen diejenigen, die im fünften Körper geblieben sind, dass es unbegrenzt viele Seelen gibt, unzählige Geistwesen. Sie stellen sich jedes Geistwesen als Atom vor. Zwei Atome können sich nicht treffen. Sie haben keine Fenster, keine Türen, schließen sich gegen alles ab, was außerhalb ihrer selbst ist.

Das Ego hat keine Fenster. Man kann es mit dem Wort von Leibniz beschreiben: Monaden. Diejenigen, die im fünften Körper bleiben, werden zu Monaden: fensterlose Atome. Jetzt bist du allein und allein, immer allein. Aber du musst dieses kristallisierte Ego wieder loswerden. Wie soll das ohne Methode möglich sein? Wie soll man es überwinden, wenn es keinen Weg dazu gibt? Wie sollst du ihm entkommen? Es gibt keinen Durchgang. Zenmönche sprechen vom torlosen Tor. Jetzt gibt es kein Tor, und trotzdem muss man weitergehen.

Was tun? Das Wichtigste: Identifiziere dich nicht mit deiner Kristallisation. Nimm einfach dieses verschlossene Haus des „Ichs" zur Kenntnis. Nimm es nur wahr, tu nichts – und es kommt zur Explosion. Plötzlich bist du jenseits davon.

Im Zen gibt es eine Parabel.

Ein Gänseei wird in eine Flasche gelegt. Das Kücken schlüpft aus dem Ei und fängt an zu wachsen, aber weil der Flaschenhals zu klein ist, kann es nicht aus der Flasche. Es wächst immer weiter, und die Flasche wird zum Leben zu klein. Jetzt muss die Flasche zerstört werden, wenn die Gans nicht sterben soll. Einem Sucher wird die Frage gestellt: „Was soll man tun? Wir wollen keines von beiden verlieren. Gans und Flasche müssen erhalten bleiben. Was soll man also tun?" Das ist die Kernfrage des fünften Körpers. Wenn es keinen Ausweg gibt und die Gans weiter wächst, wenn Kristallisation zum Dauerzustand wird, was soll man dann tun?

Der Sucher geht in einen Raum und fängt an, die Sache auszuknobeln. Was tun? Die einzig möglichen Lösungen scheinen zu sein, entweder die Flasche zu zerbrechen und die Gans zu retten oder die Gans aufzugeben und die Flasche heil zu erhalten. Der Sucher denkt und grübelt, knobelt Lösungen aus, die er wieder aufgeben muss, weil sie keinen Ausweg darstellen. Der Meister schickt ihn jedesmal zurück, noch mehr darüber nachzudenken.

Viele Tage und Nächte lang denkt und sucht er weiter, aber es gelingt ihm nicht. Schließlich kommt das Denken zum Stillstand. In diesem Moment rennt er hinaus und schreit: „Heureka. Die Gans ist draußen." Der Meister fragt niemals nach dem „Wie", weil die ganze Sache von vornherein absurd ist.

Das Problem, aus dem fünften Körper herauszukommen, wird zu einem Zen-Koan. Man muss sich nur die Kristallisation bewusst machen, und die Gans ist draußen. Es kommt ein Moment, wo du draußen bist: Es gibt kein „Ich". Man hat seine Kristallisation erreicht und wieder verloren. Für den fünften Körper war die Kristallisation, das Zentrum, das Ego unentbehrlich. Es war als Durchgang, als Brücke notwendig; sonst hätte man den fünften Körper nicht durchqueren können. Aber jetzt braucht man es nicht länger.

Es gibt Personen, die den fünften erreicht haben, ohne durch den vierten zu gehen. Ein Reicher ist in gewisser Weise kristallisiert. Jemand, der zum Präsidenten eines Landes geworden ist, hat sich in gewisser Weise kristallisiert. Auf ihre Weise waren sogar Hitler und Mussolini kristallisierte Persönlichkeiten. Aber die Kristallisation findet im fünften Körper statt, und wenn die vier ersten Körper nicht im Einklang mit ihm sind, wird die Kristallisation zur Krankheit. Mahavir und Buddha sind auch kristallisiert, aber ihre Kristallisation ist harmonisch.

Wir alle sehnen uns aus einem inneren Drang heraus danach, den fünften Körper zu erreichen – das Ego zu erfüllen. Aber wenn wir eine Abkürzung wählen, sind wir am Ende verloren. Der kürzeste Weg führt durch Reichtum, Macht und Politik. Man kann damit ein Ego aufbauen, aber es ist eine falsche Kristallisierung; sie ist nicht im Einklang mit deiner gesamten Persönlichkeit. Es ist wie ein Hühnerauge, das sich an deinem Fuß geformt, „kristallisiert" hat. Es ist eine „Fehl-Kristallisation", ein Auswuchs, eine Krankheit.

Wenn die Gans aus dem fünften heraus ist, bist du im sechsten. Vom fünften zum sechsten Körper erstreckt sich das Reich der Mysterien. Bis zum fünften Körper können wissenschaftliche Methoden angewandt werden, deshalb hilft Yoga. Aber danach ist es bedeutungslos, weil Yoga eine Methodik ist, eine wissenschaftliche Technik.

Im fünften Körper ist Zen sehr hilfreich. Es ist eine Methode, vom fünften in den sechsten Körper zu gehen. Zen kam in Japan zur Blüte, aber sein Ursprung liegt in Indien. Es hat seine Wurzeln im Yoga; Zen ist die Blüte des Yoga. Zen übt auf den Westen so große Anziehung aus, weil sich das westliche Ego in gewissem Sinn kristallisiert hat. Der Westen ist der Herr der Welt, er hat alles. Aber das Ego hat sich dort durch den falschen Prozess kristallisiert. Es ist nicht durch Transzendenz der ersten vier Körper entstanden.

Daher ist Zen so attraktiv im Westen, aber es kann zu nichts führen, weil diese Kristallisierung künstlich ist. Gurdjieff kann dem Westen eher helfen, weil er konsequent mit den ersten fünf Körpern arbeitet. Darüber hinaus kann er nichts ausrichten, nur bis zum fünften, bis zur Kristallisation. Durch seine Techniken kann man zu einer wahrhaften Kristallisation gelangen.

Zen kann im Westen nur eine Modeerscheinung sein, denn es hat dort keine Wurzeln. Zen hat sich im Osten durch einen sehr langen Prozess entwickelt, der mit *Hatha*-Yoga anfing und in Buddha seinen Höhepunkt fand. Tausende von Jahren in Bescheidenheit und Demut gingen voraus: nicht Ego sondern Passivität; nicht positive Aktion, sondern Empfänglichkeit – eine lange Tradition des weiblich-empfänglichen Geistes. Der Osten war seit jeher weiblich, während der Westen männlich ist: aggressiv, positiv. Der Osten war immer offen, empfänglich. Zen konnte im Osten weiterhelfen, weil andere Methoden, andere Systeme an den vier niedrigeren Körpern arbeiteten. Diese vier wurden die Wurzeln, und Zen konnte zur Blüte gelangen.

Heutzutage ist Zen in Japan fast bedeutungslos. Der Grund dafür ist, dass Japan absolut westlich geworden ist. Die Japaner waren einmal die bescheidensten Menschen, aber jetzt ist es nur noch Schauspielerei. Es ist nicht länger Teil ihres innersten Wesens. Deshalb hat Zen seine Wurzeln in Japan verloren und ist jetzt im Westen beliebt. Aber die Beliebtheit hängt nur mit der Schein-Kristallisation des westlichen Egos zusammen.

Vom fünften in den sechsten Körper ist Zen sehr hilfreich. Aber nur dann, weder vorher noch nachher. Es ist absolut bedeutungslos für die anderen Körper. Und wenn man Universitätskurse im Kindergarten abhält, kann das Schaden anrichten. Wenn Zen vor dem fünften Körper eingesetzt wird, kannst du ein *Satori* erfahren, aber das ist nicht *Samadhi. Satori* ist ein falsches *Samadhi*. Es ist ein Funken davon, aber nur ein Funken. Ein *Satori* im vierten Körper, im mentalen Körper, macht dich künstlerischer, ästhetischer. Es wird einen Sinn für Schönheit in dir öffnen, ein Gefühl des Wohlbefindens. Aber es verhilft nicht zur Kristallisierung. Es hilft dir nicht, vom vierten zum fünften Körper zu gelangen.

Nur jenseits der Kristallisation ist Zen eine Hilfe. Die Gans ist aus der Flasche, ohne jedes „Wie". Aber nur an diesem Punkt, nachdem viele andere Methoden praktiziert worden sind, ist Zen anwendbar. Ein Maler kann mit geschlossenen Augen malen; er kann malen, als sei es ein Spiel.

Ein Schauspieler kann spielen, als ob er sich nicht verstellt. Schauspielerei ist erst dann perfekt, wenn sie nicht als Schauspielerei erkennbar ist. Aber viele mühevolle Jahre der Übung waren dazu nötig. Jetzt ist der Schauspieler völlig gelassen, aber diese Gelassenheit kommt nicht über Nacht. Sie hat ihre eigenen Voraussetzungen. Wir gehen, aber ohne je zu wissen, wie wir das machen. Wenn dich jemand fragt, wie du gehst, sagst du: „Ich gehe einfach. Es gibt da kein Wie". Aber das Wie spielt durchaus eine Rolle für ein Kind, das zu laufen anfängt. Es lernt erst. Solltest du dem Kind sagen, dass es zum Gehen keine Methode braucht – „Geh einfach" –, wäre das unsinnig. Das Kind würde es nicht verstehen. Krishnamurti redet auf diese Weise mit Erwachsenen, die in ihrer geistigen Entwicklung auf der Stufe von Kindern sind, er sagt: „Du kannst gehen, geh einfach." Die Leute hören zu, sie fühlen sich geschmeichelt. Wie einfach! Man kann ohne Methode laufen? Dann kann ja jedermann laufen! Krishnamurti ist im Westen beliebt geworden, und zwar nur deswegen.

Wenn man sich *Hatha*-Yoga, Mantra-, *Bhakti*-, *Raja*-Yoga oder Tantra anschaut, kommt es einem so langwierig und beschwerlich, so schwierig vor! Jahrhunderte von Arbeit sind nötig, Leben für Leben. Wer kann schon so lange warten? Es muss eine Abkürzung, einen direkten Zugang geben. Deshalb kommt Krishnamurti gut an. Er sagt: „Du gehst einfach – gehst ins Göttliche ein. Es gibt keine Methode." Aber es ist die schwierigste Aufgabe von allen, ohne Methode zu gehen. Zu handeln, als ob man nicht handelt, zu sprechen, als ob man nicht spricht, so mühelos zu gehen, als ginge man gar nicht – dazu braucht man eine lange Vorbereitung.

Arbeit und Anstrengung sind notwendig; es geht nicht ohne sie. Aber sie haben ihre Grenzen. Man braucht sie bis zum fünften Körper, aber vom fünften zum sechsten Körper sind sie nutzlos. Du kommst nirgendwohin, die Gans kommt niemals heraus.

Das ist das Problem mit indischen Yogis. Sie haben es schwer, über den fünften Körper hinauszugehen, weil sie von ihren Methoden so eingenommen sind, so von ihnen hypnotisiert sind. Sie haben immer mit einer Methode gearbeitet. Bis zum fünften Körper handelte es sich um eine klar umrissene Wissenschaft, und man kam leicht voran. Man musste sich anstrengen – aber man konnte es tun. Wieviel Anstrengung dazu nötig war, war kein Problem für sie, sie konnten die Kraft dazu aufbringen.

Aber jetzt, im fünften Körper müssen sie sich von Methoden lösen, zur Nicht-Methode gelangen. Jetzt sind sie mit ihrer Weisheit am Ende. Sie setzen sich hin und stagnieren. Und für viele Sucher wird der fünfte Körper zur Endstation. Deshalb reden sie von fünf und nicht von sieben Körpern. Diejenigen, die nur bis zum fünften Körper gekommen sind, denken, dass er das Ende ist. Er ist nicht das Ende, sondern ein neuer Anfang. Jetzt muss man vom Individuellen zum Nicht-Individuellen gehen. Zen oder ähnliche Methoden können hilfreich sein, wenn man sie mühelos anwenden kann.

Zazen bedeutet einfach nur sitzen, nichts tun. Jemand, der viel getan hat, kann sich nichts darunter vorstellen. Einfach nur sitzen und nichts tun? Das ist unvorstellbar. Einem Gandhi geht hier die Luft aus. Er sagt: „Ich spinne mein Garn weiter. Man muss etwas tun. Das ist mein Gebet, meine Meditation." Nicht-Tun bedeutet für ihn, nichts zu tun. Das Nicht-Tun hat sein eigenes Reich, sein eigenes Glück, seine eigene Ordnung, aber es ist erst möglich, wenn du den sechsten Körper erreicht hast. Man kann es nicht vorher verstehen.

Vom sechsten zum siebten Körper gibt es nicht einmal „Keine Methode". Methoden verschwinden im fünften, und „Keine Methode" im sechsten Körper. Eines Tages findest du dich einfach im siebten. Selbst der Kosmos ist verschwunden; es gibt nur die Leere. Es passiert einfach so. Der Übergang zum siebten geschieht unvermittelt, unverursacht, unvorhergesehen. Nur wenn der Übergang keine Ursache hat, sind die Brücken abgebrochen. Würde er verursacht, bliebe eine Verbindung bestehen und das Sein könnte nicht verloren gehen – selbst im siebten Körper.

Er ist totales Nicht-Sein: *Nirvana*, Leere, Nicht-Existenz. Es gibt keine Möglichkeit für irgendeine Kontinuität, wenn man von der Existenz in die Nicht-Existenz geht. Es ist kein ursächlicher Sprung.

Wenn er eine Ursache hätte, gäbe es Kontinuität und es bestünde kein Unterschied zum sechsten Körper. Deshalb kann man nicht einmal davon sprechen, dass man vom sechsten in den siebten Körper geht. Es ist eine Diskontinuität, eine Kluft. Es war etwas, und jetzt ist etwas anderes – aber es gibt keine Verbindung zwischen beiden. Da war etwas, was gerade aufgehört hat, und jetzt ist etwas, was gerade eingesetzt hat. Es gibt keinen Zusammenhang zwischen den beiden. Es ist, als ob ein Gast aus einer Türe gegangen ist und ein anderer durch einen anderen Eingang hereinkommt. Sie stehen in keinerlei Verbindung zueinander.

Der siebte Körper ist der höchste, weil du jetzt selbst die kausale Welt verlassen hast. Du bist zum Ursprung zurückgekehrt, der existiert, bevor etwas erschaffen wurde und nachdem es vernichtet wird. Es gibt also vom sechsten zum siebten Körper nicht einmal „Keine-Methode". Nichts hilft irgendwie weiter, alles kann ein Hindernis sein.

Vom Kosmischen zum Nichts gibt es nur einen Sprung: unverursacht, unvorbereitet, ohne Begehren. Es geschieht aus heiterem Himmel. Man muss nur daran denken, nicht am sechsten Körper festzuhalten. Festhalten wird dir den Sprung ins Siebte verwehren. Es gibt keinen positiven Weg, ins Siebte zu gehen, aber es kann negative Beschränkungen geben.

Du kannst an *Brahma*, am Kosmos festhalten. Du kannst sagen: „Ich hab's geschafft." Wer sagt, er habe das Ziel erreicht, kann nicht zum Siebten weiter. Wer sagt: „Ich weiß", bleibt im Sechsten. Diejenigen, die die Veden schrieben, blieben im Sechsten. Nur ein Buddha geht darüber hinaus, indem er sagt: „Ich weiß nicht." Er weigert sich auf die letztendlichen Fragen zu antworten. Er sagt: „Niemand weiß. Niemand hat je gewusst."

Buddha wurde nicht verstanden. Die, die ihn hörten, sagten: „Nein, unsere Lehrer wissen es besser. Sie sagen, dass es *Brahma* gibt." Aber Buddha spricht vom siebten Körper. Kein Lehrer kann sagen, dass er den siebten Körper gekannt hat, weil du in dem Moment, in dem du etwas sagst, den Kontakt damit verlierst.

Wenn du es kennst, kannst du nichts sagen.

Bis zum sechsten Körper kann man Symbole verwenden, aber für den siebten gibt es kein Symbol. Es ist nur eine Leere.

Es gibt einen Tempel in China, der vollkommen leer ist. Es gibt nichts darin: kein Heiligenbild, keine Schriften, nichts. Er besteht nur aus blanken, nackten Wänden.

Selbst der Priester bleibt draußen. Er sagt: „Ein Priester kann nur vor dem Tempel sein, nicht innen drin." Wenn du ihn fragst, wo die Gottheit des Tempels ist, sagt er: „Sieh doch!" – und da ist nur Leere, da ist niemand. Er sagt: „Sieh! Hier! Jetzt!" und da ist nur ein nackter, leerer Tempel, bar jeden Inhalts.

Wenn du nach Objekten Ausschau hältst, kannst du nicht vom sechsten zum siebten Körper springen. Deshalb gibt es negative Vorbereitungen. Es braucht einen negativen Geist, der sich nach nichts sehnt – nicht einmal nach *Moksha*, nicht einmal nach Erlösung, *Nirvana*, Wahrheit, einen Geist, der auf nichts wartet – nicht auf Gott, nicht auf *Brahma*. Er ist einfach nur da, ohne jede Sehnsucht, ohne irgendein Verlangen, ohne jeden Wunsch. Das ist pures Dasein. Und dann geschieht es … und selbst der Kosmos verschwindet.

Deshalb kannst du nach und nach bis in den siebten Körper gelangen. Fang mit dem physischen Körper an und dringe zum ätherischen Körper vor. Dann gehe weiter in den astralen, mentalen und zuletzt in den spirituellen Körper. Bis zum fünften Körper kannst du dich vorbereiten – danach sei einfach nur bewusst.

Tun ist dann nicht mehr wichtig; jetzt kommt es auf Bewusstsein an. Und schließlich ist auf dem Weg vom sechsten in den siebten Körper selbst Bewusstsein bedeutungslos – nur Eins-Sein, Sein. Darin liegt das Entwicklungspotenzial unserer Anlage.

Dies ist unsere Möglichkeit.

Über Osho

Oshos Lehren widerstehen jeglicher Kategorisierung, sie reichen von der persönlichen Sinnsuche bis hin zu den dringendsten sozialen und politischen Fragen, mit denen die Welt heute konfrontiert ist. Seine Bücher wurden aus zahllosen Tonband- und Videoaufnahmen transkribiert. Er hat über einen Zeitraum von 35 Jahren vor einer internationalen Zuhörerschaft stets aus dem Stegreif gesprochen. Er sagte: „Denkt daran, was immer ich sage, ist nicht nur für euch ... ich spreche auch für die kommenden Generationen."

Der Londoner Sunday Times zufolge zählt Osho zu den „1000 Machern des 20. Jahrhunderts"; der amerikanische Romanautor Tom Robbins hat ihn einmal „den gefährlichsten Mann seit Jesus Christus" genannt. Sunday Mid-Day (Indien) hat Osho als einen der zehn Menschen bestimmt, die das Schicksal Indiens verändert haben – wie Gandhi, Nehru und Buddha.

Osho selbst beschreibt sein Werk als „Beitrag, die Voraussetzungen für die Entstehung einer neuen menschlichen Lebensweise zu schaffen". Diesen neuen Menschentypus hat er immer wieder als „Sorbas der Buddha" umschrieben – also einen Menschen, der nicht nur wie Sorbas der Grieche die irdischen Freuden zu schätzen weiß, sondern ebenso sehr die stille Heiterkeit eines Gautam Buddha.

Wie ein roter Faden zieht sich durch alle Aspekte von Oshos Arbeit die Vision einer Verschmelzung der zeitlosen Weisheit des Ostens mit den höchsten Potenzialen westlicher Wissenschaft und Technik. Vor allem seine revolutionären Ansätze zur Wissenschaft der inneren Transformation haben Osho berühmt gemacht. Seine innovativen „aktiven Meditationen" basieren auf dem Gedanken, dass erst der in Körper und Geist angesammelte Stress abgebaut werden muss, um, frei von Gedanken und entspannt, einen meditativen Zustand zu erfahren.

https://www.osho.com
https://www.osho.com/resort